Deutsche Spezialitäten

Deutsche Spezialitäten

Band 1

Christine Metzger
Herausgeberin

Ruprecht Stempell · Christoph Büschel · Saša Fuis
Fotografie

Peter Feierabend
Gestaltung

Michael Ditter
Koordination

Culinaria
KÖNEMANN

Hinweise zu Abkürzungen und Mengenangaben

1 g	= 1 Gramm = $^{1}/_{1000}$ Kilogramm
1 kg	= 1 Kilogramm = 1000 Gramm
1 l	= 1 Liter = 1000 Milliliter
1 ml	= 1 Milliliter = $^{1}/_{1000}$ Liter
$^{1}/_{8}$ l	= 125 Milliliter = etwa 8 Eßlöffel
1 EL	= 1 gestrichener Eßlöffel
	= 15–20 Gramm bei trockenen Zutaten (je nach Gewicht)
	= 15 Milliliter bei flüssigen Zutaten
1 TL	= 1 gestrichener Teelöffel
	= 3–5 Gramm bei trockenen Zutaten (je nach Gewicht)
	= 5 Milliliter bei flüssigen Zutaten

Löffelangaben beziehen sich bei trockenen Zutaten immer auf die verarbeitete Rohware, beispielsweise: 1 EL gehackte Zwiebeln, aber: 1 Zwiebel, geschält und gehackt

Mengenangaben in den Rezepten
Wenn nicht anders angegeben, sind die Rezepte für vier Personen berechnet – ausgenommen Drinks (jeweils pro Person).

Bonner Straße 126 · D-50968 Köln

Studiofotografie:	Food Foto Köln – Brigitte Krauth und Jürgen Holz
Foodstyling (Studio):	Stephan Krauth
Foodstyling (on location):	Ursula Virnich
Fotoassistenz (on location):	Martin Kurtenbach, Sonia Büschel
Bildbeschaffung und -recherchen:	Regine Ermert
Lektorat Rezepte:	Ingeborg Pils
Korrekturen:	Sabine Bleßmann
Herstellungsleitung:	Detlev Schaper
DTP-Layout:	Birgit Beyer
Reproduktionen:	CLG Fotolito, San Martino Buon Albergo
Druck und Bindung:	Neue Stalling, Oldenburg

Printed in Germany
ISBN 3-8290-0001-4

Inhalt

Hinweis:
Ein Register für beide Bände befindet sich am Ende des zweiten Bandes.

Essen ist Leben. Das mag wie eine Binsenweisheit klingen, wenn man dabei nur ans »Über«-Leben denkt. Klar – wer nicht ißt, verhungert. Ist das materielle Leben in einer Gesellschaft wie der unseren jedoch gesichert, darf man den Begriff ruhig weiter fassen: Essen ist mehr als Nahrungsaufnahme, es ist Leben in all seinen Dimensionen. Kein Tag vergeht ohne die Frage: »Was essen wir heute?«, kein soziales Ereignis, bei dem nicht eine zentrale Rolle spielt, was auf dem Tisch steht. Jeder Lebensabschnitt, von der Taufe bis zum Totenschmaus, wird durch – früher mehr als heute – ritualisierte Speisen begleitet, zum Geburtstag gibt's die Torte, zu Weihnachten die Gans. Essen ist Thema der Literatur – wer über Alltag und Feste schreibt, kommt an ihm nicht vorbei. Komponisten schufen »Tafelmusik«, Künstler Gefäße und Porzellan zur Tischdekoration. Essen wird zum zentralen Thema, wenn es knapp wird. Während des Kalten Krieges mußte eine ganze Stadt aus der Luft ernährt werden – Berlin. Im Essen und Trinken spiegeln sich politische, historische und soziale Aspekte wider: Erhöhungen der Brot- oder Bierpreise führten zu Aufständen, das Verlangen der mittelalterlichen Menschen nach Gewürzen war Triebkraft für die Entdeckung der Neuen Welt.

Welche Gerichte sich in den verschiedenen Gebieten Deutschlands zur »regionaltypischen Spezialität« entwickelten, hing davon ab, was der Boden hergab, wie arm oder reich ein Landstrich war. Und davon, welche Anregungen vom Nachbarn ausgingen.

So prägte die böhmisch-österreichische Küche die bayerische, während der Norden skandinavische und englische Einflüsse aufnahm. Da die Grundprodukte, die zwischen Nord- und Ostsee und den Alpen zur Verfügung standen, bis auf wenige Ausnahmen identisch waren, zeigen sich Variationen in der deutschen Küche nur im Kleinen.

So in der Vielfalt der Kartoffelgerichte, die die Kreativität derer widerspiegelt, die sich den Großteil des Jahres davon ernähren mußten. Dem Volk, im wahrsten Sinne des Wortes, »aufs Maul zu schauen« und dabei sämtliche Aspekte zu berücksichtigen, die das Thema Essen bietet, ist das Anliegen dieses Buches.

Christine Metzger

Ulla Rettig

Thüringen

»So schön wie der Thüringer Wald ist wohl kein anderer Wald auf dieser Erde. Wie eine Welt für sich liegt er da, hoch unter den Himmel emporgehoben, erdrückend düster oder auch festlich in weißen Schnee gekleidet.«

Martin Andersen Nexö

Vorhergehende Doppelseite:
Die Thüringer lieben ihre Rostbratwürste heiß und deftig.
Sie dürfen auf keinem Volksfest fehlen.

Selten kam es vor, daß Johann Wolfgang von Goethe sich wiederholte. Doch angesichts der wunderschönen Landschaft bei Ilmenau im Thüringer Wald fehlten ihm fast die Worte. »Herrlich! Herrlich!« rief er und dichtete auf dem Kickelhahn »Wanderers Nachtlied«: »Über allen Wipfeln ist Ruh …«

Mit gutem Grund wird Thüringen nicht nur als Land der Klöße, des Kuchens und der Rostbratwürste bezeichnet, sondern auch als das grüne Herz Deutschlands. Wer einmal den Rennsteig bewältigt hat, weiß warum. Jahrzehntelang war der bekannteste Wanderweg Europas durch den Todesstreifen unterbrochen. Über 168 Kilometer erstreckt sich der Rennsteig auf dem Kamm des Thüringer Waldes, des Frankenwaldes und des Schiefergebirges. Doch auch das Kyffhäuser-Gebirge, das Eichsfeld und das Biosphärenreservat Rhön haben ihre Reize.

Etwa die Hälfte des Freistaates wird landwirtschaftlich genutzt. Im Thüringer Becken mit seinen fruchtbaren Kalkverwitterungsböden und im Ostthüringer Lößgebiet gedeihen Getreide, Raps und Zuckerrüben; in den Vorgebirgslagen erntet man die hochgeschätzte Thüringer Braugerste. Gemüse wächst in dem Gebiet um die Landeshauptstadt Erfurt; aber auch am Westrand des Thüringer Beckens und in Ostthüringen sprießen Blumenkohl, Weißkohl, Buschbohnen, Speisezwiebeln und Gurken.

Auf dem Boden des elftgrößten Bundeslandes, früher abfällig als »Flickenteppich von Fürstentümern« bezeichnet, wurde aber auch europäische Geschichte geschrieben: Auf der Wartburg bei Eisenach übersetzte Martin Luther das Neue Testament. An Jenas Universität lehrten Hegel, Fichte und Schelling. Bach musizierte in Weimar, und mit Goethe und Schiller entwickelte sich die Stadt im 18. Jahrhundert zum Zentrum der deutschen Klassik. 1919 verabschiedete die Deutsche Nationalversammlung dort die Weimarer Verfassung.

Auch in kulinarischer Hinsicht hat Weimar Eindruck hinterlassen. So heißt es, Napoleons Truppen hätten das Rezept für Weimarer Zwiebelkuchen mitgenommen und daraus die berühmte Quiche Lorraine kreiert.

Thüringer Bratwurst

Wenn der »Thüringer Weihrauch« über die Gärten zieht, dann ist Sonntag. Oder einfach nur ein lauer Sommerabend, an dem sich Freunde und Nachbarn zusammenfinden. Denn dieser Weihrauch gehört nicht zum kirchlichen Ritual. Er bedarf keiner Priester und Ministranten. Nur eines Kundigen, der aus Holzkohle und Kiefernzapfen die rechte Glut zaubert, Bier und Wasser in Maßen und segenspendend einsetzt, so daß der Rauch aufsteigt und sich das köstliche Aroma entfalten kann, das die Thüringer Bratwürste im Freien auf dem Rost entwickeln.

Jeder Grillmeister hat da seine eigenen Tricks. Die einen fetten den Rost mit einer Speckschwarte ein, damit die Würste nicht klebenbleiben. Manche wenden häufig und schwören auf die Bierdusche, andere begießen mit Wasser. Die einen lieben ihre Würste dunkelbraun und knusprig, die anderen heben sie bereits vom Feuer, wenn sie einen zartbraunen, gestreiften Teint haben. Über das Speise-Ritual hingegen gibt es keine Diskussionen: Der Kenner vertilgt seine Wurst ohne Messer und Gabel. Er klemmt sie vielmehr zwischen die Hälften einer Semmel, die nicht vollständig aufgeschnitten wurde. Kartoffelsalat, Rotkohl und Sauerkraut munden vorzüglich zur Wurst. Vom Senf lassen viele Genießer lieber die Finger, es sei denn, es handelt sich um Born-Senf aus Erfurt.

Obwohl es Nachahmer auf der ganzen Welt gibt, sind sich die Thüringer einig, daß die echten Thüringer Rostbratwürste nur aus ihrer Heimat kommen. Die Geschichte gibt ihnen dabei Recht: Die Tradition der rustikalen Mahlzeit reicht nachweislich bis ins Jahr 1613 zurück. Bei der Herstellung folgen Thüringens Fleischer allerdings keinem einheitlichen Rezept. Verwendet wird mageres Schweinefleisch von Bauch und Schulter. Häufig kommen auch Kalb- und Rindfleisch hinzu. Die feinen Bestandteile werden in einem Schneidmischer gekuttert (zerkleinert) und mit Gewürzen und anderen Hilfsstoffen zu einem Brät verarbeitet. Zusammen mit den zerkleinerten Grobbestandteilen wird dieses in Schweine- oder Schafdärme gefüllt und dann entweder roh oder gebrüht verkauft.

Kochsalz sorgt für die graue Färbung der Wurst. Was sonst noch hineinkommt – frischer Knoblauch, Kümmel und Muskatnuß –, bleibt Familiengeheimnis. Einige Fleischer geben Zitrone hinzu. Wieder andere verwenden Majoran – außer, wenn sie im Eichsfeld leben. Dort ist es nämlich verpönt, Majoran in der »echten Thüringer« zu verwursten.

Hintergrund: Am besten schmecken die Thüringer Rostbratwürste, wenn sie im Freien gegrillt werden. Eine Bierdusche verleiht das besondere Aroma.

Der Köhler und die Holzkohle

Wie jeder weiß, der einmal vergessen hat, sie einzukaufen, ist Holzkohle essentieller Bestandteil jedes gemütlichen Grillabends. Ohne sie geht nichts. Weniger augenfällig ist hingegen, daß zum Beispiel auch der Schnaps, den man nach dem Genuß von Würsten und Rostbrätel trinkt, sein Sein unter anderem der Holzkohle verdankt: Sie wird als Aktivkohle beim Filterungsprozeß eingesetzt. Und nimmt man, so man zuviel des Guten genossen hat, eine Kohle-Tablette, um den Magen wieder einzurenken, so hat man deren Wirkung ebenfalls der Holzkohle zu danken. Es geht sogar noch weiter: Bei der Produktion des Stahls für den Grill spielt Holzkohle ebenfalls eine Rolle.

Bevor man Holzkohle industriell herstellte, war die Köhlerei ein Beruf, der regelmäßig Menschenleben forderte. Allein den mannshohen Meiler zu bauen, war eine Kunst für sich und dauerte Wochen. Die Köhler verwendeten lange abgelagertes und angespaltenes Buchenholz, das kreisförmig um einen Holzpfahl aufgeschichtet wurde. Diesen Mast zogen sie später heraus und schufen so einen Rauchabzug. Das Buchenholz wurde mit Reisig, Rasenlappen und Erde abgedeckt und dann entzündet.

Während des Brandes entstanden im Innern des Meilers Temperaturen von bis zu 1000 Grad Celsius. Alle zwei Tage mußte der Köhler auf den Meiler steigen, um von oben Holz nachzufüllen – eine äußerst gefährliche Arbeit, da das verbrannte Holz beständig in sich zusammenfiel. Selbst erfahrene Köhler kamen ums Leben, wenn die innerlich glühende Konstruktion einstürzte. Zudem mußte der Meiler Tag und Nacht im Auge behalten werden, um einem Großbrand vorzubeugen. Nach drei bis vier Wochen war der Brennprozeß beendet. Das Ergebnis: 50 bis 80 Kubikmeter Holzkohle.

Heute haben Betonmeiler und Blechretorten die alten Erdmeiler ersetzt. So können größere Mengen Holzkohle binnen zwei bis drei Tagen hergestellt werden, und das Köhlerhandwerk hat an Schrecken verloren.

Rostbrätel

Rostbrätel sind ebenso wie die Rostbratwürste ein Muß auf Thüringer Volksfesten. In der Grundversion werden Schweinekamm-Scheiben mit Salz, Pfeffer und Bier bestrichen und auf einem Holzkohlegrill knusprig gebrutzelt. Auch beim Grillen selbst gibt man immer wieder Bier dazu. Am Schluß sollten die Rostbrätel deshalb noch ziemlich naß sein und am Rand leicht von der Holzkohle geschwärzt. Scharfer Senf und frisches Graubrot oder ein Kartoffelsalat runden den kräftigen Geschmack ab. Rostbrätel können auch in der Pfanne gebraten werden. Es ist außerdem möglich, sie zunächst zu würzen und dann mehrere Stunden in eine Marinade aus Öl, Bier, Senf, Pfeffer, Knoblauch und Petersilie einzulegen, ehe sie auf den Rost kommen.

Thüringer Rostbratwurst
(Rezept für 20 Würste)

5–6 m Schafssaitling (Darm)
1 kg mageres Schweinebauchfleisch
1 kg Schweineschulter ohne Schwarte
2 Eier
40 g Salz
8 g weißer Pfeffer
1/2 TL gemahlene Muskatnuß
1/2 TL gemahlener Koriander
1/2 TL gemahlener Kümmel
2–3 EL gerebelter Majoran
abgeriebene Schale von 1/2 Zitrone

Die Därme mit Wasser durchspülen und 15–20 Minuten in lauwarmem Wasser einweichen. Inzwischen das Fleisch waschen, trockentupfen und in grobe Stücke schneiden. Durch den Fleischwolf drehen und mit den Eiern und den Gewürzen gut durchkneten, bis die Masse gebunden hat. Die Wurstmasse in die Därme füllen und ca. 15–20 cm lange Würste abdrehen.

Stolzer Heinrich

8 Thüringer Bratwürste
2 EL Butter
2 EL Mehl
1/4 l Bier
1/4 l Fleischbrühe
1 EL Essig
1 Lorbeerblatt
Salz
Pfeffer
1 TL Kapern
Saft und abgeriebene Schale von 1 Zitrone

Die Bratwürste in der Butter braun anbraten, dann die Würste herausheben und das Mehl in dem Bratfett hellbraun anschwitzen. Mit dem Bier und der Fleischbrühe ablöschen. Den Essig angießen, das Lorbeerblatt zugeben und die Sauce 10 Minuten einkochen. Die Sauce mit Salz, Pfeffer, Kapern und Zitronensaft und -schale würzen, die Bratwürste einlegen und bei kleiner Hitze noch 5 Minuten in der Sauce ziehen lassen.

Messer und Gabel sind tabu beim Genuß der Bratwurst; stilecht wird sie zwischen zwei Brötchenhälften geklemmt.

Klöße

Frau Holle war offensichtlich nicht nur eine Expertin im Aufschütteln von Betten, sondern auch im Kreieren von Nationalgerichten. Die Thüringer jedenfalls verdanken ihr die Anleitung, wie man aus Kartoffeln köstliche Klöße herstellt. Frau Holle zeigte ihnen das Reiben und Pressen und Formen – körperlich eine recht beachtliche Leistung für eine schwache alte Frau – und dann überreichte sie ihnen das Rezept, und zwar mit den Worten: »Hier hast du es. Hüt' es!« Folglich heißen die rohen Klöße in Südthüringen »Hüts« oder »Hütes«. In Westthüringen erteilte sie dieselbe Lektion in Sachen Kochen, übergab ihr Rezept aber mit dem guten Rat: »Heb' es auf.« Etymologisch völlig klar, daß die Klöße dort »Hebes« heißen ...

Egal, ob »Hütes«, »Hebes« oder »Thüringer Klöße« – für die Einheimischen sind sie die beste Erfindung der regionalen Küche. Ein Sonntag ohne Klöße, so heißt es in der Mitte Deutschlands, ist kein Sonntag. Der gute Braten verkümmert neben den runden Köstlichkeiten zur Nebensache, allerdings zu einer nicht ganz unbedeutenden: Liefert er doch die Sauce, ohne die der Genuß der Klöße nur der halbe wäre.

Das Kloßrezept schlechthin gibt es in Thüringen nicht. Viele verschiedene Anleitungen, seit Generationen von Müttern an ihre Töchter weitergegeben, kursieren in dem Freistaat, die Rezepte variieren ebenso wie die Namen von Region zu Region und von Familie zu Familie.

Klöße werden vor allem aus rohen und/oder gekochten Kartoffeln geformt, aber auch aus Weißbrot, Grieß oder Mehl. Am besten eignen sich mehlig kochende Kartoffeln. Benützt man keine Küchenmaschine – Kenner schwören, die »Handgeriebenen« seien die besten –, so ist die Herstellung des Teigs harte Arbeit und in vielen Familien sonntägliche Pflicht des Mannes. Die Klöße werden in der Regel in schwach siedendem Salzwasser gegart, auf keinen Fall dürfen sie gekocht werden, sonst zerfallen sie.

Es gibt aber auch Kloßteige, die man auf einem Blech oder, wie früher, in der Pfanne backt. Daher der Name »Pfannenklöße«. Zu ihnen gehören zum Beispiel der Rohe Detscher, den man süß oder deftig servieren kann, und der Aschkloß, bei dem Kartoffel-Kloßteig mit Brötchenscheiben belegt wird. Flockzammet besteht aus Flocken, die aus einer Kartoffel-Kloßmasse herausgezupft und auf einer Schicht aus Speckwürfeln gebraten werden.

Thüringer Klöße

1,5 kg große, mehlige Kartoffeln
Essig
Salz
1 altes Brötchen
1 EL Butterschmalz

Die Kartoffeln waschen und schälen. $^2/_3$ der Kartoffeln in eine Schüssel mit lauwarmem Wasser und 1 Schuß Essig reiben. Das Essigwasser zweimal abgießen und erneuern. Dann die Kartoffelmasse in ein Tuch geben, zubinden und in der Kartoffelpresse gut ausdrücken. Die Masse bis zur Weiterverarbeitung in der Presse lassen. Das Brötchen entrinden und würfeln. Die Brotwürfel in Butterschmalz goldbraun rösten. Die restlichen Kartoffeln in Salzwasser gar kochen, anschließend mit einem Teil der Kochflüssigkeit zu einem dickflüssigen Brei zerstampfen und noch einmal aufkochen. Die rohe Kartoffelmasse in eine Schüssel geben, etwas Salz und die am Boden der Kartoffelpresse abgesetzte Stärke unterkneten. Nach und nach den kochenden Kartoffelbrei mit dem Handmixer unterrühren. Den Teig so lange schlagen, bis er sich vom Schüsselrand löst. Mit nassen Händen aus dem Kartoffelteig gleichgroße Klöße formen und in die Mitte jeweils einige geröstete Brotwürfel drücken. Die Klöße in siedendes Salzwasser einlegen und bei schwacher Hitze ca. 20 Minuten gar ziehen lassen.

Unten: Rohe und gekochte Kartoffeln und geröstete Semmelbröckchen – daraus macht man die Thüringer Klöße.

Handgerieben müssen die rohen Kartoffeln sein – das ist viel Arbeit, aber man schmeckt den Unterschied.

Die geriebene Kartoffelmasse muß kräftig ausgedrückt werden.

Die geriebenen rohen Kartoffeln werden mit den gekochten und zerstampften zu einem Teig verarbeitet.

In siedend heißem Wasser müssen die Klöße ziehen. Wenn sie an die Oberfläche steigen, sind sie gar.

Oben: Im Zentrum eines jeden Thüringer Kloßes stehen die goldbraun gerösteten Semmelbröckchen.

Diebichen heißen Klöße aus Mehl, Milch, Ei, Salz und Zucker. Sie werden mit zwei Löffeln geformt. Unter die Masse kann man auch entkernte Zwetschgen oder Rosinen heben und die Klöße statt in siedendem Wasser in Milch garen.

Fauleweiberklöße gibt es in verschiedenen Varianten: Man kann sie – zu gleichen Teilen – aus rohen geriebenen und in reichlich Wasser weich gekochten Salzkartoffeln herstellen oder gekochte Kartoffeln mit Kartoffelstärke und Grieß vermengen.

Gemengte Klöße (Stärkemehlklöße, Gemengte Hüts) werden aus gekochten, zerstampften Pellkartoffeln gefertigt, denen Grieß, Mehl und Kartoffelstärke zugefügt werden. Die Masse wird mit kochender Milch und Eiern verknetet.

Halbseidene Klöße bestehen aus kochend heißem Kartoffelbrei, der mit Kartoffelstärke, Salz und Muskat vermengt wird. Man kann sie auch aus am Vortag gekochten Kartoffeln machen, die mit Mehl, Eiern und Kartoffelstärke zerstampft werden.

Hefeklöße (Mahlhüts) werden aus einem Hefeteig geformt und etwa 20 Minuten über kochendem Wasser gedämpft: Man spannt ein Tuch über den Kochtopf, auf das die Klöße gelegt werden. Das Tuch darf das Wasser nicht berühren.

Seidene Watteklöße bereitet man aus einer Masse aus gewürfelten, in Butter angebratenen Brötchen und gekochten, durch die Kartoffelpresse gedrückten Kartoffeln. Mit Eiern, Kartoffelstärke und Muskat verkneten.

Serviettenkloß wird aus gewürfelten Brötchen bereitet, die man mit Milch verquirlt. Die Masse verknotet man locker in einer Serviette und hängt sie etwa 40 Minuten in siedendes Salzwasser. Kloß mit einem Stück Zwirn in Stücke schneiden.

Thüringer Klöße (auch Kindsköpfe, Rohe Klöße, Hütes, Hüts, Ruahne Hütes oder Hebes) bestehen zu zwei Teilen aus rohen, geriebenen und gepreßten Kartoffeln und zu einem Teil aus dem Brei gekochter und pürierter Kartoffeln.

Thüringer Klöße mit Grießmasse werden ähnlich zubereitet wie die Thüringer Klöße. Allerdings werden alle Kartoffeln gerieben. Dazu gibt man einen bereits gequollenen Brei aus Milch und Grieß, in die Klöße dann geröstete Semmelbrösel.

1 Schleizer Bambser sind süße Nudeln, die aus gekochten und gepreßten Kartoffeln, Apfelstückchen, Eiern, Zucker, etwas Salz und Mehl bestehen. Sie werden in der Bratpfanne angebraten und mit zerlassener Butter und Zimtzucker im Backofen überbacken.

2 Aschkloß besteht aus einer Masse roher und gekochter Kartoffeln, die mit Mehl, Speck, Salz und Pfeffer vermengt werden. Teig in eine Backform geben, mit Brötchen belegen und mit einer Sauce aus Milch, Eiern und Salz übergießen.

3 Rohen Dätscher bereitet man aus einem Teig aus geriebenen, ausgepreßten Kartoffeln, die mit Milch überbrüht werden. Teig auf einem Backblech auslegen, mit einem Guß aus Rahm und Obst oder mit Zwiebeln und Speck belegen.

Was man zu den Klößen ißt

Thüringer Topfbraten

(Abbildung)

2 Schweinenieren
1/2 Schweinekopf
1 Schweinezunge
1 Schweineherz
Salz
2 große Zwiebeln, gespickt mit 1 Lorbeerblatt und 3 Nelken
1 Bund Suppengrün, grob gehackt
5 Pfefferkörner
100 ml Weinessig
100 g Honigkuchen
1 EL Pflaumenmus
1 TL Speisestärke
1 Prise Zucker
weißer Pfeffer
Zitronenscheiben zum Garnieren

Die Nieren putzen, waagerecht halbieren und die Harnstränge entfernen. Nieren 15 Minuten wässern. Den Schweinekopf, die Zunge und das Herz waschen. 3 l Wasser mit 1 TL Salz, den gespickten Zwiebeln, dem Suppengrün, den Pfefferkörnern und dem Essig zum Kochen bringen, den Schweinekopf einlegen und 1 Stunde kochen lassen. Dann das restliche Fleisch zugeben und nochmals 1 Stunde bei kleiner Hitze köcheln. Nach Ende der Garzeit das Fleisch aus der Brühe heben und die Brühe abseihen. 1/2 l Brühe wieder aufkochen, den Honigkuchen hineinbröseln und das Pflaumenmus einrühren. Die Sauce 10 Minuten köcheln lassen. Inzwischen die Zunge häuten und die mageren Fleischteile vom Kopf lösen. Das Fleisch, Zunge, Herz und Nieren in Streifen schneiden. Die Speisestärke mit etwas Wasser verquirlen und unter die Sauce rühren. Die Fleischstreifen hineingeben, mit Salz, Zucker und Pfeffer abschmecken und einige Minuten in der Sauce ziehen lassen. Vor dem Servieren mit Zitronenscheiben garnieren. Dazu Thüringer Klöße reichen.

Thüringer Topfbraten

Thüringer Rotkohlwickel

1 Rotkohl
Salz
4 EL Weinessig
2 Gewürznelken
1 1/2 EL Zucker
1/2 altes Brötchen
2 EL Butter
80 g durchwachsener Räucherspeck, in Würfel geschnitten
2 Zwiebeln, grob gehackt
50 g Champignons, gehackt
350 g mageres Rinderhackfleisch
abgeriebene Schale von 1 Zitrone
1 Ei
weißer Pfeffer
2 EL Butterschmalz
1/4 l Rotwein
350 ml Fleischbrühe
1 EL Crème fraîche
1 TL Mehl

Den Rotkohl putzen, den Strunk ausstechen. 1 1/2 l Wasser mit 1 TL Salz, 3 EL Essig, den Nelken und 1 EL Zucker aufkochen. Den Rotkohl einlegen und 15 Minuten köcheln. Aus dem Wasser heben, abtropfen lassen und 8 große Rotkohlblätter ablösen. Das Brötchen in heißem Wasser quellen lassen. Die Butter in einer Pfanne zerlassen, den Speck darin auslassen. Die Zwiebeln und Champignons untermischen und 5 Minuten dünsten. Vom Herd nehmen und auskühlen lassen. Das Hackfleisch mit der Zitronenschale, dem ausgedrückten Brötchen, der Speckmischung und dem Ei gut verkneten, mit Pfeffer und Salz abschmecken. Die Masse auf die Kohlblätter verteilen, die Blätter über die Füllung schlagen und mit Küchengarn umwickeln. Das Butterschmalz in einem Bräter erhitzen und die Kohlwickel von allen Seiten gut anbraten. Mit Rotwein und Fleischbrühe ablöschen, den restlichen Essig und Zucker zugeben und zugedeckt im vorgeheizten Backofen bei 220 °C etwa 3/4 Stunde garen. Die Crème fraîche mit dem Mehl verrühren und nach Ende der Garzeit die Sauce damit binden. Mit Serviettenknödel servieren.

Hammelbratenbrühe und Gurkensaft

»Das Gewicht, das er (Goethe) auf gutes Essen und Trinken legte, die Verstimmung und Kränkung, die er empfand, wenn er sich in dieser Beziehung einmal vernachlässigt sah, gehören zu diesem humoristischen Bild von Bürgerlichkeit, wie denn die Tatsache, daß Zeltner ihn regelmäßig mit den besonders bevorzugten Teltower Rübchen versorgte, zweifellos der Freundschaft mit ihm zugute gekommen ist. Daß bei Exzellenz Goethe ausnehmend schmackhaft gegessen wurde, ist ausgiebig bezeugt, und unfehlbar fällt mir dabei die kleine Geschichte ein, die mir sonderbarerweise seine Person nähergebracht hat als so manche Kundgebung höherer Ordnung. Der Literator und Islandfahrer Martin Friedrich Arendt hielt sich in Weimar auf, ein Bohemegelehrter von etwas wunderlichem Äußeren und nicht sehr gepflegten Gewohnheiten. Er ist bei Goethe zu Mittag geladen, wo er den Hausherrn und seinen engeren Freundeskreis mit Reiseabenteuern und antiquarischen Forschungsergebnissen unterhält und es sich gewaltig dabei schmecken läßt. Es gibt einen Hammelbraten mit Gurkensalat, und nach Verspeisung mehrerer Portionen bringt der gute Arendt es nicht über das Herz, die mit Gurkensaft vermischte Bratenbrühe umkommen zu lassen. Er faßt seinen Teller mit beiden Händen und hebt ihn zum Munde, erschrickt aber im letzten Augenblick und blickt um Erlaubnis bittend auf den Hausherrn. Und der große Wohlerzogene legt volles Verständnis für die Begierde seines Gastes an den Tag; mit der größten Bonhomie und Treuherzigkeit fordert er ihn auf, sich nur ja nicht zu genieren, und während er ihn schlürfen sieht, läßt er nicht etwa ein Schweigen aufkommen, das auf den Genießenden doch vielleicht bedrückend wirken könnte, sondern er spricht, er setzt mit wärmster Überzeugung das Leckere einer solchen Mischung von Bratenbrühe und Gurkensaft auseinander und schafft durch dieses Perorieren dem Schlemmer volle Freiheit, seine Lust zu büßen. Man muß ihn sich vorstellen dabei, wie er etwa auf dem Bild von George Dawe vom Jahre 1819 aussieht, einem Bild, das ich immer als besonders lebenswahrscheinlich empfunden habe, mit diesen Augen voll kindlicher Verschlagenheit, tiefer und gütiger Erfahrenheit, diesem wissenden Wohlwollen für das Menschliche, um der heiteren Szene ganz ansichtig zu werden und sich ihren Charakter ganz gegenwärtig zu machen.«

(Aus: Thomas Mann, Essays, 1932)

Thüringer Klöße

Die Auswahl fällt schwer: Unter 40 000 Zwiebelrispen muß man die schönste und dekorativste aussuchen.

Nicht nur scharfe Knollen, sondern auch trockene Blumen kann man mit nach Hause nehmen.

»Gelbe Stuttgarter Riesen« und »Braunschweiger Dunkelblutrote« auf dem Zopf und im Sack.

Alles hat seine Ordnung: Beim Thüringer Zwiebelzopf hängen die kleinsten oben und die größten unten.

Zwiebeln

Das größte Volksfest Thüringens rührt zu Tränen. Trotzdem oder gerade deshalb strömen alljährlich rund 300 000 Besucher am zweiten Wochenende im Oktober auf den Weimarer Zwiebelmarkt. Schon von weitem erschnuppern sie den Duft von Zwiebelsuppen und ofenfrischem Zwiebelbrot. Sie lassen sich Zwiebelkuchen und Zwiebelfleisch schmecken und warten gespannt auf die Krönung der Zwiebelmarktkönigin. Und flanieren gemütlich an den rund 500 Ständen entlang, die zwischen Nationaltheater und Frauenplan aufgebaut sind.
Viele Familien sind auf der Suche nach dem schönsten Zwiebelzopf als Dekoration für die eigenen vier Wände. Die Auswahl ist riesengroß: Rund 40 000 handgebundene Rispen – so der Fachausdruck – werden feilgeboten, zumeist angefertigt von etwa 130 Familien aus dem Städtchen Heldrungen. Ihr Handwerk hat Tradition: Am 4. Oktober 1653 hatten ihre Vorfahren zum ersten Mal Zwiebeln und anderes Gemüse zum »Vieh- und Zippelmarkt« ins 50 Kilometer entfernte Weimar gekarrt.
Die Zwiebelzöpfe waren später eine Erfindung schlauer Bauern, die möglichst viele Knollen an den Kunden bringen wollten. Geputzt, nach Größen sortiert und handlich um eine Docke aus Stroh gewickelt, verlockte das scharfe Gemüse zum Ankauf größerer Mengen, denn ein Zopf hält im Schnitt rund 60 Zwiebeln der Sorte »Gelbe Stuttgarter Riesen« und Rote Zwiebeln der Sorte »Braunschweiger Dunkelblutrote«.
Das Besondere am Thüringer Zopf: Die kleinsten Zwiebeln hängen oben, die größten ganz unten. Der längste Zwiebelzopf, den Weimar je gesehen hat, maß 5,14 Meter und hing 1995 am Rathausturm. Gebunden hat ihn Gärtner Gert Müller, natürlich ein Heldrunger.
Zu DDR-Zeiten mutierte der Weimarer Zwiebelmarkt offiziell zum sozialistischen Erntefest. Hinter den Kulissen änderte sich jedoch erstaunlich wenig, denn die vielen kleinen Zwiebelproduzenten in Heldrungen blieben von der Kollektivierung Ende der fünfziger Jahre verschont; aus dem einfachen Grund, weil sie im Durchschnitt nur einen halben Morgen Land ihr eigen nannten. Industriearbeiter und deren Familien hatten sich so ein kleines Zubrot verdient. Ab einem Besitz von vier Morgen wären sie abgabepflichtig gewesen. So jedoch wurden sie noch subventioniert: Für die Zwiebeln, die sie an die staatliche »Obst-Gemüse-Speisekartoffeln« (OGS) abführten, zahlte man den Kleingärtnern den Endverbraucherpreis (EVP), also den Ladenpreis.

Linke Seite: Weimarer Zwiebelmarkt – hier deckte sich schon Goethe mit den scharfen Knollen ein. Sogar seine Fenster dekorierte er mit Zwiebeln.

Deftige Zwiebelsuppe mit Fleischeinlage, wie sie auf dem Weimarer Zwiebelmarkt angeboten wird.

Zwiebelfleisch – genug, um die 300 000 Besucher des Volksfestes zu speisen?

Die Alternative für Vegetarier, die stilvoll zu Hause genießen: Zwiebelsuppe mit Zwiebelgrün.

Dem Weimarer Zwiebelkuchen sollen die Franzosen angeblich ihre Quiche Lorraine abgeguckt haben.

Kleine Zwiebelkunde

Unter den Zwiebelarten kommt der gelben Saatzwiebel – Haushalts- oder Küchenzwiebel – die größte Bedeutung zu. Küchenzwiebeln sind gut haltbar und besonders scharf und eignen sich für herzhafte Gerichte, wie zum Beispiel Zwiebelsuppen. Frühlings- oder Lauchzwiebeln, die jungen Knollen der gelben Zwiebel, schmecken am besten roh oder gedünstet; ihre grünen Triebe verwendet man in Salaten oder zum Garnieren. Weniger dominant im Geschmack als die Küchenzwiebel ist die gelbe oder weiße Gemüsezwiebel, die verglichen mit ihrer gelben Kollegin sehr groß ausfällt. Gemüsezwiebeln nimmt man für den Zwiebelkuchen, sie werden auch gerne roh gegessen, zum Beispiel auf Fischbrötchen oder in gemischten Salaten.
Rote Zwiebeln sind – je nach Sorte – süß oder scharf. Sie finden besonders in Salaten Verwendung. Haselnußgroße Perlzwiebeln, auch Silberzwiebeln genannt, werden in der Regel sauer eingelegt.
Die kleinen eiförmigen Schalotten, die wie Knoblauch, Lauch und Schnittlauch ebenfalls zu den Zwiebelgemüsen gehören, finden in der Küche sowohl als Gemüse als auch als Gewürz Verwendung. Sie sind mild und eignen sich besonders gut für Saucen und Fischgerichte.
Zwiebeln sind äußerst gesund. Sie gelten als pflanzliches Antibiotikum. Neben Eiweiß, Vitaminen der B-Gruppe, Vitamin C, E und Provitamin A enthalten sie auch die Mineralstoffe Kalzium, Kalium, Phosphor und Zink sowie Spurenelemente wie das gegen Krebs schützende Selen. Auch wegen ihrer ätherischen Öle wirken Zwiebeln blutreinigend; sie beugen Herzinfarkten vor und helfen lindernd bei Husten und Heiserkeit.
Besagte Öle sind aber auch Schuld daran, daß beim Zwiebelschneiden die Tränen fließen. Etwas besser wird es, wenn man die von den äußeren Schalen befreite Zwiebel kurz in kaltes Wasser legt und danach zerschneidet.
Beim Kauf sollte man darauf achten, daß sich die Zwiebeln fest und trocken anfühlen. Sie dürfen keine grünen Spitzen haben.
Zwiebeln werden kühl und trocken gelagert, am besten im Korb oder Netz; keinesfalls in der Plastiktüte. Anders als Haushaltszwiebeln sollten Gemüsezwiebeln binnen acht Tagen verzehrt werden.

Zwiebelsuppe

500 g Zwiebeln
50 g Butter
1 Apfel
1 EL Mehl
1 l heiße Fleischbrühe
1/8 l Pilsner Bier
Salz und weißer Pfeffer
1/2 TL gerebelter Majoran
1 Bund Schnittlauch, in Röllchen geschnitten
75 g geriebener Emmentaler oder 2 EL Croûtons

Die Zwiebeln abziehen, halbieren und in Scheiben schneiden. Die Butter in einem Topf zerlassen und die Zwiebeln darin dünsten bis sie glasig sind. Den Apfel schälen, vierteln, entkernen und in dünne Scheiben schneiden. Unter die Zwiebeln mischen, kurz andünsten und mit dem Mehl bestäuben. Die Fleischbrühe und das Bier angießen, mit Salz, Pfeffer und Majoran würzen und ca. 20 Minuten bei mittlerer Hitze köcheln lassen. Kurz vor dem Servieren die Suppe mit Schnittlauchröllchen und geriebenem Emmentaler oder Croûtons bestreuen.

Wild und Wald

Thüringen gilt als traditionelle Jagdregion in Deutschland. Noch heute ist mit rund 535 000 Hektar ein Drittel der gesamten Landesfläche bewaldet. Dennoch konnte der »Kleine Mann« bis vor wenigen Jahren von Hirschbraten und anderem Wildbret nur träumen. Zu DDR-Zeiten lieferten die Staatsforstbetriebe die erlegten Tiere an Fleischkombinate ab. Wild war eine Delikatesse, die man nur selten im Laden erwerben konnte. Selbst Förster bekamen nur zu besonderen Anlässen von offizieller Stelle ein Stück Wildbret zugeteilt. Das Fleisch blieb den Privilegierten vorbehalten, es wurde an Hotels geliefert oder exportiert.
Besonders gute Jagdmöglichkeiten für Rotwild bieten der Thüringer Wald und das angrenzende Schiefergebirge, während im Thüringer Holzland vor allem Dam- und Muffelwild Fährten ziehen. Das Schleizer Oberland zeichnet sich durch Rot- und Rehwildbestände aus; der Südharz durch Rot- und Muffelwild. Reh- und Schwarzwild kommt in ganz Thüringen vor, besonders aber im Hügel- und Bergland der Rhön, in den Laubwäldern der Heßberge, von Hainich und Hainleite, Ohmgebirge und Kyffhäuser, Hoher Schrecke und Leinawald. Auch Hasen, Kaninchen, Fasane, Enten und andere Wildtiere stehen auf der Abschußliste, rar und geschützt sind hingegen Auerhahn, Birkhahn und Haselwild.
Eine köstliche Ergänzung zu Fleisch- und Wildgerichten bilden Waldpilze wie Maronen, Steinpilze, Pfifferlinge, Perlpilze oder Hallimasch. Pilze sind an sich gesund, wegen der hohen Schadstoffbelastung ist ihr Verzehr allerdings nur eingeschränkt zu empfehlen.
Pilze sammelte man früher für den Eigenbedarf, zum Beispiel für einen leckeren »Schwämmkuche«. Dessen Grundlage bilden kräftig schmeckende Speisepilze, die mit Gehacktem oder Speck, Zwiebeln und anderen Zutaten vermengt und gebacken werden.
Im Gegensatz zu Pilzen wurden Beeren früher für den Verkauf gesammelt. Noch in den sechziger Jahren dieses Jahrhunderts erwirtschafteten Sammler aus den Walddörfern durch das Beerenpflücken ein kleines Zubrot.
Mittlerweile verleiten Heidelbeeren, Preiselbeeren, Himbeeren und Brombeeren auch zahlreiche Städter zu einem Waldspaziergang. Sie sammeln für die eigene Küche. Heidelbeeren, zu Kompott verarbeitet, schmecken hervorragend zu Klößen, und ein Heidelbeerkuchen krönt jede Thüringer Kaffeetafel.

Gulasch mit Pilzen

750 g Jungrindgulasch
2 EL Butterschmalz
400 g Zwiebeln, grob gehackt
2 EL Tomatenmark
$^1/_2$ l helles Bier
1 EL Paprikapulver edelsüß
Salz und Pfeffer
1 TL Thymian
200 g gemischte Waldpilze
1 Bund gehackte Petersilie
100 g Crème fraîche
1 Prise Zucker

Das Gulasch im heißen Butterschmalz scharf anbraten. Die Zwiebeln dazu geben und glasig dünsten. Das Tomatenmark einrühren und kurz anrösten, dann mit dem Bier ablöschen, mit Paprika, Salz, Pfeffer und Thymian würzen und gut 1 Stunde zugedeckt bei mittlerer Hitze schmoren. Inzwischen die Pilze putzen und in Scheiben schneiden. Wenn das Fleisch gar ist, die Pilze und die Petersilie untermischen und alles noch 10 Minuten köcheln lassen. Vor dem Servieren die Crème fraîche unterrühren und das Gulasch mit Salz, Pfeffer und Zucker abschmecken. Dazu passen Salzkartoffeln.

Hintergrund: Wer solch ein Exemplar findet, kann sich glücklich schätzen. Der Steinpilz gehört zu den begehrtesten Speisepilzen.

Rehgulasch mit Dörrobst

250 g Dörrobst
200 g durchwachsener Speck
1 kg Rehgulasch
4 Zwiebeln, fein gehackt
2 Bund Suppengrün, fein gehackt
$^1/_2$ l Brühe
$^1/_4$ l Rotwein
$^1/_8$ l Weinessig
1 TL Thymian
1 Lorbeerblatt
1 TL Korianderkörner
1 TL Wacholderbeeren
1 TL Pfefferkörner
2 Nelken
Salz
2 EL Johannisbeergelee
1 EL Tomatenmark
Zucker
125 g Sahne
1 TL Speisestärke

Das Dörrobst in etwas kaltem Wasser einweichen. Den Speck in feine Streifen schneiden und in einem Topf auslassen. Das Rehgulasch darin rundum anbraten. Die Zwiebeln und das Suppengrün dazugeben und kurz mitrösten. Mit der Brühe, Rotwein und Weinessig ablöschen und die Gewürze sowie $^1/_2$ TL Salz zufügen. Zugedeckt ca. 1 $^1/_2$ Stunden schmoren, dabei nach gut 1 Stunde das Dörrobst untermischen und mitschmoren. Nach Ende der Garzeit das Johannisbeergelee und das Tomatenmark in die Sauce einrühren und mit Salz, Pfeffer und Zucker abschmecken. Die Sahne mit der Speisestärke verquirlen, unter die Sauce rühren und noch einmal aufkochen. Zum Rehragout Spätzle, Salzkartoffeln oder Klöße reichen.

Steinpilz

»Dem Jägerlatein entspricht das ›Steinpilzlatein‹ der sprichwörtlichen Pilzsammler: Sie messen ihren Sammlererfolg in Steinpilzen. Dieses Edelwild ist Anlaß für manchen Pirschgang, und auch wenn man eine reiche Beute anderer Spezies heimträgt, ist man unterschwellig unzufrieden, solange kein Herrenpilz dabei ist. Drum wird gesponnen und erdichtet, latinisiert. So viele Steinpilze sind nie gewachsen, wie in den Erzählungen guter Freunde gesammelt wurden. Voll Geringschätzung wird da ein Korb schöner und schmackhafter Mischpilze abgetan, gegen sooo einen herrlichen Kerl von Steinpilz.
Die Faszination, die ohne Zweifel von dem Edelpilz ausgeht, hat wohl mit ihre Ursache in seiner Gestalt und in dem Gefühl, mit dem man ihn anfaßt. Das ist mehr Stein als Schwamm, fest bis hart und dauerhafter als andere Waldmännlein, deren Hinfälligkeit man ihnen anfühlt.
Herrenpilz, ein Herr unter den Pilzen.
Argwöhnisch schaut der moderne Sozialkritiker zu ihm hin und doziert über den Pilz der Herrenklasse … Schwamm über soviel Nonsens! Ob Steinpilz oder Dobernigl, er bleibt als Herrenpilz einer der Edelsten in der Pilzhierarchie und läßt sich nicht gleichmachen.
Es lebe der Unterschied.«

(Aus: Alfred R. H. Becker, DuMont's Mirakelbuch der Pilze, 1983)

Brunnenkresse

Napoleon liebte Brunnenkresse. Deshalb imponierte ihm Erfurt, denn seit dem 17. Jahrhundert hatte es sich zu einer Hochburg des Gemüse- und besonders des Brunnenkresseanbaus entwickelt. Auf Napoleons Geheiß wurden im Jahre 1809 zwei Kresse-Experten aus der Region nach Versailles entsandt. So gelangte die schwer zu kultivierende und leicht verderbliche Wasserpflanze nach Paris.
Seine Blütezeit erlebte Erfurts Brunnenkresseanbau Ende des 18. Jahrhunderts. In der Talebene Dreienbrunnen wurde das Wildgemüse professionell gehegt und geerntet. Basis des Erfolgs: ein ausgeklügeltes Bewässerungssystem, bei dem sich Gemüsebeete (»Jänen«) und Wassergräben ablösten. In diesen Gräben oder »Klingen« gedieh die Kresse (Rorippa nasturtium-aquaticum) prächtig. Das klare Wasser stammte überwiegend aus zwei Brunnen, der Rest aus kleinen Quellen innerhalb des rund 120 Morgen großen Gemüseanbaugebiets.
Die Erfurter Kresse war etwas Besonderes. Zeitzeugen aus dem 19. Jahrhundert berichten von »üppig und behaglich breiten« Stengeln und Blättern. Außerdem war der typische bittere Geschmack durch langjährige Kultivierung gemildert und auf ein angenehmes Maß reduziert worden.
Ein Teil der Brunnenkresse-Klingen ist heute noch vorhanden, wird aber nicht mehr bewirtschaftet. In den siebziger Jahren wurde versucht, den aufwendigen Anbau wiederzubeleben – ohne Erfolg: Der Zufluß der Quellen war gestört. Wenn heute Erfurter Brunnenkresse feilgeboten wird, dann solche, die in einem speziellen Nährlösungsverfahren auf »Ebbe-Flut-Tischen« im Gewächshaus kultiviert wurde.
Die Gemüsepflanze eignet sich zum Beispiel zum Garnieren von Salaten oder Steaks. Liebhaber mögen sie auch als Salatgemüse. Sie wird für Kräuterquark und -butter, für Vinaigrette und Suppen verwandt. Brunnenkresse wirkt verdauungs- und durchblutungsfördernd, blutreinigend und harntreibend. Bei Diabetes senkt sie den Blutzucker. Außerdem wird sie gegen Rheuma und Gicht sowie bei Hautüberempfindlichkeit eingesetzt.

Gemüse

Das klassische Gemüseanbaugebiet Thüringens liegt im Erfurter Raum. Rund um die Landeshauptstadt sprießen vor allem Blumenkohl (rund 300 Hektar), Kohlrabi (15 Hektar), Broccoli (15 Hektar) und Kopfkohl (Rot-, Weißkohl und Wirsing; zusammen 10 Hektar). Doch auch in anderen Teilen des Landes wird Gemüse angebaut. So zählen zu den Spezialitäten der Region Mühlhausen Gewürzgurken, die nach traditionellen Rezepten eingelegt werden. Dank einer regenarmen Sommerperiode im Thüringer Becken erreichen auch Speisezwiebeln eine gute Qualität. Geschätzt wird zudem der heimische Spargel mit seinem kräftigen Aroma. Er wächst vor allem bei Hersleben, Weißensee, am Rand der Fahner Höhen und bei Kindelbrück; letztere beiden Gebiete spielen auch für den Obstanbau eine wichtige Rolle. Zwar liefern die zumeist schweren Böden keine optimalen Voraussetzungen für den Spargelanbau (derzeit rund 80 Hektar), doch soll die Fläche aufgrund steigender Nachfrage erweitert werden. Wachsender Beliebtheit erfreuen sich auch Speisepilze aus den Berggrotten bei Nordhausen.
Die Kultivierung von Gemüse unter Glas konzentriert sich auf Laasdorf bei Jena. Dort gedeihen auf rund fünf Hektar Fläche Gurken, Tomaten, Kopfsalat und anderes mehr. Nach Bayern ist Thüringen zudem die zweitwichtigste Anbauregion für Arznei- und Gewürzpflanzen. Aus ganz Deutschland kamen einst Kräuterproduzenten in das »Pfefferminzstädtchen« Kölleda, um den Anbau vor Ort zu studieren. Züge aus Kölleda erkannte man daran, daß sie mit Pfefferminzgirlanden geschmückt waren.
Wenn allerdings von den »Heiligenstädter Möhrenkönigen« im Eichsfeld die Rede ist, hat dies nichts mit dem Gemüseanbau zu tun: Eine Legende besagt, daß die Heiligenstädter ihren Spitznamen »Möhrenkönige« daher erhielten, weil sie das Stadttor einst mangels eines Holzriegels mit einer Möhre versperrten, um feindliche Heerscharen abzuwehren. Dabei rechneten sie nicht mit dem Appetit einer stattlichen Ziege – die fraß die Möhre einfach auf …

Gebackener Blumenkohl

1 Blumenkohl
Salz
3 Eier
weißer Pfeffer
1 Messerspitze gemahlene Muskatnuß
4 EL Mehl
125 g Semmelbrösel
Öl zum Fritieren

Den Blumenkohl waschen, putzen und in Röschen teilen. Die Röschen in kochendem Salzwasser etwa 10 Minuten bißfest garen, dann abschütten, mit kaltem Wasser abschrecken und gut abtropfen lassen. Die Eier mit etwas Salz, Pfeffer und Muskat verquirlen. Die Blumenkohlröschen zuerst in Mehl, dann im Ei und abschließend in Semmelbröseln wenden. Portionsweise in heißem Öl fritieren und vor dem Servieren kurz auf Küchenpapier abtropfen lassen.

Schnippelsuppe

1 Stange Lauch
2 Möhren
500 g Kartoffeln
1 EL Butter
1 Zwiebel, fein gehackt
1 l Fleischbrühe
1 Bund frischer Majoran, gehackt
Salz und Pfeffer
125 g durchwachsener Speck

Das Gemüse putzen und waschen, die Kartoffeln schälen. Alles in feine Scheiben schneiden. Die Butter in einem Topf zerlassen und die Zwiebel darin glasig dünsten. Die Gemüse- und Kartoffelscheiben dazu geben, kurz andünsten und die Fleischbrühe angießen. Mit Majoran, Salz und Pfeffer würzen und 15–20 Minuten köcheln lassen. Den Speck fein würfeln und in einer trockenen Pfanne auslassen. Vor dem Servieren samt dem Bratfett unter die Suppe rühren. Nach Belieben die Suppe mit verquirltem Ei binden.

Puffbohnensalat

500 g Puffbohnenkerne (Dicke Bohnen)
Salz
3 Zwiebeln
3 EL Weißweinessig
Pfeffer
1 Prise Zucker
5 EL Öl
1 Bund Petersilie, fein gehackt
150 g Sülzwurst

Die Bohnenkerne in Salzwasser einmal aufkochen, abgießen und mit frischem Wasser bedeckt nochmals zum Kochen bringen. Bei kleiner Hitze ca. 20 Minuten weich kochen, danach abgießen, mit kaltem Wasser abschrecken und gut abtropfen lassen. Die Zwiebeln abziehen, fein hacken und unter die Bohnenkerne mischen. Aus Weißweinessig, Salz, Pfeffer, Zucker und Öl eine Marinade anrühren, über die Bohnen gießen und die gehackte Petersilie zufügen. Alles gut durchmischen und zugedeckt im Kühlschrank mindestens 1 Stunde ziehen lassen. Die Sülzwurst in Streifen schneiden und vor dem Servieren unter den Salat heben.

Wurst

»Hol mal 'nen Teller«, trägt der Schlachter einem Knirps auf, und der flitzt eilfertig in die Küche. Kaum ist der Kleine mit dem gewünschten Utensil zurück, wird eine aufgeblasene Schweinsblase auf dem Teller zerschnitten – »damit die Luft reingeht«. Solche und noch derbere Scherze werden Thüringer Hausschlachtern gern verziehen, denn auf das Würzen ihrer Würste verstehen sie sich mindestens so gut wie auf das Necken unbedarfter Zuschauer.

Etwa vom Martinstag an (11. November), wenn die Tiere von der Weide geholt werden, beginnen die Schlachtfeste auf Thüringer Höfen. Dann werden sowohl Koch- als auch Brüh- und Rohwürste hergestellt, und für die Freunde und Nachbarn gibt es eine deftige Wurstsuppe.

Rohwürste sind entweder streichfähig, wie Mett- und Teewürste, oder sie gehören zu den Hart- und Dauerwürsten, wie Salami und Zervelatwürste. Zu letzteren zählt der Eichsfelder Feldkieker. Sein Name rührt vermutlich daher, daß er früher mit aufs Feld genommen wurde und dabei aus der Kiepe schaute (kiekte). Feldkieker wird aus dem Besten vom Schwein (zum Beispiel Filet) hergestellt und mit Pfeffer, Salz und Knoblauch gewürzt. Wichtig ist, daß man das Fleisch unmittelbar nach dem Schlachten verarbeitet und noch warm in eine Schlacke (etwa 60 Zentimeter langer Mastdarm des Schweins) oder Kälberblasen stopft. Diese Warmverarbeitung ist typisch für das Eichsfeld, ebenso wie die anschließende Naturreifung. Zur Konservierung nimmt der Fleischer Salz, und für die Gärung sorgen Schnaps und Zucker. Optimal verarbeitet und gelagert, bleibt ein Feldkieker bis zu zwei Jahren haltbar. Feldkieker werden mindestens sechs bis acht Monate luftgetrocknet, am besten in einer Lehmkammer, in der die Temperatur konstant bei rund 15 Grad liegt. Klassisch ißt man die Wurst mit Brot und Schmand.

In anderen Teilen Thüringens werden die meisten Rohwürste geräuchert. So auch die Greußener Salami, die »klassisch« aus magerem Schweinefleisch, Rindfleisch und kernigem Speck besteht. Andere Varianten enthalten auch Puten- oder Hirschfleisch. Das Klima im Greußener Becken ist ideal für die sechswöchige Langzeitreifung der geräucherten Salami, die bekannt ist für ihre leichte Pfeffernote.

Brühwürste, wie die berühmte Thüringer Rostbratwurst, werden nach dem Stopfen in etwa 80 Grad heißem Wasser gebrüht. Sie halten sich nur wenige Tage.

Zu den Kochwürsten zählen zum Beispiel Leber- und Blutwürste, für die bereits gekochtes Fleisch verwendet wird und die selbst noch einmal erhitzt oder eingekocht werden, sowie Sülzen und Corned Beef. In Thüringen gehört der Preßkopf dazu, eine großformatige Sülzwurst vom Schwein, der Blut beigemengt wurde. Über die Landesgrenzen hinaus bekannt ist auch die Thüringer Rotwurst, im Eichsfeld auch Garwurst genannt. Sie besteht aus Schweinefleisch, Speckgrieben und Blut, wird mit Pfeffer, Salz, Muskatnuß, Piment und Majoran gewürzt und in Naturdarm abgefüllt.

Rechte Seite: Hier hängt der Himmel voller Würste. Die Thüringer Metzger sind Meister im Würzen und stolz auf die Qualität und Vielfalt ihrer Produkte.

In die Thüringer Rotwurst kommen gekochte Schweineschwarten, die durch den Wolf gedreht werden.

Außerdem verwendet man gekochtes, in Würfel geschnittenes Fleisch, das gewürzt wird.

Die gewolften Schweineschwarten werden der Wurstmasse beigegeben und in der Mengmaschine untergerührt.

Das Blut, das vorher mit dem Holzlöffel gerührt werden muß, damit es nicht gerinnt, wird zugefügt.

Der Metzger schmeckt die fertige Wurstmasse ab, bevor er sie in Därme füllt.

Der Schweinedarm wird auf Wurstgarn aufgefädelt und auf der einen Seite abgebunden.

Mit der Wurstabfüllspritze füllt der Metzger die Wurstmasse in die Därme ab.

Zwei Helfer binden die Wurst ab und formen dabei eine Schlaufe, damit die Würste aufgehängt werden können.

Nachdem die Würste zwei bis drei Stunden lang gegart haben, kommen sie aus dem Kessel.

Zum Abkühlen werden die Würste etwa eine halbe Stunde lang ins kalte Wasserbad gelegt.

Nun geht's ab in die Räucherkammer, wo die Thüringer Rotwurst etwa fünf bis acht Stunden im kalten Rauch hängt.

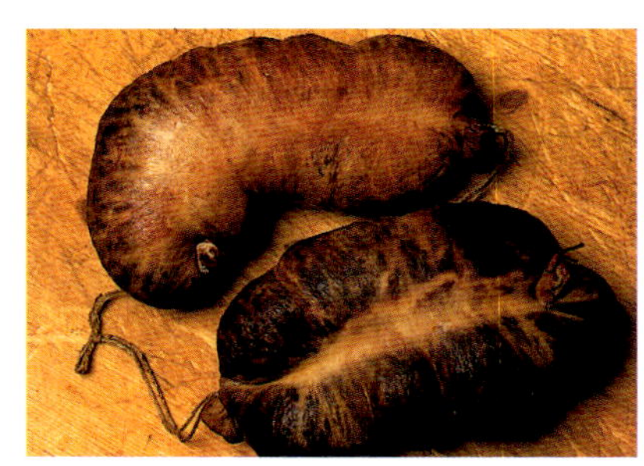

Beim Erkalten erstarrt die Gallertmasse und das Bluteiweiß verfestigt sich. Dadurch werden die Würste schnittfest.

Die Thüringer Mettwurst zählt zu den streichfähigen Rohwurstsorten.

Die Thüringer Leberwurst gehört zu den Kochwürsten.

Ebenfalls eine Kochwurst: die bekannte Thüringer Rotwurst.

Rotwurst einmal anders: statt im Darm in der Blase.

Gerichte mit Wurst

Blutwurst mit sauren Linsen
Gegarte, pikant abgeschmeckte Linsen mit angebratener Blutwurst

Brotsuppe mit Leberwurst
Gemüsesuppe mit Schwarzbrot und Leberwurst-Würfeln

Eichsfelder Weckewurst mit Pellkartoffeln und grünem Salat
Gericht mit einer Hausmacherwurst aus Gehacktem, Zwiebeln, Weißbrot, Schwarten, Fett und Gewürzen

Salami auf Sondershäuser Schärpplätzle
Sauerteigbrötchen mit Salami

Stolzer Heinrich
Thüringer Rostbratwürste in einer sauren Sauce mit Kapern und Zitrone

Topfwurst-Sauerkraut
Verschiedene Wurstsorten, zusammen mit gekochtem Sauerkraut erwärmt

Mühlhäuser Schlachtfestsuppe
Ein typisches Essen am Schlachttag: würzige Wurstbrühe mit Gemüse, Leberwurst und Blutwurst

Thüringer Leberwurst, sauer
Die grobe Kochstreichwurst wird in einer Sauce aus Essig und Öl, Zwiebeln, Schnittlauch, Senf, Pfeffer und Salz eingelegt

Erfurter Kachelwurst
Ein »Wurstgericht«, das keine Wurst enthält:m Frisches Gänse- oder Schweineblut wird mit Milch, Semmelbröseln, feingehackten Zwiebeln und Gewürzen verrührt und im Ofen gebacken, bis sich an der Oberfläche eine Kruste bildet

Skatabend

Wenn aus kumpelhaften Skatbrüdern erbitterte Streithähne werden, weil sie sich nicht über die Regeln einigen können, hilft nur eins: eine Anfrage beim Altenburger Skatgericht, seit 1927 oberste Instanz für Zweifelsfragen aus aller Welt. Die ehrenamtlichen Richter sitzen sozusagen an der Quelle, denn in Altenburg wurde das Bubenspiel um 1813 erfunden. Außerdem stellt man in der Stadt schon seit mehr als 450 Jahren Spielkarten her.

Ernst wird es vor allem dienstags und donnerstags in Altenburgs Gaststätten, wenn die Mitglieder einheimischer Skatklubs in passend dekoriertem Ambiente auf den Tisch hauen. Essen und Trinken sind dabei die schönsten Nebensachen. Am liebsten verzehren die Spieler Bratkartoffeln mit Sülze. Anderen genügen belegte Brote oder ähnlich preiswerte Speisen. Wichtigstes Kriterium ist, daß das Mahl binnen weniger Minuten verzehrt werden kann, denn Zeit fürs Essen bleibt in der abwechslungsreichen Runde nur dem Kartengeber.

Skat war das Ergebnis spielerischer Langeweile und antinapoleonischer Empfindungen: L'hombre und Tarock mochten die Altenburger aus politischen Gründen nicht mehr spielen. Zunächst behalfen sie sich mit dem urdeutschen Schafkopfspiel, doch das war ihnen auf die Dauer zu simpel. Da kamen die versierten Spieler der Bromme'schen Abendgesellschaft – unter ihnen der Verleger F. A. Brockhaus – auf die Idee, den Schafkopf um Regeln und Schikanen der ausländischen Spiele zu bereichern. So entstand »Scat«. Mit dem modernen Spiel hatte dieser »König aller Spiele deutscher Karte« aber noch nicht viel gemein. Für die bedeutendste Veränderung sorgten Leipziger Studenten, die anstelle des »Farbreizens« das »Zahlenreizen« und Schikanen wie Null und Grand einführten. Doch die Regelwächter gaben sich orthodox: Bis zur Anerkennung der spannenden Neuerung dauerte es Jahrzehnte, angefangen vom 1. Deutschen Skatkongreß 1886 in Altenburg bis zum 11. Kongreß im Jahr 1927.

Mittlerweile ist der Skat durch deutsche Emigranten in aller Welt verbreitet. Abweichungen von der allein gültigen Regel bleiben da nicht aus, und so bekommt das Skatgericht immer wieder zu tun. Wer am Stammtisch Recht behalten möchte, dem sei ein Kurs an der Altenburger Skatschule empfohlen.

Hintergrund: Bier und kleine Häppchen – mehr zu sich zu nehmen, erlaubt die Zeit nicht. Denn beim Skatabend kommt es aufs »Reizen« an, Essen und Trinken sind dabei nur die schönste Nebensache.

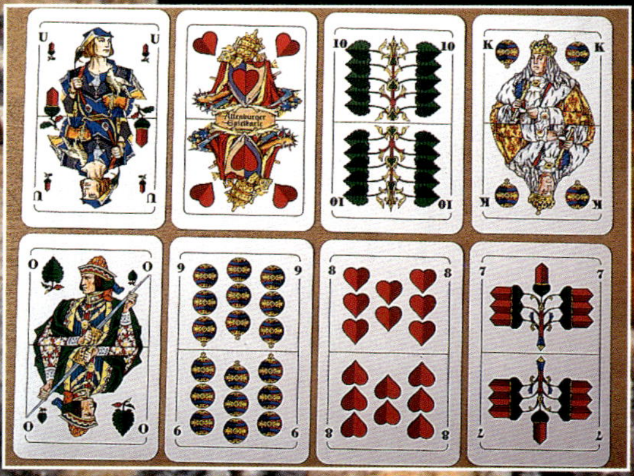

Deutsche Spielkarten mit den Farbzeichen Eichel, Blatt, Herz und Schelle und den Figuren König, Ober, Unter.

Häppchen, wie sie dem Skatspieler munden. Pik, Kreuz, Herz und Karo – eßbare französische Farbzeichen.

Alles nur Spiel

Geschnörkelte Pestsäulen, martialische Reiter, Dichter und Denker mit entsprechender Stirn, in Brunnenbecken pissende Männeken – das sind vertraute Anblicke auf den Marktplätzen deutscher Städte. Vier Büblein aber, die sich in aller Öffentlichkeit um einen Stich raufen, dieses Motiv findet man nur in Altenburg. Die Buben heißen, ganz in der Terminologie der Kartenspieler »Wenzel«, der Ort ihrer Auseinandersetzung ist der »Skatbrunnen«.
Der steht hier schon in der zweiten Ausgabe: Den ersten 1897 errichteten schmolzen die Nationalsozialisten 1942 ein. Das Volk sollte nicht spielen, es sollte schießen. Und dazu brauchte man Munition. Doch schon im Jahr 1954 stritten die Wenzel wieder: Der Nachguß des Brunnens war fertig und wurde eingeweiht. Wesentlich schlechter erging es dem Spielkartenmuseum. Als 1946 die Altenburger Spielkartenfabrik (gegründet 1832) demontiert wurde, brachte man auch die Museumsbestände in die Sowjetunion. Sie gelten seitdem als verschollen. Dennoch konnte inzwischen wieder eine der weltweit größten Spielkartenschauen zusammengetragen werden. Zu sehen sind zum Beispiel seidene Spielkarten aus dem Barock, aber auch Porzellan-Jetons aus dem 19. Jahrhundert, Druckstöcke, Kartenstiche, Spielmaschinen und -tische.

Heldrunger Sauerbraten

Schusterpfanne

Kindstaufschüssel

(Abbildung unten rechts)

1 kg Kalbsbrust ohne Knochen
Salz und Pfeffer
2 EL Butterschmalz
2 Bund Suppengrün, grob gehackt
1/4 l trockener Weißwein
1 große Zwiebel, gespickt mit 1 Lorbeerblatt und 2 Nelken
1 TL Pimentkörner
75 g Rosinen
2 EL Mehl
2 EL Butter
2 EL Kapern
Saft und abgeriebene Schale von 1 Zitrone
1 TL gehackte Mandeln
100 g Sahne
Zucker
1 EL gehackte Petersilie

Die Kalbsbrust waschen, trockentupfen und mit Salz und Pfeffer einreiben. In heißem Butterschmalz von allen Seiten anbraten. Das Suppengrün zugeben und kurz rösten. Mit dem Weißwein ablöschen, mit 1 1/2 l Wasser aufgießen und die gespickte Zwiebel und die Pimentkörner zufügen. Die Kalbsbrust gut 1 Stunde kochen. Nach Ende der Garzeit aus der Brühe heben, die Brühe abseihen. Das Fleisch etwas auskühlen lassen, das Fett entfernen und das Fleisch in mundgerechte Würfel schneiden. Die Rosinen in heißem Wasser etwas quellen lassen. Das Mehl in der Butter goldgelb anrösten, unter Rühren 1/2 l Fleischbrühe angießen und 10 Minuten köcheln lassen. Dann die Kapern, die abgetropften Rosinen, Saft und Schale der Zitrone und die gehackten Mandeln untermischen und die Fleischstücke wieder in die Sauce legen. 10 Minuten in der Sauce ziehen lassen. Die Sahne einrühren und die Sauce mit Salz, Pfeffer und Zucker abschmecken. Vor dem Anrichten mit der gehackten Petersilie bestreuen.

Heldrunger Sauerbraten

(Abbildung oben links)

1/4 l Rotwein
1/4 l Rotweinessig
2 Lorbeerblätter
1 Zitrone in Scheiben
8 Wacholderbeeren
4 Pimentkörner
1 TL Pfefferkörner
1 Bund Suppengrün, grob gehackt
2 Zwiebeln, grob gehackt
1 kg Rinderbraten (Schulter oder Keule)
Salz und Pfeffer
100 g durchwachsener Speck
50 g Butterschmalz
400 g gehacktes Röstgemüse (Zwiebel, Sellerie, Möhre, Lauch)
50 g kalte Butter
4 EL saure Sahne

Für die Marinade den Rotwein mit dem Essig, 1/2 l Wasser, den Lorbeerblättern, Zitronenscheiben, Wacholderbeeren, Piment- und Pfefferkörnern einmal aufkochen. Das gehackte Suppengrün und die Zwiebeln in die Marinade geben und abkühlen lassen. Das Fleisch waschen, Fett, Sehnen und Hautreste entfernen. Fleisch in eine Schüssel legen, mit der Marinade begießen und zugedeckt an einem kühlen Ort 2–3 Tage durchziehen lassen. Vor dem Braten das Fleisch aus der Marinade heben, abtrocknen und mit Salz und Pfeffer einreiben. Den Speck würfeln und im Butterschmalz auslassen. Das Fleisch darin von allen Seiten scharf anbraten, Röstgemüse zufügen, kurz mitbraten, dann die Marinade angießen. Den Braten bei mittlerer Hitze gut 2 Stunden zugedeckt schmoren. Den fertigen Braten aus der Sauce heben und warm stellen. Die Sauce durch ein Sieb passieren und etwas einkochen lassen. Die kalte Butter in kleinen Stücken in die Sauce rühren, die saure Sahne untermischen und mit Salz und Pfeffer abschmecken. Den Sauerbraten in gleichmäßige Scheiben aufschneiden, auf einer vorgewärmten Platte anrichten und die Sauce getrennt dazu servieren. Dazu schmecken Thüringer Klöße und Rotkohl.

Schusterpfanne

(Abbildung unten)

2 Salzheringe
600 g Kartoffeln
Salz
150 g roher Schinken, gewürfelt
1 EL Butter
1 große Gemüsezwiebel, grob gehackt
300 g Jungrindleber
Fett für die Form
250 g saure Sahne
1 Ei
Pfeffer
2 EL Semmelbrösel

Die Salzheringe wässern. Die Kartoffeln waschen und in der Schale in Salzwasser 15 Minuten kochen. Kartoffeln abschütten, ausdampfen lassen, schälen und in Scheiben schneiden. Die Schinkenwürfel in der Butter anbraten, die Zwiebel zufügen und glasig dünsten. Die Leber in Streifen schneiden. Die Heringe häuten, entgräten und in Stücke schneiden. Eine feuerfeste Auflaufform ausfetten, eine Schicht Kartoffeln einfüllen, dann lagenweise Schinken-Zwiebelmischung, Heringe, Leber und Kartoffeln, als letzte Schicht Kartoffelscheiben. Die saure Sahne mit dem Ei verquirlen, mit Salz und Pfeffer würzen und über die Kartoffeln gießen. Mit den Semmelbröseln bestreuen und im vorgeheizten Backofen bei 180 °C etwa 30 Minuten garen.

Kindstaufschüssel

Blech-kuchen

Ohne Kuchen läuft in Thüringen gar nichts. Er ziert den Frühstückstisch, ist Mittelpunkt der Kaffeetafel und wird Partygästen als mitternächtlicher Imbiß gereicht. Wahre Meister sind die Thüringer in Sachen »trockene« und »nasse« Blechkuchen.

Als »trocken« gelten zum Beispiel der klassische Streusel- und der Wellen schlagende Prophetenkuchen (auch Welleneierkuchen genannt), der etwa so viel Eigelb und braunen Schnaps oder Rum enthält wie Mehl. Er wird hauptsächlich in der Osterzeit gebacken.

Für Feuchtigkeit im »nassen« Kuchen sorgen die Quarkmasse, die auf den Teig gestrichen wird, sowie Obst und Pudding. Außerdem wird meist ein Guß aus süßem Rahm oder Schmand über die ganze Pracht gegeben, angereichert mit Eiern und Zucker. In deftigeren Varianten, die oft mit Brotteig hergestellt werden, verleihen Zwiebeln und/oder Speck die saftige Konsistenz. Solche Kuchen kommen warm auf den Tisch. Zum Ausgleich gibt es ein kühles Bier.

Nach dem beliebtesten Volksfest der Thüringer ist der Kirmeskuchen benannt. In manchen Orten heißt er auch Hochzeitskuchen. Seine Merkmale: ein dünner Boden aus Hefeteig, ein wuchtiger Belag mit Pudding und Obst und eine Decke aus Eiern, Zucker, Butter und häufig einem Schuß Rahm.

Modern waren zu DDR-Zeiten Schneewittchen- und LPG-Kuchen. Erfunden wurden sie angeblich von Genossenschaftsbäuerinnen. Schneewittchenkuchen heißt deshalb so, weil der dunkle Teig und die Schokoladenglasur an Schneewittchens schwarzes Haar, die roten Kirschen an ihre Lippen und die Vanillecreme an ihren blassen Teint erinnern. LPG-Kuchen wird mit Buttercreme und Butterkeksen belegt, die mit Weinbrand beträufelt wurden, und mit einem Schokoladenguß verziert.

Noch heute ist es in Thüringen üblich, Blechkuchen daheim vorzubereiten und dann zur Bäckerei zu bringen. Weniger als zwei Bleche trägt man dabei selten aus dem Haus. Häufig beginnt das Backen schon mehrere Tage vor einem Geburtstagsfest oder einer Kirmes. Den Kuchen schadet es nichts, ein paar Tage zu stehen – sie schmecken dann noch besser.

Hintergrund: Die Vorbereitungen für ein Fest dauern Tage, und die Thüringer Hausfrauen müssen oft quadratmeterweise Teig ausrollen.

Thüringer Obstkuchen vom Blech

Hefeteig

1/8 l Milch
80 g Butter
50 g Zucker
1 Prise Salz
abgeriebene Schale von 1 Zitrone
1 Ei
375 g Mehl
25 g Hefe

Quarkmasse

500 g Quark
1/8 l Milch
1 Ei
3 EL Mehl
75 g Zucker
1 Päckchen Vanillinzucker
2 EL Zitronensaft
1 EL Rum

Belag

1 kg Obst, z. B. Äpfel, Zwetschgen, Rhabarber oder Johannisbeeren

Guß

500 g Sauerrahm
2 Eier
1 EL Mehl
2 EL Zucker

Aus den Zutaten nach Grundrezept einen Hefeteig herstellen. Alle Zutaten für die Quarkmasse zu einer streichfähigen Creme verarbeiten. Den Hefeteig auf einem mit Backpapier ausgelegten Backblech ausrollen und einen kleinen Rand hochziehen. Die Quarkmasse daraufstreichen. Mit dem Obst belegen. Sauerrahm, Eier, Mehl und Zucker verrühren und den Guß über das Obst verteilen. Den Blechkuchen im vorgeheizten Backofen bei 200 °C etwa 30 Minuten backen.

Schneewittchenkuchen

200 g Butter
250 g Zucker
5 Eier
300 g Mehl
2 TL Backpulver
1 EL Kakao
1 Glas Sauerkirschen, 700 g
1/2 l Milch
1 Päckchen Vanillepuddingpulver
250 g weiche Butter
Schokoladenglasur

Die Butter mit 200 g Zucker schaumig schlagen. Nach und nach die Eier unterrühren. Mehl und Backpulver unterheben. Ein Backblech mit Backpapier auslegen und 2/3 des Teigs gleichmäßig darauf verteilen. Den restlichen Teig mit dem Kakao mischen und auf den hellen Teig streichen. Die Sauerkirschen abtropfen lassen, auf dem Kuchen verteilen und im vorgeheizten Backofen bei 175 °C ca. 30 Minuten backen. Die Milch mit dem Puddingpulver und dem restlichen Zucker nach Anweisung kochen, abkühlen lassen. Die weiche Butter schaumig rühren und den abgekühlten Pudding eßlöffelweise dazugeben. Die Mischung auf den abgekühlten Kuchen streichen und mit der Schokoladenglasur überziehen.

Tafelrunde bei Anna Amalia

Er kam 1775 nur auf Besuch und blieb – der Stadt zum ewigen Ruhm. Was Johann Wolfgang von Goethe in Weimar hielt, war nicht nur seine Freundschaft zu Herzog Karl August und die feste Stellung bei Hofe, die ihm jener bot, es war auch das geistige Klima der Stadt, das ganz entscheidend von Anna Amalia, der Herzoginmutter, bestimmt wurde. Literarisch interessiert und selbst Komponistin – sie schrieb die Musik zu Goethes »Erwin und Elmire« –, verstand sie es, die geistigen Größen der Zeit an ihrem »Musenhof« zu versammeln.
Weimar bot Aufführungsmöglichkeiten, 1791 wurde das Hoftheater eröffnet, der Hof förderte die Künstler – nicht zuletzt auch finanziell – und gab den Intellektuellen Gelegenheit zu geistigem Austausch und Diskurs. Der bedeutendste von vielen geselligen Kreisen in der Residenzstadt war dabei die »Tafelrunde«, zu der Anna Amalia lud. Anders als bei ihren Tee- oder Schokoladengesellschaften, zu denen Sandtörtchen, Petit Choux, Baisers, Mazarines, Blätterteig- und Aprikosentorten, Hirsch-Zungen, Berliner Zuckerbogen und anderes feine Backwerk gereicht wurde, ließ Anna Amalia die Gäste der Tafelrunde bewirten, bevor das eigentliche Treffen begann. Dabei kamen die famosen Küchenkenntnisse des herzöglichen Mundkochs François Le Goullon zur Geltung, der sein Wissen später in Schriften wie »Der elegante Theetisch« oder »Der neue Apicus« zusammentrug.
Anna Amalia saß der Tafelrunde persönlich vor. Das Wesen des Treffens, dessen Grundstock die Hofgesellschaft bildete, prägten drei von vier »Weimarischen Riesen«: Christoph Martin Wieland, der 1772 als Prinzenerzieher nach Weimar berufen worden war, Gottfried Herder und natürlich Goethe, der diesen Kreis ebenso dominierte wie zahlreiche andere Gesellschaften. Der vierte »Riese«, Friedrich Schiller, kam erst nach 1802 als Gast hinzu.
An der wuchtigen Tafel im Lese- und Speisezimmer des herzöglichen Wittumspalais' nahmen auch Besucher von nah und fern Platz, darunter Heinrich von Kleist, Jean Paul und Madame de Staël. Weimar entwickelte sich zu Deutschlands Kulturmittelpunkt, zum inspirierenden Reiseziel für Intellektuelle aus ganz Europa.
Man las aus den neuesten Werken der Schriftsteller, diskutierte über wissenschaftliche Probleme, malte, musizierte, komponierte oder spielte gemeinsam Theater.
In Weimar wurden Goethes »Iphigenie auf Tauris« (1787) uraufgeführt – Goethe selbst spielte dabei den Orest – sowie Schillers gesamte Meisterdramen bis auf die »Jungfrau von Orléans«.
Nach Anna Amalia, der Frau, die zu all dem beitrug, ist heute die einstige Fürstliche Bibliothek in Weimar benannt.

Die Vielfalt der Thüringer Blechkuchen kennt keine Grenzen. Für die Feuchtigkeit bei den »nassen Kuchen« sorgen eine Quarkschicht, die auf den Teig aufgetragen wird und der Sahne- oder Schmandguß, der über den Belag kommt. Die Kuchen werden in kleine rechteckige Stücke geschnitten und zu einem Kuchenberg aufgeschichtet, der jede Thüringer Kaffeetafel krönt.

Martins-hörnchen

Normalerweise gilt als Martinstag der 11. November, in Erinnerung an den vom Papst heiliggesprochenen Bischof von Tours, der als junger Soldat einem Bettler die Hälfte seines Mantels schenkte. Anders in Erfurt, Eisenach, Wittenberg und anderen »Lutherstädten«: Dort feiern die Protestanten bereits einen Tag zuvor »ihren« Reformator Martin Luther, der am 10. November 1483 geboren wurde.

Bei den Bäckern in Erfurt herrscht dann Hochkonjunktur. In den Auslagen stapeln sich hunderte Martinshörnchen. Das Traditionsgebäck wird mindestens zweimal am Tag aufgetischt, und zwar zum Frühstück und zum Abendbrot. Manche Bäckereien öffnen bereits um 5 Uhr früh, damit sich Berufstätige vor der Arbeit mit dem gebogenen Backwerk eindecken können. Allein 25 000 Martinshörnchen stellt die Bäckerei und Konditorei Rüger am Gutenbergplatz her. Das Original besteht aus einem Hefe- oder Plunderteig, der mit Marmelade oder Konfitüre gefüllt wird.

Moderne Abwandlungen des Traditionsgebäcks enthalten Marzipan, Pflaumenmus oder Sultaninen. Manchmal wird statt Hefe- auch Blätterteig verwendet. Mit dem ursprünglichen Rezept hat all dies nach Ansicht lokaler Experten jedoch nichts mehr zu tun.

Die Hörnchen sind aber nicht das einzig Besondere an diesem Tag. Tagsüber kommen die Erfurter und ihre Gäste zum großen Martinimarkt auf dem Domplatz zusammen, und am Abend trifft man sich dort beim Gottesdienst, wo weit über 100 000 Laternen im Dunkeln leuchten. Anschließend ziehen die Kinder vom Dom aus mit ihren Lampions durch die Stadt, um zu »heischen« oder zu »schnorren«, wie es in Erfurt heißt. Sie gehen singend von Haus zu Haus und werden dafür mit Süßigkeiten und anderen kleinen Gaben belohnt. Viele Familien treffen sich an diesem Abend, und so manche Runde läßt sich eine Martinsgans schmecken.

Und das alles am Geburtstag Martin Luthers, der an der Erfurter Universität den Magistergrad erwarb und sich 1505 in die dortige juristische Fakultät einschrieb. In demselben Jahr trat er ins Erfurter Augustiner-Eremitenkloster ein. Angeblich soll er in dieser Stadt auch zum ersten Mal überhaupt einen Blick in die Bibel geworfen haben.

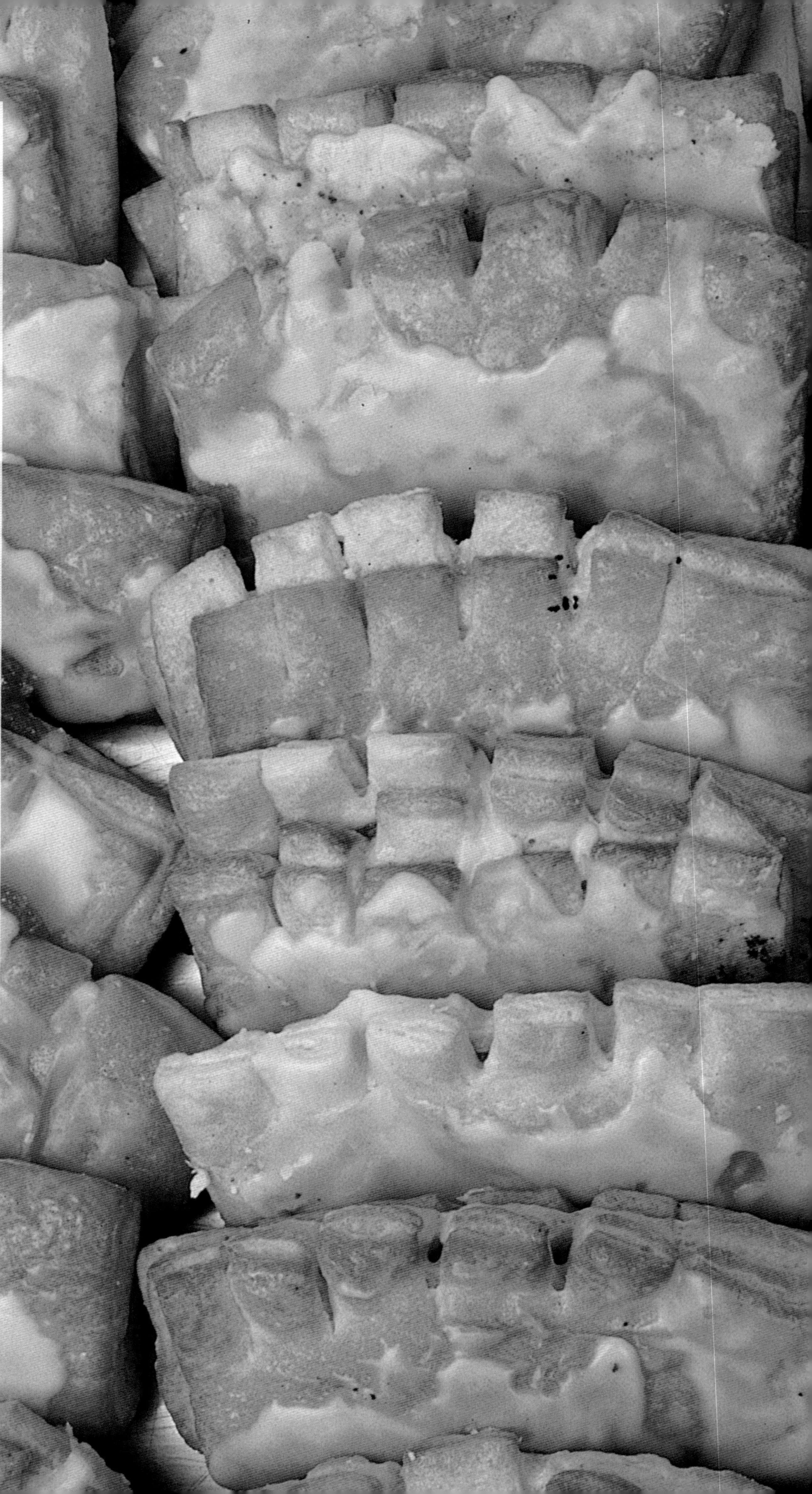

Hintergrund: Zigtausende von Martinshörnchen versüßen den Geburtstag von Martin Luther.

Martinshörnchen

1 Vanilleschote
1/8 l Milch
600 g Mehl
50 g Zucker
1 Ei
150 g Butter, Butter für das Backblech
50 g Hefe
Marmelade für die Füllung
2 Eigelb

Die aufgeschlitzte Vanilleschote in der Milch zum Kochen bringen. Die Schote entfernen, die Milch auskühlen lassen. Aus Milch, 500 g Mehl, Zucker, Ei, 50 g Butter und Hefe einen Teig herstellen. Die restliche Butter rasch mit dem restlichen Mehl verkneten, zu einer Kugel formen und im Kühlschrank 1 Stunde ruhen lassen. Beide Teige getrennt ausrollen, der Hefeteig sollte mehr als doppelt so groß sein wie der Butterteig. Butterteig auf eine Hälfte der Hefeteigplatte legen, die zweite Hälfte darüberlegen, Ränder fest zusammendrücken. Das Teigstück ausrollen und zusammenlegen. Vorgang mehrmals wiederholen. Aus dem Teig 15 x 15 cm große Quadrate ausschneiden. Jeweils 3 TL Marmelade auf eine Teighälfte streichen, die andere Hälfte darüberschlagen und die Ränder zusammendrücken. Die Längskante in regelmäßigen Abständen mehrmals 1 cm tief einschneiden. Das Eigelb verquirlen, Teigstücke damit bestreichen und auf ein gebuttertes Backblech legen. Im vorgeheizten Backofen bei 220 °C ca. 35 Minuten backen.

Martinstag in Erfurt: Nach dem Gottesdienst ziehen die Kinder vom Domplatz aus mit ihren Lampions durch die Stadt. Sie gehen singend von Haus zu Haus und erhalten dafür Süßigkeiten und andere Gaben.

Essen und Musik

In allen Kulturen und Gesellschaftschichten, in denen es die materiellen Voraussetzungen erlauben, im Essen mehr als bloße Nahrungsaufnahme zu sehen, spielt Ästhetik eine große Rolle – sowohl bei der Zubereitung der Speisen als auch bei deren Genuß. Der schön gedeckte Tisch, das Porzellan, oft teurer als das, was auf ihm serviert wird, und nicht zuletzt ein bestimmtes Benehmen, das als »Tischmanieren« definiert ist, gehören zur »Eßkultur« und sollen dazu beitragen, daß sich die Sinnesfreude auf allen Ebenen entfalten kann. »Das Auge ißt mit«, sagen wir und vergessen in unserer visuellen Ausrichtung ganz das Ohr. Dabei haben die Menschen schon immer dafür zu sorgen gewußt, daß sich Gaumen- und Ohrenschmaus miteinander verbanden, gleichsam zum Gesamtkunstwerk allseitigen Genusses.

Schon auf antiken griechischen Vasen finden sich Belege, daß Musik das Essen begleitete: Man sieht fröhliche Tafelnde und hinter und unter ihnen singende, Lyra spielende Musikanten. Im Mittelalter zogen Spielleute durch die Lande, die den Vornehmen die Mahlzeiten verschönten, aber auch bei Volksfesten und in den Wirtshäusern auftauchten, wo sie freilich nicht immer willkommen waren: So erlegte eine Verordnung der Stadt Worms aus dem Jahr 1220 jedem Wirt, der die Spielleute gegen den Willen seiner Gäste einläßt, eine Strafe von 30 Solidis auf.

Wie die Scharfrichter gehörten die Fahrenden zu den »unehrlichen« Leuten, die keinerlei bürgerliche Rechte besaßen. Man warf ihnen vor, daß sie »Gut für Ehre« nahmen, also für die Kurzweil, die sie boten, einen Lohn erbaten – sprich, von der Kunst lebten – und brachte ihnen zudem alle Vorurteile entgegen, mit denen man noch heute »Nichtseßhaften« begegnet. Dennoch, wenn es um Unterhaltung ging, waren die Spielleute auch bei Hof gern gesehen und obwohl sie selbst »nicht zunftfähig« waren, wollte man sie auch bei Zehrungen von Handwerkerzünften und Bruderschaften oder auf Hochzeiten nicht missen. Wenn Kaufleute oder Handwerker von Stand feierten, meist in öffentlichen Räumen wie Rathaus oder Gildehaus, saßen die Hochzeitsgäste nach Geschlechtern getrennt, im Hintergrund auf einer Musikantenbank mehrere Lautenspieler, ein Gambist, ein Geiger. Die Musiker waren gehalten, »stille Musik« zu spielen, denn bei den Bürgern ging es »über die malzeit sitsam« zu. Zahl und Art der Instrumente waren, exakt nach gesellschaftlichem Rang, festgelegt. Die Art der Musik freilich unterlag keiner Beschränkung, so daß von der Moritat bis zur Motette, von der fröhlichen Fanfare bis zum Orgelricercar alles erklang, was der Laune guttat.

Im Laufe des 17. Jahrhunderts setzte sich die Musik sowohl an den Höfen als auch in den Häusern reicher Bürger als zweite Begleiterin üppiger Festmäler neben dem Wein durch. Statt sich die Musikanten immer aufs Neue kommen zu lassen, hielt man sie sich an vielen Höfen bald als hauseigene Kapellen mit Hauskomponisten an der Spitze. Ein eigens fürs Essen komponiertes Repertoir entstand und ein neues Genre : »Banchetto musicale« nannte es 1617 der Komponist Johann

Hermann Schein; 1621 gab es ein »Tafel-Consort« von Thomas Simpson, und Wolfgang Carl Briegel komponierte 1672 ein »Tafel-Confect, bestehend in lustigen Gesprächen und Concerten, von einer bis vier Singstimmen und zweien Violinen nebst Basso Continuo.« 1681 beschreibt ein »divertimento di grassi« im Untertitel die Funktion solcher Musik exakt: »musiche da camera o per servizio di tavola.« Daraus wird im Lauf des 18. Jahrhunderts der Begriff und die Einrichtung der »Tafelmusik.« Großmeister wie Bach, Haydn und Mozart haben sie betrieben als eine von vielen höfischen Dienstleistungen, wobei sie als Musiker Domestiken waren, ranggleich mit Gärtnern und Köchen. Überall in weltlichen Barockstücken, in den frühen Sinfonien Haydens und noch beim jungen Mozart und Beethoven, bemerkte augenzwinkernd der Komponist Hanns Eisler, könne man, da es geradezu einkomponiert sei, das Klappern von Messern und Gabeln, das Klingen der Gläser und Plaudern der Aristokraten hören.

Georg Phillipp Telemann machte, schon in ihrer Spätphase gegen Ende des 18. Jahrhunderts, die Tafelmusik berühmt. Satz für Satz und Takt für Takt, sind seine Stücke so sorgsam und sensibel aufgebaut und abgestimmt wie eines der vielgängigen Menüs, zu denen sie aufgeführt wurden. Telemann hat sich über die Zutaten seiner Musik und ihr klangliches und stimmungsmäßiges Ergebnis mindestens so viele Gedanken gemacht und ihr ebensoviel handwerkliches und künstlerisches Geschick gewidmet wie die virtuosen Köche seiner fürstlichen und patrizialen Auftraggeber ihren Suppen, Pasteten und Entrecotes.

Mit wachsendem Selbstbewußtsein des bürgerlichen Individuums beanspruchten auch die Musiker immer mehr Aufmerksamkeit für ihre Schöpfungen. So hat sich zum Beispiel Joseph Haydn im berühmten zweiten Satz seiner »Sinfonie mit dem Paukenschlag« recht drastisch gegen die Ignoranz der mit vollem Mund die Musik überplappernden Herrschaften gewehrt.

Wie das Bürgertum insgesamt, emanzipierte sich auch die Musik in der Folge von den Höfen. Sie begab sich in die entstehende Öffentlichkeit der Städte – und in die Privatheit der Salons. In den biedermeierlichen Bürgerhäusern grenzten Musikkabinette und Speisezimmer gewöhnlich aneinander, Musik und Essen fanden dort nacheinander statt, meist zuerst die Musik, dann – zur Belohnung? – das Mahl. Die Kunst in den Salons kam indes bald in den Ruf banaler Seichtigkeit, flitterhafter »Salongrazie« (Robert Schumann), womit die bis heute anhaltende Neigung festgestellt war, Musik, Plauderei und Schmaus oder Kaffeekränzchen erneut zu vermengen.

Auch wenn viele die blasse Sound-Tapete, die heute in den Edelrestaurants als Atmosphäre-Spender eingesetzt wird, als den Tiefpunkt dieser Entwicklung sehen – bewußt ausgewählt und ebenso feinfühlig zusammengestellt wie ein gutes mehrgängiges Essen, trägt Musik heute wie ehedem dazu bei, aus einem Mahl das zu machen, was der Genuß von Köstlichkeiten sein soll: ein Fest für alle Sinne.

So sittsam feierte »Albrecht der Entartete«. Musik durfte dabei nicht fehlen, wie das von Moritz von Schwind Mitte des 19. Jahrhunderts gemalte Fresko im Palas der Wartburg zeigt.

Ulla Rettig

Sachsen

An der Elbe, dem Hauptfluß des Landes, liegen die Landeshauptstadt Dresden und so hübsche kleine Orte wie Rathen mit seiner alten Bastei.

Vorhergehende Doppelseite: Leipziger Lerchen sind nur eine von den vielen süßen Spezialitäten, die die Sachsen zum Kaffee essen.

Als »Koffein der deutschen Nation« bezeichnen ausländische Beobachter die Sachsen, nicht nur wegen deren sprichwörtlicher Vorliebe für das anregende Getränk. Zu DDR-Zeiten war klar: »Wenn Sachsen Schnupfen hat, bekommt die ganze Republik die Grippe.« So geschehen im Oktober und November 1989, als die friedlichen Leipziger Montagsdemonstrationen die Wende zur deutsch-deutschen Wiedervereinigung einleiteten. Leipzig, die alte Messe-, Universitäts- und Verlagsstadt ist das wirtschaftliche Zentrum Sachsens, sein Schaustück heißt Dresden. Allmählich erinnert die Silhouette der Landeshauptstadt, die kurz vor Kriegsende völlig zerbombt wurde, wieder an das barocke »Elbflorenz«: Zwinger und Semperoper wurden rekonstruiert, auch die Frauenkirche soll wiedererrichtet werden. August der Starke hatte die Stadt Anfang des 18. Jahrhunderts zu einem europäischen Kunst- und Kulturzentrum ausgebaut. In Leipzig wirkte Johann Sebastian Bach als Thomaskantor, 1743 wurde das Gewandhausorchester gegründet.

Sachsens geographisches Rückgrat bilden die Gebirgsregionen im Süden. Sie reichen vom Vogtland über das Erzgebirge und die Sächsische Schweiz bis nach Niederschlesien. Diese steinernen Wälle konnten jedoch nicht verhindern, daß Sachsen bei kriegerischen Auseinandersetzungen immer wieder zu den Verlierern zählte und nach der Völkerschlacht bei Leipzig 1813 sogar fast die Hälfte seines Territoriums an Preußen abtreten mußte.

Höchster Punkt des Landes ist der 1214 Meter hohe Fichtelberg im »Weihnachtsland« Erzgebirge. Ein »Osterland« gibt es auch: die Oberlausitz, im Osten Sachsens. Dort prägen sorbische Traditionen Brauchtum und Küche, in Niederschlesien mit dem Zittauer Gebirge sind Einflüsse aus der böhmischen Küche unverkennbar.

Was das Essen betrifft, so steht Sachsen synonym für Dresdner Stollen, Leipziger Allerlei, Kaffee und eine Fülle süßer Kuchen. Für die nötige Schärfe sorgt die »Leipziger Pfeffermühle«, ein spritziges Kabarett, das in guter alter Leipziger Tradition das seine an politischer Würze hinzugibt.

Kaffee
Kuchen und Gebäck
Blumen und Blüten
Kartoffeln
Dresdner Stollen
Pfefferkuchen
Gemüse
Fürst-Pückler-Eis
Die Sorben
Sorbisches Hochzeitsmahl

Kaffee

»Die Mutter liebt den Coffee-Brauch, die Großmama trank solchen auch, wer will nun auf die Töchter lästern? Die Sachsen bleiben Coffee-Schwestern«, heißt es in Johann Sebastian Bachs berühmter Kaffeekantate, die in den dreißiger Jahren des 18. Jahrhunderts entstand, als Bach mit seinem »Collegium musicum« wöchentliche Konzerte im »Zimmermannischen Kaffeehause« gab.

Der zu Bachs Zeit entstandene Ausdruck »Kaffeeschwestern« sowie die Lustspielliteratur des 18. Jahrhunderts, die das Kaffeekränzchen und die Leidenschaft der Damen für das Getränk verspotten, erwecken den Eindruck, als seien nur die bürgerlichen Frauen dem schwarzen Gebräu verfallen gewesen. Doch das war keineswegs der Fall: Der im 17. Jahrhundert nach Europa gelangte Kaffee erfreute sich bald großer Beliebtheit in allen Schichten und bei beiden Geschlechtern. Er wurde von den Herrschenden als der große »Ernüchterer« begrüßt, löste er doch das Bier als Volksgetränk ab. Erst Mitte des 18. Jahrhunderts änderte sich diese positive Haltung der Machthaber: Kaffee wurde für »undeutsch« erklärt, die Rückkehr zum Bier propagiert. Es ergingen sogar Kaffee-Verbote, wie zum Beispiel in Preußen. Der Grund war ein ökonomischer: Deutschland, das keine Kolonien besaß, mußte die Bohnen von den Franzosen oder Holländern kaufen, und damit floß eine enorme Geldmenge aus dem Land. In dieser Zeit der Agitation gegen Bohnenkaffee wurde der Kaffee-Ersatz populär, der aus Getreide oder Zichorie hergestellt wurde.

Daß sich der sächsische Ausdruck »Blümchenkaffee« auf dieses Surrogat bezieht, wie manche Quellen behaupten, ist demnach anzuzweifeln. Denn das Wort ist bereits 1729 bekannt. Im »Dreßdnischen Mägde-Schlendrian« heißt es: »Blümgen-Coffée, so nennen die Leipziger den Coffée, wenn er allzu dünne ist, weil man die Blümgen auf dem Boden der Coffée-Tasse dadurch sehen kann.«

Daß man gerade die »Kaffeesachsen« mit dem Blümchenkaffee in Verbindung bringt, ist denen ein Dorn im Auge. Denn sie lieben den Trank zwar süß, aber nicht »labberig«, sprich schwach. 15 Kaffeebohnen für 16 Tassen, von denen man im Zusammenhang mit dem Blümchenkaffee liest – das ist ihre Sache nicht, und die Brühe, die aus mehrfach genutztem Kaffeesatz stammt, nennen sie verächtlich »Plempe« oder »Lorke«. Stolz hingegen sind sie darauf, daß es eine Sächsin war, die den Kaffeefilter erfand: Die Dresdnerin Melitta Bentz stieß Anno 1908 Löcher in den Boden eines Topfes und legte ihn mit einem Löschblatt aus. Dann füllte sie Kaffeepulver hinein und übergoß es mit siedendem Wasser. Diese Neuentdeckung wurde zum Renner auf der Leipziger Messe.

Die Stadt Leipzig spielt überhaupt eine wichtige Rolle in der Kaffeegeschichte Deutschlands. Schon 1694 wurde hier Kaffee öffentlich ausgeschenkt, wobei dies in den Anfangsjahren die übliche Art war, das neue Getränk zu genießen: in der Öffentlichkeit, in einem Kaffeehaus. Den Weg in die Bürgerzimmer, wo er morgens oder nachmittags in der beschaulichen Idylle der Privatheit serviert wurde, fand der Kaffee erst später. In Leipzig, der alten Messe- und Verlagsstadt und einem Zentrum der deutschen Aufklärung, entwickelte sich eine ausgeprägte Kaffeehauskultur, die mit wenigen Ausnahmen in Deutschland ihresgleichen suchte. Ähnlich wie die berühmten Vorbilder in London oder in Paris, bildeten Leipzigs Kaffeehäuser kommerzielle und kulturelle Kommunikationszentren für

das aufstrebende, räsonnierende Bürgertum. Hier wurden die neuesten Zeitungen gelesen, Nachrichten und Klatsch ausgetauscht, Geschäfte gemacht und nicht zuletzt über Politik diskutiert. In »Richters Caffee Haus« entstand im 18. Jahrhundert der Börsenverein des Deutschen Buchhandels, und schon 1698 erschien in Leipzig die vermutlich erste in einem deutschen Café verfaßte Zeitung.
Frauen blieb der Zutritt zu den Leipziger Cafés zunächst per Verordnung verwehrt. Begründung: In Kaffeesalons werde angeblich Prostitution betrieben. Doch das weibliche Geschlecht wußte sich zu helfen. Die Damen organisierten etwa seit 1715 private Treffs in den eigenen vier Wänden: die Kaffeekränzchen. Diese neue Mode ergriff von Leipzig und Hamburg aus ganz Deutschland. Im 20. Jahrhundert schließlich hielten die »Kaffeetanten« Einzug in die Cafés – für den Soziologen Wolfgang Schivelbusch »eine späte Rache an der patriarchalischen Kaffeehauskultur«.

Die älteste Porzellan-Manufaktur Europas

Seit fast einem viertel Jahrtausend ziert es die Tische oder Vitrinen bürgerlicher Haushalte. Zerbricht es, fließen Tränen. Erbt man es, ist die Freude groß.
Die Rede ist vom Meissener Porzellan, genauer von dem berühmten mit dem Zwiebelmuster. Seit 1739 ist es im Handel und hat nicht nur Generationen von tellerzerschmeißenden Dienstmädchen und geschirrfressenden Spülmaschinen überlebt, sondern auch den Wandel des Geschmacks in den letzten Jahrhunderten. Wobei es die Liebhaber des klassischen Designs nicht zu stören scheint, daß das »Zwiebelmuster« gar keine Zwiebeln zeigt, sondern Granatäpfel und Pfirsiche, die aber in der Kombination wie Zwiebeln aussehen. Die beiden Früchte sollen Fruchtbarkeit und langes Leben symbolisieren, und letzteres haben die Produkte der Porzellan-Manufaktur zu Meißen ja nun wirklich erreicht.
Gegründet wurde sie 1710 auf der Albrechtsburg von Kurfürst August dem Starken. August hatte das Rennen um das Herstellungsgeheimnis des »weißen Goldes« gewonnen, allerdings mit wenig eleganten Methoden. Damals war ein Mann namens Johann Friedrich Böttger auf der Flucht, der behauptete, er könne Gold machen. Als er in Sachsen Schutz vor dem Preußenkönig suchte, nahm ihn August gefangen und behielt ihn fast bis zu seinem Tod in Haft. Denn so einen läßt man nicht laufen: Böttger hatte in Sachsen zwar nicht das Goldmachen, dafür aber das weiße europäische Hartporzellan erfunden. Und damit war Europa endlich in der Lage, selbst Porzellan herzustellen – vorbei die Zeiten, in denen edles Geschirr für ein Vermögen aus dem fernen Osten importiert werden mußte!
1865 wurde die Manufaktur in das Meißener Triebischtal verlegt. Seit 1991 gehört der ehemals volkseigene Betrieb dem Freistaat Sachsen. Bis heute aber steht die sächsische Marke mit den gekreuzten blauen Schwertern für brillante Farben und kostbare Dekors. Das kobaltblaue »Zwiebelmuster« und der »volle grüne Weinkranz« sind die bekanntesten Dekors aus der »Wiege Sachsens«. Doch auch Blumenmotive sowie chinesische Fabelwesen, Drachenmuster und märchenhafte Gestalten zieren die Service aus der »Staatlichen Porzellan-Manufaktur Meissen«. Als das umfangreichste gilt das Schwanenservice mit rund 2000 Teilen.
Die gesamte Meissener Sammlung umfaßt mehr als 20 000 Porzellane, darunter auch Fingerhüte, Vasen, Kandelaber, Figuren und Tierplastiken. Rund 3000 von ihnen sind in einer regelmäßig variierenden Ausstellung in der manufaktureigenen Schauhalle zu sehen. In der Schauwerkstatt wiederum können die Besucher kunsthandwerkliche Fähigkeiten bewundern – noch heute wird in Meißen jedes Stück von Hand gefertigt.

Kaffeehauskultur hat in der alten Messestadt Leipzig Tradition.Sie begann allerdings nicht so bürgerlich-beschaulich, wie sie sich hier auf einem Foto des Cafés Panorama aus dem Jahr 1915 darstellt.

Mehl, Butter, Zucker und Ei werden rasch zu einem Teig verarbeitet.

Nach dem Ruhen wird der Teig auf der Arbeitsfläche ausgerollt.

Der Teig wird über die Förmchen gelegt und vorsichtig hineingedrückt.

Nun füllt man die vorbereitete Mandelmasse ein und streicht sie glatt.

Aus dem restlichen Teig werden schmale Streifen geschnitten.

Die Teigstreifen legt man kreuzförmig über die Mandelmasse.

Nach dem Backen stürzt man die Förmchen mit Hilfe eines Bretts.

Nun müssen die Lerchen nur noch aus den Formen befreit werden.

Leipziger Lerchen

Teig

250 g Mehl
125 g Butter
85 g Puderzucker
1 Ei
1 Prise Salz
1 EL Cognac

Füllung

125 g Butter
170 g Puderzucker
1 Eigelb
100 g gemahlene Mandeln
$1/2$ Fläschchen Bittermandelaroma
75 g Mehl
1 EL Speisestärke
3 Eiweiß
Mehl für die Arbeitsfläche
Butter für die Förmchen
Eigelb zum Bestreichen

Das Mehl auf die Arbeitsfläche sieben, in die Mitte eine weite Mulde drücken, die weiche Butter in Würfeln, den Puderzucker, das Ei, Salz und Cognac hinein geben. Alles rasch zu einem glatten Teig verkneten. Den Teig zu einer Kugel formen und im Kühlschrank mindestens 30 Minuten ruhen lassen. Währenddessen die Füllung zubereiten. Dazu die Butter mit dem Eigelb und Puderzucker schaumig schlagen. Nach und nach die Mandeln, Bittermandelaroma, Mehl und Speisestärke unterrühren. Das Eiweiß sehr steif schlagen und vorsichtig unterheben. Den Teig auf der bemehlten Arbeitsfläche ca. $1/2$ cm dick ausrollen. 12 runde Förmchen von 8 cm Durchmesser mit Butter ausfetten und mit dem Teig auskleiden, den Teigboden mehrmals mit einer Gabel einstechen. Die vorbereitete Mandelmasse einfüllen und glattstreichen. Aus dem Restteig schmale Streifen schneiden und kreuzförmig über die Füllung legen. Mit Eigelb bestreichen und im vorgeheizten Backofen bei 180 °C ca. 35 Minuten backen.

Kuchen und Gebäck

Auch wenn dazu Widerspruch aus anderen Regionen kommen mag: Deutschlands Backstube liegt in Sachsen. Die »Kuchensachsen« haben sich als äußerst erfinderisch erwiesen im Entwerfen und Perfektionieren immer neuer süßer Gaumenfreuden. Und sie haben eine ganz besondere Art entwickelt, sich Kuchen und Gebäck schmecken zu lassen: Sie »ditschen« oder tauchen ihn in ihr »Scheelchen Heeßen«, den Bohnenkaffee.
Daß die »Kaffeesachsen« in Personalunion mit den »Kuchensachsen« auftreten, ist übrigens kein Zufall, sondern historisch zu erklären: Als die neuen Heißgetränke Kaffee, Kakao und Tee Mitte des 17. Jahrhunderts nach Europa kamen, zogen sie zunächst als Luxusartikel in die adeligen Kreise ein und wurden dort mit einem anderen Genußmittel kombiniert, über das der Hof bereits seit dem 16. Jahrhundert verfügte: dem Zucker. Kaffee, Tee und Kakao wurden gezuckert – daß dies keine Selbstverständlichkeit ist, zeigen Beispiele anderer Länder. Um nur eines zu nennen: In Nordskandinavien, wo das Vorbild der Höfe fehlte, salzte man den Kaffee. Außerdem stellte der Hof die Regel auf, daß man zu Kaffee, Tee oder Kakao süße Gebäcke serviert. Das Bürgertum übernahm mit den Produkten auch die Verzehrgewohnheiten des Adels: Kaffee, Zucker und Kuchen wurden ein Dreigestirn. Und das Kaffeeland Sachsen zum Kuchenland.
Von der Fülle der Backwerke seien nur einige erwähnt: Zum Beispiel die Dresdner Eierschecke mit ihrer zartbraunen Deckschicht über saftigem Quark- und Hefeteig. Oder die zahlreichen Streusel- und Mohnkuchenvarianten, die deutlich böhmische und schlesische Einflüsse verraten.
Ebenso erfindungsreich wie beim Backen sind die Sachsen auch bei der Namengebung für ihre Kreationen: »Bäbe« heißt ein Napfkuchen, in dem Rosinen nicht fehlen dürfen. »Leipziger Räbchen« sind mit Marzipan gefüllte Pflaumen, die in einen Teig aus Mehl, Öl und Zucker getaucht und in Fett ausgebacken werden. Zum krönenden Abschluß hüllt man sie in ein Mäntelchen aus Zimtzucker. Hinter dem Namen »Meißner Fummel« verbirgt sich ein luftiges Gebäck, das an eine Riesensemmel erinnert. Kurfürst August von Sachsen ließ das Backwerk im Jahr 1710 für einen »trinkfreudigen Kurier« herstellen. Fortan mußte der Schluckspecht auf sein Gläschen Wein verzichten, denn um den zerbrechlichen »Fummel« heil von Meißen zum Kurfürsten zu bringen, mußte er seine Sinne beisammen haben. Das Rezept ist streng geheim. Nur soviel wird verraten: »Der Bäcker nimmt 'nen Batzen Luft, bläst bissel Teig drum rum, schon zieht der Fummel würz'ger Duft ins liebe Publikum.«

Meißner Fummel – »Teig um Luft geblasen«. Den Fummel heil nach Hause zu tragen, ist eine Kunst.

Schon der Dresdner Erich Kästner schwärmte von der Dresdner Eierschecke, einer Spezialität mit Quark.

Rupfkuchen oder Zupfkuchen, kombiniert den Quark mit den ebenfalls populären Streuseln.

Den Variationen von Kuchen mit Quark sind keine Grenzen gesetzt – hier eine Quarktorte ohne Boden.

Dresdner Eierschecke

Teig
250 g Mehl
15 g Hefe
1/8 l Milch
3 EL Zucker
1 Ei
1 Prise Salz
Butter für das Backblech

Belag
40 g zerlassene Butter
75 gehackte Mandeln
125 g Sultaninen
1/2 l Milch
50 g Butter
3 EL Mehl
3 Eier, getrennt
50 g Zucker, 1 Päckchen Vanillinzucker

Aus Mehl, Hefe, Milch, Zucker, Ei und Salz einen Hefeteig zubereiten. Den Teig auf ein mit Butter ausgefettetes Blech drücken. Gehen lassen, bis er doppelt so hoch ist. Mit der zerlassenen Butter bestreichen, mit Mandeln und Sultaninen bestreuen. 400 ml Milch mit der Butter für den Belag aufkochen. Die restliche Milch mit Mehl verquirlen, unter die heiße Milch rühren und noch einmal zum Kochen bringen. Vom Herd nehmen und abkühlen lassen. Eigelb mit Zucker und Vanillinzucker schaumig schlagen. Eiweiß sehr steif schlagen. Ei-Zucker-Creme unter die abgekühlte Milchcreme rühren und Eischnee vorsichtig unterheben. Auf den Teigboden streichen und im vorgeheizten Backofen bei 200 °C ca. 25 Minuten backen.

Vogelfrei: Leipziger Lerchen

»So frißt's Würmlein frisch Keimlein Blatt. / Das Würmlein macht das Lerchlein satt, / Und weil ich auch bin zu essen hier, / Mir das Lerchlein zu Gemüte führ.«
Wie gut, daß Johann Wolfgang von Goethe das Jahr 1876 nicht mehr erlebte. Denn von da an war es aus mit »Lerchlein-zu-Gemüte-führen«: Die Naturschützer setzten ein Verbot der Feldlerchenjagd durch. Bis zu diesem Zeitpunkt waren jährlich Hunderttausende der Vögel in sächsische und internationale Töpfe gewandert – mit Gewürzen gespickt, in Speckstreifen gehüllt und dann gebraten. Leipziger Kaufleute verschickten die gerupften und gefüllten Tierchen sogar bis nach Moskau und Spanien. »Geschwungene Lerchenbrüstchen mit Trüffeln« zählten zu den Delikatessen am sächsischen Hof. Kritikern, die von »barbarischen Eßgewohnheiten« sprachen, soll Kurfürstin Anna erwidert haben, daß auch Rehe, junge Ferkel und Kälber anmutige Tiere sind und dennoch verspeist werden. Außerdem könne sie ihren Gemahl doch nicht zum Vegetarier machen.
Vielleicht hätte die Frau Kurfürstin die Konditoren bemühen sollen, um den Herrn Gemahl umzustimmen. Denn denen gelang es nach dem Verbot der Lerchenjagd einen garantiert vogelfreien und noch heute populären Ersatz für die gebratenen Lerchen zu finden: Die Leipziger Lerche, ein Mürbeteigtörtchen mit Marzipanfüllung. Das verschickten sie nun in die Welt, die auf die Delikatesse-Vögel wartete. Das Gebäck ähnelt entfernt einem Vogelbalg. Zwei Mürbeteigstreifen, die über Kreuz aufgelegt werden, sollen den Faden symbolisieren, mit dem die echten Lerchen früher zusammengehalten wurden. Mit dieser Lösung war beiden gedient: den Feinschmeckern und den Lerchen. Letztere konnten sich nun wieder ungehindert in die Lüfte schwingen – von den Dichtern besungen und nicht gegessen.

Blumen und Blüten

Den Essenstisch mit Blumen zu schmücken, scheint heute eine Selbstverständlichkeit. Sogar in einfachen Gasthöfen fehlen sie nicht, die unvermeidlichen Nelken in der schmalen Vase, und bei üppigen Buffets krönen imposante Gestecke die Tafel. Die Sitte, frische Blumen auf den Tisch zu stellen, ist jedoch wohl kaum älter als 150 Jahre. Im Mittelalter bildeten prachtvolle Gefäße aus Gold und Silber die wichtigsten dekorativen Elemente einer Tafel. Mit der beginnenden Neuzeit, als Zucker in adligen Kreisen verfügbar war und man mit dem teuren Gut ostentativ verschwenderisch umging, wurde er zum Hauptgestalter: Zuckerköche verarbeiteten ihn – gezogen, gesponnen, weiß oder gefärbt; zu Figuren, Bäumen, Blüten geformt, krönte er die festliche fürstliche Tafel. Im 18. Jahrhundert, nachdem es möglich war, in Europa Porzellan herzustellen, ersetzten Porzellanfiguren diejenigen aus Zucker und Marzipan. Üppiges Dekor auf Tellern und Schüsseln – vielfach Blumenmuster – befriedigte das ästhetische Bedürfnis der Tafelnden. Schnittblumen fanden da keinen Platz, auch deshalb nicht, weil sie als Symbol für Vergänglichkeit und Tod galten.

Für Speisen hat man Blüten und Blumen allerdings schon immer benützt. Die Perser stellten frühe Formen des Marzipans aus Rosenwasser, zerstoßenen Mandeln und Zucker her. Auch von eingelegten Kirschblüten, Rosenblättern auf Reis und anderen blumigen Genüssen berichteten Reisende aus dem Orient. Die Römer legten gewaltige Veilchen- und Rosenplantagen an, um

genug Nachschub für Feste zu haben. Ihren Helden überreichten sie Rosengebinde an Stelle von Orden, und Gästen streuten sie Rosenblätter in den Wein. Veilchen aßen sie gezuckert, gebraten oder gebacken. Sachsens gewiefte Zuckerbäcker kredenzten mit Rosenwasser parfümierte Quarkkuchen und Eis, in Fett ausgebackene Holunderküchlein, oder sie experimentierten mit Orangen- und anderen Obstbaumblüten.

Noch heute zieren kandierte Rosen, Veilchen und andere Blüten Kuchen und Torten, außerdem eignen sie sich als schmückendes Beiwerk zu Tee und Likör. Veilchencreme ist außerdem eine beliebte Pralinenfüllung, und Rosengelee macht sich gut als Geschmacksnote in Schokoladenkuchen.

Das Kandieren ist eine langwierige Arbeit, die zudem etwas Fingerspitzengefühl erfordet: Die Blüten werden mit Hilfe einer Pinzette in Zuckersirup eingelegt oder hauchdünn mit geschlagenem Eiweiß überzogen und dann mit Zucker bestreut. Anschließend müssen sie so trocknen, bis sie glashart geworden sind und sich aufbewahren lassen. Doch setzen Blüten nicht nur in süßen Sachen Akzente. Sie runden Salate und andere Vorspeisen ab, zieren Suppen und Saucen, bereichern Tee, Wein und Likör. Im Frühjahr sorgen zum Beispiel Gänseblümchen für ein dezentes Nußaroma in Salaten; im Sommer nehmen gelbe Sonnenblumen- oder rot-orangefarbene Kapuzinerkresseblüten ihren dekorativen Platz ein.

Die Liste der Blüten, die sich für den Verzehr eignen, ist lang. Sie reicht von Chrysanthemen- über Dahlien- bis hin zu Veilchen- und Löwenzahnblüten. Doch Vorsicht vor giftigen Gewächsen. Blumen und Kräuter zu pflücken ist genauso eine Wissenschaft, wie Pilze zu sammeln.

Himmeltorte

Verzierung
8 gerade aufgeblühte Holunderdolden
6 Eiweiß
750 g Zucker

Teig
6 Eiweiß
300 g Puderzucker
2 EL Zitronensaft

Belag
500 g frische Erdbeeren
3 EL Zucker
1 Päckchen roter Tortenguß
250 g Sahne

4 Tage vor der Backzeit die Dolden unter fließendem Wasser waschen. Stiele ins Wasser, die Blüten trocknen lassen. Eiweiß und 8 EL kaltes Wasser mit einer Gabel so verrühren, daß kein Schaum entsteht. Die Holunderdolden ganz oder zerteilt in die Eiweißmasse tauchen, dabei vorsichtig hin- und herbewegen. Herausnehmen, die Feuchtigkeit etwas abschwenken. Zunächst das Blüteninnere gleichmäßig und nicht zu dick mit Zucker bestreuen, dann das Äußere. Den Stiel auf eine hakenförmig auseinandergezogene Büroklammer spießen und aufhängen. 4 Tage trocknen lassen. Am Backtag das Eiweiß steif schlagen, nach und nach Puderzucker und Zitronensaft zugeben. Den Boden einer Springform von 28 cm Durchmesser mit Pergamentpapier auslegen. Die Baisermasse in einen Spritzbeutel mit glatter Tülle füllen und spiralförmig eine gleichmäßige Schicht auf das Papier spritzen. Anschließend mit der Sterntülle in regelmäßigen Abständen Tupfen auf den Rand setzen. Den Baiserboden bei geringer Hitze etwa 1 Stunde lang mehr trocknen als backen lassen. Der Boden muß weiß bleiben. Noch warm von der Unterlage ablösen. Kurz vor dem Servieren die gewaschenen, abgetropften Erdbeeren auf den Tortenboden legen, mit Zucker bestreuen und mit dem nach Vorschrift zubereiteten Tortenguß überziehen. Abkühlen lassen. Die Sahne steif schlagen und zuckern. Sahnekleckse auf den Tortenrand setzen. Die Torte mit den glasierten Holunderdolden garnieren.

1

2

3

4

5

6

7

8

9

1 Heckenrose
2 Holunder
3 Gänseblümchen
4 Jasmin
5 Kapuzinerkresse
6 Kürbis
7 Löwenzahn
8 Margerite
9 Veilchen

Zum Kandieren von Blüten braucht man nur wenige Zutaten, aber etwas Fingerspitzengefühl.

Zuerst muß man Eiweiß und kaltes Wasser mit der Gabel so verrühren, daß kein Schaum entsteht.

Nun taucht man die Holunderblüten in die Eiweißmasse und bewegt sie vorsichtig hin und her.

Nachdem die Dolde etwas abgetropft ist, wird sie von oben und von unten mit Zucker bestreut.

Eine Büroklammer, die man aufbiegt, eignet sich hervorragend als Halter zum Aufhängen der Dolden.

Die Blüten müssen vier Tage hängend trocknen, bevor man sie als Dekoration für die Himmeltorte verwendet.

Nur mittelfrühe und mittelspäte bis sehr späte Kartoffelsorten sind für die Einkellerung geeignet.

Kartoffeln

Wenn man sich vor Augen führt, wie lange es dauerte, bis sich der flächenmäßige Anbau der Kartoffel in Deutschland durchsetzte und mit wie vielen Vorurteilen diejenigen zu kämpfen hatten, die den Wert dieser neuen Feldfrucht als Volksnahrungsmittel erkannten, dann ist man geneigt, den Vogtländern revolutionäre Eigenschaften zuzusprechen: Sie waren wohl die ersten in den deutschen Landen, die sich trauten, in den Erdapfel zu beißen.

Angenommen wird, daß dies schon um 1650 geschah. Durch Quellen gesichert sind die Jahreszahl 1680 und der Ort Kapellenberg. Der mag wohl auch symbolische Bedeutung für die Geschichte der »vogtländischen Knolle« gehabt haben, denn Anfang des 18. Jahrhunderts wurde der Kartoffelanbau sogar zum Anliegen der Kirche: Die sächsischen »Knollenprediger« empfahlen ihn von der Kanzel aus, und wer sich an des Priesters Rat hielt, durfte auch bald reichen Lohn erwarten: Bei der Hungersnot 1719 erwies sich, welch ein Segen die Kartoffel war, und »ab 1730 und besonders seit der Hungersnot 1790 bildete die Knollenfrucht bereits eine Hauptspeise im Erzgebirge. Seit den vierziger Jahren des 18. Jahrhunderts war der Kartoffelanbau in landwirtschaftlich ärmeren Teilen Kursachsens ähnlich wie in der Kurpfalz schätzungsweise schon so bedeutend, daß er den traditionellen Hülsenfruchtanbau quantitativ zu übertreffen begann«, schreiben Teuteberg und Wiegelmann in »Unsere tägliche Kost«.

Was nun die Zubereitung der Knolle betrifft, so machten sich die Sachsen ebenfalls mit viel Innovationsgeist und Kreativität an die Sache heran: Kartoffeln kommen gekocht, gebacken und gebraten auf den Tisch, sie sind die Quintessenz von Kartoffelsuppen und -salaten und Kartoffelpuffern (vogtländisch: »Bambes«). So manches Rezept aus der »Armeleuteküche« wurde inzwischen geschmacklich verfeinert. Für einen köstlichen Kartoffelkuchen (vogtländisch: »Erdepfelkouchn«, erzgebirgisch: »Ardäppelkuchen«) zum Beispiel kombiniert man Hefeteig – am besten fertigen Rosinenstollenteig – mit den gekochten und geriebenen Knollen und serviert das Backwerk warm mit Zucker und Zimt. Eine andere Köstlichkeit sind Quarkkeulchen: goldbraun gebratene ovale Scheiben aus gekochten, zerdrückten Kartoffeln, Quark und anderen Zutaten. Sie werden mit Eiern und Korinthen verfeinert. Erzgebirgische Buttermilchgetzen füllen eine ganze Pfanne aus: Rohe, geriebene Kartoffeln ergeben mit Speck, Zwiebeln, etwas Buttermilch und Ei einen deftigen Teig.

Eine Spezialität sind auch die Klöße, allen voran die Vogtländer »Griegenifte« aus »grünen« (rohen) Kartoffeln. Spätestens an diesem Punkt läßt sich die Nachbarschaft zu Thüringen nicht mehr verleugnen, denn die »grünen« sind auch als »Thüringer Klöße« bekannt. Gut zu den Klößen machen sich Kaninchenbraten, Rouladen und Sauerbraten und natürlich eine köstliche sämige Sauce. Die braucht der Sachse, um seinen liebsten kulinarischen Hobbys zu frönen: dem »Ditschen« (Eintauchen) und dem »Zerknietschen« (Zerknautschen, Zerquetschen) der Klöße.

Quarkkeulchen

750 g Kartoffeln
Salz
75 g Rosinen
Saft und abgeriebene Schale von 1 Zitrone
125 g Mehl
250 g Magerquark
2 Eier
Butterschmalz zum Ausbacken
Zimt und Zucker zum Bestreuen

Die Kartoffeln waschen, schälen, vierteln und in Salzwasser gar kochen. Dann abgießen, ausdampfen lassen und noch warm durch die Kartoffelpresse drücken. Einen Tag ruhen lassen. Am nächsten Tag die Rosinen 10 Minuten in heißem Wasser quellen lassen. Die Kartoffelmasse mit Zitronensaft und -schale, Mehl, Magerquark und den Eiern zu einem Teig verkneten, die abgetropften Rosinen untermischen. Aus dem Teig kleine flache Plätzchen formen. Reichlich Butterschmalz in einer großen Pfanne erhitzen und die Quarkkeulchen darin auf beiden Seiten goldbraun anbraten. Herausheben und kurz auf Küchenpapier abtropfen lassen. Vor dem Servieren mit Zimt und Zucker bestreuen.

Sächsischer Kartoffelkuchen

500 g mehlige Kartoffeln
6 Eier
250 g Zucker
abgeriebene Schale von 1 Zitrone
1/2 TL Zimt
Butter und Semmelbrösel für die Form
50 g zerlassene Butter zum Bestreichen
2 EL Zucker zum Bestreuen

Die Kartoffeln schälen, waschen und vierteln. Kartoffeln kochen, abgießen und noch warm durch die Kartoffelpresse drücken. Einen Tag ruhen lassen. Am nächsten Tag die Eier trennen. Das Eigelb mit dem Zucker schaumig schlagen, die Zitronenschale und den Zimt zufügen. Mit der Kartoffelmasse gut vermischen. Das Eiweiß sehr steif schlagen und vorsichtig unterziehen. Eine Springform ausfetten, mit Semmelbröseln ausstreuen und den Kartoffelteig einfüllen. Im vorgeheizten Backofen bei 175 °C etwa 1 Stunde backen. Den noch warmen Kuchen mit der zerlassenen Butter bestreichen und mit Zucker bestreuen.

Kartoffelernte von Hand lohnt sich nur, wenn man kleine Flächen bewirtschaftet.

Karl May

Gebratene Präriehunde verspeisen? Das kann Old Shatterhand nicht von Hobble-Frank verlangen. »Ich sage Ihnen, wir Sachsen sind helle und verstehen uns off Genüsse wie keene andere europäische Nation«, weist er das »Greenhorn« in »Der Schatz im Silbersee« zurecht.

Unverkennbar: Autor Karl May (1842–1912) war selbst ein Sachse. In Ernstthal am Fuße des Erzgebirges geboren, schrieb er sich mit Abenteuerromanen wie dem »Ölprinz«, »Durchs Wilde Kurdistan«, »Winnetou« und »Der Shut« hinauf zum meistgelesenen deutschen Autor.

Er galt als erfahrener Globetrotter, der den Wilden Westen, Afrika und den Orient kannte wie seine Westentasche. Die Sache hatte nur einen Haken: Hochstapelei. Die meisten seiner Romane schrieb er, ohne je in den Ländern gewesen zu sein, über die er berichtete. Nordamerika besuchte er zum Beispiel erst 1908, nachdem sein Winnetou längst in die ewigen Jagdgründe eingegangen war. Solche Abenteuer entsprangen Mays blühender Phantasie, kombiniert mt der ausführlichen Lektüre zeitgenössischer Reisebeschreibungen.

Umso mehr erstaunt, wie gut sich May in fremdländischen Kochtöpfen auskannte. Da beschrieb er Szenen am Lagerfeuer, bei denen Büffellenden verspeist wurden, ließ die Apatschen Maisbrei als Wegzehrung mitnehmen, in Mexiko den Duft von »Chili con Carne« durch die Wigwams wehen, Winnetou Tortilla essen und Cowboys von »Pemmikan« erzählen, einer Art Indianer-Salami. Manches Gericht hält jedoch auch Horst Scharfenberg für abwegig, der ein »Karl-May-Kochbuch« verfaßt hat. So zum Beispiel das, was Sam Hawkens in »Winnetou, Band 1« behauptet, nämlich, Bärentatzen schmeckten am besten, »wenn sie schon von Würmern durchbohrt sind«.

Karl May selbst stellte in kulinarischer Hinsicht keine großen Ansprüche. »Meine Lieblingsspeise ist Brathuhn mit Reis, mein liebstes Getränk Magermilch«, bekannte er. Übrigens hat Hobble-Frank den Präriehund, der eigentlich ein Murmeltier war, dann doch noch gegessen und war zufrieden: »Es schmeckt wirklich beinahe wie Karnickel, wenn ooch nich ganz so fein wie Zickelbraten.«

Die Rosinen müssen über Nacht in Rum eingeweicht werden.

Für den Vorteig wird zerbröselte Hefe in die Teigmulde gegeben.

Unter Zugabe von Milch wird die Hefe mit dem Mehl verrührt.

Auf den Vorteig kommt ein Teelöffel Zucker und etwas Mehl.

Der Teig muß zugedeckt an einem warmen Ort gehen.

Nach dem Ruhen ist der Vorteig doppelt so groß wie vorher.

In diesem Stadium wird die restliche Milch zugegeben.

Ebenfalls in den Teig kommt nun die abgeriebene Zitronenschale.

Etwas Muskatblüte gibt Farbe und verfeinert den Geschmack.

Jetzt ist es Zeit, die weiche Butter in kleinen Stücken zuzugeben.

Nun wird es anstrengend: Der Teig wird kräftig durchgeknetet.

Die gemahlenen oder gehackten Mandeln werden zugefügt.

Den Teig kneten, damit sich die Mandeln gleichmäßig verteilen.

Das Orangeat zugeben, den Teig wieder durchkneten ...

... und dieselbe Prozedur mit dem Zitronat durchführen.

Zum Schluß kommen die eingeweichten Rosinen dazu.

Der Teig wird wieder geknetet, um die Rosinen einzuarbeiten.

Nun kann man ihm schon die Form eines Stollens geben.

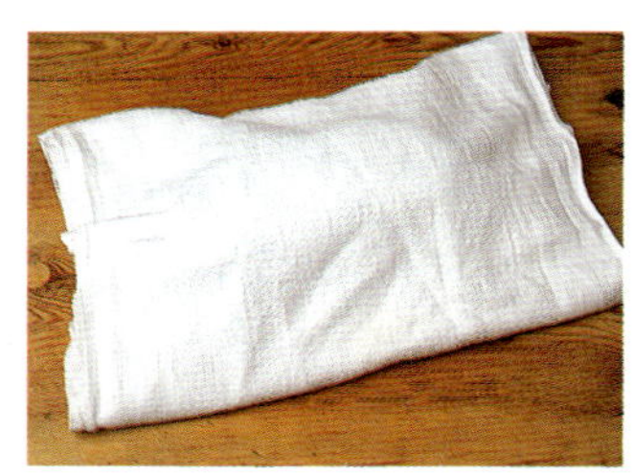
Unter einem Tuch läßt man den Teig an einem warmen Ort gehen.

Nach dem Ruhen wird der Teig flachgedrückt.

Durch Einrollen der Teigplatte erhält der Stollen seine Form.

Jetzt muß er nur noch in den Ofen geschoben werden.

Nach etwa einer Stunde ist das Prachtstück fertig.

Mit einem Pinsel bestreicht man es mit flüssiger Butter.

Zum guten Schluß: eine dicke Schicht Puderzucker.

Dresdner Stollen

Hätte man vor 600 Jahren die Dresdner nach ihrem Lieblings-Weihnachtsgebäck gefragt, den Christstollen hätten sie gewiß nicht genannt. Was heute als Sachsens bekannteste kulinarische Spezialität gilt, begann vermutlich im 14. Jahrhundert als kärglicher Adventskuchen, einem trockenen Weißbrot aus Mehl, Hefe und Wasser, dessen Teig zudem mit Öl statt mit Butter auskommen mußte, da die Kirchenmänner in Rom anläßlich des Adventsfastens ein »Butter-Verbot« verhängt hatten. Das ließ sich natürlich leicht aussprechen, wenn man in Italien saß, wo es das köstlichste Olivenöl gibt – die Sachsen hatten nur Rübenöl, und das war nun weiß Gott nicht geeignet, feines Backwerk genießbar zu machen. Das Öl und die Situation müssen derartig zum Himmel gestunken haben, daß der Kurfürst eingriff. Von ihm ließ sich der Papst überreden, in Sachen Butter einzulenken; ein erkleckliches Sümmchen für den Bau des Freiberger Doms versüßte dem Heiligen Vater die Entscheidung. Und so erlaubte er den Sachsen »inkraft dieses Briefes, daß ihr, eure Weiber, Söhne und Töchter und alle eure wahren Diener und Hausgesind der Butter statt des Oehls ohne einige Pön und ziemlich gebrauchen möget.«
»Ohne Pön«, straffrei, durften die Sachsen von nun an also an der Verfeinerung ihres Stollens arbeiten; ob es dabei immer »ziemlich« zugegangen ist, mag bezweifelt werden. Denn die Zutaten wurden immer üppiger; je reicher eine Region war, desto raffinierter gestaltete sie ihr Weihnachtsgebäck. Nachdem es sogar zu regelrechten »Stollenkriegen« zwischen konkurrierenden Städten kam, gelang es schließlich den Dresdnern, ihre Position auf dem Markt zu festigen. Und zwar dadurch, daß sie im 17. Jahrhundert erwirkten, daß nur noch Dresdner Hersteller ihre Waren auf dem alljährlich in der Stadt stattfindenden Weihnachtsmarkt anbieten durften.
Der »Dresdner Striezelmarkt« ist seit 1434 belegt und damit der älteste deutsche Weihnachtsmarkt. »Strutzel« oder auch »Striezel« ist das mittelhochdeutsche Wort für einen länglichen Hefeteig. Das Wort »die Stolle« oder »der Stollen«, das in manchen sächsischen Gegenden gebraucht wurde, kommt, so das »Etymologische Wörterbuch der Deutschen«, aus dem »Vergleich mit einem Pfosten, Klotz«, also dem Stützpfosten, der beim bergmännischen Stollenbau Verwendung fand.
Inzwischen bricht das traditionsreiche Backwerk Rekorde: Zum Dresdner Stollenfest, das seit 1994 alljährlich am Sonnabend vor dem zweiten Advent gefeiert wird, rückt der »Schutzverband Dresdner Stollen e.V.« mit einem 3000 Kilogramm schweren Prachtstück an. Nach einem festlichen Umzug wird der Kuchen mit einem 1,60 Meter langen Messer angeschnitten und dann verkauft, wobei die Erlöse für einen guten Zweck gespendet werden. Der Verein »Schutzverband Dresdner Stollen e.V.« ist aber natürlich nicht nur karitativ tätig, sondern schützt in erster Linie sein Produkt. Nur original Dresdner Stollen bekommt das Echtheitssiegel. Zu den typisch sächsischen Stollen, so der »Schutzverband«, gehören neben dem klassischen Dresdner Stollen, der mit Sultaninen, Mandeln, Zitronat und Orangeat zubereitet wird, der Mandelstollen, der ganz ohne Rosinen auskommt, und der gefüllte Stollen mit Mohn.

Vor dem Anschneiden muß der Stollen einige Wochen lang ruhen.

Über die Echtheit des Dresdner Stollens wacht der »Schutzverband Dresdner Stollen e.V.«.

Zu den typisch sächsischen Stollenspezialitäten gehört auch der gefüllte Stollen mit Mohn.

»Dresdner Kindheit«

»Als ich ein kleiner Junge war, trabte ich, morgens vor der Schule, zum Konsumverein in der Grenadierstraße. »Anderthalb Liter Petroleum und ein frisches Vierpfundbrot, zweite Sorte«, sagte ich zur Verkäuferin. Dann rannte ich – mit dem Wechselgeld, den Rabattmarken, dem Brot und der schwappenden Kanne – weiter. Vor den zwinkernden Gaslaternen tanzten die Schneeflocken. Der Frost nähte mir mit feinen Nadelstichen die Nasenlöcher zu. Jetzt ging's zu Fleischermeister Kießling. ›Bitte, ein Viertelpfund hausschlachtende Blut- und Leberwurst, halb und halb!‹ Und nun in den Grünkramladen zu Frau Kletsch. ›Ein Stück Butter und sechs Pfund Kartoffeln. Einen schönen Gruß, und die letzten waren erfroren!‹ Und dann nach Hause! Mit Brot, Petroleum, Wurst, Butter und Kartoffeln! Der Atem quoll weiß aus dem Mund, wie der Rauch eines Elbdampfers. Das warme Vierpfundbrot unterm Arm kam ins Rutschen. In der Tasche klimperte das Geld. In der Kanne schaukelte das Petroleum. Das Netz mit den Kartoffeln schlug gegen das Knie. Die quietschende Haustür. Die Treppe, drei Stufen auf einmal. Die Klingel im dritten Stock und zum Klingeln keine Hand frei. Mit dem Schuh gegen die Tür. Sie öffnete sich. ›Kannst du denn nicht klingeln?‹ ›Nein Mutterchen, womit denn?‹ Sie lacht. ›Hast du auch nichts vergessen?‹ ›Na, erlaube mal!‹ ›Treten Sie näher, junger Mann!‹ Und dann gab's, am Küchentisch, eine Tasse Malzkaffee mit Karlsbader Feigenzusatz, und den warmen Brotkten, das ›Ränftchen‹ mit frischer Butter. Und der gepackte Schulranzen stand im Flur und trat ungeduldig von einem Bein aufs andre.

(Aus: Erich Kästner, Als ich ein kleiner Junge war, 1957)

Dresdner Stollen

600 g Sultaninen
4 EL Rum
1 kg Mehl
1/2 l lauwarme Milch
2 Würfel Hefe
200 g Zucker
1 Prise Salz
abgeriebene Schale von 1 Zitrone
gemahlene Muskatblüte
500 g Butter
100 g gemahlene Mandeln
150 g Zitronat, fein gehackt
100 g Orangeat, fein gehackt
Butter zum Bestreichen
Puderzucker zum Bestäuben

Die Sultaninen über Nacht im Rum ziehen lassen. Aus dem Mehl, der Milch, der Hefe, dem Zucker, Salz und der Butter einen Hefeteig zubereiten. Die Mandeln, Zitronat, Orangeat, die Muskatblüte und die Sultaninen in den Teig einarbeiten, gut kneten und 1 Stunde ruhen lassen. Dann wieder kneten, in 2 Hälften teilen, zu Stollen formen und im vorgeheizten Backofen bei 180 °C ca. 1 Stunde backen. Nach dem Backen die warmen Stollen mit Butter bestreichen und dick mit Puderzucker bestäuben.

Pfefferkuchen

Jedes Kind weiß, daß Pfefferkuchen nicht nach Pfeffer schmeckt. Trotzdem gab das teuerste und schärfste Gewürz im Mittelalter dem würzigen Naschwerk seinen Namen. »Pfeffer« wurde zum Oberbegriff für alle exotischen Gewürze, die aus fernen Ländern eingeführt wurden. Für den Pfefferkuchen waren dies vor allem Zimt, Kardamom, Macis, Anis, Nelken, Muskatnuß, Ingwer, Koriander, Piment, Fenchel, Mandeln, Zitrusschalen, Vanille, schwarzer und weißer Pfeffer und anderes mehr. Roggen- und Weizenmehl sowie Honig und Sirup, später auch Zucker, bildeten die Grundbestandteile für das beliebte Backwerk. Bevor man aus diesen Zutaten sattbraun gebackene Pfefferkuchenherzen, Spitzkuchen oder auch kantige »Pflastersteine« formen konnte, mußte der Grundteig oft jahrelang in wuchtigen Gefäßen reifen. Von einem Meister aus der »Pfefferkuchenstadt« Pulsnitz in der Westlausitz wird berichtet, daß er zur Geburt seines Sohnes einen Grundteig anfertigte und diesen erst anläßlich der Geschäftsübergabe an seinen Sprößling freigab.

Seit 1558 genießen die Pulsnitzer das Privileg, Pfefferkuchen backen zu dürfen. Über Generationen vererbten sie ihre Geheimrezepte mündlich weiter. Heute gibt es noch acht Handwerksbetriebe und eine GmbH, die dafür sorgen, daß über der Stadt der Duft schwebt, der Weihnachtsstimmung verbreitet.

Wer einen Blick hinter die Kulissen werfen möchte, kann dies im Museum »Alte Pfefferküchlerei« in Weißenberg in der Oberlausitz tun. Der als Backhaus und hauswirtschaftlicher Arbeitsraum genutzte Hausflur beherbergt einen altdeutschen Backofen mit vorgelagertem häuslichen Herd und Löschkessel. In den kühleren Räumen wurden einst Vorräte und der sogenannte Lagerteig aufbewahrt.

Zur Verarbeitung erwärmten die Pfefferküchler den Teig und kneteten ihn in einer hölzernen Teigbreche durch. Die bestand aus einer Brechbank und einem gezackten Brechbaum, der sich mit Wucht in die harte Masse grub. Je nach Rezept wurden verschiedene gelagerte Teige mit jungem Teig vermischt und dann in der warmen Backstube weiterverarbeitet.

Pfefferkuchen galt wegen seiner gesunden Ingredienzen, auch als Heilmittel. Noch in den dreißiger Jahren stellte man im Erzgebirge Wurm-Pfefferkuchen her, die angeblich gegen die lästigen Parasiten helfen sollten.

Pulsnitzer Pfefferkuchen

500 g Honig
500 g Zucker
200 g Roggenmehl
200 g Weizenmehl
1 EL Zimt
1 TL gemahlener Kardamom
1 Messerspitze Nelkenpulver
6 g Hirschhornsalz

Honig und Zucker zusammen dicklich kochen und auskühlen lassen. Mit den beiden Mehlsorten vermischen und einige Monate in Eichenfässern lagern. Dabei bildet sich Milchsäure. Nach dem Lagerprozeß die Gewürze und das Hirschhornsalz zusetzen und den Teig in Model streichen. Im vorgeheizten Backofen bei 180 °C 10–15 Minuten backen.

Alte Model und neuere Ausstechformen, mit deren Hilfe die Pfefferkuchen »in Form gebracht« werden.

Vom Kultgebäck zur Kirmes-Leckerei

»Du bist mein, ich bin Dein, wann soll denn die Hochzeit sein?« – »Ich hab Dich lieb« – »A Herzerl fürs Herzerl!« Mag sein, daß es dem Verliebten ernst ist, der seiner Flamme auf der Kirmes ein Lebkuchenherz mit solchen Zuckergußsprüchen um den Hals hängt. Insgesamt aber haben Backwerke aus Teig die symbolische Bedeutung verloren, die sie früher hatten. Im alten Ägypten zum Beispiel diente Honigkuchen als Speise für das Dies- und Jenseits. Die Griechen opferten ihn unter anderem den Windgöttern und dem dreiköpfigen Höllenhund Cerberus. Damals hieß es: »Zolle ihm einen Honigkuchen, dann ist seine Wut gezähmt.« Im christlichen Abendland entwickelte sich der Honigkuchen zum symbolischen Festtagsgebäck; von der Taufe bis zum Begräbnis und für den Jahreskreislauf.
Besonders kunstvoll wirkten dabei die Erzeugnisse der Model-Bäckerei. Erste Pfefferkuchenmodel sind im deutschsprachigen Raum seit dem 15. Jahrhundert bekannt. Sie wurden in Holz gestochen, in Stein gegraben oder aus Ton geformt und dienten als Negative für Bildgebäck. Beliebt waren christliche, volkstümliche und zeitgenössische Motive; zum Beispiel Kreuzigungsszenen, Adam und Eva im Paradies oder Bärenmützenträger. Einige Pfefferküchler beherrschten die Model-Stecherei selbst und nahmen sie in ihr Ausbildungsprogramm auf. Seit dem 18. Jahrhundert verdrängten zunehmend Blechausstechformen ihre kunstvollen Vorgänger. Dabei wirkte sich auch der Einfluß des wohlfeiler werdenden Zuckers aus. Jetzt vereiste man die Pfefferkuchen mit Zuckerglasur und verzierte sie mit Bildern, Zuckerguß, Mandeln, Zitronat und anderem mehr. So, wie es auch heute noch gehandhabt wird.

Das Haus des Pfefferküchlers Tobias Thomas in der alten Pfefferkuchenstadt Pulsnitz.

Gemüse

Daß die »süßen Sachsen« nicht nur von Kaffee und Kuchen leben, stellen sie durch ein Gericht unter Beweis, das Karriere gemacht hat, wenn auch zeitweise eine traurige. Denn tiefer als das »Leipziger Allerlei« kann ein an sich köstliches Gericht nicht sinken. Karotten, Erbsen und Spargel, in Dosen verpackt und aus denselben auf die Teller gekippt, manchmal noch mit etwas Mehlschwitze angedickt – so erfreute es sich in vergangenen Jahrzehnten in der Bundesrepublik großer Beliebtheit als Gemüsebeilage in mittelmäßigen Restaurants und bei eiligen Hausfrauen.

Zum Glück hat das wachsende Gesundheitsbewußtsein dem Gemüse wieder eine wichtigere Stellung verschafft, und so kommt auch das Leipziger Allerlei wieder zu Ehren. Es war ursprünglich ein Frühsommergericht und sogar einmal ein billiges, denn die Flüsse waren früher voller Krebse und die Wälder voller Morcheln. Heute muß man schon tief in die Tasche greifen, um ein Original Leipziger Allerlei herzustellen, doch es lohnt sich!

Das Leipziger Allerlei zeigt deutlich, daß es aus einem traditionsreichen Gemüseanbaugebiet stammt. Im fruchtbaren sächsischen Elbtal zwischen Riesa und Pirna gedeihen vor allem Salate, Kohlrabi, Gurken, Tomaten und Küchenkräuter. Aber auch im Gebiet um Zittau sowie südlich von Leipzig und um Torgau sprießt in großen Mengen schmackhaftes »sächsisches Grün«. Neben Erbsen, Bohnen, Spinat, Weißkohl und Rotkohl werden nun auch Rettich, Lauchzwiebeln, Spargel, Tomaten und Radieschen verstärkt angebaut. Immer mehr der rund 1100 sächsischen Gemüseanbauer setzen auf einen integrierten, ökologisch kontrollierten Anbau.

Etwa vier Millionen Deutsche sind glückliche Besitzer von grünen Schrebergärten.

Leipziger Allerlei

30 g getrocknete Morcheln
250 g Spargelköpfe
250 g junge Möhren
1/2 kleiner Blumenkohl
1/2 l Fleischbrühe
50 g Butter
Salz
1 Prise Zucker
200 g tiefgekühlte Erbsen, sehr fein
1 EL Mehl
125 g Sahne
30 g Krebsbutter
weißer Pfeffer und Muskat
300 g gekochte Krebsschwänze

Die Morcheln in 200 ml Wasser 1 Stunde einweichen, dann abgießen und den Sud aufbewahren. Spargelköpfe, Möhren und Blumenkohl putzen und waschen, Spargel und Möhren in 5 cm lange Stücke schneiden, Blumenkohl in Röschen teilen. Die Brühe mit 1 EL Butter, Salz und 1 Prise Zucker aufkochen. Die Möhren hinein geben und 5 Minuten garen. Blumenkohl und Spargel zufügen und weitere 8 Minuten köcheln lassen. Die Erbsen und die Morcheln untermischen und 10 Minuten mitdünsten. Anschließend das Gemüse abgießen, die Brühe auffangen. Das Mehl in der restlichen Butter goldgelb anschwitzen, die Brühe angießen und den Morchelsud dazu geben. Sahne und die Krebsbutter einrühren und die Sauce etwas einkochen. Gemüse und Krebsschwänze hinein geben und in der Sauce erwärmen, nicht kochen. Mit Salz, Pfeffer und gemahlener Muskatnuß abschmecken, in eine vorgewärmte Schüssel füllen und sofort servieren.

Der Gartenzwerg – beliebteste Insignie der deutschen Kleingartenkultur.

Zum Schrebergarten gehören ein Häuschen zum Feiern und Beete für Blumen und Nutzpflanzen.

Die Gärten des Doktor Schreber

Die kleinbürgerlichen Oasen, die nach ihm benannt sind, hat Dr. Daniel Gottlob Moritz Schreber (1808–1861) nie gesehen. Als sein Freund Ernst Innozenz Hausschild 1864 in Leipzig den ersten »Schreberverein« gründete – damals noch ein Erziehungsverein – war der Arzt schon gut zwei Jahre tot. Und um ganz ehrlich zu sein, hatte nicht Schreber, sondern Vereinsmitglied Karl Gesell die Kleingarten-Idee. 1870 wurde sie in Leipzig erstmals verwirklicht. Doch der Impuls stammte von Schreber, und das genügte: Er hatte dazu aufgerufen, Kinderspielplätze in der freien Natur einzurichten. Am Rand eines solchen Spielplatzes entstanden 1886 zunächst Kinderbeete, zur »Körperertüchtigung« der jungen Rangen. Daraus entwickelten sich Familienbeete, denn ohne Mithilfe der Eltern gediehen die Pflänzchen nicht so gut, und später besagte Kleingärten. Ihr Zweck ist ein doppelter: Hier können Städter Obst und Gemüse für den Eigenbedarf anbauen und an der frischen Luft ein erholsames Plätzchen für ihre ganze Familie schaffen. Besonders aus industriellen Ballungsgebieten sind die Anlagen nicht mehr wegzudenken. Heute frönen vier Millionen Deutsche dem Schrebergärtner-Dasein. Ihre Parzellen sind meist zwischen 150 und mehr als 400 Quadratmeter groß. Wege, Spielflächen und Vereinshäuser werden gemeinsam genutzt. Soweit zu dem Positiven, das man mit Schreber verbindet. Äußerst umstritten sind hingegen die pädagogischen Ansichten des Leipziger Arztes und die Mittel, mit denen er seine volksgesundheitlichen Studien betrieb. Seine eigenen Kinder sollen die Opfer gewesen sein. Um ihnen eine »gute Haltung« anzuerziehen, benutzte er Hilfsmittel, die wie mittelalterliche Foltermethoden anmuten. Schrebers älterer Sohn beging später Selbstmord. Der jüngere verbrachte viele Jahre in psychiatrischen Anstalten – und wurde zum Forschungsobjekt für Sigmund Freud.

Fürst-Pückler-Eis

Hermann Fürst von Pückler-Muskau (1785–1871) war ein tollkühner sächsischer Bonvivant. Unter Einsatz seines gesamten Vermögens gestaltete er großartige Landschaftsparks, und nebenbei schrieb er faszinierende Reiseberichte. Daß sein Name – im wahrsten Sinne des Wortes – »in aller Munde« ist, hat jedoch profane Gründe: Nach ihm wurde das dreifarbige Fürst-Pückler-Eis benannt. Wie die kühle Erfrischung zu Pücklers Namen kam, ist nicht ganz klar. Eine Quelle besagt, der Fürst habe das Rezept aus Arabien mitgebracht; eine zweite, er habe die Eisbombe selbst kreiert und eine dritte, der Lausitzer Konditormeister Schulz habe dem adligen Feinschmecker die kühle Erfrischung gewidmet. Jedenfalls nutzte Pückler das Eisrezept als Grundlage für einen leidenschaftlichen Liebesbrief an das Wirtstöchterchen Caroline:

»Nehmen Sie für
Gute Laune: Schokolade,
Körperliches Wohlgefallen: Zucker,
Neugier: Himbeergelee,
Reisestimmung: Makronen,
Lebenslust: Eis,
Treue: Weiße Gelatine,
Seelische Zuneigung: Vanillezucker,
so haben Sie das Rezept für mein erst vor einigen Tagen komponiertes Eis.«

Caroline soll damals sehr geweint haben, weil Pücklers »Treue« äußerst dürftig ausfiel: Nur vier Gramm Gelatine hatte er dafür eingeplant.
Seine abenteuerlichen Frauengeschichten standen auf dem einen Blatt, Pücklers wahre Liebe auf einem anderen: Sein Herz schlug für den Plan, in Muskau (Oberlausitz) nach englischem Vorbild einen der schönsten Landschaftsparks Europas zu gestalten. 1815 machte er sich in seiner Standesherrschaft ans Werk, aber bereits ein Jahr später ging ihm das Geld aus, weshalb er die vermögende Gräfin Lucie von Pappenheim heiratete. Und wirklich gelang es ihm, aus dem sandigen und lehmigen Boden eine paradiesische Landschaft zu zaubern, mit künstlichen Seen und Wasserfällen, mit aufgeworfenen Hügeln und mehr als 3000 verschiedenen Bäumen und Sträuchern, die er zum Teil im ausgewachsenen Zustand aus fremden Gärten ankaufte. Der 600-Hektar-Park zeigte die Natur »in ihren schönsten Augenblicken«. 1845 mußte der hochverschuldete Pückler Muskau verkaufen, doch schon wenig später gestaltete er eine neue Gartenlandschaft in Branitz bei Cottbus. Dort, in einer 60 Fuß hohen »Seepyramide«, liegt sein Herz begraben.

Fürst Pückler Eis

150 g Erdbeeren
125 g feiner Zucker
100 g Mandelmakronen
6 cl Maraschino
500 g Sahne
75 g geriebene Schokolade

Die Erdbeeren waschen, entstielen und abtropfen lassen. Mit 50 g Zucker im Mixer pürieren. Die Makronen zerstoßen und mit 4 cl Maraschino tränken. Die Sahne steif schlagen, nach und nach den Zucker einrieseln lassen und die Sahne in 3 gleiche Teile teilen. $1/3$ Sahne mit den pürierten Erdbeeren und $1/3$ der Makronen verrühren, in eine verschließbare Eisbombe füllen und 10 Minuten ins Gefrierfach stellen. Das zweite Drittel mit dem restlichen Maraschino und $1/3$ der Makronen verrühren, auf die Erdbeermasse streichen und wieder für 10 Minuten ins Gefrierfach stellen. Die restliche Sahne mit der Schokolade und den restlichen Makronen verrühren und als letzte Schicht in die Eisbombe streichen. Die Form verschließen und 4 Stunden tiefkühlen. Vor dem Servieren die Form in heißes Wasser tauchen und das Eis auf eine Platte stürzen.

Speiseeis und seine sieben Grundsorten

Grundzutaten für Eis sind Milch, Sahne und Butter. Hinzu kommen Zucker sowie Früchte in Form von Fruchtfleisch, -mark oder -saft. Für ein besonderes Aroma sorgen Kaffee oder Kakao, ein Schuß Alkohol (Rum, Weinbrand, Wein, Kirschwasser etc.) sowie Nüsse, Nougat, Mandeln, Vanille, Rosinen und anderes mehr. In Deutschland werden sieben Speiseeis-Grundsorten unterschieden:

Milchspeiseeis muß zu mindestens 70 Prozent aus Milch bestehen.
Rahmeis (Sahneeis) enthält wenigstens 60 Prozent Schlagsahne.
Eiskrem wird mit einem Milchfettgehalt von 10 und mehr Prozent hergestellt.
Für Fruchteiskrem reichen 8 Prozent aus.
Einfacheiskrem weist einen Milchfettgehalt von wenigstens drei Prozent auf.
Kremeis enthält mindestens 270 Gramm Vollei oder 100 Gramm Eidotter pro Liter Milch.
Fruchteis besteht zu 20 Prozent und mehr aus frischem Obst, Fruchtfleisch oder -mark. Für Zitroneneis müssen es wenigstens zehn Prozent Zitronenmark oder -saft sein.
Kunstspeiseeis darf im Gegensatz zu den anderen Eissorten gesundheitlich unbedenkliche künstliche Farb- und Aromastoffe enthalten. Viele Eishersteller verzichten jedoch freiwillig darauf.

In dem Park, den Fürst von Pückler-Muskau in Branitz schuf, liegt sein Herz in der Seepyramide begraben.

Hermann Fürst von Pückler-Muskau – sächsischer Bonvivant, genialer Gartengestalter und Eiserfinder.

Die Sorben

Zwischen Spreewald-Idyll und Lausitzer Bergland betritt der Reisende eine andere Welt. Orts- und Straßenschilder sind zweisprachig bedruckt, und Anwohner grüßen mit einem freundlichen »dobry dzen!«, was soviel heißt wie »guten Tag«. Hier sind die Sorben zu Hause, das kleinste slawische Volk und vermutlich auch das kleinste Volk Europas. Sie haben einst den Spreewald urbar gemacht und Fürst Pückler beim Bau seines Landschaftsparks in Muskau unterstützt.
Noch immer pflegen rund 60 000 Angehörige des westslawischen Volksstamms in der sächsischen Ober- und der brandenburgischen Niederlausitz ihre eigene Sprache, Kultur und Küche. Ihre farbenfrohen, regional verschiedenen Trachten mit den prächtigen Hauben und ihre folkloristischen Feste haben die ganze Region geprägt.
Kulturelles Zentrum ist heute Bautzen. Die Kleinsten besuchen sorbisch- und zweisprachig geführte Kindertagesstätten, wechseln später auf sorbische Schulen und Gymnasien und können zum Schluß eine sorbischsprachige Hochschulausbildung absolvieren. Eigene sorbische Zeitungen, sorbischer Rundfunk und Fernsehen gehören ebenso zum Alltag wie Tanz- und Theatergruppen.
Ein für Deutschland einmaliges multikulturelles Phänomen, wenn man bedenkt, daß die Sorben (»Serby«, »Serbja«) nie durch eigene Staatsgrenzen geschützt waren. Dennoch lebten sie mehr als 1000 Jahre weitgehend friedlich mit ihren germanischen Nachbarn zusammen, ohne separatistische Absichten. Trotz wiederholter Versuche, die sorbische Sprache mundtot zu machen, entwickelten sie sogar (um 1700) eine eigene Schriftsprache. »Ein in vielfacher Hinsicht nachdenkliches Gebiet«, urteilt denn auch der Schriftsteller Arno Schmidt über die »Wasserpfütze«, wie die Lausitz zu deutsch heißt.
Von den Nationalsozialisten wurden die Sorben allerdings brutal unterdrückt, ihr Dachverband »Domowina« schon 1937 verboten. Sie durften ihre Sprache nicht mehr sprechen, und bedeutende sorbische Persönlichkeiten wurden aus der Heimat vertrieben oder ermordet. Außerdem gab es Pläne, die Sorben nach dem »Endsieg« umzusiedeln. Zu DDR-Zeiten benutzte die SED die Sorben als »Vorzeige-Völkchen« für eine tolerante Nationalitätenpolitik. Zwar ging es den Sorben in jener Zeit besser als unter Hitlers Regime, Voraussetzung war jedoch politische Anpassung.
Die meisten Sorben sind heute katholisch oder evangelisch, was sich in ihrem umfangreichen Brauchtum niederschlägt: dem Osterreiten zum Beispiel oder der Vogelhochzeit, einem Kinderfest, das am 25. Januar vor allem im Raum Bautzen/Kamenz/Hoyerswerda gefeiert wird. Ähnlich wie am Nikolaustag stellen die Kinder Teller aufs Fensterbrett oder vor die Tür. Die Elster und ihr Bräutigam, der Rabe, legen dann Süßigkeiten hinein, allen voran die »sroki« (zu deutsch »Elstern«), das sind kleine Vögel aus Milchbrötchenteig mit Zuckerguß und Rosinenaugen, sowie gebackene Vogelnester und Baiservögel.
Später am Tag verkleiden sich die Kinder als Vögel oder feiern in ihrer alten Tracht Hochzeit. Da dürfen Festumzug, Tanz und Hochzeitsschmaus nicht fehlen. Der feierliche Marsch durchs Dorf wird traditionell von einem »Hochzeitsbitter« in schwarzem Anzug und Zylinder angeführt. Es folgen Braut und Bräutigam, zwei Patinnen, die Brautjungfern und der Rest der Gesellschaft. Während die Kinder ihren Vogel-Festschmaus ausschließlich mit Süßem bestreiten, wartet das »echte« sorbische Hochzeitsmenü auch mit zahlreichen deftigen regionaltypischen Speisen auf.

Die Hochzeit ist eine der Gelegenheiten, zu der die Sorben ihre Trachten anlegen.
Die Kinder spielen die Welt der Erwachsenen bei der Vogelhochzeit nach.

Osterbräuche

Heißes Wachs, Gänsefederkiele, Messer, Feilen, Feuer und ätzende Salzsäure – sind das Mittel, mit denen man unschuldige, weiße Hühnereier traktieren sollte? Die Sorben tun's, und mit wunderbarem Erfolg: Die Sorbischen Ostereier zählen zu den schönsten Produkten der deutschen Volkskunst. Traditionelle Dekorationselemente sind geometrische und symmetrische Muster. Eine Aneinanderreihung von Dreiecken wird »Wolfszähne« genannt. Striche rund um einen Punkt heißen »Sonnenrad« oder »Strahlenbündel«. Neuerdings werden auch Blumen und Ranken, Namen, Glückwünsche oder kleine Sprüche auf die ovalen Fruchtbarkeitssymbole aufgetragen.
Kein Ei gleicht dem anderen. Dafür sorgen allein schon die vier verschiedenen Arbeitsmethoden: das Ätzen (mit Gänsefederkiel und Salz- oder Salpetersäure), das filigrane Kratzen (mit Messer oder Feile), die farbenprächtige Wachsreservetechnik (das Ei wird mehreren Farbbädern unterzogen, wobei immer mehr Stellen gezielt mit Wachs geschützt werden) und die Wachsbossiertechnik (Wachs bleibt dabei als Verzierung auf dem bereits gefärbten oder naturbelassenen Ei zurück). Besucher können alle Facetten dieser runden Pracht auf den Ostereiermärkten in Kamenz, Weißwasser und Bautzen bewundern.
Ihren Ruf als »Osterland« hat sich die Oberlausitz jedoch nicht nur durch die Kunst des Eierbemalens erworben. Ebenfalls berühmt ist das Osterreiten. Neun Prozessionen machen sich am Ostersonntag in der sorbisch-katholischen Gegend zwischen Bautzen, Kamenz und Wittichenau auf den Weg, um den benachbarten Kirchspielen die Botschaft von der Auferstehung Jesu zu bringen. Bis zu 1300 Reiter in Gehrock und Zylinder sind dann hoch zu Roß unterwegs; allen voran die Träger der Kirchenfahnen und des Kreuzes. Das Fell der Pferde glänzt unter bestickten weißen Seidenschleifen, Blumenranken und geflochtenen Zöpfen. Das Zaumzeug ist mit weißen Kaurischnecken oder -muscheln übersät. Der Brauch des Osterreitens beruht auf den vorchristlichen Traditionen der Flurumritte. In Ostro finden sie noch heute am frühen Ostermorgen statt; und so mancher Sorbe zieht bereits in der Osternacht mit einer »Karbidkanone« durch Wälder und Felder. Der ohrenbetäubende Lärm, den das selbstgebaute Geschoß aus einer alten Blechkanne, Karbid und einem Gummideckel erzeugt, wird bestimmt auch die letzten bösen Geister vertreiben.

Die wunderschön verzierten Ostereier waren früher traditionell ein Geschenk der Sorben an ihre Patenkinder.

Sorbisches Hochzeitsmahl

Rindfleisch mit Meerrettich

(Abbildung unten)

- *1 kg Rindfleisch*
- *2 Suppenknochen*
- *1 Bund Suppengrün*
- *1 Zwiebel, gespickt mit 1 Lorbeerblatt und 2 Nelken*
- *1 EL Butter*
- *1 EL Mehl*
- *2 Eier*
- *1/8 l Milch*
- *100 g frisch geriebener Meerrettich*
- *Salz und Pfeffer*
- *4 EL zerlassene Butter*

Das Rindfleisch und die Knochen waschen. 2 l Wasser mit dem Suppengrün und der gespickten Zwiebel zum Kochen bringen, das Rindfleisch und die Knochen einlegen und zugedeckt bei kleiner Hitze ca. 2 Stunden sieden lassen. Fleisch aus der Brühe heben, die Brühe abgießen. Die Butter zerlassen, das Mehl darin anschwitzen und 400 ml Brühe angießen. Sauce etwas einkochen lassen. Die Eier mit der Milch verquirlen. Die Sauce vom Herd nehmen und die Eimilch sowie den Meerrettich einrühren. Mit Salz und Pfeffer abschmecken. Das Fleisch in gleichmäßige Scheiben schneiden, auf vorgewärmten Tellern anrichten und mit der Meerrettichsauce und der zerlassenen Butter übergießen.

Sorbische Biersuppe

(Abbildung unten)

- *1/4 l helles Bier*
- *1/4 l Malzbier*
- *1/2 l Milch*
- *2 EL Mehl*
- *100 g Sahne*
- *Zucker*
- *1 Prise Salz*
- *1 Ei*
- *100 g Rosinen*

Das Bier mischen und erhitzen. In einem zweiten Topf die Milch zum Kochen bringen und das Bier zugießen. Das Mehl mit der Sahne verquirlen und die Suppe damit binden. Noch einmal aufkochen und mit Zucker und Salz abschmecken. Vom Herd nehmen und das verquirlte Ei unterrühren. Die Suppe in tiefen Tellern anrichten und mit den Rosinen bestreuen.

Rindfleisch mit Meerrettich

Sorbische Biersuppe

Mohnkuchen

Hefeteig
500 g Mehl
1 Würfel Hefe
1/4 l lauwarme Milch
50 g Zucker
1 Ei
1 Prise Salz
Butter für das Backblech

Belag
1 Vanilleschote
1 l Milch
150 g gemahlener Grieß
250 g gemahlener Mohn
50 g Zucker
2 Eier, getrennt
abgeriebene Schale von 1 Zitrone
Puderzucker zum Bestäuben

Aus Mehl, Hefe, Milch, Zucker, Ei und Salz einen Hefeteig zubereiten. Ein Backblech mit Butter ausfetten und den Hefeteig auf das Blech drücken. So lange gehen lassen, bis er doppelt so hoch ist. Inzwischen für den Belag die Vanilleschote halbieren und mit der Milch zum Kochen bringen. Dann den Grieß einrühren und ausquellen lassen. Die Vanilleschote entfernen und den Mohn unter den heißen Grießbrei mischen. Abkühlen lassen. Den Zucker mit dem Eigelb und der Zitronenschale zu einer dicklichen Creme aufschlagen und unter den Mohnbrei rühren. Das Eiweiß steif schlagen und vorsichtig unterheben. Die Masse auf den Teigboden streichen und im vorgeheizten Backofen bei 180 °C ca. 40 Minuten backen. Vor dem Servieren in Stücke schneiden und mit Puderzucker bestäuben.

Mohnkuchen

Ulla Rettig

Sachsen-Anhalt

Auf der Rudelsburg entstand der Text für das Lied »An der Saale hellem Strande«. »Ihre Dächer sind verfallen, Und der Wind streicht durch die Hallen«, schrieb Franz Kugler 1826 über die »Burgen stolz und kühn«, die das Saale-Tal einst beherrschten.

Vorhergehende Doppelseite:
Gut beschuht auf dem Weg nach Hause.

Das junge Bundesland Sachsen-Anhalt strotzt vor Geschichte und Geschichten. Könige, Künstler und Querdenker prägten von diesem Landstrich aus eine ganze Nation. Dennoch fällt es den Einheimischen schwer, eine gemeinsame Identität zu finden. Schließlich sind Altmärker, Harzer und ihre Nachbarn in den Regionen Halle-Saale-Unstrut, Anhalt-Wittenberg und Elbe-Börde-Heide erst seit dem 14. Oktober 1990 wieder als Sachsen-Anhalter vereint. Zuvor existierte ihr politisches Verwaltungsgebiet nur zwischen 1947 und 1952.

Ein zeitlicher Fingerschnips also im Vergleich zu dem, was sich in vergangenen Jahrhunderten hier abspielte: In Quedlinburg wurde der Sachse Heinrich 919 zum deutschen König gekrönt. Unter Kaiser Otto I. mauserte sich Magdeburg im 10. Jahrhundert zu einem der großen christlichen Zentren auf dem Globus, und Reformator Martin Luther brachte ein ganzes Weltbild ins Wanken, als er 1517 seine 95 Thesen ans Portal der Wittenberger Schloßkirche schlug.

Dichter und Musiker gaben sich auf sachsen-anhaltischem Boden die Klinke in die Hand, darunter Goethe, Heine, Fontane, Telemann, Bach, Händel und Schütz.

Dennoch: Sinn für Gemeinsames läßt sich offenbar am ehesten über Gaumenfreuden wecken. Stolz eint die Sachsen-Anhalter auf das, was ihr Boden hergibt: Zucker und Korn aus der fruchtbaren Magdeburger Börde, Zwiebeln aus Calbe, Spargel und Milch aus der Altmark, Aprikosen, Wein und Sekt aus dem Saale-Unstrut-Gebiet, Käse aus dem Harz. Findige Köche tragen dazu bei, der regionalen Küche wieder einen Stellenwert zu geben. Alte Rezepte werden zu Rate gezogen und liefern die Grundlage für die Zubereitung deftig-herzhafter Speisen.

Dieses wiedererwachte Selbstbewußtsein wurde 1996 offensichtlich: In Umkehrung der »Care«-Paketaktion aus Zeiten des Kalten Krieges schickten Sachsen-Anhalter hunderttausende Päckchen mit Rotkäppchen-Sekt, Halberstädter Würstchen und anderen regionaltypischen Spezialitäten in den Westen.

Auch so läßt sich Geschichte schreiben: Zwei der Pakete landeten im Deutschen Historischen Museum in Berlin.

Zucker und Korn
Fisch
Aprikosen & Co.
Baumkuchen
Salz
Gemüse
Fleischgerichte
Harz und Hexen
Wein und Sekt
Biere aus dem Osten
Käse mit Spinnen

Zucker und Korn

Seit jenem Tag in den dreißiger Jahren, als die Reichsbodenschätzer auf ihrem Acker gegraben hatten, zählte die Witwe Haberhaufe aus Eickendorf zu den stolzesten Witwen des Landes. Hatte sie doch volle 100 Bodenpunkte und damit die offizielle Bestätigung erhalten, daß ihr Flurstück in der Magdeburger Börde optimales Agrarland sei. Die hohe Fruchtbarkeit des Lößlehmbodens, kombiniert mit der optimalen Verkehrsanbindung des witweschen Grundstücks setzten Maßstäbe für alle anderen Äcker in Deutschland.

Auch sonst weist die rund 930 Quadratkilometer große Börde Superlative vor: Sie ist eine der großen Kornkammern und das bedeutendste Zuckerrübenanbaugebiet Deutschlands. Rübensamen aus Klein Wanzleben sorgten zudem für energiereiche Sprößlinge in aller Welt. Schon um 1914 stammte jede dritte Zuckerrübe von Züchtungen aus der Börde ab. Heute bedecken Getreidefelder 62 Prozent der Anbaufläche. Hier gedeihen Weizen, Gerste, Hafer und, in den Randgebieten, Roggen für das berühmte Burger Knäckebrot, das seit 1931 hergestellt wird. Zuckerrüben nehmen nur noch 10 Prozent der Anbaufläche ein, spielen aber in der Geschichte der Börde eine wichtige Rolle: Mit dem Bau der Zuckerfabriken in der zweiten Hälfte des 19. Jahrhunderts erfuhr die Region einen enormen wirtschaftlichen Aufschwung. Die seit 1870 eingesetzten Dampfpflug-Lokomobilen, die ursprünglich für die Baumwollfelder in Übersee entwickelt worden waren, revolutionierten den Zuckerrübenanbau, der in Handarbeit ein denkbar schweres Geschäft gewesen war, und trugen entscheidend zur Ertragssteigerung bei.

Der neu gewonnene Reichtum prägte auch den Baustil der Gegend: Es entstanden die sogenannten »Rübenpaläste« – herrschaftliche Gutshäuser, die Gestaltungselemente von Gründerzeit-Villen zur Schau stellten und mit noblen Herren-, Damen- und Musikzimmern ausgestattet waren.

Treu blieben die Börde-Bauern hingegen der derben, kräftigen Regionalküche, allem voran dem heißgeliebten Sauerkraut. Ganz nach dem Motto: »Wodurch ward ihm wieder wohl? – Durch Magdeburger Sauerkohl!« Äußerst beliebt war eine Kombination aus Eisbein, Erbspüree und Sauerkohl, im Volksmund auch »Bötel, Lehm und Stroh« genannt. Fleisch, das in der prosperierenden Börde häufig auf dem Speiseplan stand, wurde in großen Mengen gepökelt. Rippchen, Speck und Schinken konservierte man in separaten Räucherkammern und bewahrte sie im Rauchfang der Küche auf.

Viele traditionelle Bördegerichte stehen noch heute auf dem Speiseplan. Andere hingegen, wie der »warme Salat«, haben den Gaumentest nachfolgender Generationen nicht bestanden. Heute ißt man Eierkuchen wohlweislich ohne jenen Kopfsalat, von dem eine säuerliche, warme Mehltunke herabtropfte. Schon um 1900 urteilten Kenner, daß »ein moderner Magen« ein derart behandeltes Grünzeug »absolut nicht mehr verträgt«.

Hintergrund: Getreidefelder bedecken 62 Prozent der Anbaufläche der Magdeburger Börde.

Bötel, Lehm und Stroh – Eisbein, Erbspüree und Sauerkohl – ist eines der typischen Bördegerichte.

Zwischen 1870 und 1965 prägten die Silhouetten der Dampfpflug-Lokomobilen das Bild der Magdeburger Börde. Paarweise stampften und fauchten sie am Ackerrand entlang und zogen dabei mit Seilwinden einen Balancier- oder Kipp-Pflug im Zick-Zack übers Feld. Die mehrscharigen Pflüge wendeten den schweren Lößboden bis zu 40 Zentimeter tief um. Die Dampfrösser brachten 70 bis 150 PS Leistung und bestellten bis zu 9 Hektar Ackerland pro Tag.

Bötel, Lehm und Stroh

(Abbildung linke Seite)

Bötel (Eisbein)

2 gepökelte Eisbeine à 400 g
1 Zwiebel, gespickt mit 1 Lorbeerblatt und 2 Nelken
1 Bund Suppengrün
1 TL Gewürzkörner (Pfeffer und Piment)

Stroh (Sauerkraut)

1 gehackte Zwiebel
1 EL Butterschmalz
500 g Sauerkraut
5 Wacholderbeeren

Lehm (Erbsbrei)

350 g getrocknete, gelbe Erbsen, am Vortag eingeweicht
1 gehackte Zwiebel
2 Kartoffeln, geschält und in Würfel geschnitten
1 Bund Suppengrün, gehackt
Salz und Pfeffer
1 TL gerebelter Majoran
150 g Frühstücksspeck in Würfel geschnitten

Die Eisbeine abspülen. In einem großen Topf 3 l Wasser zum Kochen bringen und die Eisbeine einlegen. Die gespickte Zwiebel, Suppengrün und Gewürzkörner zufügen und im geschlossenen Topf bei kleiner Hitze etwa 1 $^1/_2$ Stunden kochen. Die Eisbeine herausheben und die Brühe abseihen. Für das Sauerkraut die gehackte Zwiebel im heißen Butterschmalz glasig dünsten, das Sauerkraut und die zerdrückten Wacholderbeeren hinein geben, mit $^1/_2$ l der Eisbeinbrühe aufgießen und 1 Stunde köcheln lassen. Während der letzten $^1/_2$ Stunde die Eisbeine mitgaren. Inzwischen die abgetropften Erbsen mit $^1/_2$ l Eisbeinbrühe, der Zwiebel, den Kartoffeln und dem Suppengrün zum Kochen bringen. Mit Salz, Pfeffer und Majoran würzen und zugedeckt bei mittlerer Hitze 1 Stunde kochen. Danach durch ein Sieb streichen. Den Speck in einer trockenen Pfanne auslassen und über den Erbsbrei und das Sauerkraut verteilen. Mit den Eisbeinen servieren.

Suern Kool und Klump

1 EL Butterschmalz
2 gehackte Zwiebeln
800 g Sauerkraut
4 dicke Scheiben geräucherter Schweinebauch
1 Prise Zucker
Salz und Pfeffer
2 Lorbeerblätter
5 Wacholderbeeren
500 g Kartoffeln
1 große Gemüsezwiebel
2 Eier

Das Butterschmalz erhitzen und die Zwiebeln darin glasig dünsten. Das Sauerkraut zufügen, den Schweinebauch einlegen und $^1/_2$ l Wasser angießen. Mit Zucker, Salz und Pfeffer würzen und die Lorbeerblätter sowie die zerdrückten Wacholderbeeren zufügen. Zugedeckt bei kleiner Hitze etwa 1 Stunde kochen, eventuell etwas Wasser nachgießen. Inzwischen die Kartoffeln schälen, waschen und mit der Zwiebel grob reiben. In ein Küchentuch wickeln und den Saft gründlich auspressen. Sofort in eine Schüssel geben und mit den Eiern und Salz verrühren. Das Sauerkraut mit dem Schweinebauch in eine feuerfeste Form füllen, mit dem Kartoffelteig bedecken und im vorgeheizten Backofen bei 175 °C 15–20 Minuten goldgelb überbacken.

Klump und Grude

»Kool un Klump füllt den Buren den Rump«, »Kohl und Klump füllen des Bauern Rumpf«, lautet ein altes Sprichwort aus der Magdeburger Börde. Kaum ein Gericht kam ohne diese Beilage auf den Tisch. Ursprünglich handelte es sich beim Klump um eine Hefeteig-Schicht, die quasi wie ein Deckel auf Speisen gelegt und dann im Grudeherd gegart wurde. Als »Löffelklump« wurden Teigstückchen auch als Suppeneinlage verwandt.
Man unterscheidet zwischen Jestklump (aus Hefe), Mehlklump, Bollenklump (mit Zwiebeln), Kartoffelklump, Schotenklump (mit Erbsen) und Zwiebackklump, der auch »Kleine Klümpe« genannt und als Einlage in Gemüsesuppen verwendet wird. Jestklump wurde, mit Sultaninen, Zitronat oder Orangeat versüßt, auch als Kaffee-Gebäck gereicht.
Besonders beliebt als Sonntagsgerichte waren »Suern Kool und Klump« sowie »Bratgen und Klump«. Für letzteres wurden Bratgen, sprich getrocknete Pflaumen, Äpfel oder Birnen, zusammen mit Rosinen mehrere Stunden lang in Speck- oder Rippenfett geschmort. Anschließend setzte man den Klump obendrauf. Der Eisentopf wurde in den Grudeherd gestellt, wobei man Asche über den Deckel häufte. Die Grude war eine eiserne, manchmal fest gemauerte Vorrichtung, in die wenig Luft dringen konnte. Stroh und Äste oder auch Grudekohle, ein feinkrümeliger Braunkohlenkoks, glommen darin mehrere Stunden am Topf entlang. Über Nacht nutzte man die Restwärme zum Dörren von Obst. Inzwischen hat die Kartoffel den Klump weitgehend verdrängt, und Grudeherde findet man nur noch sehr selten.

Fisch

Morgens um Sieben, wenn sich der Frühdunst über dem Arendsee lichtet, sticht Fischermeister Wilfried Kagel in See. Er stellt einem Fisch nach, der sonst nirgends in Sachsen-Anhalt zu finden ist: der Kleinen Maräne. Gespannt ziehen Kagel und seine Mitarbeiterin Sabine Schulze ihre Schwebenetze aus rund 10 bis 20 Metern Tiefe empor. Diesmal können sie zufrieden sein: Es sind hunderte Fische, die mit ihren Kiemen in den Maschen hängen.
Die Kleine Maräne *(Coregonus albula)* gehört zur Familie der Salmoniden, zu der auch Lachse und Forellen zählen. Sie alle haben eine ausgeprägte Fettflosse. Kleine Maränen sind bis zu 24 Zentimeter große Süßwasserfische, die sich von Zooplankton ernähren. Sie werden meist nicht älter als drei Jahre. Bereits im zweiten Jahr sind sie laichreif.
Die Fische kommen vor allem in den klaren, tiefen Masurischen Seen vor, doch auch in Schleswig-Holstein, Mecklenburg-Vorpommern und Brandenburg sind sie heimisch geworden. In den Arendsee gelangten sie erst vor gut 110 Jahren. Ein Fischer hatte sie aus Schleswig-Holstein mitgebracht. Seitdem ist die Kleine Maräne längst zum Wirtschaftsfisch schlechthin in dem 530 Hektar großen und bis zu 52 Meter tiefen Einbruchsee geworden.
An Land steckt Fischer Kagel einen Teil des Fangs auf Spieße und räuchert die Fische etwa eine halbe Stunde lang über Erlenholz. Zum Würzen nimmt er Salz und Kräuter. Welche, verrät er nicht.
Spätestens bei diesem Anblick läuft den zahlreichen Urlaubsgästen das Wasser im Munde zusammen. Im Sommer verspeisen sie den Fisch am liebsten vor Ort im »Maränenhof«. Eine Scheibe Brot als Beilage genügt. »Manche Kunden kaufen die Fische auch grün und braten sie zu Hause«, berichtet Kagel. »Oder sie legen den Fisch sauer ein.«
Kagel ist Fischer in fünfter Generation. Vor rund 30 Jahren verschlug es ihn von der Havel an den sagenumwobenen Arendsee, und der läßt ihn seitdem nicht mehr los. Nach der Wende pachtete er das Gewässer. Entsprechend groß war Kagels Interesse, als das Umweltforschungszentrum (UFZ) Leipzig/Halle im Oktober 1995 vor seiner Haustür einen weltweit einmaligen Versuch zur Seen-Sanierung startete. Es ging darum, dem übermäßigen Blaualgenwachstum Einhalt zu gebieten. Dazu nutzten die Wissenschaftler das natürliche Seekreideaufkommen nahe Kagels Bootssteg. Rund 57 000 Kubikmeter Kreide wurden abgeschabt und durch Druckrohrleitungen auf den See gepumpt. So sollte der Phosphatgehalt des Gewässers gesenkt und den Blaualgen die Nahrung entzogen werden. Erste Ergebnisse deuten darauf hin, daß das Vorhaben geglückt ist.
Problematisch sieht die Situation hingegen in der Elbe aus. Sie darf seit 1989 in Sachsen-Anhalt nicht mehr gewerblich befischt werden. Untersuchungen hatten gezeigt, daß die Fische unter anderem durch Quecksilber, Hexachlorbenzol, DDT-Gesamt, Moschusverbindungen und Heptachlor belastet sind. Doch die Entwicklung in den vergangenen Jahren läßt hoffen. Die Wasserqualität hat sich erheblich verbessert, seit die Abwässer effektiver geklärt und mehrere industrielle »Giftschleudern« in Ufernähe geschlossen wurden. Nun hofft das zuständige Ministerium, die Elbe im Jahr 2000 wieder für Berufsfischer freigeben zu können.
33 der insgesamt 40 in Sachsen-Anhalt vorkommenden Fischarten leben in der Elbe. Zu den wichtigsten Speisefischen zählen Forelle (55 Prozent), Karpfen (28 Prozent), Zander, Aal, Hecht und die bereits erwähnte Kleine Maräne. Bachforellen gelten vor allem in der Harzregion als Delikatesse.

Die Kleinen Maränen sind Winterlaicher. Um den Bestand zu erhalten, hilft der Mensch nach: Der Rogen (Fischeier) und die Milch (Sperma) werden abgestrichen.

Rogen und Milch kommen in eine trockene Schüssel, in die Wasser gegossen wird. Nach der Befruchtung werden die Eier mehrmals gewaschen.

Die Erbrütung findet in den sogenannten »Zuger Gläsern« statt. Die Eier werden mit einer Gänse- oder Schwanenfeder gerührt und ständig mit Seewasser durchspült.

Maräne

- *4 Maränen, küchenfertig vorbereitet*
- *Saft von 1 Zitrone*
- *Salz*
- *8 Stengel glatte Petersilie*
- *125 g Butter*
- *200 g blättrig geschnittene Mandeln*
- *2 EL gehackte Petersilie*
- *Zitronenscheiben zum Garnieren*

Die Maränen unter fließendem Wasser abspülen und trockentupfen. Mit dem Zitronensaft beträufeln und mit wenig Salz bestreuen. 20 Minuten ziehen lassen. Jeweils 1 Stengel Petersilie in die Bauchhöhle legen. Die Butter in einer großen Pfanne zerlassen und die Maränen auf jeder Seite goldbraun braten. Dann die Fische herausheben. Die Mandelblättchen in der Butter anrösten, die Maränen darin noch einmal wenden und auf vorgewärmten Tellern anrichten. Die gehackte Petersilie und die restliche Mandelbutter darüber verteilen und mit Zitronenscheiben garnieren.

Rechte Seite: Wie Lachse und Forellen gehören auch die Kleinen Maränen zur Familie der Salmoniden.

Fisch-Kur für Bismarck

Reichskanzler Otto von Bismarck, in Schönhausen an der Elbe geboren, hat sich Zeit seines Lebens und trotz bester französischer Küchenchefs bei Hofe immer zur regionalen, bodenständigen Küche bekannt. Nicht umsonst trägt der Bismarckhering seinen hochpolitischen Namen. Kolportiert wird folgender Ausspruch des preußischen Politikers: »Wenn Hering genauso teuer wäre wie Hummer, dann gälte auch er als Delikatesse.«
Womit nicht gesagt sein soll, daß Bismarck ein Kostverächter war. Im Gegenteil: Kaum ein Politiker hat sich so zügellos lukullischen Genüssen hingegeben wie der altmärkische Junker. Und kaum einer hat so früh erkannt, daß Speisen eine elegante Fortsetzung der Politik mit anderen Mitteln bedeutet.
Sechzehn Eier zum Frühstück waren für den Gründer des Deutschen Reiches nach Angaben seines Leibarztes keine Seltenheit. Häufig genug aß Bismarck alles durcheinander. Auf dem Berliner Kongreß 1878 zum Beispiel wurde er beobachtet, »wie er mit der einen Hand Krabben in den Mund stopfte, mit der anderen Kirschen«.
Im Laufe der Jahre war Bismarck jedoch gezwungen, seinen Lebenswandel gründlich zu überdenken. So weit, daß ihm sein Leibarzt ausgerechnet eine Herings-Diät verordnete. Später bekannte Bismarck: »Diese Heringe haben mich gesund gemacht.«

Salz

»Ihr seid das Salz der Erde«, sprach Jesus bei der Bergpredigt zu seinen Jüngern und fuhr fort: »Wenn nun das Salz seine Kraft verliert, womit soll man dann salzen?« Eine Frage, die gleichbedeutend steht für: »Wie soll man dann leben?« Denn Salz, das aus den positiv geladenen Natrium-Kationen und den negativ geladenen Chlorid-Anionen besteht, erfüllt im menschlichen Körper lebenswichtige Aufgaben: Es sorgt für die Aufrechterhaltung der Gewebespannung, reguliert den Wasserhaushalt und die Erregbarkeit von Muskeln und Nerven, unterstützt den Knochenaufbau und bildet wichtige Bestandteile der Verdauungssäfte. Totaler Salzmangel würde unweigerlich zum Tod führen.

Gezielte Salzzufuhr erhielt für den Menschen Bedeutung, als er seßhaft wurde, also weniger Fleisch und mehr Feldfrüchte zu essen begann, in denen nicht genug Salz für den menschlichen Bedarf enthalten ist. Bereits die Kelten betrieben um 1000 vor Christus bergmännischen Salzabbau. Römische Legionäre erhielten Salzrationen. »Salaire« und »salary«, französisch und englisch für »Lohn, Gehalt« leiten sich vom lateinischen »sal« ab. Bereits in der Antike durchzogen Salzstraßen die Länder. An ihnen gelegene Städte prosperierten, und bald sicherten sich die Mächtigen die Monopole und erhoben Salzsteuern. Es gab Salzkriege und Salzrevolten. Wer über Salzvorkommen verfügte, wurde reich, wer arm war, konnte »sich nicht mal das Salz in der Suppe leisten«. Brot und Salz schenkt man noch heute, wenn jemand eine neue Wohnung bezieht – als »Lebensmittel« im Sinne von »Mittel zum Überleben« kommen beiden dieselbe Bedeutung zu.

Bis zur Erfindung der künstlichen Kälte war Salz aber nicht nur als Gewürz wichtig, sondern auch zum Konservieren von Lebensmitteln. 50 bis 60 Prozent der produzierten Salzmenge wurden in vorindustrieller Zeit zu diesem Zweck genutzt, seit dem Mittelalter florierte vor allem der Handel mit gesalzenem Fisch, bei dem holländische Kaufleute mit denen der Hanse konkurrierten.

Auch die Stadt Halle an der Saale war seit 1260 Mitglied der Hanse. Ihre Bedeutung als Salzort geht aber, wie man auch am Ortsnamen sehen kann (»'als«, gesprochen »hals«, heißt im Griechischen »Salz«), viel weiter zurück. Schon etwa 1000 vor Christus wurde nachweislich hier Salz gewonnen. Spätestens im Mittelalter entwickelte sich Halle, das über vier große Solequellen verfügte, zu einer der berühmtesten Salinenstädte Europas. Auf zwölf Salzstraßen, die in alle Himmelsrichtungen strebten, lieferte Halle das weiße Gold aus, Saale und Unstrut dienten ebenfalls als Transportwege. Auf dem Rückweg karrten die Fuhrleute Butter, Eier und Käse aus Kursachsen, Getreide aus Böhmen oder auch Eisen und Leinwand aus Schlesien heran.

Mit Kurfürst August von Sachsen schlossen die Hallenser 1582 einen besonderen Kontrakt: Sie tauschten Salz gegen Holz, das bei ihnen denkbar knapp war. Unmengen davon wurden für den Siedevorgang benötigt. Der fand in den Koten oder Siedehütten statt, von denen sich rund 100 im »Thal« aneinanderreihten. Dort standen die Salzwirker (Halloren) an den zwei mal drei Meter großen eisernen Pfannen, die zum Eindampfen der Sole dienten. Nach dem Anheizen wurden 21 bis 22 Eimer des salzhaltigen Wassers eingegossen. Es folgten »ein Näpfgen voll Rindern Geblüte oder Farbe« und weitere 14 bis 17 Füll-Eimer Sole. Auf diese Weise sollten der Siedeprozeß beschleunigt und die Sole gereinigt werden. Nach der »Stör-« kam die sogenannte »Soggphase«. Dabei wurde das Salz aus der gesättigten Lösung ausgeschieden. Die Sieder zogen das sedimentierte Salz an den Pfannenrand und füllten es in Körbe.

Wie lukrativ das Geschäft mit dem Salz war, zeigt der Silberschatz der Halloren: Die »Salzwirker-Brüderschaft im Thal zu Halle« nennt noch heute 83 kunstvoll verzierte Trinkgefäße, eine Kanne und zwei Gürtelketten ihr eigen. Vom Lebensstil der Salzwirker zeugt folgende Quelle von 1773: »Sie (haben) sich angewöhnt, feine Tuchpelze, brocadene Lätze mit großen gegossenen silbernen Knöpfen, feine und wohl gar Castorhüte, weiße und andere couleurte seidene Strümpfe, feine Tanzschuhe, silberne Schnallen nach der Mode, Taschenuhren und silberne Tabatieren zu tragen, den exorbitanten Stat ihrer Weiber nicht zu gedenken«. An die Silberknöpfe erinnern heute die süßen Hallorenkugeln.

Eine andere kulinarische Kreation aus der Salzwirker-Zeit ist der Hallorenkuchen. Er wurde zum »Pfingstbier und Fischerstechen« für die Frau des Salzgräfen gebacken. Wenn die Festivitäten mit Tanz und viel Gerstensaft vorbei waren, wurde der Salzgräfe von einem Hallorenehepaar nach Hause begleitet, das einen Glashumpen mit »Torgisch Bier« und einen Hallorenkuchen, gespickt mit Rosinen, Mandeln und Nüssen, trug. Noch heute gratulieren die Halloren ihrem Oberbürgermeister und dem Rektor der Halleschen Universität zu Neujahr mit einer Pyramide aus Soleiern und geräucherter Schlackwurst.

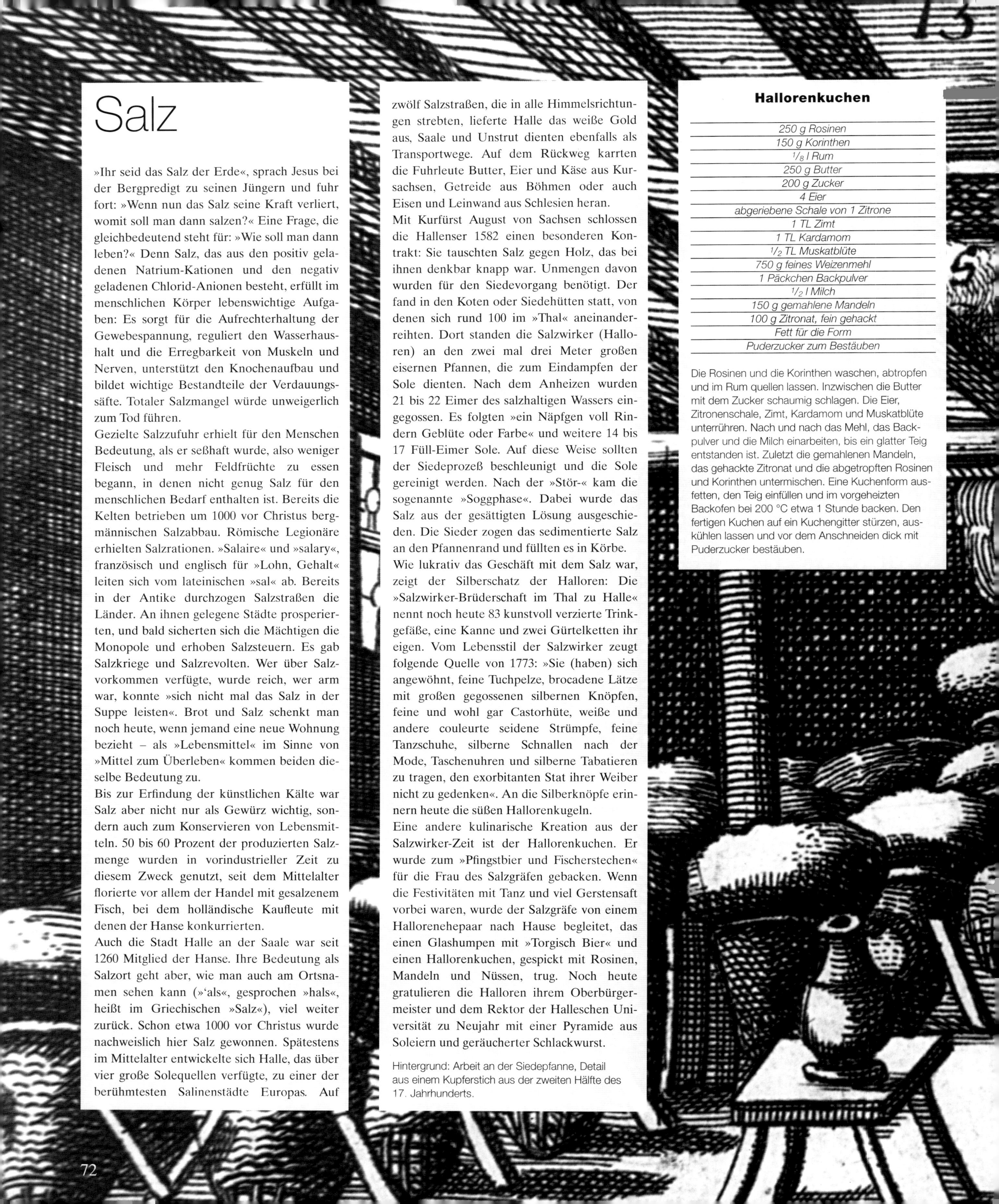

Hintergrund: Arbeit an der Siedepfanne, Detail aus einem Kupferstich aus der zweiten Hälfte des 17. Jahrhunderts.

Hallorenkuchen

250 g Rosinen
150 g Korinthen
1/8 l Rum
250 g Butter
200 g Zucker
4 Eier
abgeriebene Schale von 1 Zitrone
1 TL Zimt
1 TL Kardamom
1/2 TL Muskatblüte
750 g feines Weizenmehl
1 Päckchen Backpulver
1/2 l Milch
150 g gemahlene Mandeln
100 g Zitronat, fein gehackt
Fett für die Form
Puderzucker zum Bestäuben

Die Rosinen und die Korinthen waschen, abtropfen und im Rum quellen lassen. Inzwischen die Butter mit dem Zucker schaumig schlagen. Die Eier, Zitronenschale, Zimt, Kardamom und Muskatblüte unterrühren. Nach und nach das Mehl, das Backpulver und die Milch einarbeiten, bis ein glatter Teig entstanden ist. Zuletzt die gemahlenen Mandeln, das gehackte Zitronat und die abgetropften Rosinen und Korinthen untermischen. Eine Kuchenform ausfetten, den Teig einfüllen und im vorgeheizten Backofen bei 200 °C etwa 1 Stunde backen. Den fertigen Kuchen auf ein Kuchengitter stürzen, auskühlen lassen und vor dem Anschneiden dick mit Puderzucker bestäuben.

Hallorenkugeln: Die Süßen mit der salzigen Vergangenheit

Ausgerechnet nach Halles Salzsiedern ist eine zuckersüße Praline benannt: die prall gefüllte Hallorenkugel. Unter ihrem Schokoladenmantel verbirgt sich eine verführerische, aber kalorienreiche Sahne-Kakao-Creme. Das Naschwerk ist eine relativ junge Erfindung der ältesten Schokoladenfabrik Deutschlands – die Firmengeschichte der »Halloren Schokoladenfabrik GmbH Halle« reicht bis ins Jahr 1804 zurück. Für die rundliche Kreation ließen sich die Konditoren in den fünfziger Jahren von den Silberknöpfen der Hallorentracht inspirieren.
Für viele DDR-Bürger galten die Süßen aus Halle als die Pralinen schlechthin. Nach der Wende erreichte die Produktion 1996 erstmals die 100-Millionen-Kugeln-Grenze. Neben deutschen Schleckermäulern naschen inzwischen auch Osteuropäer, Skandinavier, US-Amerikaner und Japaner von den Kugeln mit der salzigen Vergangenheit.
Zu den Original Hallorenkugeln mit Sahne-Kakao-Cremefüllung ist inzwischen eine Joghurt-Erdbeer-Variante hinzugekommen sowie als jüngste Kreation die »Graf Metternich Praline«, ein Champagner-Gelee gefüllt mit Marc-de-Champagne-Trüffeln.

Soleier

10 Eier
3 EL Salz

Die Eier in 7-8 Minuten hart kochen. Abschrecken und mehrmals leicht einschlagen, so daß die Schale springt, aber nicht abfällt. Das Salz in 1 l Wasser aufkochen. Die Eier in ein Glas- oder Tongefäß legen, dann mit der Salzlösung begießen und über Nacht darin ziehen lassen. Soleier schmecken besonders gut zu kräftigem Brot und Bier.

Aprikosen & Co.

Das Land, in dem die Aprikosen blühen, heißt Sachsen-Anhalt. Denn hier, rund um den Süßen See, im Saaletal und seinen Nebentälern liegt das einzige zusammenhängende Aprikosenanbaugebiet. Es ist zugleich das nördlichste Europas. Offensichtlich frommt das Klima den orangegelben Südfrüchten genauso wie dem Wein. Neben hohen Jahresmitteltemperaturen und geringen Jahresniederschlägen um 480 Millimeter hat auch der gute Lößboden auf Buntsandstein seinen Anteil an dem kleinen Naturwunder, das so klein gar nicht ist: Mitglieder des Landschaftspflegeverbands »Östliches Harzvorland« haben gut 30 000 Aprikosenbäumchen in Streuobstwiesen und anderen Anpflanzungen gezählt und akribisch registriert.
Die samtigen Früchte kommen entweder frisch auf den Markt, oder sie werden zu einem vierzigprozentigen Obstbrand verarbeitet, dem »Höhnstedter Aprikosenwasser« beziehungsweise dem »Loburger Aprikosenbrand«. Außerdem experimentiert der Landschaftspflegeverband »Östliches Harzvorland« mit diversen Konfitüren-Sorten: Aprikosen werden zum Beispiel mit Himbeeren, Honig oder Zitronenmelisse kombiniert. Für das Öl in den Aprikosenkernen interessiert sich wiederum die Kosmetikindustrie.
Insgesamt ist der Obstanbau in Sachsen-Anhalt seit der Wende von gut 12 000 auf 3000 Hektar geschrumpft. Dies lag vor allem an EU-Prämien, die für die Rodung von Apfelbäumen gezahlt wurden. Der kommerzielle Anbau von Johannisbeeren wurde fast vollständig eingestellt, weil sich die aufwendige Handarbeit nicht mehr rentierte. Ein geschlossenes Obstanbaugebiet gibt es heute nur noch um den Süßen See.
Trotz allem: Äpfel belegen mit rund 2000 Hektar weiterhin Platz Eins auf der Liste. Dem »Golden Delicious«, der zu DDR-Zeiten unumschränkter Marktführer war, haben jedoch »Jonagold«, »Elstar« und andere Sorten den Rang abgelaufen. Auch werden »Champion«, »Gala«, »Gloster« und »Pinova« angebaut. Relativ jung sind die Süß- und Sauerkirsch-Bestände im Hallenser Raum (Sorten: »Schamo«, »Vowi«).
Bergauf geht es vor allem beim Anbau von Erdbeeren. Birnen der Sorten »Williams Christ« und »Klapp's Liebling« dagegen spielen in Sachsen-Anhalt kaum eine Rolle.

Wissenswertes zu Aprikosen

Auch wenn ihr lateinischer Name *Prunus armeniaca* anderes vermuten läßt: Die Aprikose stammt ursprünglich aus China. Im vierten Jahrhundert vor Christus führte Alexander der Große die »armenische Pflaume« aus dem Kaukasus ein. Die Mauren sorgten für ihre Kultivierung in Spanien. Von ihnen übernahmen die Südfranzosen die Kenntnisse über den Anbau; aus dem spanischen »albaricoque« wurde im Französischen »abricot«; das deutsche Wort »Aprikose« entstand im 17. Jahrhundert.
Hauptanbaugebiete für Aprikosen sind Südfrankreich und die Mittelmeerländer. In unseren Breiten sind sie nicht leicht zu kultivieren. Sie sind zwar nicht frostempfindlich – in ihrem Herkunftsland wachsen sie noch in Höhen um 1000 Meter –, späte Frosteinbrüche können jedoch den Blüten schaden.
Aprikosen werden in der Regel ab Mitte Juli geerntet. Anders als ihre importierten Konkurrenten haben heimische Aprikosen die Zeit, auszureifen und dabei ihr volles Aroma zu entfalten. Aprikosen sollten sofort verzehrt oder verarbeitet werden. Ob sie reif sind, kann man den Früchten nicht ohne weiteres ansehen, da es auch blasse Sorten gibt.
Der Genuß der gelben Früchte soll Herzinfarkten vorbeugen; sie enthalten viel Calcium, Eisen und Provitamin A. (250 Mikrogramm auf 100 Gramm), das sich positiv auf Wachstum, Augen, Leber und Haut auswirkt. Die »Frühe Deutsche Aprikose«, die in Sachsen-Anhalt noch in alten Beständen vorhanden ist, gilt als besonders widerstandsfähig und ertragreich. Vermutlich entstand sie als »Zufallssämling« im Gebiet Seeburg-Höhnstedt-Rollsdorf. Heute werden in der Region überwiegend die Sorten »Marena«, »Orangered« und die »Ungarische Beste« angebaut.

Aprikosen kann man als Hälften oder entsteint im Ganzen trocknen sowie zu Konfitüren verarbeiten.

Die Verarbeitung der frischen Früchte im Anbaugebiet verleiht den Produkten ihre besondere Qualität.

Das wunderbare Aroma des Aprikosenbrands läßt auch im Winter die Illusion von Sommer entstehen.

Quarkklößchen mit Aprikosenkompott

750 g Aprikosen
300 ml Weißwein
1/2 Zimtstange
abgeriebene Schale von 1/2 Zitrone
2 EL Honig
1 TL Speisestärke
50 g Butter
2 Eier
1 Prise Salz
250 g Quark
60 g Grieß
1/2 Vanilleschote
1 l Milch

Die Aprikosen waschen, halbieren und entkernen. Mit dem Weißwein, der Zimtstange und der Zitronenschale aufkochen und knapp 10 Minuten köcheln lassen. Dann Zimtstange und Zitronenschale herausfischen und das Kompott mit Honig süßen. Die Speisestärke mit wenig Wasser verrühren und das Kompott damit binden. Für die Quarkklößchen die Butter schaumig schlagen, die Eier, das Salz und den Quark unterrühren. Nach und nach den Grieß zufügen und die Masse 20 Minuten quellen lassen. Die Vanilleschote der Länge nach aufschlitzen und mit der Milch zum Kochen bringen. Mit einem Eßlöffel vom Quarkteig Klößchen abstechen und in die siedende Vanillemilch gleiten lassen. Bei schwacher Hitze gar ziehen lassen. Herausheben, abtropfen lassen und portionsweise mit dem Kompott anrichten.

Frische Erdbeeren mit Aprikosensauce

500 g Erdbeeren
1 EL Zucker
1 Päckchen Vanillinzucker
1/2 Vanilleschote
400 g Aprikosen aus der Dose
2 EL Aprikosenlikör
150 g Schlagsahne
50 g Mandelmakrönchen

Die Erdbeeren waschen, die Stielansätze entfernen und die Erdbeeren vierteln. Mit Zucker und Vanillinzucker bestreuen und etwas ziehen lassen. Das Mark aus der Vanilleschote herauskratzen. Die abgetropften Aprikosen mit dem Vanillemark im Mixer pürieren und mit dem Likör abschmecken. Die Sahne steif schlagen und unterheben. Die Erdbeeren portionsweise mit der Aprikosensauce in Dessertschalen anrichten und mit Mandelmakrönchen garniert servieren.

Aprikosen-Suppe

1 kg Aprikosen
250 g Zucker
1/2 l trockener Weißwein
1 Prise Salz
einige Spritzer Bittermandellikör
4 Zwiebacke
1/2 Stange Zimt
je 1 Stück Zitronen- und Orangenschale
3 Eigelbe

Die Aprikosen waschen, enthäuten, halbieren und entkernen. Die Hälfte der Aprikosen mit 100 g Zucker und 1/4 l Weißwein weichdämpfen. Inzwischen die restlichen Aprikosen mit 1 1/2 l Wasser, Salz und Bittermandellikör sowie dem kleingebröselten Zwieback, der Zimtstange und der Zitronen- und Orangenschale 1 Stunde kochen. Dann die Masse durch ein Sieb streichen, mit dem restlichen Zucker und Weißwein einige Minuten aufkochen und vom Herd nehmen. Die Suppe mit dem Eigelb legieren und über den gedämpften Aprikosenhälften anrichten.

Baumkuchen

So nah am Feuer gerät Bäcker Achim Lehnig regelmäßig ins Schwitzen. Bei 80 Grad Raumtemperatur fertigt der Mitarbeiter der »Ersten Salzwedeler Baumkuchenfabrik Oskar Hennig« Rohlinge nach patentiertem Originalrezept an. Die süße Delikatesse entsteht kunstvoll auf einer sich drehenden Buchenholz-Walze über offener Flamme.

Daß Achim Lehnig so schwitzen muß, daran ist Luise Lentz schuld. Sie war es, die den Altmärkern zu dem »König der Kuchen« verhalf. Eigentlich stammte das Geheimrezept von ihrem Großvater Ernst-August Gardes, der als Küchenmeister unter König Friedrich Wilhelm II. gedient hatte. Doch war es der Enkelin zu verdanken, daß die Anleitung nicht länger in der Mottenkiste verstaubte. Im Jahre 1808 grub sie das Rezept aus und machte sich ans Werk. Das Ergebnis servierte sie den Gästen im elterlichen Ratskeller »Schwarzer Adler« und erntete kräftigen Beifall.

Seine Majestät Friedrich Wilhelm IV. war entzückt, als er im Jahre 1841 bei einem Besuch der Jeetzestadt das locker-leichte Gebäck kennenlernte. Prompt ließ er für seine Gemahlin eine Kostprobe einpacken. Auf seine königliche Empfehlung hin häuften sich Bestellungen aus Berlin, Petersburg und Wien. Anno 1865 entdeckte auch König Wilhelm I. die süße Gaumenfreude für sich, als er zusammen mit Otto von Bismarck nach Salzwedel reiste. Zu jenem Zeitpunkt war Konditor Andreas Fritz Schernikow der führende Baumkuchenbäcker in der Jeetzestadt. Sein Zuckerwerk mundete derart gut, daß der Konditor zum königlichen Hoflieferanten avancierte. Schon bald hieß Salzwedel nur noch »die Baumkuchenstadt«. Die süße Spezialität entwickelte sich zu einem beachtlichen Wirtschaftsfaktor. Cafés und Privatleute aus ganz Deutschland orderten die Delikatesse, die längst auch mit Schokoladenglasur erhältlich war. Baumkuchenspitzen und -torten machen ebenfalls Furore. Gegenwärtig werben vier Salzwedeler Baumkuchenbäcker um die Gunst der Kunden im In- und Ausland. Oskar Hennigs Produkte zum Beispiel zieren sogar die Tafel des Fürstenhauses Thurn und Taxis.

Was in der Grundmasse des echten Baumkuchens steckt, bleibt freilich weiter ein Geheimnis. Nur soviel läßt der Bäckermeister durchblicken: Wie anno dazumal, als es noch keine Backtreibmittel gab, wird die Masse mit reichlich Eiweiß aufgelockert – 40 Eier finden pro Fünf-Kilo-Rohling Verwendung, dazu schaumig gerührte Butter, Zucker, Gewürze, Weizenmehl, Weizenpuder.

Die charakteristischen Jahresringe in den Baumkuchenscheiben entstehen dadurch, daß die schaumig gerührte, erhitzte Masse in 12 bis 13 Schichten auf die Walze aufgetragen wird. Außerdem bilden sich Teigringe aus, die für die Zacken am echten Baumkuchen sorgen. »Der Salzwedeler Baumkuchen wächst wild«, betont Hennig stolz.

Nach etwa 20 Minuten ist der Rohling fertig. Jetzt wird er abgeflämmt, um auch von außen goldbraunen Schimmer zu erhalten. Einen Tag muß der Kuchen auskühlen. Erst dann wird er entweder klassisch mit weißem Fondant oder modern mit Zartbitter-, Vollmilch- oder weißer Schokolade glasiert. Frisch schmeckt der Kuchen am besten. Gewiefte Fans allerdings frieren ihn ein, um im »Notfall« immer ein Stück parat zu haben.

Baumkuchenspitzen

250 g Butter
250 g Zucker
1 Päckchen Vanillinzucker
5 Eier, getrennt
2 EL Rum
abgeriebene Schale von 1 Zitrone
1/2 TL Zimt
1/2 TL gemahlener Kardamom
1 Messerspitze Nelkenpulver
150 g Mehl
100 g Speisestärke
3 TL Backpulver
Zuckerglasur und dunkle Kuvertüre

Die Butter mit dem Zucker und dem Vanillinzucker schaumig rühren. Das Eigelb, den Rum, Zitronenschale, Zimt, Kardamom und Nelkenpulver zufügen. Nach und nach das Mehl, die Speisestärke und das Backpulver unterrühren. Das Eiweiß sehr steif schlagen und vorsichtig unter den Teig heben. Ein tiefes Backblech mit Backpapier auslegen und eine dünne Teigschicht daraufstreichen. Im vorgeheizten Backofen bei 190 °C in 10 Minuten hellgelb backen. Eine zweite Schicht Teig darauf verteilen und bei etwas kleinerer Hitze wieder 10 Minuten backen. So weitermachen, bis der ganze Teig verbraucht ist. Wichtig: jede Schicht 10 Minuten backen, dabei die Hitze immer weiter reduzieren. Den fertigen Kuchen auf ein Gitter stürzen und auskühlen lassen. In gleich große Rauten schneiden, und die eine Hälfte mit der Zuckerglasur, die andere mit Kuvertüre bestreichen.

Baumkuchen bis in alle Ewigkeiten

Daß jede Köstlichkeit, im Übermaß genossen, zur Strafe werden kann, berichtet Hans Fallada (1893 bis 1947) in seinen Erinnerungen »Damals bei uns daheim«. Er und sein Bruder hatten sich, während die Eltern mit Gästen dinierten, in der Speisekammer über den Nachtisch der Festgesellschaft hergemacht und sämtliche Nasen von zwei großen Baumkuchen abgebrochen und aufgegessen.

»Der nächste Morgen kam, die Eltern schliefen noch. Als Frühstück bekamen wir Jungens Baumkuchen, die Schwestern aber Butterbrote. Sie wollten protestieren, Charlotte ... sagte nur, der Herr Rat habe es angeordnet. Als wir in der Schule unsere Frühstücksbrote auspackten, fanden wir keine Brote, sondern Baumkuchen. Beim Mittagessen ... blieb Mutter recht kühl zu uns, sagte aber kein Wort von Baumkuchen. Dafür mußten wir ihn essen, nur Baumkuchen, während die andern sich an den herrlichsten Resten delektierten ...

Vesper, Abendessen: unser Speisezettel blieb unverändert Baumkuchen. Der nächste Tag: Baumkuchen! Die andern aßen zu Mittag Brühkartoffeln mit schöner grüner Petersilie und schierem Rindfleisch, wir hatten Baumkuchen! Es wurde uns immer schwerer, unsern Hunger mit Baumkuchen zu stillen. Wir fanden, Baumkuchen war ein überschätztes Gebäck. Bald entdeckten wir, daß wir Baumkuchen haßten! ...

Ein dritter Tag zog herauf – Baumkuchen! Wurden diese elenden beiden Baumkuchen denn nie alle? Und immer starrten uns die Bruchstellen, an denen die Nasen gesessen hatten, anklagend an. Wir wagten nicht zu meutern, wir wagten nicht einmal zu bitten ... Mit immer lahmeren Kinnbacken kauten wir an unserem Baumkuchen ...

Und das Allerschlimmste war dabei, daß nie jemand ein Wort über unsere etwas gleichförmige Speisenfolge verlor. Es schien das Selbstverständlichste, daß wir allein mit Baumkuchen ernährt wurden, von Urzeiten her, bis in alle Ewigkeiten! ...

Ach Gott, was wären Ede und ich glücklich gewesen, wenn wir wie andere Jungens eine Tracht Prügel gekriegt hätten! Aber mein Vater war weder für Prügel noch für Schelten, alles Gewaltsame und Laute widerstrebte seiner Natur. Er strafte haargenau auf dem Gebiet, auf dem man gesündigt hatte. Die Gier nach Baumkuchen strafte er durch Übersättigung mit Baumkuchen. ...

Und schließlich war der Baumkuchen dann alle. Den Mittag, ich weiß es noch, gab es westfälische dicke Bohnen, süßsauer, mit Räucherfleisch, ein Essen, dem ich bis dahin immer abgeneigt gewesen war. Ich aß davon wie ein Verhungerter ...«

Braunkohl

»Kiek över'n Tun«, »Guck über den Zaun« wird der Braunkohl von den Altmärkern genannt, weil er bis zu zwei Meter in die Höhe ragt. Das einstmals wichtigste Gemüse der Region durfte in keinem Bauerngarten fehlen und beherrschte bis in das 18. Jahrhundert hinein die Beete. Sogar in Altenteil-Verträgen spielte es eine wichtige Rolle.
Der bräunlich bis blau schimmernde Blätterkohl, dessen Blattspreiten sich leicht wellen, wurde sowohl in gekochter Form als auch eingesäuert serviert. Bekannt sind zum Beispiel die Braunkohlsuppe oder Variationen, bei denen der Kohl in Fett geschmort wird. Inzwischen ist der wuchtige Verwandte des Grünkohls selten geworden. Heute wird er hauptsächlich verfüttert. Ein Stammplatz ist ihm aber weiterhin im historischen Bauerngarten des Freilichtmuseums Diesdorf sicher. Alljährlich im November und Dezember steht er auch auf der Speisekarte der Gaststätte »Dorfkrug« beim Museum. Serviert wird er, »typisch altmärkisch«, mit gebackenem Schwein oder mit Bratwurst.

Der farbenprächtige Braunkohl (im Hintergrund). und sein feinerer Verwandter, der Grünkohl.

Gemüse

Der edle Spargel und die scharfe, tränentreibende Zwiebel sind die Primadonnen unter den Gemüsearten des Landes. Im altmärkischen Osterburg wurde 1929 die erste Spargelhochzuchtgesellschaft Deutschlands gegründet, und Calbe an der Saale gilt mit seiner mehr als vierhundertjährigen Tradition als Wiege des kommerziellen Zwiebelanbaus in Deutschland. Dort produziert der größte Zwiebelerzeuger der Bundesrepublik die vermutlich schärfste Knolle der Nation, kurz »Premium«-Zwiebel genannt. Ihr Anteil an ätherischen Ölen ist deshalb so hoch, weil im Schatten des Harzes wenig Regen fällt und der Lößboden dem Gemüse die idealen Bedingungen bietet: Er liefert stets und langsam alle Nährstoffe nach, die die Zwiebel zum Wachstum braucht.
Um beständige Qualität zu garantieren, werden die Zwiebeln nur in ihrer besten Zeit von September bis März angeboten.
Weist die Calbe-Zwiebel Superlative auf dem Gebiet der Schärfe vor, so beeindruckt der Altmark-Spargel durch seinen hohen Anteil an Asparaginsäure. Der sei besonders groß, so die Spargelexperten, weil die Stangen angesichts des rauheren Klimas im Norden »nicht ganz so stürmisch wachsen wie in Süddeutschland«.
Auch Kartoffeln, Möhren, Bohnen, Erbsen und Blumenkohl werden in Sachsen-Anhalt noch in größerem Umfang kultiviert. Rückgängig ist jedoch der Anbau so traditionsreicher Gemüsearten wie Weißkohl, Wirsing und Rotkohl. Sie müssen sich zusammen mit nur rund 166 Hektar Anbaufläche begnügen. Und das, obwohl die Börde einst für ihr Sauerkraut gerühmt wurde. Zu den traurigen Kapiteln der Wiedervereinigung zählt auch, daß in Magdeburg nach der Wende eine Sauerkrautfabrik nach der anderen schließen mußte.

Linsensuppe mit Birnen

- *1 Zwiebel, grob gehackt*
- *1 EL Butterschmalz*
- *250 g Linsen*
- *250 g geräucherter Schweinebauch*
- *1 l Fleischbrühe*
- *4 feste Birnen*
- *1 Bund Suppengrün, fein gehackt*
- *Salz und Pfeffer*
- *125 g durchwachsener Speck, fein gewürfelt*
- *1 Zwiebel, fein gehackt*
- *1 EL Zucker*
- *Essig*

Die gehackte Zwiebel im Butterschmalz glasig dünsten. Die Linsen und den Schweinebauch zufügen und die Fleischbrühe angießen. 45 Minuten zugedeckt kochen. Die Birnen waschen, vierteln und das Kerngehäuse entfernen. Mit dem Suppengrün zu den Linsen geben, salzen und pfeffern und weitere 15 Minuten garen. Den Speck in einer trockenen Pfanne auslassen und die Zwiebeln darin anbräunen. Zusammen mit dem Bratfett unter die Linsen mischen und mit Zucker und Essig süß-sauer abschmecken.

Braunkohl mit Klump

- *1 kg Grünkohl*
- *Salz*
- *750 g Schweinefleisch*
- *1 Zwiebel, gehackt*
- *1 EL Butterschmalz*
- *Pfeffer*
- *4 Birnen*
- *750 g Kartoffeln*
- *1 große Gemüsezwiebel*
- *2 Eier*
- *100 g Butter*

Den Grünkohl von den dicken Stengeln abstreifen, gründlich waschen und tropfnaß in Salzwasser 2 Minuten blanchieren. Abgießen, abtropfen und etwas auskühlen lassen. Den Grünkohl grob hacken. Das Schweinefleisch in Würfel schneiden. Die Zwiebel in 1 EL Butterschmalz andünsten. Das Fleisch darin anbraten, den Grünkohl zugeben und 1 l Wasser angießen. Mit Salz und Pfeffer würzen und 1/2 Stunde zugedeckt garen. Die Birnen vierteln, entkernen und zum Kohl geben. Weitere 15 Minuten dünsten. Inzwischen die Kartoffeln schälen, waschen und mit der Zwiebel grob reiben. In ein Küchentuch wickeln und den Saft gründlich auspressen. Sofort in eine Schüssel geben und mit den Eiern und Salz verrühren. Den Grünkohleintopf in eine feuerfeste Form umfüllen und die Kartoffelmasse darüber verteilen. Die Butter in Flöckchen darauf setzen und im vorgeheizten Backofen bei 175 °C etwa 40 Minuten goldgelb backen.

Grüne Bohnen mit Eierkuchen

- *500 g Bohnen*
- *500 g Kartoffeln*
- *Salz*
- *2 EL Butter*
- *150 g durchwachsener Speck, fein gewürfelt*
- *2 EL Mehl*
- *1/4 l Brühe*
- *Zucker*
- *Essig*

Die Bohnen und Kartoffeln waschen, die Bohnen putzen, die Kartoffeln schälen und in Würfel schneiden. Beides in wenig Salzwasser garen. Die Butter zerlassen und den Speck auslassen. Das Mehl darin anschwitzen und die Brühe angießen. Die Mehlschwitze 5 Minuten köcheln lassen, dann unter das fertige Bohnengemüse rühren. Mit Salz, Zucker und Essig süß-sauer abschmecken. Dazu Eierkuchen servieren.

Bernburger Zwiebelklump

Fleischgerichte

Bernburger Zwiebelklump
(Abbildung oben)

- *500 g Hammelfleisch*
- *3 große Zwiebeln, grob gehackt*
- *2 Knoblauchzehen, fein gehackt*
- *Salz und Pfeffer*
- *1 TL Kümmel*
- *750 g Kartoffeln*
- *1 EL Speisestärke*
- *2 Eier*
- *2 EL geröstete Weißbrotwürfel*

Das Hammelfleisch in mundgerechte Stücke schneiden und mit den Zwiebeln, Knoblauch, Salz, Pfeffer und Kümmel in 2 l Wasser zugedeckt ca. 1 Stunde kochen. Inzwischen die Kartoffeln schälen, waschen und grob reiben. In ein Küchentuch wickeln und den Saft gründlich auspressen. Sofort in eine Schüssel geben und mit der Speisestärke, den Eiern und etwas Salz verrühren. Aus der Kartoffelmasse mit nassen Händen kleine Klöße formen. In die Mitte jeweils einige Weißbrotwürfel drücken. Das Fleisch nach Ende der Garzeit aus der Brühe heben und warm stellen. Die Klöße in der Brühe gar ziehen lassen. Das Fleisch wieder einlegen und noch einmal erhitzen. Sehr heiß servieren.

Harzer Wurzelfleisch
(Abbildung rechte Seite unten)

- *1 kg Rinderbrust*
- *1 Zwiebel, gespickt mit 1 Lorbeerblatt und 2 Nelken*
- *1 Bund Suppengrün*
- *2 Zweige Majoran*
- *Salz*
- *5 Pfefferkörner*
- *500 g Wurzelgemüse (Möhre, Sellerie, Lauch), in Juliennestreifen geschnitten*
- *2 Zwiebeln, in dünne Scheiben geschnitten*
- *2 EL Butter*
- *1 TL Paprikapulver, edelsüß*
- *2 EL Essig*
- *1/2 Bund gehackte Petersilie*
- *1 EL frisch geriebener Meerrettich*

Die Rinderbrust waschen und mit der gespickten Zwiebel, Suppengrün, Majoran, Salz und den Pfefferkörnern in 2 l Wasser aufsetzen. Zum Kochen bringen und bei kleiner Hitze zugedeckt 2 Stunden sieden lassen. Nach Ende der Garzeit das Fleisch aus der Brühe heben, die Brühe abseihen und das Fleisch in etwas Brühe warmstellen. Das Wurzelgemüse in der Brühe bißfest garen. Inzwischen die Zwiebelscheiben in der Butter hell andünsten, leicht salzen, mit Paprikapulver bestäuben und mit Essig ablöschen. Die Rinderbrust in ca. 1 cm dicke Scheiben schneiden, die Gemüsestreifen und die Zwiebelringe darauf verteilen und mit der Petersilie bestreuen. Dazu frisch geriebenen Meerrettich reichen.

Altmärkischer Tiegelbraten
(Abbildung rechte Seite oben)

Für 6 Personen

- *1 kg Rindfleisch*
- *500 g Pansen*
- *4 Markknochen*
- *2 Zwiebeln, gehackt*
- *2 Knoblauchzehen*
- *1 Bund Suppengrün, grob gehackt*
- *Salz*
- *1 TL Pimentkörner*
- *1/2 TL Pfefferkörner*
- *1/2 TL gemahlener Ingwer*
- *2 Lorbeerblätter*

Das Rindfleisch und den Pansen abspülen und mit den Markknochen, Zwiebeln, Knoblauch und Suppengrün in 2 l Wasser aufsetzen, zum Kochen bringen und 1 Stunde garen, dabei mehrmals sorgfältig abschäumen. Dann das Fleisch, Pansen und Markknochen aus der Brühe heben und etwas auskühlen lassen, die Brühe abseihen. Fleisch und Pansen in mundgerechte Stücke schneiden, das Mark aus den Knochen drücken. Alles wieder in die Brühe geben, Salz und die anderen Gewürze zufügen und bei kleiner Hitze einkochen lassen. In einen Steinguttopf füllen und erkalten lassen. Vor dem Servieren in Scheiben schneiden.

Altmärkischer Tiegelbraten

Köthener Schusterpfanne

Harzer Wurzelfleisch

Köthener Schusterpfanne

(Abbildung Mitte)

1 kg Kartoffeln
4 Kochbirnen
600 g Schweinebauch in ca. 2 cm dicken Scheiben
1 TL Kümmel
1 TL Beifuß
Salz und Pfeffer

Die Kartoffeln waschen, Kartoffeln und Birnen schälen. Die Kartoffeln in Scheiben schneiden, die Birnen vierteln und entkernen. Den Schweinebauch in ca. 4 cm breite Streifen schneiden. In eine Schmorpfanne mit Deckel zunächst die Hälfte der Kartoffeln, dann die Hälfte des Schweinebauchs geben. Darauf die Birnen legen und mit dem restlichen Schweinebauch bedecken. Als letzte Schicht die restlichen Kartoffeln einlegen, mit Kümmel, Beifuß, Salz und Pfeffer würzen und so viel Wasser angießen, daß alles knapp bedeckt ist. Zugedeckt 20 Minuten dünsten. Dann die Schmorpfanne ohne Deckel in den vorgeheizten Backofen stellen und das Gericht bei 220 °C garen, bis die Kartoffeln knusprig sind. Alternativ kann man das Gericht auch mit einer Scheibe gebratenen Schweinebauchs dekorieren.

Die ältesten Dosenwürstchen der Welt

Eine Weltneuheit aus Halberstadt revolutionierte 1896 den Fleischmarkt: Pünktlich zur Einweihung des Kyffhäuser-Denkmals wurden erstmals Würstchen aus der Dose feilgeboten, stolze 40 000 an der Zahl. Dem findigen Unternehmer Friedrich Heine war es gelungen, seine frisch über Buchenholz geräucherten Halberstädter Würstchen über Monate hinweg haltbar zu machen. Zittern mußte er dennoch bis zur Premiere, denn zuvor hatte Heine schon einige peinliche Mißerfolge erlebt. So waren 1895 all seine konservierten Knacker schlecht geworden, ehe er sie dem gespannten Fürsten von Wernigerode überreichen konnte. Das Problem bestand darin, die Temperatur auf über 100 Grad zu fahren und die Würstchen dennoch am Platzen zu hindern. Man orientierte sich schließlich am Verfahren der Spargel-Konservierung und war damit erfolgreich.
Und nun florierte das Geschäft. Um die Jahrhundertwende standen die Halberstädter fast in jedem Bahnhofsrestaurant auf der Speisekarte. Heines Firma mauserte sich bis 1913 zur größten fleischverarbeitenden Fabrik Europas. 1930 holte sein Spitzenprodukt den Grand Prix auf der Weltausstellung in Antwerpen. Weitere Auszeichnungen folgten. Zu DDR-Zeiten galten die Halberstädter Würstchen als heißbegehrte Bückware. Wer Glück hatte, konnte dem Mitropa-Personal im sogenannten »Würstchen-Expreß« zwischen Halberstadt und Stralsund eine Dose abschwatzen.
Im Westen waren die Würstchen seit 1971 nicht mehr erhältlich: Wegen Versorgungsproblemen im eigenen Land hatte die DDR-Führung den Export in das »nichtsozialistische Wirtschaftsgebiet« eingestellt.
Nach der Wende eroberte der ehemalige Exportschlager als eines der ersten ostdeutschen Produkte den gesamtdeutschen Markt. Bis heute gelten Halberstädter Würstchen im Naturdarm als einzigartig in Europa, weil sie nach wie vor in der guten alten Kaminrauchanlage des Herrn Heine geräuchert werden. Anschließend reifen sie 24 bis 36 Stunden in Räumen mit spezieller Luftfeuchtigkeit und Raumtemperatur.
Die genaue Rezeptur ist dabei natürlich Betriebsgeheimnis. Und so kann man sich nur daran orientieren, was auf der Dose geschrieben steht: Schweinefleisch, Rindfleisch, Speck, Trinkwasser, Nitritpökelsalz, Milcheiweiß, Stabilisator E 331, Gewürze, Zucker.

Harz und Hexen

»Die Hexen zu dem Brocken ziehn, die Stoppel ist gelb, die Saat ist grün«, singt der Hexenchor, während Mephisto und Faust auf den Brocken wandern, um dort, auf dem »Blocksberg«, die Walpurgisnacht zu verbringen. Mit seinem 1790 erschienenen »Faust« hat Goethe den Mythos um den Harzer Brocken und seine besenreitenden Weiber weltweit bekannt gemacht. Was er schrieb, entsprang nur zum Teil seiner Phantasie. Auf den Spuren des Schwarzkünstlers Dr. Johannes Faustus (geboren um 1480), der selbst durch die Lüfte geflogen sein soll, erforschte der Dichter die volkstümliche Magie.

Dabei mußte Goethe »sehr heimlich« vorgehen. Wen wundert's? Schließlich hatte der allgemeine Hexenwahn gerade erst ein Ende gefunden: 1775 hatte man in Kempten noch eine Frau wegen Hexerei getötet – vor ihr waren Millionen in ganz Europa der seit dem 13. Jahrhundert von der katholischen Kirche betriebenen Inquisition zum Opfer gefallen. Im 1486 veröffentlichten »Hexenhammer« stand detailliert beschrieben, wie mit Hexen umzugehen sei.

In den alten Zeiten waren weise Frauen wegen ihrer heilkundlichen Fähigkeiten hoch angesehen. Sie arbeiteten als Hebammen und Heilerinnen und kannten Verfahren für Verhütung und Abtreibung. In der frühen Neuzeit legte ihnen die Kirche diese Kenntnisse nun als Teufelswerk aus.

Das I-Tüpfelchen auf den Verfolgungswahn setzte der Leipziger Magister Praetorius, als er die rituellen Zusammenkünfte, die schon in vorchristlicher Zeit auf dem Brocken stattfanden, zu einer teuflischen Orgie hochstilisierte. Er schrieb das Werk »Blockes-Berges-Verrichtung oder ausführlicher geographischer Bericht von dem hohen trefflich alt und berühmten Blocksberg, ingleichen von der Hexenfahrt und Zaubersabbate, so auf solchen Bergen die Unholde aus gantz Teutschland anstellen sollen«. Kultische Priesterinnen mutierten so zu Hexen, heilige Steine zu »Teufelskanzeln« und »Hexenschüsseln«.

Die Hexensalbe, von der Goethe sagt, »sie gibt den Hexen Mut«, wurde damals tatsächlich angewandt. Diverse Tinkturen riefen Flug-Halluzinationen hervor. Oder die Anwenderinnen glaubten, sich in Eulen, Katzen oder andere Tiere zu verwandeln. Mit solchen Rauschdrogen konnten die weisen Frauen für eine kurze Zeit ihrem Alltag entfliehen.

Für die Salben werden neben Fett unterschiedliche Inhaltsstoffe genannt. Dazu zählen vor allem der äußerst giftige Eisenhut (ein Hahnenfußgewächs) und die ebenfalls giftigen Nachtschattengewächse Alraune (Mandragora), Tollkirsche, Bilsenkraut und Stechapfel. Manchmal wurden auch Fliegenpilze untergemengt. Grub man die Pflanzen bei Neumond aus, sollten sie besonders gut wirken. Weniger effektiv dürften Krötenzungen, Fledermausflügel und andere nichtpflanzliche Zutaten gewesen sein.

Die Salbe wurde in die Achselhöhlen gerieben oder auf andere empfindliche Körperteile aufgetragen. Selbstversuche, wie der des Göttinger Volkskundlers Will-Erich Peuckert, bestätigten, daß die Alkaloide in der Hexensalbe zu Trancezuständen, Flug-Halluzinationen oder auch zu Lachanfällen führten. Viele Betroffene waren später überzeugt davon, daß ihre Wahnvorstellungen real waren.

Nach solchen Drogen-Exzessen sollten andere Kräuter beruhigend wirken; Baldrian zum Beispiel. Eigentlich als Mittel gegen Hexen gerühmt, wurde es also von den weisen Frauen selbst verwendet.

Und heute? Übrig geblieben ist von dem ganzen Blocksberg-Spuk ein berauschendes Volksfest, das jedes Jahr in der Nacht zum 1. Mai auf dem 1142 Meter hohen Brocken stattfindet, und zu dem seit der Wende zehntausende Touristen nach Schierke, Thale, Ilsenburg und in andere Harz-Orte reisen. Dann treiben Hexen und Kobolde, bucklige Kröten und quirlige Gaukler ihr Unwesen auf den Straßen und Plätzen. Und um Mitternacht wird der Hexenflug imitiert – allerdings ohne die berühmt-berüchtigte Salbe.

Stinkmorchelkompott

Eine Speise gegen trübe Tassen, schlecht gelaunte Kumpane und weinerliche Weiberhelden

500 g Stinkmorcheln
1 l Krokodilstränen
125 g Süßholzraspeln
10 geflochtene Trollhaare
1 TL gemahlene Nießwurz
250 g Sahne aus gedickter Eidechsenmilch

Die Stinkmorcheln abreiben und in feine Streifen schneiden. Mit den Krokodilstränen, den Süßholzraspeln und den Trollhaaren zum Kochen bringen und 10 Minuten dünsten. Von einer Jungfer durch ein silbernes Haarsieb abschütten lassen und mit der gegen den Uhrzeigersinn eingerührten Eidechsensahne vermischen. Kalt genießen.

Hintergrund: der 1142 Meter hohe Brocken, nicht nur Hexen, sondern auch Goethe-Lesern ein Begriff.

Wie Knoblauch gegen Vampire hilft, so schützt der Bärlauch vor zudringlichen Hexen und deren Zauber.

Seit der Wende sind auch die Hexen aus Ost und West wiedervereinigt.

Alles, was Zauberkräfte hat oder musizieren kann, zieht zum Brocken.

In der Walpurgisnacht gibt es keinen Kampf, den die Hexe nicht gewinnt.

Auch Hexen brauchen ab und zu mal feste Nahrung in Form von Fladen.

Fladen – in der Form so exzentrisch wie die Typen, die sich hier treffen.

Altes Kräuterbuch, wie es vielleicht schon die weisen Frauen benutzten.

Auch die Hexe liebt Naturkost: Kräuterkäse und Edamer auf dem Fladen.

Das größte Cuvéefaß Deutschlands (120 000 Liter) steht in der Rotkäppchen-Sektkellerei in Freyburg.

Die fünf wichtigsten Rebsorten aus dem Saale-Unstrut-Gebiet

Müller-Thurgau
Weicher, milder Wein mit dezenter Muskatnote. Meist geringer Säuregehalt; schmeckt jung am besten; Flaschenweine sollten nicht länger als drei Jahre gelagert werden. Bei Spätlesen kann das sortentypische Bukett ganz verschwinden und der Wein sogar einem Riesling ähneln. Dessen Qualität erreicht er aber nicht.

Silvaner
Von Gesteins- und Kiesböden, sehr elegant und fruchtig. Ansonsten geschmacksneutral, ohne herausragendes Bukett. Früher die wichtigste Rebsorte des Saale-Unstrut-Gebiets, in den letzten 40 Jahren jedoch vom Müller-Thurgau zurückgedrängt.

Morio-Muskat
Wuchtiger Wein mit ansprechendem, kräftigen Muskatbukett. Auf Muschelkalkböden gewachsen, kann er ausgesprochen spritzig sein. Gilt als Liebhabersorte; daher mit begrenztem Anbauwert.

Weißburgunder
Meist sehr elegant und harmonisch. Das sortentypische Bukett geht in Richtung Ruländer, aus dem er durch Mutation entstanden ist. Der Wein sollte nicht unter 80° Oechsle gelesen werden, um die nötige Fülle zu erhalten.

Riesling
Kräftig, rassig und elegant; Bukett erinnert bisweilen an Pfirsiche. In mittleren Jahren sorgt der Riesling für einen anregenden Tischwein; bessere Jahrgänge schmecken sehr harmonisch, elegant und blumig. In besonders guten Jahren sind Spitzenweine bis hin zur Spätlese möglich.

Wein und Sekt

Das nördlichste geschlossene Weinanbaugebiet Europas erlebt eine Renaissance. Im Burgendreieck an Saale und Unstrut machen sich seit dem Mauerfall immer mehr große und kleine Winzer ans Werk. Sie führen eine 1000jährige Tradition fort, die im Jahre 998 ihren Anfang nahm und ab 1137 mit den Zisterziensermönchen zu Kloster Pforta ihre erste Blüte erlebte.

Daß die Weine aus Bad Kösen, Freyburg, Naumburg und Umgebung längst mehr als ein Geheimtip sind, bezeugt die wachsende Nachfrage in ganz Deutschland. Allein: Das Angebot ist begrenzt, denn die gesamte Rebfläche umfaßt gerade mal 480 versprenkelte Hektar. Zudem soll eine extensive Hangnutzung die Qualität sichern. Durchschnittsertrag: rund 40 bis 50 Hektoliter pro Hektar.

Es werden fast ausschließlich traditionell trocken ausgebaute Weißweine produziert, ein Drittel der Rebfläche nimmt der Müller-Thurgau ein. Doch auch Weißburgunder, Silvaner, Riesling, Bacchus, Gutedel, Traminer, Morio-Muskat und die »Roten« Portugieser, Spätburgunder, André, Dornfelder, Lemberger und die Zweigelt-Rebe werden im Saale-Unstrut-Gebiet kultiviert.

Muschelkalk- und Sandsteinböden sowie ein ausgesprochen günstiges Mikroklima an den Hängen der Flußtäler sorgen für den unverwechselbaren Charakter der Saale-Unstrut-Weine. Dennoch bleibt jede Lese ein Risiko, wenn mehr als ein Durchschnittsergebnis erzielt werden soll.

»Wir sind hier nicht in der Pfalz«, betont Winzer Uwe Lützkendorf aus Bad Kösen. »Vom Kontinentalklima bekommen wir einen ziemlichen Schlag ab.« Deshalb gilt es, jeden Sonnenstrahl auszunutzen und im Zweifelsfall erst im November mit der Lese zu beginnen. Auslesen und Beerenauslesen sind da Seltenheiten.

Zu DDR-Zeiten wurden die Saale-Unstrut-Winzer ebenso wie ihre Kollegen zwischen Meißen und Pirna an der kurzen Leine gehalten. Private Weingüter gab es nicht. Hobbywinzer kelterten entweder nur für den Eigenbedarf oder lieferten ihre Trauben an die Winzergenossenschaft ab. An Rebmaterial war schwer heranzukommen. Selbst das Staatsweingut bei Bad Kösen (1899 als staatliche Weinbauverwaltung Naumburg durch den preußischen Staat gegründet), das rund 500 000 Liter Wein im Jahr produzierte, mußte mit altersschwachen Maschinen arbeiten.

DDR-Bürger kamen selten in den Genuß des Saale-Unstrut-Weins. Fast nur zu Ostern, Pfingsten und zu Weihnachten konnte man ihn in der Kaufhalle in Bad Kösen erstehen. Gäste hingegen erlebten in den exklusiven Interhotels einen Gaumenkitzel. Gegen harte Devisen, versteht sich. Und zur Verbesserung der deutsch-deutschen Beziehungen schenkte Staatsratsvorsitzender Honecker Bundeskanzler Kohl schon mal ein Gläschen Riesling oder Müller-Thurgau ein.

Vergangenheit. Heute gehören allein der »Winzervereinigung Freyburg/Unstrut e. G.« rund 750 Mitglieder an. Das Staatsweingut wurde 1993 vom Land Sachsen-Anhalt übernommen. Seitdem heißt es »Landesweingut Kloster Pforta«. Daneben konnten sich rund 15 private Weingüter zum Teil äußerst erfolgreich etablieren.

Fast bescheiden wirken solche Erfolge jedoch gegen den enormen Aufschwung der Rotkäppchen-Sektkellerei in Freyburg. Schon wenige Jahre nach der Wende rangierte sie auf Platz Vier unter den deutschen Sektmarken. »Rotkäppchen-Sekt« perlt schon seit 100 Jahren. Für die weißen Sekte wird eine traditionsreiche Cuvée klassischer Grundweine verwendet, abgerundet mit Weinen aus der Saale-Unstrut-Region. Am beliebtesten ist heute die halbtrockene Geschmacksrichtung, gefolgt von milden und halbtrockenen Varianten.

Wein, Weib und Gesang

»Wer nicht liebt Wein, Weib und Gesang, der bleibt ein Narr sein Leben lang.« Ein schöner Sinnspruch, den Martin Luther da erfunden haben soll. In der Tat war der Reformator aus Wittenberg berühmt-berüchtigt für seine unverblümten Sprüche. Allerdings hat die Legende einen Schönheitsfehler: »Das Zitat stammt nachweislich nicht von Luther«, konstatiert der Wittenberger Historiker Dr. Volkmar Joestel. Mit Akribie ist der Wissenschaftler Gerüchten um Luthers maßlose Genußsucht auf den Grund gegangen. Dabei stellte sich heraus: Luther liebte Wein, trank ab und an auch mal ein Bier, das seine Frau Käthe gebraut hatte. Und er bekannte offen: »Ich fresse wie ein Böhme und saufe wie ein Deutscher.« Ein exzessiver Trinker war Luther aber offenbar nicht. Sonst hätte er nicht immer wieder gegen den massiven Alkoholkonsum an deutschen Fürstenhöfen wettern können. Über maßlose Biertrinkerei ärgerte sich Luther ebenfalls: »Ich habe oft den ersten Bierbrauer verflucht. Es wird mit dem Bier so viel Gerste verdorben, daß man damit ganz Deutschland erhalten könnte, und soll es also verderben, daß wir so schändliche Jauche daraus machen, welche wir danach an die Wand pissen.« Nur auf den Wein ließ der Mönch nichts kommen: »Wein ist gesegnet und hat das Zeugnis in der Heiligen Schrift …«

Joestel hat nachgewiesen: Viele andere Aussagen wurden Luther von seinen katholischen Gegnern angedichtet oder im Mund herumgedreht, um ihn als völlig verkommenen Menschen hinzustellen.

Ein Körnchen Wahrheit steckt jedoch in den Vorwürfen, Luther sei ein Zechpreller gewesen: Im Wittenberger Stadtarchiv finden sich Notizen, wonach Luther zwischen 1525 und 1538 mehrere Rechnungen im Weinausschank des Rathauses offen hatte. Beispiel 1536: »18 Groschen für 2 Kannen Malvasierwein und eine Kanne Rennefall hat Doktor Martinus dieses Jahr im Stadtkeller holen lassen, ist aber unbezahlt geblieben.« An anderer Stelle steht: »… und der Rat hat's für ihn bezahlt« oder »… der Rat hat ihn darum nicht mahnen wollen«. »Wer weiß«, meint Joestel: »Vielleicht betrachtete der Rat es auch als Ehre, die Weinrechnungen des berühmten Doktors bezahlen zu dürfen.«

Rotkäppchen Sondercuvée, Lagersekt süß

Rotkäppchen-Sekt, Weißburgunder extra trocken

Rotkäppchen trocken

Rotkäppchen Brut, Flaschengärung

Rotkäppchen

Rotkäppchen-Sekt, trocken

Rotkäppchen Brut

Biere aus dem Osten

Der Auerhahn setzte zum Steigflug an, und Boxprofi Henry Maske unterstützte ihn mit »schlagkräftigen« Werbe-Argumenten: Binnen weniger Jahre ist das Hasseröder Premium Pils, dessen Wappen besagter Vogel ziert, zu einer der erfolgreichsten ostdeutschen Biermarken aufgestiegen. Zwar galt das kühle, goldgelb schäumende Bier vom Fuße des Brocken schon zu DDR-Zeiten als Geheimtip. Mit einem derartigen Boom hatte die neue Geschäftsführung nach dem Mauerfall jedoch nicht gerechnet. Inzwischen füllt die Tochter der »Gilde Brauerei AG Hannover« rund zwei Millionen Hektoliter pro Jahr ab und macht sich daran, den gesamtdeutschen Markt zu erobern.

Ein märchenhafter Aufstieg in Zeiten, da das deutsche Braugewerbe insgesamt stagniert, die Deutschen tendenziell weniger Bier trinken und große Unternehmensberater zu einer Radikalkur raten. Dennoch ist »Hasseröder« kein Einzelfall: »Ost-Brauer hängen Konkurrenz ab«, titelten die Zeitungen Ende 1996. Mit der Devise »zurück zur Brautradition« scheinen die meisten Betriebe richtig zu liegen. So kann die Wernesgrüner Brauerei im sächsischen Vogtland auf eine Geschichte bis ins Jahr 1436 verweisen. Und das erste Bier, das in Deutschland nach Pilsner Brauart gebraut wurde, stammt aus Radeberg bei Dresden.

Allerdings werden alte Brauverfahren nicht immer bedenkenlos übernommen: Das »Pubarschknall« aus Quedlinburg führt heute nicht mehr zu Blähungen und Durchfall, wie der Name eigentlich unterstellt, denn jetzt kommt das beliebte Braunbier fertig vergoren auf den Markt.

Nebenbei darf experimentiert werden, etwa mit Biermixgetränken wie dem »Potzblitz« (Bier und Zitronenlimonade) aus der Garley Spezialitäten Brauerei in Gardelegen. Neu sind außerdem Kreationen wie das süffige »Erzgebirgische Weihnachtsfestbier« aus der Stadtbrauerei Olbernhau, für das ein Spezialmalz verwendet wird. Und in Leipzig prostet man sich wieder mit der guten alten Gose zu, einem obergärigen Weißbier.

Bekannte Biermarken

1 Torgauer Ritter Dunkel
2 Wernesgrüner Pils Legende
3 Oettinger Pils
4 August der Starke, Doppelbock
5 Steinacher Ankerla, Das Dunkle
6 Anker Pils
7 Bautzener Edel Pils
8 Sternburg Export
9 Dresdner Felsenkeller Urhell
10 Landskron Goldbock
11 Landskron Hell
12 Landskron Pils
13 Freiberger Pils
14 Rostocker Export
15 Lübzer Pils
16 Köstritzer Schwarzbier
17 Radeberger Pilsener
18 Märkischer Landmann
19 Schweriner Export
20 Hasseröder Premium Pils
21 Petermännchen Pils
22 Dargüner Klosterbräu
23 Nordbräu
24 Eibauer Lausitzer Dunkel
25 Schwarzer Steiger
26 Einsiedler Landbier
27 Einsiedler Schwarzbier
28 Einsiedler Privat Pils

1 2 3 4 5 6 7 8 9 10 11 12 13 14

15 16 17 18 19 20 21 22 23 24 25 26 27 28

Im Sudhaus wird das geschrote-te Malz mit Wasser vermischt.

In der Maischpfanne wird die Wasser-Malz-Mischung erhitzt.

Der Hopfen wird in der Würz-pfanne beigegeben.

Die Würze wird abgekühlt und in die Gärbottiche umgepumpt.

Der Braumeister überzeugt sich von der Qualität der Würze.

Hefezugabe setzt die Gärung in Gang, es entsteht Alkohol.

Käse mit Spinnen

»Die spinnen, die Würchwitzer«, entfährt es zartbesaiteten Gourmets, wenn sie zum ersten Mal vom kuriosesten Käse Sachsen-Anhalts hören. Dabei leisten gar nicht die Bewohner des 350-Seelen-Dörfchens nahe Zeitz die Schwerstarbeit am »echten Würchwitzer Spinnenkäse«, sondern 0,3 Millimeter kleine Verwandte der Hausstaubmilbe *(Tyroglyphus casei L.)*. Hunderttausende dieser Wesen krabbeln munter über Quarkbällchen, aus denen binnen weniger Monate eine Delikatesse werden soll. Ein Einsatz, den man den achtbeinigen Tierchen schlecht dankt. Denn am Ende werden viele einfach mitverspeist.

Solch rauhe Sitten basieren auf einer gut fünfhundertjährigen Würchwitzer Tradition. 30 Jahre lang war der Biologielehrer und gelernte Bauer Helmut Pöschel der einzige im Ort, der den Käsemilben ein Zuhause bot. Inzwischen hat er wieder zahlreiche Gleichgesinnte im Dorf gefunden. Jetzt wird in vielen frostsicheren Kellern des Dorfes wieder »gesponnen«.

Das Rezept: Man nehme eine Holzkiste voller Käsemilben, füttere sie täglich mit Roggenmehl und reiche ihnen »zur Unterhaltung« einen guten, getrockneten Biokäse ohne Konservierungsstoffe. Die Ausscheidungen der Milben dringen durch Diffusion in den Käse ein. Die Fermente bewirken seine Reifung. Nach etwa einem Monate färbt sich die Außenhaut gelb, nach drei Monaten rotbraun. Liebhaber warten allerdings bis zu einem Jahr, damit sich ein schwarzer Klumpen bildet, und verspeisen ihn samt kribbeligem Getier.

Der Geschmack geht in Richtung Harzer Käse, allerdings mit einer bitteren Note. Probieren kann man den Spinnenkäse alljährlich beim Würchwitzer Käsemilbenfrühschoppen im Juni. Dabei wird Brot und Bier gereicht. Man ißt den Spinnenkäse mit Brot und Bier oder Kakao. Früher wurde die reife Variante auch wie ein Bonbon gelutscht. Einem Stalingrad-Veteranen soll diese eiweißhaltige Leckerei sogar das Leben gerettet haben.

Neuerdings interessieren sich sogar Biochemiker für das winzige Getier. Auffällig ist nämlich Pöschel zufolge, daß niemand, der dem Spinnenkäse verfiel, unter Hausstauballergien leidet. »Der Käse wirkt wie eine Schluckimpfung«, folgert der Biologe.

Damit auch die winzigen kribbeligen Tierchen körperlich fit bleiben, hat Helmut Pöschel Kontakte zu Spinnenkäse-Produzenten im nordspanischen Oviedo geknüpft. Nun werden deutsche und spanische Milben zur »Blutauffrischung« gekreuzt – der Weg für die kraftstrotzende Euro-Milbe ist frei!

Hintergrund: Selbst wenn der Spinnenkäse leicht vergrößert betrachtet wird, die Tierchen, die sich auf ihm tummeln, sind noch nicht erkennbar.

Die Milben sind anspruchsvoll: Sie fühlen sich nur von hochwertigem Bio-Quark angezogen.

Täglich muß man den Käsemilben frisches Roggenmehl als Nahrung reichen.

Nach drei Monaten ist der Käse reif. Nun wird er samt kribbeligem Getier verspeist.

Probieren kann man den Spinnenkäse alljährlich beim Milbenkäse-Frühschoppen im Juni. Statt Bier trinken manche Liebhaber der Delikatesse auch Kakao dazu.

So sehen sie aus, wenn man sie unter dem Mikroskop betrachtet: Hunderttausende dieser Milben sorgen dafür, daß aus Quark »Würchwitzer Spinnenkäse« wird.

Hardtke

Christa Wachenfeld

Berlin

Schauplatz deutscher Geschichte, Symbol von Teilung und Wiedervereinigung: das Brandenburger Tor.

Vorhergehende Doppelseite:
Sie gehören zusammen: die Berliner Kneipe und ein deftiges Eisbein mit Kraut.

Wenig schmeichelhaft, was der Völkerkundler Georg Forster Ende des 18. Jahrhunderts über die Berliner berichtete: »Berlin ist gewiß eine der schönsten Städte Europas. Aber die Einwohner! Gastfreiheit und geschmackvoller Genuß – ausgeartet in Üppigkeit, Prasserei, ich möchte fast sagen Gefräßigkeit.«

Schön ist Berlin mit seinen Prachtstraßen, den historischen Bauwerken und dem vielen Grün gewiß immer noch. Was die Gefräßigkeit betrifft, so ist dies ein überholtes Verdikt; ausgeprägt allenfalls die Neigung der Berliner, zwischendurch und nebenbei einen Imbiß zu verzehren, denn Zeit hat der Berliner keine, das schrieb schon Tucholsky. Einfach und deftig sind die Berliner Gerichte, solide Hausmannskost, die Einflüsse aus verschiedenen Küchenkulturen zeigt.

Bereits die Gründung der Stadt im 13. Jahrhundert, der Zusammenschluß des slawischen Dorfes Coelln mit dem germanischen Berlin, führte zur Verschmelzung unterschiedlicher Lebensformen. Früh nahm Berlin religiös Verfolgte aus anderen Ländern auf: 1671 fünfzig aus Wien vertriebene jüdische Familien, nach 1685 Tausende französische Hugenotten. Deren Salate und Gemüsesorten, die Brühwürste und Frikasseerezepte bereicherten nachhaltig das Küchenangebot.

Mit der Gründung des Kaiserreichs 1871 avancierte die preußische Residenzstadt zur deutschen Hauptstadt. Die immens wachsende Industrie zog Arbeitsuchende aus allen deutschen Gebieten an, besonders aus Pommern und Schlesien kamen sie. Sprichwörtlich ist schon, daß jeder echte Berliner in Wahrheit aus Breslau stammt.

Ihre kulturelle Blütezeit erlebte die Stadt in den zwanziger Jahren: Sie entwickelte sich zum Mekka der Experimentierfreudigen. Legendär das Romanische Café als Treffpunkt der Künstler und Intellektuellen. 1933 endete diese Ära: Am 30. Januar 1933 zog der Fackelzug der Nazitruppen durch das Brandenburger Tor. Nach dem Zweiten Weltkrieg wurde die Stadt geteilt. Der Bau der Mauer 1961 riegelte bis zu deren Fall im Jahr 1989 den Ostteil der Stadt hermetisch vom Westen ab. Seit 1991 steht fest, daß Berlin wieder Bundeshauptstadt wird, und die Stadt bereitet sich darauf vor, erneut eine internationale Rolle zu spielen.

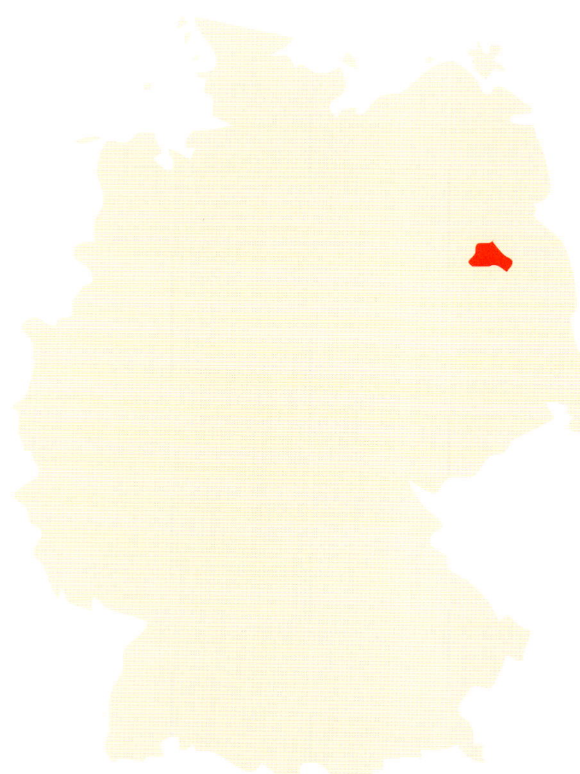

Currywurst

Alle Welt scheint ihr verfallen. Lieschen Müller und Otto Normalverbraucher lieben sie sowieso, obschon gelegentlich mit mächtig schlechtem Gewissen, der Kalorien wegen ... Im Kreise der zahllosen Fans offenbart sich aber auch so mancherlei Prominenz. Hymnisch hat Herbert Grönemeyer sie in einem Song verewigt. In der populären Fernsehserie »Drei Damen vom Grill« wurde sie zum Bildschirmstar erkoren. Voll im Trend erweisen die beiden letztgewählten Bundespräsidenten ihr souverän die Reverenz und bekennen sich freimütig zu einer plebejischen Imbißpassion, dem »Jieper«, der wilden Gier, auf Currywurst. Daß allerdings Altbundespräsident Richard von Weizsäcker in seiner Zeit als Regierender Bürgermeister von Berlin seinen Staatsbesuch, den amerikanischen Präsidenten George Bush, am Schöneberger Rathaus spontan an die nächste Currywurstbude gezogen hat, ist wohl doch nur ein Gerücht.

Angefangen hat alles in einer kleinen Imbißbude am Stuttgarter Platz, genau am 4. September anno 1949. Es regnete in Strömen, kein Mensch war auf der Straße. Um sich die Zeit zu vertreiben und weil sie selbst gern pikant aß, machte sich Herta Heuwer, die Wurstbudenbesitzerin, ans Experimentieren. Es wurde gemixt und probiert, mit allerlei Gewürzen hantiert und laboriert, dann reichlich Tomatenmark dazugegeben und über eine gebratene, in mundgerechte Bissen geschnittene Dampfwurst gegossen – fertig war die Currywurst. »1. Currywurstbraterei der Welt« und »Eine von uns erdachte Berliner Spezialität« war fortan am Imbißstand der stolzen Erfinderin zu lesen.

Die echte Berliner Currywurst ist in Berlin keine Dampfwurst oder gar simple Brühwurst, wie in anderen deutschen Landen, sondern eine »feingekutterte, gebrühte Bratwurst, die dazu bestimmt ist, mit Curry zubereitet zu werden«, so die Definition des Landesamtes für Veterinärmedizin und Lebensmittelhygiene. Nur noch selten wird exklusiv eine eigene Gewürzmischung kreiert, meistens serviert man fabrikfertige Tomatentunken. Ketchup ist die Basis. Die Originalmixtur indessen bleibt ein alchimistisches Geheimnis. Die Mutter der Currywurst ließ ihre Erfolgsrezeptur als »Chillup Sauce« patentrechtlich schützen.

Freilich, selbst so einem simplen Genuß kann man sich nicht hingeben, ohne vorher eine existentielle Frage beantwortet zu haben: mit oder ohne? Die Wurst mit oder ohne Darm – für eingefleischte Currywurstliebhaber ist das absolut keine Lappalie, sondern nahezu ein Glaubensbekenntnis.

Als Pendant zur Wurst darf im Angebot einer Berliner Imbißbude die Currybulette natürlich nicht fehlen, also der Bratklops mit der typischen Sauce. Und eigentlich auch nicht die »Wiener«, denn sie ist in Wahrheit eine »Berliner«, die erstmals ein Fleischermeister im 19. Jahrhundert in der Wiener Straße in Kreuzberg hergestellt haben soll. Wäre da noch die Bockwurst. Man ahnt es schon, auch sie ein Berliner Produkt. Auf einem Kneipabend einer Gruppe trinkfreudiger Studenten ließ ein Budiker am Görlitzer Bahnhof im vorigen Jahrhundert einen Korb voll knubbeldicker Würste zum Bockbier reichen. Daher der Name.

Der Kartoffelsalat an Imbißbuden hat nichts mit echtem Berliner Kartoffelsalat zu tun – der wird mit Bouillon zubereitet.

Berlin, Hauptstadt der Currywurst: 70 Millionen werden hier alljährlich verzehrt, mit oder ohne Haut.

Pommes rot und weiß, mit Ketchup oder mit Mayo. Oder, für den »wahren Gourmet«, mit beidem …

Schaschlik, mundgerecht geschnitten. Das Rechte für den Berliner, der, wie schon Tucholsky schrieb, keine Zeit hat.

Kommt nicht an die Popularität der Currywurst ran, darf aber trotzdem in keiner Imbißbude fehlen: die Bratwurst.

Schrippe, Knüppel, Schusterjunge

Die langgezogene Kerbe auf der Oberseite gab ihr den Namen. Er leitet sich ab vom frühen Neuhochdeutschen »schripfen« für kratzen, aufreißen. Des Berliners heißgeliebte Schrippe, sie ist schon etwas ganz Eigenes. Sie etwa schnöde als Brötchen oder Semmel zu bezeichnen, wäre fast ein Sakrileg.
Generationen von Arbeitern, kleinen Angestellten und armen Studenten konnten sich kostenlos an ihr laben, als das legendäre »Aschinger« noch mit preiswerten, deftigen Speisen hungrige Mäuler an seine Bierstände zog. Für wenige Groschen war eine Erbsensuppe mit Bockwurst zu haben. Die Schrippen gab es als Beilage gratis dazu, und zwar in unbegrenzter Menge. Und war der ohnehin meist klamme Geldbeutel einmal völlig abgebrannt, so konnte man sich zwanglos neben irgendein halb leergetrunkenes Bierglas stellen und sich an den Gratis-Schrippen sattfuttern. Vergangene, herrliche Zeiten, das heutige »Aschinger« am Kudamm hat mit dem alten »Aschinger«-Unternehmen nichts mehr zu tun. Der Name wurde den Erben abgekauft.

Schrippe ist aber nicht gleich Schrippe. Die Geschmäkker sind offensichtlich Ost-West geteilt. Wehmütig wird im Ostteil der Stadt die bessere Qualität der Schrippe aus DDR-Zeiten beschworen. Mit Erfolg. Inzwischen haben sich einige Bäcker auf die alte Herstellungsweise besonnen und werben mit original »Ost-Schrippen«. Nach der Wende zunächst an westliche Billigprodukte verlorenes Terrain wird zurückerobert.
Luxusausgabe der Schrippe ist der Knüppel. Statt Wasser wird Milch zum Weizenmehl gegeben. Lange Zeit war er der Hit auf dem Berliner Frühstückstisch. Wie aus berufenem Bäckermunde zu hören ist, geht die Nachfrage heute allerdings immer mehr zurück. Vielfach wird der Knüppel nur noch zum Wochenende gebacken, wenn überhaupt.
Ur-Berliner ist der Schusterjunge, ob mit oder ohne Zwiebeln. Ein in Mehl gewälztes Roggenbrötchen, das mit Schmalz und Harzer Käse als Spezialität sogar bei hochoffiziellen Empfängen am kalten Büfett zu finden ist. Ob der Name tatsächlich etwas mit dem Schusterjungen zu tun hat, der sich in feudalen Zeiten die teureren Milchbrötchen nicht leisten konnte, bleibt Legende.

Eisbein und Kasseler

Im Kellerlokal »Zum strammen Hund« wurde es Liebe auf den ersten Biß. Hier, fast am Ende der Friedrichstraße in »einem Stück echten Berlinertums in den Boden verkrochen«, machte während seiner Studienzeit in Berlin der spätere Präsident der Bundesrepublik, der Schwabe Theodor Heuss, seine erste Bekanntschaft mit dem Eisbein, von dessen deftigem Gout er sich fortan gerne verführen ließ. Eisbein mit Erbspüree und Sauerkraut, des Berliners bevorzugte traditionelle Speise, war erklärtermaßen auch das Lieblingsgericht der gebürtigen Berlinerin Marlene Dietrich. Glatteis, Frost und Kälte, so naheliegend es klingt, standen in der Tat Pate bei der Namenstaufe dieses herzhaften und kräftigen Mahls, wenn auch nur im übertragenen Sinne. In früheren Zeiten, als die Metallverarbeitung noch in ihren Anfängen steckte, wurden die Kufen der Schlittschuhe aus dem widerstandsfähigsten Knochen des Schweins hergestellt, dem Schienbein, das, folgt man der Küchengeschichte, gepökelt zubereitet erstmals im vorigen Jahrhundert in einer Budike in der Nähe des Görlitzer Bahnhofs vom Wirt als Eisbeingericht aufgetischt wurde.

Konservierungsnot macht erfinderisch. Etwa zur selben Zeit experimentierte der Fleischermeister Cassel aus der Potsdamer Straße mit einer eigenen Schweinefleischkreation. Er räucherte ein großes Stück Schweinerücken und legte es zum Reifen in eine Salzlake – die Geburtsstunde des berühmten Kasseler. Es wurde also nicht in der Stadt Kassel erfunden, sondern in Schöneberg, das seinerzeit noch ein selbständiger Ort vor den Toren Berlins war. »Time is money«, heute wird das Fleisch zur Beschleunigung des Pökelns mit Salz gespritzt.

Eisbein mit Kraut

4 gepökelte Eisbeine à 400 g
3 Zwiebeln
4 Lorbeerblätter
5 weiße Pfefferkörner
5 Pimentkörner
Zucker
1 EL Butterschmalz
800 g Sauerkraut
5 Wacholderbeeren

Die Eisbeine abspülen. In einem großen Topf 3 l Wasser zum Kochen bringen und die Eisbeine einlegen. 2 Zwiebeln abziehen und vierteln, mit 2 Lorbeerblätter, die Pfeffer- und die Pimentkörner sowie $1/2$ TL Zucker zufügen. Im geschlossenen Topf bei kleiner Hitze etwa 1 $1/2$ Stunden köcheln lassen. Die Eisbeine herausheben und die Brühe abseihen. Die restliche Zwiebel fein hacken, im Butterschmalz glasig dünsten. Das Sauerkraut, die zerdrückten Wacholderbeeren und die restlichen Lorbeerblätter hineingeben und mit $1/2$ l der Brühe aufgießen. Die Eisbeine auf das Kraut legen und im geschlossenen Topf weitere 40 Minuten garen. Dazu passen Salzkartoffeln oder Erbspüree.

Kasseler mit Kraut

4 rohe Kasseler Rippchen à 200 g
1 Zwiebel, gespickt mit 1 Lorbeerblatt und 2 Nelken
1 Bund Suppengrün, grob gehackt
5 Pfefferkörner
1 EL Butterschmalz
2 gehackte Zwiebeln
800 g Sauerkraut
1 Prise Zucker
$\frac{1}{2}$ TL grob gestoßener Pfeffer
$\frac{1}{8}$ l Weißwein

Die Kasseler Rippchen abspülen. Die gespickte Zwiebel mit dem Suppengrün und den Pfefferkörnern in 1 l Wasser zum Kochen bringen, die Rippchen einlegen und zugedeckt bei kleiner Hitze 30 Minuten gar ziehen lassen. In der Zwischenzeit das Butterschmalz erhitzen und die gehackten Zwiebeln glasig dünsten. Das Sauerkraut zufügen, mit Zucker und Pfeffer würzen und $\frac{1}{8}$ l der Kasseler Brühe angießen. Zum Schluß den Weißwein unter das Sauerkraut rühren. Mit den Rippchen auf vorgewärmten Tellern anrichten und Salzkartoffeln dazu reichen.

Schürzenjäger

Bei seinen Streifzügen durch die Metropole Berlin stieß Egon Erwin Kisch in den zwanziger Jahren auf eine ihm höchst seltsame Sitte. Am Schlachttag hatten die Fleischer einen Stuhl mit darübergebreiteter weißer Schürze an ihrem Ladeneingang plaziert. Nach Altberliner Brauch war den Kunden ohne weitere Ankündigung signalisiert: »Heute frische Blut- und Leberwurst.« Belustigt schildert der rasende Reporter den Ursprung der seit dem 18. Jahrhundert verbürgten Sitte. Sie geht zurück auf den braven Fleischermeister und Budiker Friebel am Molkenmarkt. Jeden Freitag, nach getaner Schlachtung, trat er mit strahlend weißer Schürze vor seinen Laden, um frische Luft zu schnappen und durch diesen Akt zugleich kundzutun: Jetzt sind die Blutwürste ganz frisch zu haben. Als den armen Friebel eine Lähmung befiehl, wurde seine Arbeit von der tüchtigen Ehefrau erledigt und ihr Mann an dem bewußten Tag in einem Stuhl buchstäblich vor die Tür gesetzt. Nach seinem Tode kam der gewitzten Witwe die Idee, zur Fortsetzung der Tradition nunmehr den leeren Stuhl samt weißer Schürze vor dem Laden zu postieren. Der Schürzenstuhl fand Nachahmung bei der Konkurrenz und wurde als Requisit bald von allen Fleischern der Stadt übernommen. Nur noch vage an diesen schönen Brauch erinnert die heutzutage vom Eisbeinwirt herausgehängte weiße Fahne, auf der in meist roten Lettern die frische Schlachtware angepriesen wird.

Johannis
beere
Echter Berliner Kümmel
Alt-Berliner Kutscher-Korn
KALMÜSER
Pflaume

Kneipen, Budike

Vorbild der typischen Berliner Eckkneipe war London. Dort hatten sich gegen Ende des 18. Jahrhunderts im Stadtteil Westminster und besonders an den Straßenecken der neu entstehenden Arbeiterviertel billige Porterkneipen etabliert. An Stelle der alten Ladentische wurden langgezogene Tresen installiert, an denen Durstige schwatzend und trinkend sich festhalten oder auf die Schnelle einen kippen konnten. Cirka fünfzig Jahre später mit der dann auch in Deutschland einsetzenden industriellen Entwicklung entstanden im proletarischen Berlin die ersten Eckkneipen mit den modernen kommunikations- und umsatzfördernden Tresen. Die Wohnungsnot war enorm. Arbeiterfamilien vermieteten in ihren oft feuchten Elendsquartieren Schlafstellen an unverheiratete Kollegen. Nicht selten mußten mehrere Schlafburschen sich schichtweise ein Bett teilen. Da lag es nahe, um die Ecke in die Kneipe zu gehen und in Ermangelung einer eigenen familiären Atmosphäre diese als Art öffentliche Wohnstube zu nutzen. Als Familienersatz wurde sie Teil der proletarischen Alltagskultur. Rund 13 000 Eckkneipen gab es um die Jahrhundertwende in Berlin. Im statistischen Durchschnitt hatte in den Arbeiterbezirken fast jedes Haus seine Gastwirtschaft.

Eine Besonderheit zu Beginn des Jahrhunderts waren die »Bulljong-Keller«, die erst um 22 Uhr öffneten und neben der Bouillon eigentlich nur alkoholfreie Getränke ausschenkten. Doch wenn Stammgäste eine »kalte Bulljong« bestellten, war alles klar. Auf ihre Molle und 'nen Korn brauchten sie nicht zu verzichten.

Von den cirka 3000 heute noch existierenden Kneipen sind etwa die Hälfte Eckkneipen. Ihre Zahl nimmt allerdings ständig ab; viele alteingesessene Wirte können die explosionsartig ansteigenden Mietkosten nicht mehr tragen. Gestylte Schickeria-Bistros mit ihren hochpreisigen Champagner- und Cocktailkreationen, Banken oder Geschäfts- und Fast-Food-Ketten dagegen zahlen Höchstpreise und besetzen mit ihren Filialen die begehrten Plätze.

Die Wörter Kneipe und Pinte sind keine speziellen Berliner Ausdrücke. Sie sind allgemein gebräuchlich. Kneipe hat seinen Ursprung in der Studentensprache aus der Blütezeit der schlagenden Verbindungen, als man sich noch inbrünstig ins Duellgefecht stürzte und auf dem »Kneipabend« mannesmutig die Degen kreuzte, um hernach zum »Kneipabend« auf ein Besäufnis zusammenzufinden. Pinte kommt vom lateinischen »pingere«, »malen«, nach dem aufgemalten Eichzeichen des Wirtshausschildes. Original Berliner Ausdrücke sind Budike, Destille und Kaschemme. Budike leitet sich ab aus der Sprache der Berliner Hugenotten, »boutique« bedeutet »Laden, Schankwirtschaft«. Die Destillen hatten das Recht, Schnaps zu destillieren und in eigener Wirtschaft auszuschenken, wobei heute die Unterschiede zu den Begriffen Budike und Kneipe fließend sind. Kaschemme ist die Bezeichnung für eine drittklassige, heruntergekommene Kneipe, ein Ausdruck aus der Gaunersprache.

Zu einer Altberliner Budike oder Kneipe gehört der »Hungerturm«, ein ehemals offener Glaskasten mit Soleiern und Buletten, Rollmops und sauren Gurken, Hackepeterschrippen und Berliner Sülzkoteletts, der nach heute zwingenden Bestimmungen verschließbar sein und eine integrierte Kühlung haben muß.

Französischer Einfluß im Berliner Jargon

Eine kulinarische Tragödie als Slapstick-Komödie: Sie will eben nur einen Happen essen gehen. Eine Stulle mit Griebenschmalz oder eine Bulette mit Mostrich. Pech gehabt, der Hungerturm in der Budike ist ratzekahl leergefuttert. Auch die Bouillon ist alle. Doch die Stimmung ist bonfortionös. In dieser Stampe wird wirklich honett eingeschenkt und »Bier is ooch Stulle«. Also eine Molle mit Korn bestellt. Aus einer werden zwei, werden drei, werden vier. Eigentlich aber will sie sich keinen auf die Lampe gießen.

Auf den ersten Blick scheint alles ganz einfach und klar, der viel beschworene französische Einfluß im Berliner Jargon (Kauderwelsch) ist nicht zu übersehen bei Wörtern wie »Bulette« (boulette = Fleischkügelchen), »Mostrich« (moutarde = Senf), »Budike« (boutique = Laden), »honett« (honnête = anständig, ehrlich). »Bouillon« als Synonym für Fleischbrühe ist ohnehin gesamtdeutsch in den Sprachgebrauch eingegangen. Auch »bonfortionös«, berlinerisch für »großartig, herrlich«, läßt das Französische noch erahnen (bonne fortune = viel Glück).

Doch der Sprachteufel steckt im etymologischen Detail und treibt seine Wurzeln im Verborgenen. Denn wer kommt schon auf die Idee, daß so harmlos urdeutsch klingende Wörter wie »Happen«, »Griebenschmalz«, »ratzekahl«, »ist alle«, »Stampe«, »auf die Lampe gießen« durchaus ihren Ursprung in der französischen Sprache haben? Der »Happen« leitet sich ab von »happée«, »Bissen«. Aus den in Speck gebratenen Fleischstücken, den »gribelettes«, werden Berlinerisch »Jrieben«, die notwendigen Zutaten für das Griebenschmalz. Und »ratzekahl« hat mit kahlgeschorenen Ratten gar nichts zu tun. Der Ursprung ist vielmehr »radical«, »gründlich«, »von der Wurzel her« also. Wenn man dann hinter der »Bouillon«, die »alle« ist, das französische »c'est allé« (ist ausgegangen, nicht mehr vorrätig) erkennt, hebt sich auch die eigentliche Widersinnigkeit dieser Ausdrucksweise auf. »Estaminet« (Kleine Gastwirtschaft) wird zur Berliner »Stampe«. Sich »einen auf die Lampe gießen« stützt sich auf das französische Verb »lamper« (übermäßig, in kräftigen Zügen trinken).

Suppen und Eintöpfe

Womit nur in Gottes Namen kann sie den reichen Onkel aus Schlesien bewirten, fragt sich die verarmte Majorswitwe in Fontanes Roman »Die Poggenpuhls« (1895/96). Die pragmatische Tochter weiß Rat: »Nun, ich meine: Weißbiersuppe mit Sago, die hat ihm das vorige Mal so gut geschmeckt.« Die Biersuppe ist also kein reines Armeleutegericht, sondern wie die Literatur beweist, durchaus gesellschaftsfähig.
Seit dem Mittelalter war Biersuppe ein weitverbreitetes Volksgericht, allgegenwärtig bereits am morgendlichen Frühstückstisch. Auch seine königliche Hoheit höchstselbst, Friedrich der Große, wurde unter der Zucht und Askese am Hofe seines Vaters, des spartanischen Soldatenkönigs, mit Biersuppe aufgezogen. Was aber einst dick mit Mehl gebunden als sättigende Mahlzeit verspeist wurde, hat sich im Laufe der Jahrhunderte verfeinert: Zitronenschale, Zimt, Zucker, Rosinen und Eigelb geben der Suppe den Pfiff, den »richtijen Effee«.
Mit Ausnahme der Bouillon mit Markklößchen sind die typischen Berliner Suppen keine Vorspeisen. Nahrhaft müssen sie sein, sie müssen satt machen. Eigentlich sind sie ein Eintopfgericht. Ebenso wie seine Untertanen liebte der letzte Kaiser, ein berüchtigter Schnellesser, die mit Schinkenknochen gekochte Kartoffelsuppe. Während allerdings das Volk sich mit Würstchen als Beilage begnügte, ließ Wilhelm II. sein Lieblingsgericht mit Rinderbrust servieren.
Die berühmte Erbsensuppe – ob nun mit Öhrchen und Schnauze, ob mit Kasseler oder Speck – wurde im vorigen Jahrhundert von Nachtschwärmern schon zum Morgengrauen goutiert. Heinrich Heine inspirierte sie während seines Berlin-Aufenthalts zu einem kleinen Gedicht:

Ich wollte meine Lieder das wären Blümelein: / ich schickte sie zu riechen der Herzallerliebsten mein. / Ich wollte, meine Lieder das wären Küsse fein: / ich schickte sie heimlich alle nach Liebchens Wängelein. / Ich wollte, meine Lieder das wären Erbsen klein: / Ich kocht eine Erbsensuppe, die sollte köstlich sein.

Eine Stadt wird aus der Luft ernährt

»Ihr Völker der Welt, ihr Völker in Amerika, in England, in Frankreich, in Italien! Schaut auf diese Stadt und erkennt, daß ihr diese Stadt und dieses Volk nicht preisgeben dürft und nicht preisgeben könnt!« Legendär ist inzwischen die Rede, die Ernst Reuter auf einer Protestkundgebung von über 300 000 Berlinern während der Berliner Blockade über den Äther schickte.
Als Antwort auf die Ausdehnung der in den Westzonen bereits durchgeführten Währungsreform auch auf die Westsektoren Berlins verhängten die Sowjets am 24. Juni 1948 eine Blockade und schnitten den westlichen Teil der Stadt vollständig von seinen Verbindungswegen zu Land und zu Wasser ab. Durch Aushungern der Bevölkerung wollte Stalin die West-Alliierten in die Knie und zur Übergabe der Stadt zwingen. Erreicht hat er das genaue Gegenteil, nämlich den triumphalen Sieg des Westens im Mächteringen des Kalten Kriegs.
Nach Anordnung des amerikanischen Militärgouverneurs General Clay am 25. Juni begann das Abenteuer Luftbrücke offiziell am 26. Juni. Zwei Tage später erklärte auch Großbritannien seine Teilnahme.
Die Versorgung von fast 2,2 Millionen Einwohnern aus der Luft – eine in der Geschichte der Luftfahrt bis dahin einzigartige logistische Aktion. Die Flugplätze Tempelhof und Gatow wurden ausgebaut. In Tegel entstand unter dem Einsatz von 19 000 Berliner Arbeiterinnen und Arbeitern ein neuer Flughafen in der Rekordzeit von drei Monaten. Die Steigerung der Leistungsfähigkeit war gewaltig. Von 500 Flügen im ersten Monat mit 1273,6 Tonnen zum Höchststand im Mai 1949 mit 27 718 Flügen und 227 532 Tonnen.
67 Prozent der gesamten Ladungen, die Berlin erreichten, waren Kohlen, 24 Prozent Lebensmittel, 9 Prozent Industrie- und andere Güter. Im 90-Sekunden-Takt wurde in der Hoch-Zeit gestartet und gelandet. Am Himmel über Berlin ein unablässiges, nicht nachlassendes Dröhnen der Transportmaschinen, die von den Berlinern dankbar und mit treffsicherer Schnauze »Rosinenbomber« getauft wurden.
Aus Gewichtsgründen wurden die Lebensmittel getrocknet und in Konzentraten eingeflogen: Trockenkartoffeln, Trockengemüse, Trockenfrüchte, Milch- und Eipulver, geräucherter Salzhering, Büchsenfleisch. Ungewohnt waren Corned Beef, Mais- und Sojamehl. In der Presse wurden extra Rezeptempfehlungen wie »Corned-Beef-Pfannkuchen« und »Maiskuchen« abgedruckt. Die Kinderherzen eroberte der »Schokoladenflieger«, die Eigeninitiative eines Leutnants, der in zu Fallschirmen geknoteten Taschentüchern beim Landeanflug Schokoladentafeln regnen ließ. Mehr als 4000 Dankesbriefe wurden ihm zu Weihnachten geschickt.
Am 12. Mai 1949 gab sich die sowjetische Militärverwaltung geschlagen. Die Blockade wurde aufgehoben.

Löffelerbsen mit Ohren und Schnauze

Grüne Bohnen mit Hammel

Berliner Kartoffelsuppe

»Rosinenbomber« im Anflug auf den Flughafen Tempelhof. Während der Berlin-Blockade 1948/49 versorgten die Westmächte die Stadt über die Luftbrücke.

Erbsensuppe mit Speck
(Abbildung links)

400 g getrocknete, gelbe Erbsen
250 g Frühstücksspeck am Stück
2 grob gehackte Zwiebeln
1 Möhre
1 Petersilienwurzel
1/4 Sellerieknolle
1 kleine Stange Lauch
250 g Kartoffeln
Salz und Pfeffer
1 1/4 TL gerebelter Majoran
1/2 TL Bohnenkraut

Die Erbsen über Nacht in 2 l Wasser einweichen. Am nächsten Tag mit der Flüssigkeit zum Kochen bringen, den Frühstücksspeck einlegen und die Zwiebeln zufügen. Zugedeckt bei mittlerer Hitze 1 Stunde kochen. Das Wurzelgemüse und den Lauch putzen und grob hacken, die geschälten Kartoffeln in kleine Würfel schneiden. Das Gemüse unter die Erbsen mischen und mit Salz, Pfeffer, Majoran und Bohnenkraut würzen. Den Eintopf noch 20 Minuten kochen lassen. Vor dem Servieren den Frühstücksspeck herausheben, in feine Würfel schneiden und unter den Eintopf mischen.

Löffelerbsen mit Ohren und Schnauze
(Abbildung links)

350 g getrocknete gelbe Erbsen
1 kg Schweineohren und -schnauzen (ersatzweise Spitzbein)
1 Bund Suppengrün, gehackt
1 große gehackte Zwiebel
Salz und Pfeffer
1 TL gerebelter Majoran
1 Stange Lauch
4 Kartoffeln

Die Erbsen über Nacht in 2 l Wasser einweichen. Am nächsten Tag mit der Einweichflüssigkeit, den Schweineohren und -schnauzen, dem gehackten Suppengrün und der Zwiebel zum Kochen bringen. Mit Salz, Pfeffer und Majoran würzen und zugedeckt bei mittlerer Hitze 1 Stunde kochen. Lauch und Kartoffeln waschen. Den Lauch in feine Ringe, die geschälten Kartoffeln in kleine Würfel schneiden. Zur Erbsensuppe geben und weitere 15 Minuten garen. Die Schweineohren und -schnauzen herausheben, vom Knorpel streifen und das Fleisch in mundgerechte Stücke schneiden. Im Erbseneintopf noch einmal kurz erhitzen und vor dem Servieren mit Salz, Pfeffer und Majoran abschmecken.

Erbsensuppe mit Speck

Grüne Bohnen mit Hammel
(Abbildung Mitte)

500 g Hammelfleisch (Brust oder Rippe)
1 EL Butterschmalz
1 fein gehackte Knoblauchzehe
1 gehackte Zwiebel
1 l Fleischbrühe
500 g frische grüne Bohnen
500 g Kartoffeln
Salz und Pfeffer
1 TL Bohnenkraut
1 Bund gehackte Petersilie

Das Fleisch in mundgerechte Würfel schneiden. Das Butterschmalz in einem großen Topf erhitzen und das Fleisch darin anbraten. Knoblauch und Zwiebel kurz mitbraten, dann mit Fleischbrühe angießen und 30 Minuten kochen lassen. Inzwischen die Bohnen putzen, die Kartoffeln schälen, waschen und in kleine Würfel schneiden. Das Gemüse zum Fleisch geben, mit Salz, Pfeffer und Bohnenkraut kräftig würzen und alles weitere 20 Minuten garen. Vor dem Servieren mit gehackter Petersilie bestreuen.

Berliner Kartoffelsuppe
(Abbildung Mitte unten)

750 g mehlige Kartoffeln
1 Bund Suppengrün
1 große Zwiebel
1 EL Butterschmalz
1 l heiße Fleischbrühe
1 TL gerebelter Majoran
Salz und Pfeffer
125 g Sahne
2 Scheiben Toastbrot
100 g magerer Speck
2 EL Butter
1 EL gehackte Petersilie

Die Kartoffeln waschen, schälen und in kleine Würfel schneiden. Das Suppengrün und die Zwiebel hacken. Butterschmalz in einem großen Topf zerlassen, Suppengrün und Zwiebel darin glasig dünsten. Die Kartoffeln dazugeben, kurz mitdünsten und mit der Fleischbrühe aufgießen. Mit Majoran, Salz und Pfeffer würzen und 20 Minuten kochen lassen. Dann die Sahne unterrühren und die Suppe mit dem Mixstab pürieren. Das Toastbrot und den Speck in kleine Würfel schneiden, Speck in der Butter auslassen und die Brotwürfel darin goldbraun rösten. Über die Suppe geben, mit der Petersilie bestreuen und sofort servieren.

Zilles Berlin

»Aus'm Hinterhaus kieken Kinder raus. Blaß und ungekämmt, mit und ohne Hemd. ... Det war sein Milljöh, det war dein Milljöh. Jede Kneipe und Destille kennt den guten Vater Zille ...« Dieses Lied sang die Berliner Gassenhauer-Ikone und Chansonette Claire Waldoff in Gedenken an den langjährigen Freund, den Zeichner und Karikaturisten Heinrich Zille (1858–1929).

Zilles Milljöh war das Berlin der Arbeiter, der Destillen und Kaschemmen, der Trinker, Prostituierten und Habenichtse. Realistisch und mit einem Schuß schwarzen Humor schildern seine Zeichnungen die Lebensumstände in den Elendsquartieren, die drangvolle Enge in den überfüllten Wohnungen, die dunklen Hinterhöfe der Mietskasernen, die Misere der Kinder, die dort aufwuchsen.

Zu Zilles Zeiten galt Berlin als die größte Mietskasernenstadt der Welt. Durch enorme Zuwanderung war die Bevölkerungszahl von 1855 bis 1905 von 450 000 auf cirka zwei Millionen angestiegen. Auf engstem Raum wurden Wohnblöcke mit Seitenflügeln und Quergebäuden und bis zu fünf Hinterhöfen förmlich aus dem Boden gestampft. Die ersten Mietskasernen entstanden im frühen 19. Jahrhundert vor dem Hamburger Tor im »Vogtland«, wie die Siedlung nach der Region der Zuwanderer genannt wurde. In 400 Einzimmerwohnungen pro Haus zusammengepfercht lebten etwa 2500 Menschen. In ihrer Schrift »Dies Buch gehört dem König« prangert Bettina von Arnim 1843 die menschenunwürdigen Zustände in dieser Armenkolonie an und beschreibt im einzelnen das Elend und die finanzielle Not, wenn zum Beispiel eine Familie von ihrem Monatseinkommen von sechseinhalb Talern zwei Taler für die Miete abzweigen mußte und das Essensgeld nur noch für Kartoffeln reichte.

Als 1847 nach Mißernten die Preise für das Hauptnahrungsmittel Kartoffel in die Höhe schnellten, kam es zu Tumulten, die auf die Innenstadt übergriffen und sogar das sakrosankte Schloß nicht verschonten. Erst als das Militär eingriff und ein Kartoffelhöchstpreis festgesetzt wurde, konnte die Revolte eingedämmt werden. Wie schon die Pariser Marktkrawalle vor der Französischen Revolution 1789 wurden die »Kartoffelunruhen« Vorbote der 1848er Revolution.

»Suppenlina« nannte der Volksmund die Frauenrechtlerin Lina Morgenstern. Im Jahr 1866, während des Preußisch-Österreichischen Krieges, als die Lebensmittel knapp und in der Folge teurer wurden, ergriff sie die Initiative und gründete in Anlehnung an den Gedanken der Konsumgenossenschaft die

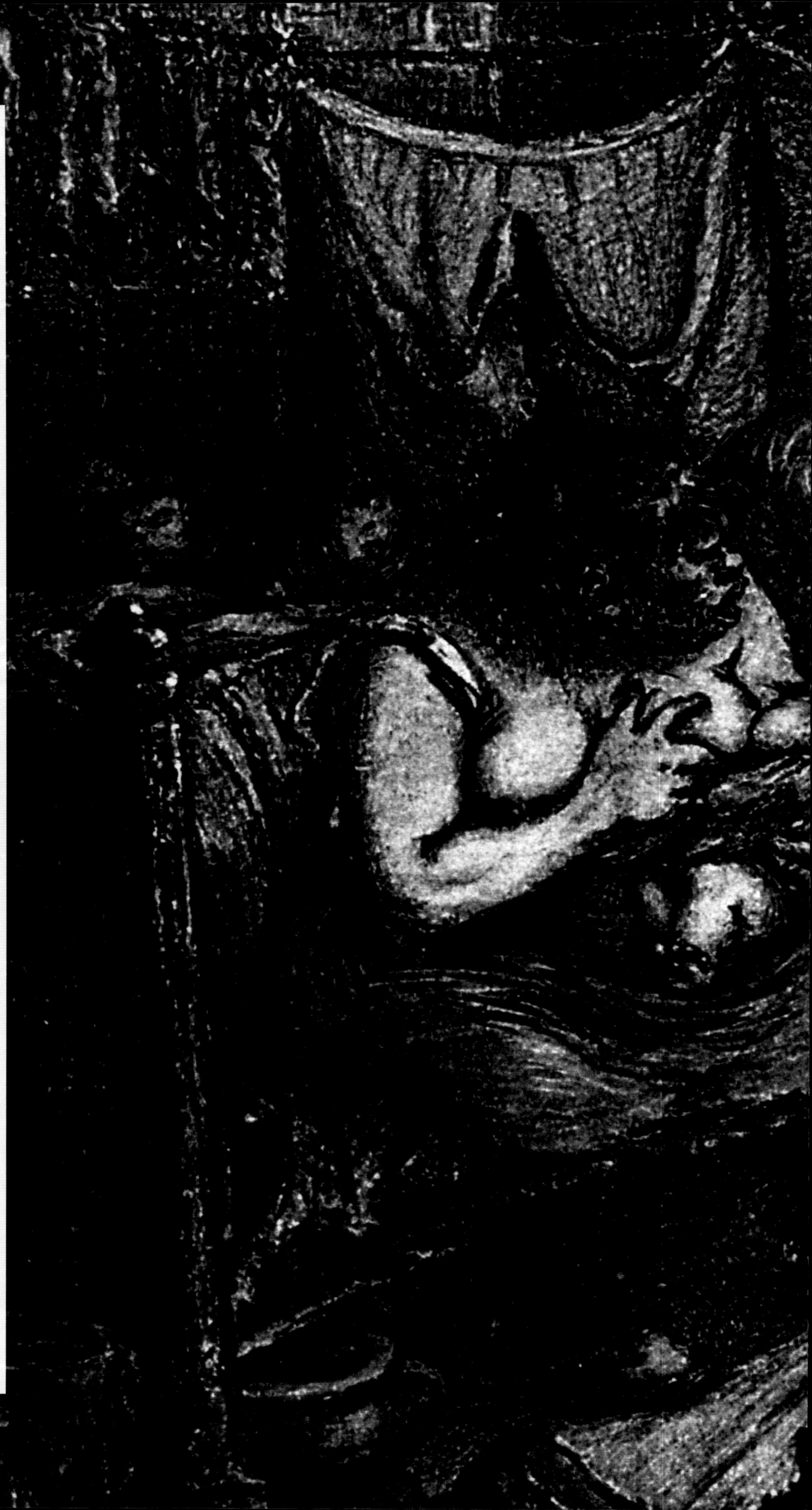

Volksküchen. Das erforderliche Startkapital kam durch Spendenaufrufe in der »Vossischen Zeitung« zusammen, danach trug sich das Projekt selbst. Keine Armenspeisung also im Sinne mildtätig gewährter Almosen. Die Lebensmittel wurden vielmehr preisgünstig im Großeinkauf besorgt. Ehrenamtliche Helferinnen aus dem Bürgertum bereiteten die Mahlzeiten und gaben sie zum Selbstkostenpreis aus. Ganze Familien versammelten sich um die Holztische in Linas Suppenküche. Denn in den Arbeiterhaushalten mangelte es nicht nur am nötigen Geld, es fehlte auch die Zeit zum Kochen, da die meisten Frauen in den Fabriken arbeiten mußten. Den in konservativen Kreisen erhobenen Vorwürfen, die Volksküchen würden das häusliche Familienleben zerstören, hielt Lina Morgenstern entgegen, nicht die Volksküchen, sondern die sozialen Verhältnisse müßten verändert werden.

Mit Hilfe von Spenden aus dem Freundes- und Bekanntenkreis gründete der Journalist Konstantin Liebich 1883 den Frühstückstisch für Obdachlose und Bedürftige. Pro Person gab es zwei Schrippen und eine Tasse Muckefuck. Die Innere Mission im Wedding hat Liebichs Initiative später weitergeführt. Als »Schrippen-Kirche« ist sie in die Wohlfahrtsgeschichte eingegangen.

Über vier Millionen Arbeitslose stellen die heutige Wohlstandsgesellschaft vor Probleme. Die Schere zwischen Arm und Reich wird immer größer, die Zahl der Obdachlosen und Bedürftigen wächst. Hilfe bieten das Deutsche Rote Kreuz, Einrichtungen der Wohlfahrtsverbände und Kirchen sowie Freiwilligeninitiativen. Zum Beispiel die Suppenküche im Franziskanerkloster in Pankow: 400 bis 500 Mahlzeiten täglich, einmal die Woche ein Fleischgericht, ansonsten Eintopf, werden im Sommer ausgegeben, im Winter die Hälfte. In der kalten Jahreszeit finden viele der Obdachlosen in Notunterkünften Kost und Logis. Vermittlungsstelle zwischen denen, die bedürftig sind, und denen, die etwas von ihren leicht verderblichen Waren abzugeben haben, wie Super- und Großmärkte, Kantinen und Buffets, ist die »Berliner Tafel«. Sie wurde 1993 nach New Yorker Vorbild von einer Gruppe ehrenamtlich arbeitender Frauen und Männer gegründet. Nicht mehr ganz frisches Obst oder Lebensmittel, die kurz vor dem Verfallsdatum stehen, werden abgeholt und an die entsprechenden sozialen Projekte verteilt. 70 Helferinnen und Helfer sind 1400 Stunden im Monat im Einsatz und verteilen monatlich 40 Tonnen Lebensmittel.

Armeleutegericht Grütze

Getreidebrei, also Grütze, ist eines der ältesten Nahrungsmittel des Menschen und gehört weltweit zu den Gerichten, mit denen sich die Armen ernähren.

1 Tasse Buchweizengrütze
Salz
100 g Butter
1 Tasse Perlgraupen
300 g Zwiebeln, geschält und gehackt
1 l Fleischbrühe

Die Grütze waschen, in einer Pfanne unter Rühren trocknen und leicht bräunen. $^{1}/_{2}$ TL Salz, die Hälfte der Butter und den größten Teil der Fleischbrühe hinzugeben. Verrühren, zudecken und bei niedriger Hitze 20 Minuten köcheln lassen. Vom Herd nehmen und stehen lassen. Inzwischen die Perlgraupen in einem kleinen Topf in der restlichen Fleischbrühe garen, abgießen und mit der Grütze vermischen. Die restliche Butter in einer Pfanne zerlassen, die Zwiebeln darin glasig dünsten und in die Grütze rühren. Alles gut vermischen und abschmecken.

Leben und Lebensverhältnisse der Berliner Arbeiter waren die Themen des Zeichners und Karikaturisten Heinrich Zille, wie hier in »Der späte Schlafbursche«.

Der Kegel aus übereinandergeschichtetem Fleisch stellt die größte Konkurrenz zur Currywurst dar.

Dönerkebab

In gewohnt aufreißerischer Manier meldete im Januar 1995 »Bild« Berlin eine Trendwende im Imbißgeschäft: »Imbißkrieg – Döner geht der Bockwurst an die Pelle.« Tatsächlich hat der Dönerkebab im Konkurrenzrennen mit der Currywurst inzwischen den Sieg errungen und sich auf der Fast-Food-Hitliste in die Spitzenposition gesetzt mit jährlich knapp 100 Millionen Döner-Portionen gegenüber um die 70 Millionen Currywürsten. Waren in Berlin 1983 ungefähr 200 Dönerspieße in Betrieb, so ist die Anzahl auf nunmehr circa 1300 Verkaufsstände angewachsen mit insgesamt täglich 25 Tonnen »Drehbraten«, wie der Dönerkebap ins Deutsche übersetzt heißt. Bundesweit wird jährlich ein Umsatz von 3,6 Milliarden DM erzielt – das ist mehr als McDonald's, Burger King und Wienerwald zusammen erwirtschaften.

Dabei sah es noch vor einigen Jahren in der Döner-Metropole Berlin für die Branche gar nicht rosig aus. Die Erfolgsstory, die 1971 mit dem ersten Drehspieß in Kreuzberg begann, drohte heftig einzuknicken mit mehr als 20 Prozent Umsatzeinbuße bei steigenden Fixkosten. Der Fall der Mauer und die Wiedervereinigung brachten für viele schon fast vor der Pleite stehende Berliner Döner-Verkäufer die glückliche Wende. In Blitzesschnelle wurden die neuen Absatzmärkte mit über 16 Millionen potentiellen Döner-Essern erschlossen. Die türkische Imbißspezialität traf den Geschmacksnerv der neuen Bundesbürger: Rund 450000 Dönerkebabs werden täglich von ihnen konsumiert.

In die Berliner Schlagzeilen geraten war der Döner schon einmal gegen Ende der achtziger Jahre. Damals offenbarte sich die häßliche Kehrseite der Erfolgsgeschichte: Mit der Quantität fiel vielfach auch die Qualität, am Döner wurde gepfuscht. Statt des zum Kegel übereinandergestapelten Kalb-, Rind- oder Lammfleischs wurde ein überaus hoher Anteil Hackfleisch zugesetzt und mit Paniermehl und Diphosphaten gestreckt. Ein Fall also für die deutsche Hackfleischordnung, der der Döner ab 1984 unterstellt wurde. Zur Ehrenrettung des Dönerkebabs trat schließlich eine türkisch-deutsche Sachverständigenkommission zusammen und erließ zum 1. Juni 1989 die »Festschreibung der Berliner Verkehrsauffassung für das Fleischerzeugnis Dönerkebap«, wonach der Hackfleischanteil nun nur noch höchstens 60 Prozent betragen darf.

Zum Döner-Imbiß gehört natürlich auch das taschenförmig aufgeschnittene oder getoastete und gerollte weiße Brot, das mit Salat, Tomaten, Gurken, Zwiebeln und Joghurt-Knoblauchsauce gefüllt wird. Der BSE-Skandal ist auch am »Drehbraten« nicht spurlos vorübergegangen. Als Variante werden neuerdings Geflügel-Döner angeboten und für ganz besonders Ernährungsbewußte die rein vegetarische Falafel – in heißem Fett fritierte Kichererbsenbällchen –, die in den letzten Jahren zunehmend an Beliebtheit gewinnt.

Linke Seite: Döner hielt 1971 als türkische Spezialität Einzug in Berlin. Heute sind ungefähr 5400 Türken in der Stadt selbständige Unternehmer und beschäftigen in ihren Bäckereien, Fleischereien, Gastronomiebetrieben, Lebensmittelgeschäften, Reparaturwerkstätten, Reisebüros und Banken etwa 12000 bis 14000 Angestellte.

Döner verträgt sich nicht mit Schrippe. Die fein geschnittenen Fleischstücke vom Spieß werden in Weißbrot gerollt, das vorher angetoastet wird.

Jeder Döner-Verkäufer hat seine eigene Zubereitungsart. Die einen geben eine Knoblauchsauce direkt aufs Brot, die anderen garnieren den fertigen Döner mit Tsatsiki.

Kernstück des Döners sind die in dünnen Scheiben vom Drehspieß geschnittenen Fleischstücke. Verwendet wird Lamm-, Kalb-, Rind- oder heute auch Hühnerfleisch.

Bei der Gemüse- und Salatgarnitur sind der Phantasie des Anbieters keine Grenzen gesetzt: feingeschnittene Zwiebeln, Eissalat oder gehobelter Weißkohl.

Auch feingeschnittenen Rotkohl kann zum Döner essen, wer es mag. Der Kunde wählt sich seine Salat- und Gemüsebeilagen nach eigenem Gusto aus.

Obendrauf Tomaten zur Zierde – und nun muß das Ganze nur noch gerollt werden. Und dann so geschickt verzehrt, daß einem nicht die Hälfte auf den Boden fällt.

Fremd-gegangen

Amerika war in. Was nur irgend den Geschmack der Neuen Welt versprach, übte eine magische Faszination aus und wurde besonders von der Jugend der Nachkriegsjahre in der alten BRD und West-Berlin adaptiert, kopiert und konsumiert. Heftiger Widerstand, das Grummeln und Knurren der an deutscher Volkskost gestählten Elterngeneration half da wenig: Letzten Endes kam die Ketchupflasche doch auf den Tisch. Totchic, wenn sich die Teenager in flottem Outfit, mit wippendem Pferdeschwanz oder Kurzhaarfrisur in ihren hautengen Nietenhosen und Rollkragenpullovern lässig am Tresen einer Milchbar fläzten, um im Sog des »american way of life« hingebungsvoll den Bananen- oder Ananas-Shake aus einem Strohhalm zu nuckeln. Und an Coca Cola ging ohnehin kein Weg vorbei, dafür sorgte schon der allumspannende Werbefeldzug des Weltkonzerns, lange bevor amerikanische Fast-Food-Ketten mit Hot Dogs, Spare-Ribs und Hamburgern ganze Kontinente eindeckten.

Reisen bildet, nicht nur Geist und Seele, auch den Gaumen. Die in den fünfziger Jahren einsetzende Reiseflut in die Sonnenländer Europas machte die Teutonen mit bis dahin nicht gekannten leiblichen Genüssen vertraut: Pasta und Pizza, Paella und Gyros, Feta, Paprika, Auberginen und Zucchini. Die vielen Arbeitsimmigranten, die seit Mitte der fünfziger Jahre zur Deckung des Arbeitskräftemangels aus Italien, Spanien und Griechenland angeworben wurden, taten ihr übriges. Seßhaft geworden, eröffneten etliche von ihnen Gemüseläden, Pizzerien oder Restaurants, so daß die Deutschen in seliger Urlaubserinnerung auch in heimischen Gefilden auf fremde Kulinarien nicht mehr verzichten mußten. Die Welt ist ein Dorf geworden. Über die lukullischen Grenzen Europas hinaus, sind es zunehmend Spezialitäten aus mittel- und südamerikanischen, asiatischen und afrikanischen Ländern, die den verwöhnten Gaumen multikulturell beglücken.

444 112 Ausländer leben laut einer statistischen Erhebung vom 31. Dezember 1996 in der Dreieinhalb-Millionen-Stadt Berlin, weit mehr als die alte Bundeshauptstadt Bonn überhaupt Einwohner hat. Cirka ein Drittel der ausländischen Bevölkerung besitzt die türkische Staatsangehörigkeit – mit Abstand die größte Gruppe. Nach dem Bau der Mauer am 13. August 1961 fehlten den Berliner Betrieben schlagartig die Arbeitnehmer aus dem Umland und Ost-Berlin. Das Anwerbeabkommen zwischen der Türkei und der BRD vom 30. Oktober 1961 sollte diese Lücke durch Zuwanderung wieder schließen. Inzwischen hat sich die deutsche Hauptstadt zur größten türkischen Stadt außerhalb der Türkei entwickelt.

Die spanische Gemüsesuppe Gazpacho wird kalt und mit viel Knoblauch serviert.

Das berühmte spanische Reisgericht Paella enthält Fleisch, Meeresfrüchte und diverse Gemüse.

Cevapcici, daumengroße, gegrillte Hackfleischwürstchen aus dem ehemaligen Jugoslawien.

Kleine Fleischspieße: die balkanesische Spezialität Raznjic

Tsatsiki, griechische Vorspeise und Beilage aus Joghurt, frischen Gurken und Knoblauch.

Tarama ist eine griechische und türkische Vorspeise aus Fischeiern.

Wohl die berühmtesten Spaghetti: Tomaten, Fleisch, Wurzelgemüse – Spaghetti Bolognese.

Die italienische Lasagne ist ein Auflauf aus Nudelblättern, zwischen die eine Fleisch-Tomaten-Sauce und Béchamelsauce geschichtet werden.

In der spanischen Fischsuppe Zarzuela findet man Fische und Meeresfrüchte aller Art.

Das Eintopfgericht Djuvec ist jedem ein Begriff, der in den vergangenen Jahrzehnten ins damalige Jugoslawien fuhr.

Die jugoslawische Pljeskavica, ein scharfer Hackfleischgrillkuchen.

Minestrone, die bekannteste italienische Gemüsesuppe.

Weinblätter, eine türkische Spezialität. Sie werden mit Reis oder Hammelfleisch und Reis gefüllt.

Sardellen, eingelegt, gegrillt oder gebraten sind im gesamten Mittelmeerraum beliebt.

Gyros Pita, der griechische Verwandte des Döner.

In Griechenland wurde der Fetakäse früher aus Schafmilch hergestellt, heute ist er meist aus Kuhmilch.

Griechischer Salat mit Oliven, Roten Zwiebeln, Tomaten, Gurken und Fetakäse

Tiramisu, die italienische Nachspeise, die die Partybuffets eroberte: Löffelbiskuits mit Likör, Kaffee und Mascarpone-Eiercreme.

Eine von vielen Pizza-Variationen: In Sizilien belegt man sie mit Tomaten, Mozzarella, schwarzen Oliven und Origano.

In allen Mittelmeerländern ißt man Tintenfische paniert und fritiert.

Fleischgerichte

Berliner Kalbsleber
(Abbildung unten)

- *4 kleine Zwiebeln*
- *2 säuerliche Äpfel*
- *40 g Butter*
- *4 Scheiben Kalbsleber à 150 g*
- *Mehl*
- *40 g Butterschmalz*
- *Salz und Pfeffer*

Die Zwiebeln in feine Ringe hobeln. Die Äpfel schälen, entkernen und in nicht zu dünne Scheiben schneiden. Die Butter erhitzen, Zwiebelringe und Apfelscheiben darin dünsten. Parallel dazu die Kalbsleber in Mehl wenden, überschüssiges Mehl abklopfen und die Leber im heißen Butterschmalz auf jeder Seite 3–4 Minuten braten. Die Leber salzen und pfeffern, auf vorgewärmten Tellern mit den Zwiebelringen und Apfelscheiben anrichten und mit Kartoffelpüree servieren.

Königsberger Klopse
(Abbildung Mitte)

- *1 altes Brötchen*
- *1/8 l heiße Milch*
- *500 g gemischtes Hackfleisch*
- *1 kleine, feingehackte Zwiebel*
- *4 Sardellenfilets, fein gehackt*
- *1 Ei*
- *Salz und Pfeffer*
- *1 l Fleischbrühe*
- *1 EL Butter*
- *2 EL Mehl*
- *3 EL Kapern*
- *2 EL Zitronensaft*
- *1 Prise Zucker*
- *2 Eigelb*
- *125 g Sahne*
- *1 EL gehackte Petersilie*

Das Brötchen in Scheiben schneiden und 15 Minuten in der heißen Milch quellen lassen. Dann mit dem Hackfleisch, der Zwiebel, Sardellenfilets und dem Ei gut verkneten, mit Salz und Pfeffer abschmecken. Aus der Masse kleine Klopse formen. Die Fleischbrühe zum Kochen bringen, Klopse einlegen und 15 Minuten darin garen. Mit einem Schaumlöffel herausheben und die Brühe abseihen. Die Butter zerlassen, das Mehl darin anschwitzen, 3/4 l Brühe unter Rühren angießen und die Kapern untermischen. 10 Minuten einkochen lassen. Die Klopse in der Sauce wieder erhitzen (nicht mehr kochen), mit Zitronensaft, Salz, Pfeffer und Zucker abschmecken. Das Eigelb mit der Sahne verquirlen, unter die Sauce rühren, mit der gehackten Petersilie bestreuen und sofort servieren.

Bollenfleisch mit Hammel

- *750 g Hammelschulter ohne Knochen*
- *500 g grobgehackte Zwiebeln*
- *2 gehackte Knoblauchzehen*
- *2 Lorbeerblätter*
- *Salz und Pfeffer*
- *1/2 TL Kümmel*
- *2 EL Butterschmalz*
- *2 große Zwiebeln, in Ringe geschnitten*
- *2 EL Mehl*
- *1 Prise Zucker*

Das Fleisch mit den Zwiebeln, Knoblauch, Lorbeer, Salz, Pfeffer und Kümmel in 1 l Wasser zum Kochen bringen und in gut 1 Stunde gar köcheln. Anschließend das Fleisch herausheben und in mundgerechte Stücke schneiden. Die Brühe abseihen. Das Butterschmalz erhitzen und die Zwiebelringe darin glasig dünsten. Mit dem Mehl bestäuben, das Mehl kurz anschwitzen und die Brühe unter Rühren angießen. Die Sauce 10 Minuten durchkochen, dann die Fleischstücke einlegen, noch einmal kurz aufkochen und kräftig mit Salz, Pfeffer, Zucker und Kümmel abschmecken.

Berliner Kalbsleber

Schnitzel Holstein

Königsberger Klopse

Hoppelpoppel

500 g gekochtes oder gebratenes Fleisch (Reste)
2 gehackte Zwiebeln
4 EL Butterschmalz
750 g Pellkartoffeln
1 TL grobgehackter Kümmel
Salz und Pfeffer
8 Eier
1 Bund gehackte Petersilie

Das Fleisch in schmale Streifen schneiden und mit den Zwiebeln in 2 EL Butterschmalz scharf anbraten. Die Pellkartoffeln in Scheiben schneiden und in einer zweiten Pfanne im restlichen Butterschmalz mit Kümmel, Salz und Pfeffer goldbraun braten. Das Fleisch unter die Kartoffeln mischen, mit den verquirlten Eiern übergießen und mit der Petersilie bestreuen. Vorsichtig umrühren bis die Eier gestockt sind und sofort servieren. Als Beilage kann man Kopfsalat reichen.

Schnitzel Holstein

(Abbildung oben)

4 Kalbsschnitzel à 150 g
Salz und Pfeffer
Öl zum Braten
4 Scheiben Toastbrot
1 EL Butter
4 Ölsardinen
4 kleine Scheiben Räucherlachs
8 Sardellenfilets
1 kleines Glas Kaviar (15 g)
4 Eier
Cornichons und Zitronen zum Garnieren

Die Schnitzel salzen und pfeffern. In Öl auf jeder Seite 4 Minuten braten. Inzwischen die Brotscheiben toasten, dünn mit Butter bestreichen und jede Scheibe zweimal diagonal durchschneiden. Pro Portion je 1 Toastdreieck mit Ölsardinen, Räucherlachs, Sardellenfilets und Kaviar belegen. Die fertigen Schnitzel auf vorgewärmten Tellern anrichten und warm stellen. Im Bratfett 4 Spiegeleier braten, mit Salz und Pfeffer würzen und auf die Schnitzel setzen. Mit den Toastecken umlegen und mit Cornichons und Zitronenscheiben garnieren.

Falscher Hase

750 g gemischtes Hackfleisch
2 Eier
2 EL Semmelbrösel
2 TL scharfer Senf
2 TL Paprikapulver, edelsüß
1 TL Majoran
Salz und Pfeffer
Fett für die Form
2 hartgekochte Eier

Das Hackfleisch mit den Eiern, Semmelbröseln, Senf, Paprikapulver, Majoran, Salz und Pfeffer vermischen und gründlich durchkneten. Die Hälfte der Masse in eine gefettete Kastenform geben, in die Mitte die hartgekochten Eier drücken. Den restlichen Fleischteig darüber verteilen und gut zusammendrücken. Im vorgeheizten Backofen bei 200 °C etwa 1 Stunde backen. Den fertigen Braten aus der Form stürzen, in dicke Scheiben schneiden und auf einer vorgewärmten Platte anrichten. Dazu schmeckt Pfifferling- oder Rahmbratensauce und Kartoffelpüree.

Schnitzel à la Holstein

Nicht im Lande Schleswig-Holstein, wie der Name suggeriert, liegt die Geburtsstätte des Schnitzels Holstein, sondern in der Französischen Straße in der Mitte von Berlin. Nobel ist das Restaurant »Borchardt« und war es schon vor hundert Jahren, als Friedrich von Holstein, die graue Eminenz der Bismarck- und Nach-Bismarck-Ära, hier häufig Einkehr hielt und es sich in erlauchter Runde wohlsein ließ. Hier trafen sie zusammen, die Herren von Rang und Namen aus Adel, Politik und Militär. Es wurde palavert, gekungelt, taktiert, die politische Lage diskutiert und dabei aufs Köstlichste diniert. Doch, wie es so ist in der hohen Politik, Zeit hat man eigentlich nicht, muß hier und dort, beim Ränkeschmieden überall zugleich an Ort und Stelle sein. Jedenfalls so die Küchenmär: Die umtriebige Eminenz hatte es eilig und orderte mit der Vorspeise flugs das Hauptgericht. Die beiden Gänge wurden exquisit zu einem einzigen, üppigen Schlemmermahl kombiniert und zur Freude der illustren Gäste dem hohen Herrn auch künftig als »sein« Schnitzel, das »Schnitzel à la Holstein«, serviert.

Fisch

»Die Havel ist ein aparter Fluß. Das Blau ihres Wassers und ihre zahllosen Buchten – sie ist tatsächlich eine Aneinanderreihung von Seen – machen sie in ihrer Art zu einem Unikum.« Nun, blau, wie Fontane schreibt, sind sie so wohl nicht mehr, die Berliner Havelseen. Aber ein idealer Tummelplatz für den Hechtbarsch oder auch Zander, den bis zu einem Meter großen Raubfisch, den sein Beutedrang vor allem in die Flußunterläufe und großen Seen treibt. Als delikater Speisefisch wird der Havelzander in Berlin am liebsten ohne Schnickschnack, nur in Butter leicht braun gebraten und fein mit Zitronensaft beträufelt, genossen. In der Einfachheit liegt hier die Raffinesse der Zubereitung.

Traditionelles Weihnachts- und Silvestergericht ist der Berliner Karpfen, eigentlich Karpfen Polnisch. Wie diese Festtagsspeise nach Berlin kam, weiß man nicht genau. War es das Uraltrezept der slawischen Wenden aus dem früheren Fischerdorf Coelln oder waren es die zugewanderten Schlesier, die die Berliner auf den Geschmack brachten? Der Spiegelkarpfen wurde früher lebend gekauft und verbrachte seine letzten Tage auch schon mal in der Badewanne. Beim Schlachten fing man das Blut auf und verfeinerte damit die Sauce, die außerdem durch Bier und Pfefferkuchen ihren besonderen Geschmack bekam.

Äußerst populär wurden im vorigen Jahrhundert die Landpartien. Mit Kind und Kegel, per Dampfer, Bahn oder im Kremser, dem mehrsitzigen offenen Pferdemietwagen mit Verdeck, strömten die Familien an schönen Sonntagen hinaus ins Grüne in die Gartenlokale, ein besonderes Ziel dabei stets vor Augen: »Immer Richtung Aal Jrün«, so der Leitspruch der Sonntagsausflügler. Als Beilage zu dem Leckerbissen unentbehrlich Gurkensalat, reichlich mit gehacktem Dill bestreut.

Fisch, ob nun aus eigenen oder fremden Gewässern, war und ist in Berlin jederzeit ein willkommenes Essen. Das Feinschmeckerlokal »Borchardt« stellte vor hundert Jahren seine Schlemmergäste vor die Qual der Wahl, unter dem opulenten Angebot von 60 Seezungen-Delikatessen zu entscheiden. Schon Herr von Czako in Fontanes »Stechlin« wußte: »Fische sollen außerdem viel Phosphor enthalten, und Phosphor, so heißt es, macht ›helle‹.« Und als helle, fürwahr, sind die Berliner bekannt.

Karpfen Polnisch

- *1 küchenfertiger Karpfen, ca. 1,5 kg*
- *Salz und Pfeffer*
- *Zitronensaft*
- *4 Möhren*
- *2 Zwiebeln*
- *Butter für die Form*
- *3/4 l dunkles Bier*
- *1 Lorbeerblatt*
- *1 Nelke*
- *1 EL Zucker*
- *1/8 l Weinessig*
- *100 g geriebener Lebkuchen*

Den Karpfen waschen, in Portionsstücke zerteilen. Jedes Karpfenstück salzen, pfeffern und mit Zitronensaft beträufeln. 15 Minuten ziehen lassen. Inzwischen die Möhren in dünne Streifen schneiden, die Zwiebeln fein hacken. Die Möhren und die Zwiebeln in eine mit Butter ausgestrichene feuerfeste Form schichten. Die Karpfenstücke darauf legen. Mit dem Bier übergießen, das Lorbeerblatt und die Nelken zufügen. Mit Alufolie zugedeckt im vorgeheizten Backofen bei 220 °C etwa 15 Minuten gar ziehen lassen. Dann Karpfenstücke herausheben und warm stellen. Den Zucker in einer trockenen Pfanne braun rösten, mit dem Essig ablöschen und den Lebkuchen unterrühren. Den Sud aus der Form dazugießen und die Sauce etwas einkochen lassen. Die Sauce durch ein Sieb passieren und noch einmal mit Salz, Pfeffer und Zucker abschmecken. Die Karpfenstücke portionsweise auf der Sauce anrichten. Dazu kann man Salzkartoffeln und grünen Salat oder auch Rotkraut servieren.

Aal grün

- *750 g frischer Aal, ausgenommen und enthäutet*
- *Salz*
- *Saft von 1 Zitrone*
- *1 Bund Suppengrün*
- *1 Zwiebel, gespickt mit 1 Lorbeerblatt und 2 Nelken*
- *1/8 l milder Weinessig*
- *6 Pfefferkörner*
- *2 EL Butter*
- *2 EL Mehl*
- *1/8 l Weißwein*
- *Pfeffer*
- *1 Prise Zucker*
- *200 g Sahne*
- *2 Eigelb*
- *3 EL Dill, fein gehackt*

Den Aal waschen, abtrocknen und in Portionsstücke teilen. Salzen, mit dem Zitronensaft beträufeln und 10 Minuten ziehen lassen. Das Suppengrün mit der gespickten Zwiebel, 1 l Wasser, dem Essig und den Pfefferkörnern zum Kochen bringen. Dann die Aalstücke einlegen und bei kleiner Hitze ca. 20 Minuten ziehen lassen. Nach Ende der Garzeit die Aalstücke herausheben und abtropfen lassen. Den Fischsud abseihen. Die Butter zerlassen, das Mehl darin hellgelb anschwitzen, 1/2 l Fischsud und den Weißwein unterrühren und die Sauce mit Salz, Pfeffer und Zucker abschmecken. 5 Minuten köcheln lassen. Anschließend die Sauce vom Herd nehmen. Die Sahne mit dem Eigelb verquirlen und die Sauce damit binden. Den Dill untermischen und die Aalstücke wieder einlegen. In der Sauce erhitzen, nicht mehr kochen, und mit Pellkartoffeln servieren.

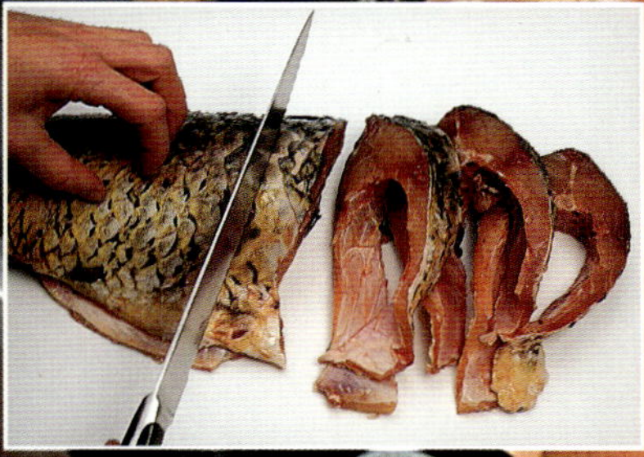

Der küchenfertige Karpfen wird in Portionsstücke zerteilt.

Wenn Fisch und Gemüse in der Form liegen, wird Bier angegossen.

Ist der Fisch gar, nimmt man die Stücke heraus und stellt sie warm.

Für die Sauce wird der Zucker in der Pfanne erhitzt und karamelisiert.

Nachdem der Essig angegossen ist, fügt man den Lebkuchen zu.

Der Sud aus der Form wird in die Pfanne gegossen und aufgekocht.

Man passiert den Sud durch ein Sieb und schmeckt die Sauce ab.

Zum Karpfen Polnisch passen Salzkartoffeln und ein grüner Salat.

Nachspeisen

Mohnpielen

(Abbildung unten)

- 4 alte Brötchen
- 3/4 l lauwarme Milch
- 1/2 Vanilleschote
- 125 g Zucker
- 150 g gemahlener Mohn
- 100 g Sultaninen
- 100 g Mandelstifte
- 250 g Sahne
- 50 g Mandelblättchen

Die Brötchen in fingerdicke Scheiben schneiden, in einer flachen Schale nebeneinander legen und mit 1/4 l lauwarmer Milch befeuchten. Die Vanilleschote der Länge nach halbieren und das Mark herauskratzen. Schote und Mark mit der restlichen Milch, dem Zucker, Mohn, den Sultaninen und den Mandelstiften langsam zum Kochen bringen und 10 Minuten bei kleiner Hitze ziehen lassen. Dann vom Herd nehmen und etwas auskühlen lassen, die Vanilleschote entfernen. Die Sahne steif schlagen und unter die Mohnmilch heben. In eine Dessertschale schichtweise die Brötchenscheiben und die Mohnmasse geben, als letzte Schicht Mohn. Über Nacht im Kühlschrank gut durchziehen lassen und vor dem Servieren mit den Mandelblättchen bestreuen.

Versoffene Jungfern

- 4 alte Brötchen
- 1/4 l Rotwein
- 2 Eier
- 1 EL Zucker
- 1/2 TL Zimt
- 1/4 TL Nelkenpulver
- 5 EL Semmelbrösel
- 75 g Butter
- 2 Päckchen Vanillinzucker

Die Brötchen in fingerdicke Scheiben schneiden. Den Rotwein mit den Eiern, Zucker, Zimt und Nelkenpulver verrühren. Die Brötchenscheiben mehrmals im Rotwein, abschließend in den Semmelbröseln wenden. Die Butter erhitzen und die Brotscheiben darin von beiden Seiten goldbraun ausbraten. Mit Vanillinzucker bestreuen und sofort servieren.

Apfelcharlotte

- 400 g Pumpernickel, fein zerbröselt
- 200 ml heiße Milch
- 100 g Sultaninen
- 3 EL Rum
- 1 kg säuerliche Äpfel, z. B. Boskoop
- 100 g Zucker
- 1 Stange Zimt
- 1/2 Vanilleschote
- Zitronenschale
- 1/4 l Weißwein
- 3 Eier
- 125 g Butter
- Zimt- und Zuckermischung

Den Pumpernickel mit der heißen Milch übergießen und 1/2 Stunde quellen lassen. Die Sultaninen im Rum einweichen. Die Äpfel schälen, entkernen, halbieren und in Scheiben schneiden. Mit 50 g Zucker, Zimt, der Vanilleschote und 1 Stück Zitronenschale im Weißwein dünsten, dabei die Apfelscheiben nicht zerfallen lassen. Die Apfelscheiben abgießen und gut abtropfen lassen, Zimtstange, Vanilleschote und Zitronenschale entfernen. Die Eier mit dem restlichen Zucker schaumig schlagen, dann unter die Pumpernickelmasse rühren. Eine runde Backform gut mit Butter ausfetten und schichtweise Pumpernickelmasse, Butterflöckchen, Apfelscheiben und Sultaninen einfüllen, als letzte Schicht Pumpernickel mit der restlichen Butter in Flöckchen. Im vorgeheizten Backofen bei 200 °C ca. 1/2 Stunde backen. Falls die Kruste zu hart wird, die Form mit Alufolie abdecken. In der Form etwas abkühlen lassen, auf eine Kuchenplatte stürzen und mit der Zimt- und Zuckermischung bestreuen.

Mohnpielen

Äppelkähne

Ein malerisches Bild, das sich in den Herbstmonaten dem jungen Theodor Fontane bot: Große Schleppkähne, mit Obstkörben reich beladen, drängten sich in dichten Reihen an den Ufern der Spree. Die Luft war erfüllt vom Duft der Äpfel und Birnen, die direkt von den Schiffen verhökert wurden: »Jeden Morgen hatten wir Schüler ihren Stand zwischen Herkules- und Friedrichsbrücke zu passieren, und wir können uns nicht erinnern, je anders als mit ›Augen rechts‹ an der langen Front der Werderschen Kähne vorbeigegangen zu sein.« Zu Fontanes Zeiten, in der ersten Hälfte des 19. Jahrhunderts, wurde Berlin noch hauptsächlich auf dem Wasserweg mit Obst versorgt. Nicht nur aus dem nahe gelegenen Werder, auch aus der Lausitz, sogar aus dem entfernten Böhmen kamen die »Äppelkähne«, wie die Berliner die vollbepackten Schuten salopp nannten, angeschippert und gingen für Tage oder Wochen im Zentrum der Stadt vor Anker, um ihre Früchte zum Kauf en gros und en detail feilzubieten.
Mit dem Bau der Stadtbahn wurden gegen Ende des vorigen Jahrhunderts die Lieferwege schneller. Die real existierenden Äppelkähne wurden wegrationalisiert. Der Jargon aber ist geblieben. »Mensch, is det'n riesiger Äppelkahn!« Ein spontaner Ausruf, der bewunderndes Staunen signalisiert über das imposante Ausmaß eines soeben vorbeischwimmenden Lastkahns. Äpfel hat er allerdings nicht geladen.

Grießpudding mit Himbeersaft

1/2 l Milch
1 EL Butter
1 EL Zucker
1 Prise Salz
40 g Grieß
abgeriebene Schale von 1 Zitrone
2 Eier, getrennt

Die Milch mit der Butter, Zucker und Salz aufkochen, den Grieß langsam einrühren und etwa 4 Minuten unter Rühren kochen. Vom Herd nehmen, die Zitronenschale und das Eigelb unterziehen. Den Pudding etwas abkühlen lassen. Das Eiweiß sehr steif schlagen, unter den Pudding heben und die Masse in eine kalt ausgespülte Puddingform füllen. Im Kühlschrank mindestens 2 Stunden fest werden lassen. Zum Servieren auf eine Platte stürzen und mit Himbeersaft (nach Belieben mit Himbeergeist anreichern) servieren.

Armer Ritter

(Abbildung unten links)

1/4 l Milch
3 Eier
1 EL Zucker
abgeriebene Schale von 1 Zitrone
8 Scheiben altes Weißbrot
6 EL Semmelbrösel
75 g Butterschmalz
Zimt- und Zuckermischung

Die Milch mit den Eiern, dem Zucker und der Zitronenschale verquirlen. Die Brotscheiben mehrmals in der Eiermilch, anschließend in Semmelbröseln wenden. Das Butterschmalz in einer großen Pfanne erhitzen und die panierten Brotscheiben auf beiden Seiten goldbraun ausbacken. Mit der Zimt- und Zuckermischung bestreuen und sofort servieren.

Berliner Luft mit Beerensauce

(Abbildung unten rechts)

5 Blatt weiße Gelatine
125 g Zucker
1 Päckchen Vanillinzucker
5 frische Eier, getrennt
Saft von 1/2 Zitrone
1/2 TL Zimt
1/8 l Weißwein
500 g gemischte Beeren (zum Beispiel Erdbeeren, Himbeeren, Johannisbeeren, Brombeeren)
75 g Zucker

Die Gelatine in 1/8 l kaltem Wasser einweichen. Den Zucker mit dem Vanillinzucker und dem Eigelb schaumig schlagen. Den Zitronensaft und den Zimt untermischen. Die Gelatine tropfnaß im Weißwein erwärmen, bis sie sich aufgelöst hat und in die Eimasse rühren. In den Kühlschrank stellen, bis die Masse zu gelieren beginnt. Das Eiweiß sehr steif schlagen und mit dem Schneebesen unter die Weincreme heben. In eine Dessertschüssel umfüllen und im Kühlschrank mindestens 3 Stunden fest werden lassen. Inzwischen die Beeren mit dem Zucker in etwas Wasser einmal aufkochen, durch ein Sieb passieren und auskühlen lassen. Getrennt zur Berliner Luft servieren.

Berliner Luft

Armer Ritter

Kuchen

Das waren noch Zeiten, als Berliner Konditormeister ihr Zucker- und Backhandwerk als Kunstfertigkeit zelebrierten und in ihren Caféhäusern neben der Fülle an Torten, Baisers und Kuchenschnitten dem entzückten Publikum Figurenkreationen aus Zuckerguß präsentierten. Furore im Wettstreit der Meister machte der Konditor Fuchs, als er 1822 zum Besuch des russischen Großfürsten Nikolaus das Abbild einer höfischen Gesellschaft in Form von Zuckerpüppchen erschuf. Für zwei Groschen Eintritt, die beim Einkauf von Backwaren angerechnet wurden, konnte man sich ausgiebig am Anblick dieses süßen Kunstwerks ergötzen. Im prächtigen Spiegelsaal der Konditorei befand sich im Gedränge der Schaulustigen auch Heinrich Heine, dem es allerdings nicht gelang, »von dieser Herrlichkeit bei Fuchs etwas zu sehen, da die holden Damenköpfchen eine undurchdringliche Mauer vor dem Zuckergemälde bildeten«, wie er den Lesern des »Rheinisch-Westfälischen Anzeigers« amüsiert eingestand. Keinen spektakulären Augenschmaus, sondern nur schlicht Gaumengenuß bescheren die traditionellen Berliner Kuchenspezialitäten: Berliner Sandkuchen und der allseits als Silvester- und Karnevalsgebäck beliebte »Berliner Pfannkuchen«, von den Berlinern selbst ohne Ortsbezeichnung schmucklos »Pfannkuchen« genannt. Die Legende erzählt von einem jungen Berliner Soldaten, der 1756 zu Beginn des Siebenjährigen Krieges zur Artillerie eingezogen wurde, sich für den Waffendienst letztlich jedoch als untauglich erwies. Kurzerhand wurde er in die Heeresbäckerei abkommandiert. Aus Dankbarkeit, vom Frontdienst verschont zu sein, formte er aus einem Hefeteig kleine Kanonenkugeln, und so entstand der berühmte Pfannkuchen.

In der Kuchentheke eines Kudamm-Cafés sind nicht nur typisch Berliner Spezialitäten zu sehen.

Altberliner Apfelkuchen

- 300 g Mehl
- 100 g Zucker
- 1 Päckchen Vanillinzucker
- 200 g Butter
- 1 Prise Salz
- abgeriebene Schale von 1/2 Zitrone
- Butter für die Form
- 1,2 kg Äpfel
- 100 g Sultaninen
- 1 kleines Glas Rum
- 1 Eigelb

Aus Mehl, Zucker, Vanillinzucker, Butter, Salz und der Zitronenschale einen Mürbeteig kneten und 1/2 Stunde im Kühlschrank ruhen lassen. Eine Springform ausfetten. Den Teig ausrollen und die Form damit auslegen, dabei den Teig am Rand hochziehen, andrücken und am Boden mehrmals einstechen. Etwas Teig für das Gitter beiseite legen. Den Kuchenboden bei kleiner Hitze nur schwach anbacken. Die Äpfel schälen, entkernen und in dünne Scheiben schneiden. Auf dem Kuchenboden verteilen, mit den Sultaninen bestreuen und mit dem Rum beträufeln. Aus den Teigresten schmale Streifen schneiden und gitterförmig über der Apfelfüllung verteilen. Das Teiggitter mit dem Eigelb bestreichen. Im vorgeheizten Backofen bei 180 °C etwa 50 Minuten backen. Den Kuchen in der Form völlig auskühlen lassen.

Streuselkuchen

Teig

- 500 g Mehl
- 60 g Zucker
- 1 Prise Salz
- 40 g Hefe
- 1/4 l lauwarme Milch
- 60 g Butter
- 2 Eier
- Fett und Mehl für das Backblech

Streusel

- 100 g Mehl
- 100 g Zucker
- 100 g gemahlene Mandeln
- 1 TL Zimt
- 150 g Butter

Mehl, Zucker und Salz in eine Schüssel sieben, eine Mulde hineindrücken und die in lauwarmer Milch aufgelöste Hefe hineingeben. Mit etwas Mehl bestäuben und zugedeckt 20 Minuten gehen lassen. Dann mit Butter und Eiern zu einem elastischen Hefeteig kneten. Mit etwas Mehl bestäuben und zugedeckt 30 Minuten gehen lassen. Ein Backblech fetten und mit wenig Mehl bestäuben. Den Teig darauf ausrollen. Für die Streusel Mehl, Zucker, Mandeln und Zimt gut vermischen und mit der zimmerwarmen Butter zu krümeligen Streuseln verarbeiten. Die Streusel auf dem Teig verteilen und den Kuchen zugedeckt noch einmal 20 Minuten gehen lassen. Im vorgeheizten Backofen bei 200 °C etwa 30 Minuten backen.

Kaffeeriecher

Drakonisch waren die Maßnahmen für ein doch recht harmloses Vergnügen, die Friedrich der Große 1780 in der »Vossischen Zeitung« verkünden ließ. Per Dekret sollte dem Volk schon der bloße Gedanke an Kaffeefreuden gründlichst ausgetrieben werden: »Ihr solltet den reichen Halbbrüdern Deutscher Nation Holz und Wein, aber kein Geld mehr für Kaffee schicken: alle Töpfe, vornehme Tassen und gemeine Schälchen, Mühlen, Brennmaschinen, kurz alles, zu welchem das Beywort Kaffee zugesetzt werden kann, soll zerstört und zertrümmert werden, damit dessen Andenken unter unseren Mitgenossen zernichtet sey. Wer sich untersteht, Bohnen zu verkaufen, dem wird der ganze Vorrath confiscirt und wer sich wieder Saufgeschirre dazu anschaft, kömmt in Karren.«

Friedrich der Große, obschon selbst ein leidenschaftlicher Kaffeegenießer, wollte keine Devise zuviel an die ausländische Bohne verschwendet wissen. Drastisch wurden die Steuern erhöht. Der Kaffeehandel wurde unter staatliche Regie gestellt, das Kaffeerösten im Privaten rigoros verboten und nur noch in offiziellen Brennhäusern erlaubt. Behördlich versiegelt und gestempelt kamen die Kaffeepäckchen zu Höchstpreisen auf den Markt, unerschwinglich nunmehr für die Normalbürger. Sie sollten sich nach Meinung des Königs mit Ersatzerzeugnissen begnügen. Kartoffel- und Roggenkaffee wurde angepriesen und besonders die Zichorie (Wegwarte), aus deren gerösteten und gemahlenen Wurzeln der falsche Kaffee, der »mocca faux« oder Muckefuck aufgebrüht wurde, von den Hugenotten auch »café prussien« oder »café allemand« genannt. Doch die Berliner, einmal auf den Geschmack gekommen, ließen sich die Lust auf Bohnenkaffee nicht nehmen. Ein florierender Schwarzmarkthandel entstand mit grünen Bohnen, die dann im Geheimen in den Privathäusern gebrannt wurden. Um dem illegalen Treiben Einhalt zu gebieten, ersann der König seine spezielle Methode. Er stellte Veteranen des Siebenjährigen Krieges als Kaffeeriecher ein. In ihren alten Uniformen mit Dreispitz durchstreiften sie die Straßen und Gassen der Stadt, schnüffelten an allen Ecken, Hauseingängen und Plätzen, um den gesetzlosen Duft aufzuspüren und die frechen Kaffeesünder auf frischer Tat zu überführen.

Der Siegeszug der Kaffeebohne aber war letztlich selbst in Preußen nicht aufzuhalten. Nach dem Tode Friedrichs des Großen (1786) wurde die staatliche Monopolstellung aufgegeben. Einen Meilenstein in der Geschichte des Kaffeegenusses setzte vierzig Jahre später der Wiener Georg Kranzler, der 1825 sein später weltberühmt gewordenes Café an der Ecke Friedrichstraße eröffnete, dessen Zweitniederlassung am Kudamm heute noch ein beliebter Treffpunkt ist.

Weiße rot, Weiße grün – die Idee, das Weißbier mit einem Schuß Himbeersirup oder Waldmeisteressenz zu mischen, soll von den französischen Hugenotten stammen.

Berliner Weiße

Genau wissen es selbst die Experten nicht. Fest steht nur, daß die als Spezialität weltberühmte »Berliner Weiße« in Wahrheit aus fremden Landen zugereist ist. Ob nun ursprünglich aus England oder dem tschechischen Pilsen stammend, eingebürgert jedenfalls hat sich die Bierart zunächst in Norddeutschland, um dann ihren Weg an die Spree zu nehmen: 1575 wird sie erstmals als »Hamburger Weizenbier« erwähnt.

Was heute profan als maschinelle Flaschenabfüllung präsentiert und in alle Welt verschickt wird, hat seine ganz eigene Geschichte handwerklicher Braukunst und merkantiler Erfindungsgabe. Ebenso wie bei den gleichfalls berühmten süddeutschen Weizenbieren besteht die Stammwürze der »Berliner Weiße« aus Weizen- und Gerstenmalz – allerdings nehmen die Brauer an der Spree nur ein Viertel Weizenmalz – und es kommt zu einer Nachgärung in der Flasche. Im Unterschied zu den süddeutschen Verwandten wird bei der »Kühlen Blonden«, wie die Berliner ihr Weißbier nennen, durch den nachträglichen Zusatz von Milchsäurebakterien eine zweite Gärung in der Flasche herbeigeführt. Doch erst die Verbindung der Gärungserreger mit dem Berliner Wasser ergibt schließlich die leicht säuerliche, spezifische Würze, deren erfrischende Wirkung schon Wallenstein zu schätzen wußte. Schenkt man der Legende Glauben, so ließ der kampferprobte Feldherr während einer Rast in Berlin nach dem Genuß gleich mehrerer Krüge seiner Begeisterung lauthals Lauf: »Dieses Bier ist das einzige Getränk, das nach einem heißen Schlachtentag meinen Durst löschen kann!«

»Champagne du Nord« tauften die eingewanderten Hugenotten den moussierenden Trank, der ihnen so vorzüglich mundete. Von ihnen soll die Idee mit dem »Schuß« stammen, die Mischung mit einem ordentlichen Spritzer Himbeersirup oder Waldmeisteressenz. Hocherfreut über die inzwischen enorme Popularität dieses Bieres unter der Berliner Bevölkerung zeigte sich im 17. Jahrhundert der Große Kurfürst, gab sie ihm doch die schöne Gelegenheit, den lädierten Staatssäckel aufzustocken durch die Erhebung einer Sondersteuer für das Brauen von Weißbier.

Gewiefte Budiker fanden bald die Methode, den Prozeß der zweiten Gärung zur Geschmacksverfeinerung zu nutzen, aber auch zum Wohle ihrer Kapitalvermehrung. Sie füllten die Weiße in Steinkrüge, verschlossen sie mit Korken, verbanden sie zur zusätzlichen Sicherheit mit Bindfäden fest mit dem Flaschenhals und verbuddelten sie tief im aufgeschütteten Sand ihrer Keller, damit sie nicht explodierten. Nach einem Jahr oder mehr Zeit der Lagerung konnte sie dann

Mit Blick auf den Wannsee eine »Kühle Blonde« zu genießen, gehört zu den sonntäglichen Freuden der Berliner.

Schon Wallenstein bemerkte, daß die Berliner Weiße das einzige Bier sei, das nach einem heißen Schlachtentag in der Lage sei, seinen Durst zu löschen.

Touristen, wie hier die Frauen des »Saunaclubs Potsdam«, haben oft ihre Schwierigkeiten mit dem für Fremde doch recht eigenartigen Geschmack der Berliner Weißen.

dem erwartungsfrohen Gast als »Sandweiße« offeriert werden, gegen entsprechenden Aufpreis natürlich. Erstklassige Weißbierbudiker schalteten noch einen Arbeitsgang zu. Vorsichtig wurde die naturtrübe Sandweiße in eine neue Kruke umgegossen, so daß der Heferückstand in der alten verblieb. Das Resultat, die Krönung der Weißbierveredelung – die »Champagnerweiße«.

Dem Kombinationsgeist waren und sind keine Grenzen gesetzt. Im vorigen Jahrhundert kam der Kümmelschnaps in Mode. Serviert wurde er in langen, schmalen Gläsern, die die assoziationsfreudigen Berliner sogleich an die Bindfäden – berlinisch Strippe – der Weißbierkruken erinnerte. Der Kümmel, in die Weiße gekippt, wurde zur heute noch beliebten »Weiße mit Strippe«. Als Heilmittel gegen Erkältung gilt die heiße Weiße mit Zitronensaft und Zitronenscheiben. Ultimativer Hit in Schicki-Micki-Bars ist, die Weiße in allerlei Cocktailvarianten zu mixen.

Kredenzt wurde die Berliner Weiße anfänglich in hohen Stangengläsern mit buntem Deckel. Im letzten Jahrhundert änderte sich die Form in eine fußlose, drei Pfund schwere Wanne mit weißem Rand, mit dem exakt der Schaum des Weißbieres abschließen mußte. Dann wußte der durstige Gast, so »isset richtich«, es war »honett einjeschenkt«. Der Volksmund nannte diese Monstrosität »Klau-Weiße«. Denn einerseits konnte die gefüllte Wanne nur mit beiden Händen – berlinerisch Klaue – zu Munde geführt werden, andererseits waren die mehr als zwei Liter Inhalt meistens für einen Zecher zuviel, so daß sich noch weitere Durstige an dem Trunk labten, also »klauten«. Der Wanne folgte ein flacher Kelch mit kurzem Fuß, ehe sich die heutige Form der tiefen Schale mit dem hohen Stil durchsetzte.

Besonders Touristen stürzen sich auf die Weiße »rot« oder »grün«, obwohl deren Geschmack für fremde Kehlen recht gewöhnungsbedürftig ist. So berichtet Heinrich Zille, der in seiner Jugend den »Cicerone« machte, sprich, gegen ein kleines Entgelt Besucher durch die Stadt führte, von deren Reaktionen auf den Genuß der Weißen. Meist, so schreibt er schmunzelnd, schmeckte sie ihnen »zu herb, zu sauer – dann trank ich es aus, um den Ruf der ›kühlen Blonden‹ zu wahren.«

Kreuzberger Wein

Quadriga und Brandenburger Tor mit einer Weintraube verziert – auch so präsentiert sich das offizielle Berlin. Hat Gott Bacchus sich etwa in der Region geirrt? Müssen wir all die romantischen Bilder vom Zauber sanft-hügeliger Weinlandschaften vergessen? Es scheint so, denn, so unglaublich es klingt, im rauhen Berlin wird eigener Wein produziert. Mitten im Moloch Großstadt, hinter der Front hoher Mietshäuser erstreckt sich wie in einem Kessel hauptstädtisches Weinanbaugebiet am Südhang des 66 Meter hohen Kreuzbergs. Eine alte Lage sogar, noch bis ins 19. Jahrhundert wurde Berliner Wein kultiviert.
Grundstock für den Neuanfang 1968 waren fünf Rebstöcke, die die Partnerstadt Wiesbaden dem Bezirk zum Präsent machte und die im Laufe der Jahre durch weitere Schenkungen auf nunmehr über 300 Rebstöcke angewachsen sind. Ganz ohne fremde fachmännische Hilfe jedoch geht es nicht. Zum Keltern werden die geernteten Trauben nach Wiesbaden und Ingelheim am Rhein geschickt und kommen dann als »Kreuz-Neroberger« Riesling und »Kreuzberger Blauer Spätburgunder« in Flaschen abgefüllt zurück an die Spree. Betrug die Ernte 1970 lediglich elf, 1971 gar nur sieben Flaschen, so ergibt die heutige Ausbeute die immerhin erkleckliche Zahl von circa 1000 Flaschen pro Jahr. Eine wahre Rarität, in deren Genuß der Normalbürger aber kaum jemals kommen wird, denn im Handel sind die Flaschen nicht erhältlich. Sie dienen ausschließlich dem Bezirksamt Kreuzberg zu Repräsentationszwecken für Staatsgäste und hochbetagte Jubilare.

Maren Hoffmann

Brandenburg

snack
ägermeister
HB
Henninger
BRAUEREI
DAS GROSSE BIER
VOM TURM

»Statt des Fußpfades ein Wasserstreifen, das gewölbte Laubdach über uns, so gleiten wir die Straße hinauf ...«, so beschrieb Theodor Fontane eine Reise durch den Spreewald, »ein Wassernetz, das aus unzähligen Spreearmen und Spreekanälen geflochten wird ...«

Vorhergehende Doppelseite:
Der beste Pausenfüller ist ein kleiner Snack.

Wer in die Mark reisen will, der muß zunächst Liebe zu Land und Leuten mitbringen, mindestens keine Voreingenommenheit. Er muß den guten Willen haben, das Gute zu finden, anstatt es durch kritische Vergleiche totzumachen«, forderte Theodor Fontane, der berühmte Wanderer durch die Mark Brandenburg.

Die Mark, einst als »Streusandbüchse des Heiligen Römischen Reiches« verspottet, hat einen herben Charme – aber der ist Teil ihres Reizes. Ausgedehnte Kiefernwälder und Seen, lange Alleen und Backsteindörfer prägen das Bild des flachen, dünn besiedelten Landes: Nur 86 Menschen kommen statistisch gesehen auf einen Quadratkilometer. Potsdam, die Landeshauptstadt, hat knapp 137 000 Einwohner.

Die Mark war das Kernland Preußens, Potsdam seine wichtigste Garnisonsstadt. Kulturell hat ihr Friedrich II. mit seinem Schloß Sanssouci Bedeutung verliehen. Fürst Pückler gestaltete den Landschaftspark bei Cottbus, und Kurt Tucholsky war es, der das idyllische Rheinsberg in den Rang einer Wallfahrtsstätte für Verliebte erhob. Traditionen ganz anderer Art werden in der Niederlausitz gepflegt, zu der auch der Spreewald gehört; hier leben die Sorben, eine slawische Minderheit, die ihre eigene Sprache und Küche haben.

Mit Erfolg beharrten die Märker nach der Wiedervereinigung darauf, daß das zu DDR-Zeiten in drei Bezirke zerteilte Land zwischen Elbe und Oder wieder zu einer Einheit wurde.

Obwohl sich die Grenzen Brandenburgs im Laufe der Geschichte immer wieder geändert haben – 1815 kam die Altmark zu Sachsen, nach dem Zweiten Weltkrieg gingen große Teile des Landes östlich der Oder und der Lausitzer Neiße verloren – hatte sich das Gefühl der Zusammengehörigkeit erhalten. Berlin wollten die Brandenburger allerdings nicht dabei haben. 1996 stimmten sie gegen die Fusion ihres Flächenlandes mit dem Stadtstaat.

In den Küchen Brandenburgs und Berlins jedoch finden sich Überschneidungen: Schließlich versorgte das Umland die Stadt mit Fisch, Wild, Obst und Gemüse. Quark mit Leinöl und Pellkartoffeln gehört zu den bodenständigen Spezialitäten der Region, über die Landesgrenzen hinaus bekannt sind Teltower Rübchen, Spreewaldgurken und Beelitzer Spargel.

Ostalgie
Suppen und Eintöpfe
Kartoffeln für Deutschland
Kartoffelgerichte
Fisch
Gurken
Gemüseland Brandenburg
Deutsches Gemüse
Birnen
Feldküche
Getreide
Wildschwein
Fleisch- und Wildgerichte
Obstwein

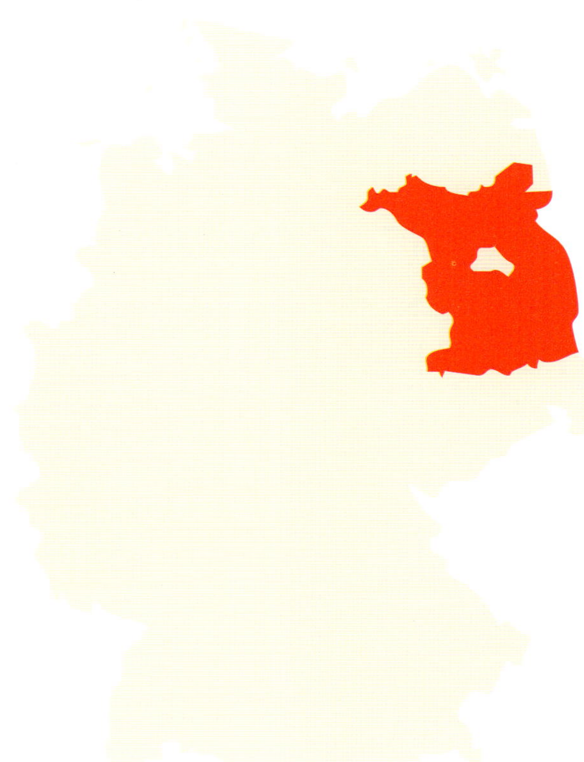

Ostalgie

»Aus gegebener Veranlassung weisen wir darauf hin, daß die Fruchtschale von Südfrüchten nicht zum Verzehr geeignet ist«, warnt ein Schild die Besucher des »letzten ostdeutschen Konsums« – ein Relikt aus Vorwendetagen, als exotisches Obst noch seltene Ware war. Die alltägliche Einkaufswelt der DDR ist im Burgmuseum Lenzen (Elbe) in der Prignitz konserviert. Kaufen kann man in dem kleinen Laden freilich nichts mehr. Die Urkunde »Verkaufsstelle der vorbildlichen Verkaufskultur« für »hervorragende Leistungen im sozialistischen Wettbewerb« ist längst Geschichte.

Die meisten Besucher kommen aus dem Osten, und ihre Reaktionen sind gemischt. Manche erinnern sich mit Grausen an pappigen Reis und allenfalls zum Saftpressen brauchbare Kuba-Orangen. Andere würden am liebsten nochmal zugreifen bei praktischen Tempo-Linsen, Backmischungen aus dem VEB Backmehlwerk Halle und dem beliebten Schokopuddingpulver, die mit dem Arbeiter- und Bauernstaat untergingen. Im Museum liegt auch »Bückware« offen aus: Zitronensaft, Werderaner Tomatenketchup, echter Honig, Kochbeutelreis – eine Vielfalt, wie sie zu DDR-Zeiten keiner der Läden bieten konnte. Viele, die in der DDR aufwuchsen, vermissen vor allem eins: die Brötchen. Wenig Verlangen gibt es dagegen nach grünen Tomaten im Glas, bröckligem »Speisekuchen« zum Saucenbinden oder Ingwer in Zuckersirup.

Nachdem nun die Sehnsucht nach den lange nur überteuert in Intershops und Delikatläden erhältlichen Westwaren gestillt ist, besinnt man sich in den neuen Ländern auf alte Werte. Das Schlagwort »Ostalgie« tut vielen Produkten dabei unrecht. Einige gibt es weitaus länger als die DDR: Etwa den Rotkäppchen-Sekt, von »Wessis« lange als billige Ost-Brause bespöttelt. Er wird seit mehr als hundert Jahren von der Freyburger Sektkelterei in Sachsen-Anhalt hergestellt. Die Halloren-Kugeln kommen aus der ältesten Schokoladenfabrik Deutschlands in Halle. Auch Köstritzer Schwarzbier, Nordhäuser Doppelkorn, Spreewälder Gurken, Ketchup aus Werder, Burger Knäckebrot und Salzweder Baumkuchen haben sich, oft nach schweren Betriebskrisen oder erst nach der Übernahme in einen West-Konzern, ihren Platz in den Regalen zurückerobert. Im Osten ist die Lebensmittelindustrie ein Wachstumszweig. Der Sprung in den Westen ist jedoch schwer. Auch Hersteller, die im Osten längst Marktführer sind, bringen es in den Altländern bisher nur auf einen Anteil zwischen einem und drei Prozent des Marktes.

Produkte in einer Fülle, wie sie zu DDR-Zeiten in keinem Laden zu finden waren, zeigt das Burgmuseum Lenzen.

DDR-Deutsch aus Küche und Gastronomie

Broiler: Masthähnchen aus den KIM. Steigerungsform: Goldbroiler.
Bückware: Mangelware, die von den Verkäufern unter dem Ladentisch gehortet wurde, um sie nur bevorzugter Kundschaft zuteil werden zu lassen.
Delikat: Ladenkette, in der es zu höheren Preisen höherwertigere Waren gab; die Grundversorgung sicherte der Konsum-Laden.
Erichs Krönung: Spöttischer »Markenname« für eine Mischung aus Bohnen- und Gerstenkaffee, die allerdings nur kurz während der Honecker-Ära auf dem Markt war.
Grilletta: Die Antwort des Ostens auf den westlichen Hamburger – inhaltlich jedoch gleich: Ein runder, flacher Fleischklops im Brötchen mit Sauce und Garnitur.
Jägerschnitzel: In der DDR eben kein Schnitzel, sondern eine gebackene Scheibe Jagdwurst.
Kali: Kam nicht aus dem Bergwerk, sondern aus der Flasche – der »Kaffeelikör«.
Ketwurst: Vergleichbar dem amerikanischen »hot dog«: eine Wurst kam in ein vorgestanztes Loch im Brötchen und wurde mit Ketchup versehen.
KIM: Abkürzung für »Kombinate industrielle Mastproduktion«, die fabrikartigen Heimstätten der Broiler.
Kiwi: Ein besonders in Kneipen gern bestellter Likör – der Kirschwhisky.
Nudossi: Als Brotaufstrich beliebte Nougatcreme.
Sättigungsbeilage: Lag mit dem Hauptgericht auf dem Teller und konnte alles sein, was man im Westen nur als Beilage (ohne den offen ausgesprochenen Zweck der Sättigung) kannte: Kartoffeln, Reis, Brot, Gemüse.
Schlagersüßtafel: Preiswerter Schokoladenersatz aus Pflanzenfett, wenig Kakao und Erdnüssen; die Tafel kostete 80 Pfennige und war mit Sammelbildchen versehen.
Tempo-Linsen: Auch als -erbsen und -bohnen erhältlich: vorbehandelte Hülsenfrüchte für eilige Köche (werden seit der Wende von vielen vermißt).
Zückli: Künstlicher Süßstoff, wurde mit dem Slogan: »Süßen ohne Sorgen« beworben.

Suppen und Eintöpfe

Gänsesuppe mit Bohnen

500 g getrocknete weiße Bohnen
500 g Gänsefleisch
1 EL Butterschmalz
100 g durchwachsener Speck
Salz und Pfeffer
3 Zweige Majoran
500 g Kartoffeln
Mehl und Butter für die Mehlschwitze
Zucker und Essig

Die Bohnen über Nacht in 2 l Wasser einweichen. Am nächsten Tag mit der Einweichflüssigkeit zum Kochen bringen. Das Gänsefleisch in Würfel schneiden. Das Butterschmalz erhitzen, den Speck darin auslassen, mitrösten. Das Gänsefleisch dazu geben und scharf anbraten. Alles unter die Bohnen mischen, mit Salz, Pfeffer und Majoran würzen und zugedeckt bei kleiner Hitze etwa 1 $^1/_2$ Stunden kochen lassen. Inzwischen die Kartoffeln waschen, schälen und in kleine Würfel schneiden. In wenig Salzwasser garen. Die Kartoffelwürfel in die Suppe geben. Aus Mehl, Butter und der Suppenbrühe eine Mehlschwitze herstellen. Zu der Suppe geben und mit Zucker und Essig süß-sauer abschmecken.

Hirsekohl

1 kleiner Weißkohl
250 g geräucherter Schweinebauch
1 Zwiebel, fein gehackt
Salz
1 TL Kümmel
400 g Hirse
1–2 EL Leinöl

Den Weißkohl putzen, vierteln und in Streifen schneiden. Den Schweinebauch würfeln und in einem Topf auslassen. Die Zwiebel zufügen und darin glasig dünsten. Den Weißkohl zugeben und mit wenig Wasser aufgießen. Mit Salz und Kümmel würzen und leicht dünsten. Die Hirse waschen und bei kleiner Hitze etwa 15 Minuten quellen lassen. Dann die Hirse unter den Weißkohl mischen und mit Leinöl abschmecken.

Sauerampfersuppe

200 g Sauerampfer
1 kleine Zwiebel, fein gehackt
2 EL Butter
1 EL Mehl
750 ml Hühnerbrühe
2 Eigelb
250 g Sahne
Salz und Pfeffer
4 hartgekochte Eier
4 EL saure Sahne

Den Sauerampfer waschen und grob hacken. Zwiebel in der Butter glasig dünsten, Sauerampfer untermischen und kurz mitdünsten. Mit dem Mehl bestäuben und anschwitzen. Hühnerbrühe angießen, einmal aufkochen lassen.Eigelb mit der Sahne verquirlen. Suppe vom Herd nehmen, Sahne unterrühren und mit Salz und Pfeffer abschmecken. Die harten Eier fein hacken. Die Suppe in Teller füllen, in die Mitte jeweils 1 EL saure Sahne geben und die gehackten Eier darüber verteilen.

Kohlrübeneintopf

500 g frischer Schweinebauch
1 Zwiebel, gespickt mit 1 Lorbeerblatt
Salz
5 Pfefferkörner
3 Stengel Majoran
1 TL Kümmel
$^1/_2$ Kohlrübe (Steckrübe), ca. 500 g
750 g Kartoffeln
1 TL Speisestärke
1 Bund gehackte Petersilie

Den Schweinebauch waschen, mit der gespickten Zwiebel, 1 TL Salz, Pfefferkörnern, Majoran und Kümmel in 1 $^1/_2$ l Wasser zum Kochen bringen und 20 Minuten kochen. Inzwischen die Kohlrübe schälen, waschen und in Stifte schneiden. Zum Fleisch geben und weitere 20 Minuten kochen. Die Kartoffeln schälen, waschen und ebenfalls in Stifte schneiden. Unter die Rüben mischen und alles weitere 20 Minuten garen. Das Fleisch herausheben und in Würfel schneiden. Die Speisestärke mit wenig Wasser verquirlen und das Gemüse damit andicken. Die Fleischwürfel wieder zufügen und vor dem Servieren mit der gehackten Petersilie bestreuen.

Märkischer Topf mit Teltower Rübchen

750 g Teltower Rübchen
60 g Butter
1 EL Zucker
$^1/_8$ l heiße Fleischbrühe
300 g frische Steinpilze
2 Schalotten, fein gehackt
Salz und Pfeffer
600 g Rinderfilet
2 EL Öl
1 EL Mehl
200 g saure Sahne

Die Rübchen putzen und halbieren. Die Hälfte der Butter zerlassen, den Zucker einrühren und karamelisieren. Die Rübchen hinein geben und die Fleischbrühe angießen. Bei kleiner Hitze in etwa 20 Minuten gar dünsten. Inzwischen die Pilze putzen und in Stücke schneiden. Die Schalotten in der restlichen Butter glasig dünsten, Pilze zufügen, salzen und pfeffern und 10 Minuten dünsten. Das Rinderfilet in dünne Scheiben schneiden, in Öl scharf anbraten, dann mit Mehl bestäuben. Die saure Sahne einrühren, die Rübchen samt Garflüssigkeit und die Pilze untermischen und mit Salz und Pfeffer kräftig abschmecken. Mit Kartoffelpüree oder Petersilienkartoffeln servieren.

Detail aus der Zubereitung der Gänsesuppe mit Bohnen. Das gewürfelte Gänsefleisch brutzelt mit dem Speck in der Pfanne.

Die über Nacht eingeweichten Bohnen mit der Einweichflüssigkeit zum Kochen bringen.

Etwa 500 Gramm Gänsefleisch in Würfel schneiden, das Fett entfernen.

Das Butterschmalz erhitzen, den Speck darin auslassen und das Fleisch scharf anbraten.

Fleisch und Speck unter die Bohnen mischen, würzen und zugedeckt bei kleiner Hitze kochen lassen.

Inzwischen die Kartoffeln würfeln und in Salzwasser garen und eine Mehlschwitze herstellen.

Kartoffeln und Mehlschwitze zu der Suppe geben und noch einmal unter Rühren aufkochen.

Die Gänsesuppe mit Zucker und Essig süß-sauer abschmecken und servieren.

Nicht nur mit der Einführung der Kartoffel machte Friedrich II. (1712–1786), genannt der Große, sich um Preußen verdient. Er eroberte seinem Land auch eine neue Provinz, ohne dafür Krieg führen zu müssen: Ab 1747 ließ er das bis dato von Überschwemmungen heimgesuchte Oderbruch an der heutigen Grenze zu Polen eindeichen und besiedeln. Die Region ist bis heute ein wichtiges Landwirtschaftsgebiet in Brandenburg.

Kartoffeln für Deutschland

Für das Gesinde auf dem gräflichen Gut in Sorau, Niederlausitz, war klar: Diese komischen Knollen kommen uns nicht auf den Tisch. Selbst die Schweinemägde konnte Amtmann Leopold nicht dazu bewegen, wenigstens das Borstenvieh einmal von den Kartoffeln kosten zu lassen, die er aus dem Erzgebirge mitgebracht hatte. Das war 1730. Die »Pappas americanorum« war schon mehr als hundertfünfzig Jahre lang in Europa, aber längst nicht überall im Volke bekannt.

Bereits im 16. Jahrhundert hatten spanische Seefahrer das Gewächs aus Peru und Chile mitgebracht. Die dortigen Einwohner kannten es schon lange als Nahrungspflanze. In Europa fand das botanische Mitbringsel zunächst nur Verbreitung in fürstlichen Lust- und Arzneigärten. Manche Mediziner erhofften von der »indianischen Zuckerwurtz« gar »eine Stärckung der ehelichen Wercken«. Hauptsächlich aber wurde die »Tartuffel« wegen ihrer hübschen Blüten angebaut. Kurfürst Friedrich Wilhelm etwa ließ die Kartoffel 1649 in seinem Berliner Lustgarten pflanzen. Allmählich fand sie ihren Weg aber immer öfter in die Hofküche. So notierte der kurfürstliche Leibarzt Johann Sigismund Elsholtz 1682 in seinem »Newen Tischbuch«: »Man ißt diese Tartuffeln teils zur Lust und Veränderung, teils als eine nährende Speise, weil sie nunmehr ziemlich gemein bei uns worden.«

Den großflächigen Anbau in Deutschland forcierte erst Friedrich der Große. Er erkannte, daß darin eine Chance lag, durch Getreidemißernten bedingte Hungersnöte zu verhindern. Am 24. März 1756 befahl er seinen sämtlichen Landräten und Beamten: »Es ist von Uns in höchster Person in Unsern andern Provintzien die Anpflantzung der so genannten Tartoffeln, als ein sehr nützliches und so wohl für Menschen, als Vieh auf sehr vielfache Art dienliches Erd Gewächse, ernstlich anbefohlen.« Diese entschiedenen Worte waren nötig. Zwölf Jahre zuvor war des Königs Versuch gescheitert, die Bauern freiwillig für den Anbau zu interessieren. Als er nach der großen Hungersnot 1743/44 kostenlos Knollen an pommersche Bauern hatte verteilen lassen, warfen die probeweise das fremde Zeug den Hofhunden vor, die es verschmähten. Und was nicht mal Hunde fressen wollten, konnte den Menschen ja wohl erst recht nicht gut tun.

Nach dem »Kartoffelbefehl« Friedrichs des Großen zeigte sich der Nutzen der Knolle indes schon sehr bald. Im Siebenjährigen Krieg von 1756 bis 1763 trug die Kartoffel entscheidend dazu bei, das preußische Heer satt und bei Kampfeslust zu halten. 1774 setzte der König nach und wies die Kurmärkische Kammer an, darauf zu achten, daß der »Erdtoffelbau soviel als möglich poussiret und nicht negliegiret werde«. Die Hartnäckigkeit des Herrschers hatte Erfolg. Bereits gegen Ende des 18. Jahrhunderts zählten Kartoffeln zu den gewinnbringendsten Feldfrüchten: 1794 erzielte ein Morgen Kartoffeln einen Reingewinn von 36 Reichstalern – mehr, als mancher Handwerkergeselle in einem halben Jahr verdiente.

Im späten 18. Jahrhundert wurde die Kartoffel endgültig zum Volksnahrungsmittel und verdrängte Getreidegerichte in vielen, vor allem den nördlichen, Regionen nahezu gänzlich vom Speiseplan. Die einstige Zierpflanze der Fürsten mutierte zur Armenspeise. Die Familien armer Landarbeiter ernährten sich den größten Teil des Jahres nahezu ausschließlich von Kartoffeln. So konnte die große Hungersnot der Jahre 1846/47 ausgerechnet durch die Feldfrucht hervorgerufen werden, die solche Nöte hatte lindern sollen: Die einseitige Ausrichtung auf den Kartoffelanbau führte dazu, daß es durch Pflanzenkrankheiten in beiden Jahren zu Versorgungsnotständen kam.

In Ostdeutschland wurde der Kartoffelanbau nach dem Zweiten Weltkrieg erneut zur Staatsangelegenheit höchsten Ranges. Der Kampf gegen den Hauptfeind der Knolle, den Kartoffelkäfer, wurde im Kalten Krieg der fünfziger Jahre zum Politikum hochstilisiert: Amerikanische Flugzeuge hätten den sechsbeinigen Klassenfeind gezielt über den genossenschaftlichen Feldern abgeworfen, um der sozialistischen Volkswirtschaft zu schaden, mutmaßte man (fälschlicherweise) an höchster Stelle – und investierte Millionensummen in den Kampf gegen den »Amikäfer«.

Pellkartoffeln mit Quark und Leinöl

(Abbildung Seite 128)

1 kg Kartoffeln
Salz
1 TL Kümmel
500 g Quark
$^1/_8$ l Milch
2 Zwiebeln, fein gehackt
Pfeffer
1 Prise Zucker
3-4 EL Leinöl

Die Kartoffeln gründlich waschen und abbürsten. In kaltem Wasser mit 1 TL Salz und Kümmel zum Kochen bringen und zugedeckt bei kleiner Hitze 20–30 Minuten köcheln lassen. Die Garzeit richtet sich nach der Größe der Kartoffeln. Den Quark mit der Milch verrühren, die Zwiebeln untermischen und mit Salz, Pfeffer und Zucker abschmecken. Das Leinöl über den Quark gießen und nach Belieben mit gehackter Petersilie oder Schnittlauch bestreuen. Die Pellkartoffeln abgießen, ausdampfen lassen und schälen. Sehr heiß mit dem Quark servieren.

Linke Seite: Keiner wollte sie anfangs essen, doch dann avancierte die Kartoffel zum Wundermittel gegen Hunger.

Leinöl

Bei Linoleum denken die meisten wohl eher an Fußbodenbelag als an schmackhafte Speisen. In der Tat wird Linum oleum, das aus den Samen der Leinpflanze gewonnene gelbe Öl, zur Herstellung der Belagmasse Linoxyn verwendet; auch Firnis und Ölfarbe werden mit Leinöl produziert. In Brandenburg 1995 auf mehr als 26 000 Hektar angebaut, machte Öllein etwas weniger als ein Viertel der gesamten Ölfruchtproduktion im Land aus. Die meist nur meterhohe, zierliche Pflanze hat zartblaue Blüten, die oft schon nach einem halben Tag abfallen. Leinöl ist nicht nur für industrielle, sondern auch für kulinarische Zwecke wertvoll und ergänzt sich vortrefflich mit Milchprodukten wie Quark und verfeinert Salate. Hitze verträgt es allerdings nicht und ist daher ungeeignet zum Braten oder Backen. Dafür enthält Leinöl etwa 15 Prozent Linolsäure, die den Cholesterinspiegel des Blutes senken hilft. Auch der Volksmund weiß um die gesunde Wirkung: »Was macht den Spreewälder stark? Kartoffeln, Leinöl und Quark«, lautet eine alte Küchenweisheit. Leinöl wird schonend kalt gepreßt. Sein einziger Nachteil: Es wird leicht ranzig. Auch verschlossen sollte man es nicht länger als drei bis fünf Monate lagern. Nach dem Öffnen hält es sich, kühl und dunkel aufbewahrt, noch etwa zwei Wochen.

»Was macht den Spreewälder stark? Kartoffeln, Leinöl und Quark«, lautet eine alte Spruchweisheit.

Kartoffelgerichte

Kartoffelnudeln
(Abbildung unten)

- 750 g mehlige Kartoffeln
- Salz
- 125 g Mehl
- 250 g Quark
- 2 Eier
- abgeriebene Schale von 1 Zitrone
- Mehl für die Arbeitsfläche
- Butterschmalz oder Öl zum Ausbacken
- 2 EL Semmelbrösel

Die Kartoffeln waschen, schälen, vierteln und in Salzwasser gar kochen. Dann abgießen, ausdampfen lassen und noch warm durch die Kartoffelpresse drücken. Auskühlen lassen und anschließend mit Mehl, Quark, Eiern und abgeriebener Zitronenschale zu einem Teig verkneten. Den Teig auf einer bemehlten Arbeitsfläche zu einer Rolle formen und ca. 5 cm lange Stücke abschneiden. Die Stücke zu fingerdicken Rollen formen und in kleine Stücke schneiden. In heißem Butterschmalz oder Öl goldbraun ausbacken und vor dem Servieren in Semmelbrösel wenden.

Quetschkartoffeln mit Brühe

- 1 kg mehlige Kartoffeln
- Salz
- 200 ml heiße Fleischbrühe
- 1 EL Butter
- Muskatnuß

Die Kartoffeln schälen, waschen und vierteln. In Salzwasser in ca. 30 Minuten weich kochen. Danach die Kartoffeln abgießen und mit dem Kartoffelstampfer grob zerkleinern. Die Butter unterrühren und mit Salz und gemahlener Muskatnuß abschmecken.

Milchsuppe mit Kartoffelklößen

- 1 kg mehlige Kartoffeln
- Salz
- 1 TL Speisestärke
- 2 l Milch
- 3 große Möhren
- 200 g Sahne
- 1 Bund gehackte Petersilie

Die Kartoffeln waschen. Die Hälfte der Kartoffeln in Salzwasser gar kochen, abgießen, schälen und auskühlen lassen. Die rohen Kartoffeln waschen, schälen und in eine Schüssel reiben. Die gekochten Kartoffeln dazu reiben. Alles mit der Speisestärke zu einem Teig verkneten und mit nassen Händen kleine Klöße aus dem Teig formen. Die Milch zum Kochen bringen, die Klöße einlegen und bei kleiner Hitze gar ziehen lassen. Inzwischen die Möhren schälen, in Streifen schneiden und in wenig Wasser bißfest garen. Wenn die Klöße gar sind, die Sahne unter die Suppe rühren, die Möhrenstreifen und die gehackte Petersilie untermischen und sofort servieren.

Kartoffelnudeln

Pellkartoffeln mit Quark und Leinöl

Bouillonkartoffeln

1 große Zwiebel, fein gehackt
1 EL Butter
1 Bund Suppengrün, gehackt
1 l Fleischbrühe
1 kg Kartoffeln
Salz und Pfeffer
1 TL Majoran
Muskatnuß
1 Bund Petersilie, fein gehackt

Die Zwiebel in der Butter glasig dünsten. Das Suppengrün zufügen und kurz mitdünsten. Die Fleischbrühe angießen und zum Kochen bringen. Die Kartoffeln schälen, waschen und in nicht zu kleine Würfel schneiden. Mit Salz, Pfeffer, Majoran und gemahlener Muskatnuß würzen und ca. 25 Minuten garen. Vor dem Servieren mit der gehackten Petersilie bestreuen.

Kartoffelpuffer mit Weißkäse und Schinken

(Abbildung)

1 kg Kartoffeln
250 g Weißkäse (Quark), durch ein Sieb gestrichen
2 Eier
1 TL Salz
100 g roher Schinken, in Würfel geschnitten
Öl oder Butterschmalz zum Braten

Die Kartoffeln schälen, waschen und grob reiben. In ein Küchentuch wickeln und den Saft gründlich auspressen. Sofort mit dem Weißkäse, den Eiern und Salz verrühren. Den rohen Schinken untermischen und aus der Masse kleine, ovale Puffer formen; diese in heißem Fett ausbacken. Die Kartoffelpuffer immer erst wenden, wenn die Unterseite knusprig ist. Sehr heiß mit grünem Salat servieren.

Kartoffeln im Glas

Während der letzten großen Hungersnot in Deutschland, die vor allem durch Kartoffelmißernten hervorgerufen wurde, schrieb der Berliner Arzt Rudolf Virchow 1847: »Schon lange weiß man, daß die Kartoffelnahrung für sich nur unvollkommen ausreicht, um dem Körper alles erforderliche Material zu seinem Aufbau und seiner Erhaltung zu liefern. So vorzüglich sie ist, wo sie mit den nötigen Mengen Fett und Fleisch verbunden werden kann, so zweifelhaft ist ihr Wert als Hauptnahrungsmittel, zumal für eine Arbeiterbevölkerung, die fast nur auf Kartoffeln und das daraus gewonnene Produkt – den Alkohol – angewiesen ist.«

Daß gerade die Armen auf Kartoffelschnaps »angewiesen« waren, lag nicht nur an ihrer desolaten sozialen Situation, die den Griff zur Flasche provozierte, sondern auch am Preis: Kartoffelschnaps war billig, günstiger als anderer Branntwein, der zum Beispiel aus Getreide hergestellt wurde. Bereits in der Mitte des 18. Jahrhunderts hatte die erste deutsche Kartoffelbrennerei mit der Arbeit begonnen, 1831 bildete der Kartoffelalkohol die Hälfte der gesamten Alkoholproduktion Preußens, das neben Rußland und Polen das Land mit dem höchsten Schnapskonsum war. Rund 40 Liter Branntwein trank jeder Erwachsene im Preußen des frühen 19. Jahrhunderts, wobei der Verbrauch nicht auf Erwachsene beschränkt blieb: Schnaps, zum Beispiel damit vollgesogene Brotstücke, war auch ein probates Mittel, Kleinkinder ruhig zu halten. Noch heute gibt es etwa 500 Kartoffelbrennereien in Deutschland, die jährlich knapp 500 000 Hektoliter Alkohol erzeugen – nicht nur zum Trinken, sondern auch für Parfüm und sogar als Frostschutzmittel. Kartoffelalkohol ist geruchs- und geschmacksneutral und dient daher auch als Grundlage für die Herstellung von Himbeergeist oder Kirschlikör.

Kartoffelpuffer
mit Weißkäse und Schinken

Fisch

Auf ihrer dreitägigen Segeltour 1874 von Köpenick bis Teupitz überließen die vier Reisebegleiter Theodor Fontanes nichts dem Zufall. Je 120 Flaschen Tivolibier und Sodawasser, 30 Bordeaux-, sechs Scharlachberger- und zwölf Champagnerflaschen, drei Filets, zwei Schock Eier, ein Butterfaß, einen Zuckerhut und einen Baumkuchen nahmen sie an Bord. Zudem auf der Proviantliste: »Salbeiblätter, um Aal, und Dilldolden, um Schlei zu kochen.« Denn daß sie unterwegs Fisch fangen würden, daran hatten die Herren keinen Zweifel.

Fischreich ist Brandenburg noch immer. Etwa 50 einheimische Fischarten, darunter Hecht, Blei, Quappe und Bachforelle gibt es in der Mark. Hinzu kommen um die 15 Arten, die nicht der ursprünglichen Fauna angehören, aber zum Teil schon vor Jahrhunderten eingebürgert wurden – wie etwa Karpfen, Regenbogenforelle und der gefräßige Zwergwels. Peitzer Karpfen, Spreewaldhecht, Havelaal und -zander zählen zu den Standards auf den Speisekarten im Land.

Den mehr als 100 000 Mitgliedern des Landesanglerverbandes stehen 45 200 Hektar an Flüssen und Seen zur Verfügung; allein 3000 Seen, die größer als einen Hektar sind, und mehr als 30 000 Kilometer Fließgewässer bietet das Land zwischen Elbe und Oder. Den bedeutendsten Rang nimmt dabei die Havel ein, die schon in prähistorischen Zeiten Fischereigewässer war. Archäologen fanden im geschichtsträchtigen Boden der Mark Fischerkähne aus der Stein-, der Bronze- und der Eisenzeit.

Der »Brotfisch« der brandenburgischen Binnenfischer ist der Aal. Er pflanzt sich allerdings nicht in den heimischen Flüssen fort, sondern schwimmt zum Laichen in den Atlantik; von dort findet nur ein Teil der Brut, dezimiert durch Abfischerei und gehemmt durch Flußwehre, zurück in die Havel. Jährlich müssen die Fischer deshalb mehrere hundert Kilogramm Aalbrut aussetzen.

Arten wie Lachs und Stör, ebenfalls Wanderfische, sind bereits ausgestorben. Der Edelkrebs wurde um die Jahrhundertwende durch die Krebspest nahezu ausgerottet; Restbestände hielten sich in den Bächen des Flämings, der Uckermark und der Niederlausitz. Früher gab es Krebse so reichlich, daß sie als Plage galten, wie Fontane berichtet, sie waren »natürlich ganz entwertet und bei der dienenden Bevölkerung, die damit geatzt werden sollte, so verhaßt und dem Magen der Leute so widerwärtig, daß es verboten war, dem Gesinde mehr als dreimal wöchentlich Krebse vorzusetzen.«

Dieses überreiche Angebot gibt es heute weder in der Artenvielfalt noch im Vorkommen: Etwa 80 Prozent der einheimischen Fischarten sind gefährdet, nicht zuletzt durch die einseitige Bevorzugung bestimmter Arten seitens der Fischwirtschaft. Flußbegradigungen, Anstau von Gewässern und Abwasserbelastung machen vielen Arten zu schaffen; mit dem Verlust an Kiesbetten und Überschwemmungsgebieten gehen Laichplätze verloren, die für den Erhalt der Vielfalt wichtig sind.

Neben Aal, Karpfen und Forelle ist der Zander von großer Bedeutung. Der Raubfisch, der seiner Beute nicht wie der Hecht auflauert, sondern sie verfolgt, kann bis zu 15 Kilogramm schwer und mehr als einen Meter lang werden. Zunehmend in der Fischzucht beliebt ist auch der in Oder und Havel heimische europäische Wels. Der bis zu drei Meter lange Raubfisch hat nur wenige Gräten, ein festes, schmackhaftes Fleisch und ist fettarmer als der Aal.

Besoffen, freudig, waghalsig – der Stint

Fast in Vergessenheit geraten ist ein Fisch, der früher in ganz Norddeutschland und auch zwischen Potsdam und Brandenburg zur alltäglichen Armeleutekost gehörte: der Stint, ein von der Nordküste Europas in Flußläufe und Binnenseen wandernder Weißfisch, der heute nur noch in verschwindend kleinen Restbeständen vorkommt.
In der Sprache hat er sich jedoch gehalten: »Sich freuen wie ein Stint« ist eine alte Redewendung, die der Prediger Friedrich Wilhelm August Schmidt aus dem Brandenburgischen 1795 in einem Frühlingsgedicht verwandte: »Vom Storche bis zum Spatz sich freut, / Vom Karpfen bis zum Stint.« Von Leuten, denen unerwartet Gutes widerfuhr, sagte man: »Er ging ein Stintlein zu angeln und hat einen Lachs gefangen.« In Berlin ist man entweder besoffen oder verliebt »wie ein Stint« oder wird aufgefordert: »Sei doch kein Stint«, wenn man eben nicht mittrinken möchte. Noch nördlicher in Deutschland werden gar Angeber gerne als Stinte bezeichnet. Das als unvorsichtig geltende Fischlein muß auch als Beispiel besonderer Waghalsigkeit herhalten: »He wagd sien levend as 'n Stint«, wird dann gesagt.

Havelzander mit brauner Butter

4 Scheiben Zanderfilet à 200 g
Salz und Pfeffer
Zitronensaft
Mehl
150 g Butter
krause Petersilie zum Garnieren

Den Zander waschen, trockentupfen, salzen, pfeffern und mit Zitronensaft beträufeln. Etwas ziehen lassen, dann in wenig Mehl wenden. 50 g Butter in einer Pfanne zerlassen und die Zanderscheiben auf beiden Seiten bei mittlerer Hitze jeweils ca. 3 Minuten goldbraun braten. Inzwischen die restliche Butter bräunen. Den Zander auf eine vorgewärmte Platte legen, mit Petersilie garnieren und die braune Butter getrennt dazu servieren.

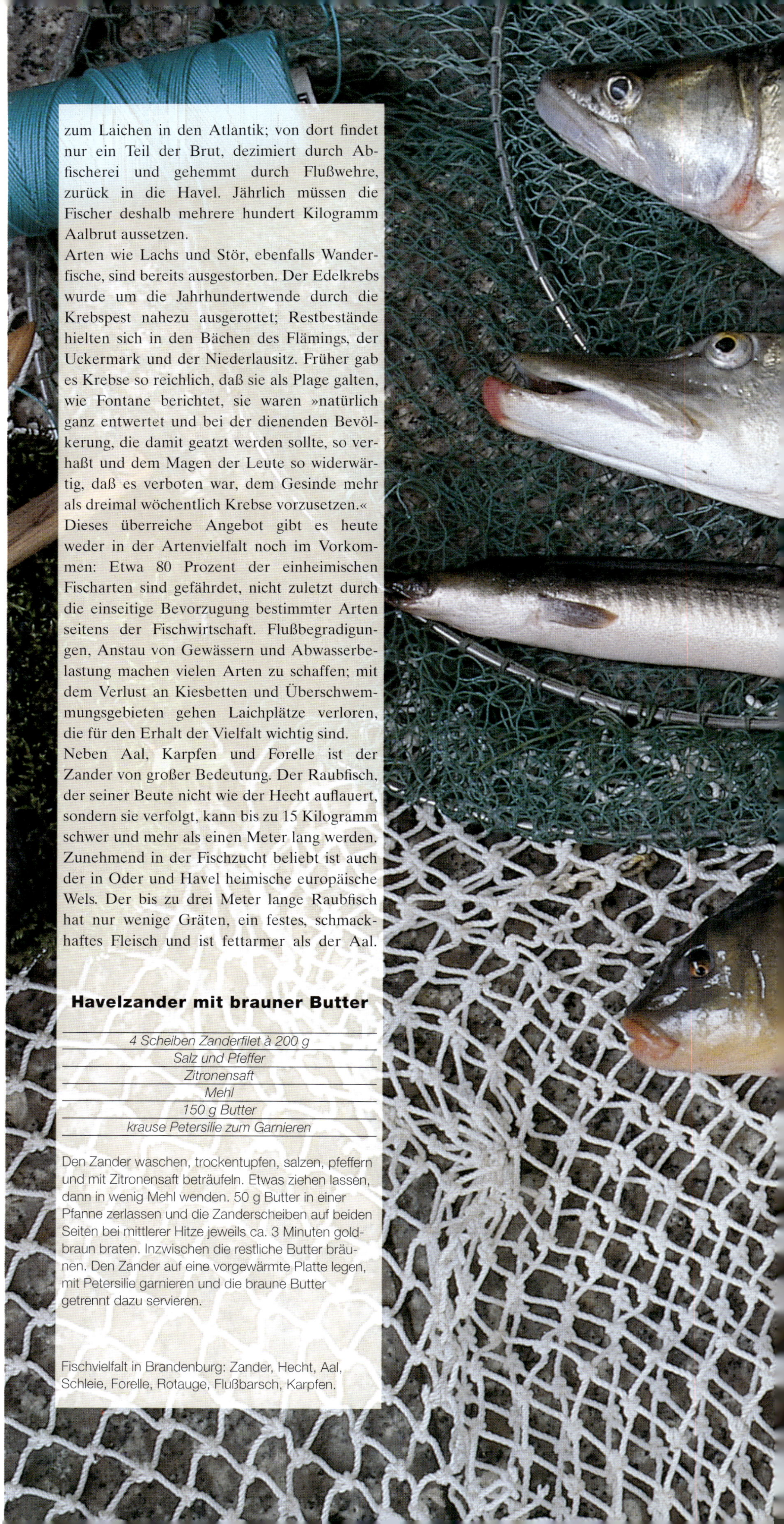

Fischvielfalt in Brandenburg: Zander, Hecht, Aal, Schleie, Forelle, Rotauge, Flußbarsch, Karpfen.

Gurken

Mit Speck fängt man Mäuse, und mit Gurken kann man sie vertreiben: »Was mit dem pulver der langen gurcken besprentzt wirt, rüren die meuss nicht an«, schrieb ein deutscher Autor im 16. Jahrhundert. In derselben Epoche wurde die Gurke im Spreewald heimisch, wo man weitaus Besseres mit der krummen Frucht anzufangen wußte, als sie pulverisiert gegen Schädlinge einzusetzen. Flämische Tuchmacher, ursprünglich ins Land geholt, um die Leinenproduktion zu verbessern, brachten das grüne Kürbisgewächs in die wasserreiche Region. Früh erkannte der Volksmund, daß sich »Cucumis sativus« nicht nur vortrefflich in Salaten, Suppen und Saucen machte, sondern auch heilsam die Folgen durchzechter Nächte linderte: »Was klärt den Kopp bei Mann und Frau? Saure Gurken aus Lübbenau«, behaupten die Spreewälder. Die Berliner glaubten das gern und kamen auch bald auf den Geschmack – »allein an eingemachten Gurken, wovon die Stadt selbst eine unglaubliche Menge verzehrt, führt sie für mehrere tausend Thaler nach Berlin ab, ja vor einigen Jahren erlöste sie allein aus Gurkenkernen diese Summe«, staunte der Reiseschriftsteller Bernoulli, der im Jahre 1779 nach Lübbenau kam. Erst knapp hundert Jahre später, 1874, entdeckte der Lübbener Kaufmann Schulz einen kleinen, aber wichtigen Küchenkniff: Man muß die essigsauren Gurken anstechen, um zu verhindern, daß sie hohl werden und in sich zusammenfallen. 1932 wurde der Weg frei für die industrielle Produktion, als erstmals sterilisierte Gurken eingeweckt werden konnten.

Was die Gewürze anging, so hatte jede Familie ihre eigene, eifersüchtig gehütete Zusammenstellung. Noch heute halten die Firmen der Region ihre ganz speziellen Kombinationen streng geheim. Von Auguste Wilhelmine Fontane ist ein klassisches Rezept überliefert: »Man nimmt zu den Gurken, welche bis zu den nächsten Gurken dauern sollen, die schönsten ganz ohne Flecken, wäschet sie sauber ab und leget sie in ein Faß mit Weinranken, Kirschblättern und Dill lagenweise ein. Dann gießet man mit Salz abgekochtes Wasser kochend darauf. Wenn es kalt geworden, so wird dasselbe Wasser wieder kochend darauf gegossen; und so wird dreimal verfahren. Zum dritten Mal wird aber das Faß augenblicklich, so warm es ist, versperret und dann in den Keller gesetzt, wo es alle Tage umgekehret werden muß.« Wichtig ist, daß man die eingelegten Gurken nicht mit der Hand aus der Lake holt – das würde die Haltbarkeit der übrigen mindern. Am besten verwendet man stilecht eine hölzerne Gurkenzange.

Die Spreewaldgurke, schon in früheren Jahrhunderten bis nach Bayern exportiert, ist nach einer ziemlichen Flaute kurz nach der Wende wieder auf dem Vormarsch. Mit den krummen Dingern lassen sich gute Geschäfte machen: Bis zu 450 000 Gläser der »Sechsneuner« (zwischen sechs und neun Zentimeter dürfen sie lang sein) werden zu Spitzenzeiten

täglich im größten Konservierungsbetrieb der Region eingeweckt – mehr als drei Tonnen Dill, zwei Tonnen Senfkörner und fünf Tonnen Zwiebeln werden pro Tag dafür gebraucht. Auch Fenchel, Basilikum und Lorbeer kommen bei manchen Zubereitungsarten zusammen mit den sauren Gurken ins Glas. Kunden finden sich selbst in Amerika. 128 Hektar umfaßt die Anbaufläche für die grünen »Spreewaldbananen«. Geerntet werden sie von Anfang Juli bis Mitte September mit »Gurkenfliegern«: Wie Flugzeuge sehen die Traktoren mit den langen seitlichen Auslegern aus, auf denen je 34 Erntehelfer bäuchlings liegen. In Golßen werden sie weiterverarbeitet – zu klassischen Gewürzgurken, süß-sauren Gurkenhappen, Sticks, gezwiebelten Dillschnitten, im Faß gereiften Salz-Dill-Gurken oder Senfgurken.

In der Abfüllanlage werden die Gurken in die Gläser verteilt. Per Hand wird nachgefüllt, wenn die Behältnisse nicht wirklich voll sind.

Schmorgurken

2 kleine Schmorgurken
2 EL Butter
1 EL Mehl
1/8 l Milch
Salz und Pfeffer
1 Prise Zucker
etwas Weißwein
1 Bund gehackter Dill

Die Gurken schälen, halbieren, entkernen und in Stücke schneiden. Die Butter in einem Topf zerlassen und das Mehl hellgelb anschwitzen. Die Milch unterrühren, einmal aufkochen lassen, dann die Gurkenstücke zufügen. Bei kleiner Hitze etwa 20 Minuten garen. Mit Salz, Pfeffer, Zucker und Weißwein abschmecken. Kurz vor dem Servieren mit dem Dill bestreuen.

Spreewälder Dillgurken

4 Zwiebeln, in Ringe geschnitten
1 l Weißweinessig
9 Lorbeerblätter
9 Nelken
2 EL Zucker
100 g Salz
3 kg kleine Einmachgurken
10 frische Weinblätter
1 Bund Dill mit Dolden

Die Zwiebeln in 3 l Wasser mit dem Weinessig, Lorbeerblättern, Nelken, Zucker und Salz einmal aufkochen und anschließend völlig erkalten lassen. Die Gurken gründlich abbürsten, unter fließendem Wasser abspülen und abtrocknen. Den Boden eines großen Steinguttopfs mit 5 Weinblättern und der Hälfte des Dills auslegen. Die Gurken einlegen und mit dem kalten Sud begießen. Die Gurken müssen vollständig bedeckt sein. Mit dem restlichen Dill und den restlichen Weinblättern abdecken und ein sauberes Brett auf den Topf legen. An einem kühlen Ort mindestens 4 Wochen ziehen lassen.

Vielseitige Gurken: Die Spreewälder machen aus ihnen sogar Likör.

Anfang Juli bis Mitte September können die Gurken geerntet werden.

Die Gläser, die man zum Einwecken benutzt, müssen peinlich sauber sein.

Vor der Verarbeitung müssen die Gurken gut gewaschen werden.

Pfeffer- und Senfkörner, Lorbeer, Dill und Zwiebeln geben die Würze.

Man füllt die Gurken in die Gläser und gibt die Gewürze dazu.

Nun wird eine Mischung aus Wasser und Essig angegossen.

Die Gläser müssen gut und luftdicht verschlossen werden.

Die Gläser dürfen sich im Einmachtopf nicht berühren.

Wasser wird zugefüllt und der Topf auf 100 Grad Celsius erhitzt.

Zum Abkühlen kommen die Gläser auf ein Tuch oder Holzbrett.

Bei der industriellen Gurken-Verarbeitung wird erst das Faß ausgedampft.

Am Förderband arbeiten zwei Männer: Einer füllt das Faß ...

... der andere sorgt für den Nachschub gewaschener Gurken.

Blick von oben ins wohlgefüllte Faß, bevor die Würze zugesetzt wird.

Im Faß lagern die Gurken in einer speziellen Essig-Würzmischung.

Die Gurken werden entnommen und kommen in die Abfüllanlage.

Gurkensuppe mit Pökelrippchen

4 rohe Kasseler Rippchen à 200 g
1 Zwiebel, gespickt mit 1 Lorbeerblatt und 2 Nelken
5 Pfefferkörner
2 Salatgurken
4 Zwiebeln, gehackt
50 g Butter
1 EL Zucker
2 EL Mehl
200 g Sahne
weißer Pfeffer
$1/2$ Bund Petersilie, fein gehackt
2 EL Croûtons

Die Kasseler Rippchen mit der gespickten Zwiebel und den Pfefferkörnern in 1 $1/2$ l Wasser zum Kochen bringen und etwa 1 Stunde kochen. Inzwischen die Salatgurken schälen, halbieren, die Kerne entfernen und das Gurkenfleisch in Scheiben schneiden. Die Zwiebeln in der Butter glasig dünsten. Mit dem Zucker bestreuen und leicht karamelisieren. Die Gurken untermischen, kurz anschwitzen und mit dem Mehl bestäuben. $1/2$ l Kasseler-Brühe angießen und 10 Minuten köcheln lassen. Dann die Sahne unterrühren und das Gemüse mit Salz und Pfeffer abschmecken. Vor dem Servieren mit gehackter Petersilie und Croûtons bestreuen und getrennt zu den Rippchen servieren.

Gemüseland Brandenburg

Brandenburg ist ein Gemüseland. Die gesamte Anbaufläche für diesen Zweig der Landwirtschaft betrug 1996 4202 Hektar, auf denen mehr als 80 000 Tonnen Gemüse gezogen wurden, davon immer mehr Möhren, Gurken und Spargel. Der hart umkämpfte Markt bringt es mit sich, daß aufwendige Anbauformen, wie das Ziehen unter Glas, weiter zurückgehen, während andererseits die Landwirte durch Direktvermarktung sich neue Absatzmöglichkeiten zu erschließen suchen und auch auf kleineren Flächen Nischenprodukte anbauen, um eine möglichst große Vielfalt bieten zu können.

Der Spreewald ist vor allem für Gurken und Meerrettich berühmt. Neben Bayern ist das von zahllosen Wasserarmen durchzogene Gebiet im Süden Brandenburgs eines der deutschen Hauptanbaugebiete für Meerrettich. Die dicken, fleischigen Wurzeln des Meerrettichs *(Armoracia lapathifolia)* enthalten hautreizende Allylsenföle, die zugleich den würzig-scharfen Geschmack erzeugen. Neben dem Spreewald hat sich auch die Gegend um Beelitz kulinarisch einen Namen gemacht – als Spargelregion. Seit 1861 dort angebaut, wird die »Königin der Gemüse« alljährlich mit einem Spargelfest gewürdigt.

Im Spreewald, aber auch in den Beeten der 160 000 Kleingärtner des Landes wird auch der Kürbis angebaut. Er gilt als »typisch deutsches« Gemüse, was sich darin zeigt, daß ihn sogar Goethe erwähnt: Er zeiht jemanden, der ihn schelten will, einen »Kürbis«, also einen Hohlkopf. Dem Drang der Gärtner, ihre Nachbarn zu übertrumpfen, kommt der Kürbis durch seine Größe entgegen: Er kann bis zu 100 Kilogramm schwer werden, und das verlockt geradezu zu Wettbewerben, die durch Fotos in der Lokalpresse – »Der Mensch und sein Riesenkürbis« – gekrönt werden. In der Küche findet Kürbis meist eingelegt oder in Suppen Verwendung.

Einen nicht unerheblichen Anteil an der hohen Zahl der Gemüsearten im Land hatten die französischen Hugenotten, die Mitte des 17. Jahrhunderts ins Land kamen. Das Edikt von Potsdam sicherte ihnen 1685 Glaubensfreiheit und wirtschaftliche Unterstützung zu. Sie führten nicht nur neue Gemüsearten wie Endivien, Chicorée und Artischocken ein, sondern auch moderne landwirtschaftliche Methoden. Sie brachten auch den Tabak in die Uckermark, wo noch heute dank der hohen Luftfeuchtigkeit und des leicht lehmigen Sandbodens das größte zusammenhängende Anbaugebiet in Deutschland existiert. Die dafür nötigen Arbeitsgeräte zeigen den französischen Ursprung: Die Reihen werden mit dem »Markeur« gezogen, die geernteten Blätter auf »Bandeliers« gefädelt.

Teltower Rübchen

Der Papst bekam jedes Jahr einige Fässer voll geschickt. Goethe ließ sie sich per Postkutsche nach Weimar bringen, und findige Handelsleute exportierten sie bis nach Portugal. Die Stadt Teltow im Süden Berlins sei »das rechte Vaterland der schmackhaften Rübchen«, schwärmte ein Autor 1740. Das Geheimnis des frühen landwirtschaftlichen Markenartikels: Auf dem märkischen Sandboden wurden die weißen Rüben zwar lange nicht so groß wie andernorts, aber dafür herrlich zart. In den letzten Jahrzehnten ging der aufwendige Anbau zurück; versuchsweise bemüht sich eine Agrargenossenschaft aber seit 1996 wieder um die Aussaat in größerem Umfang.

Die Rübchen kann man gedünstet und mit einer hellen Mehlschwitze servieren oder man glasiert sie, indem man Zucker in Butter karamelisiert und dann eine Fleischbrühe zugießt, in der man die Wurzeln dünstet, bis die Flüssigkeit verdampft ist.

Kürbissuppe

500 g Kürbisfleisch
2 EL Butter
1 EL Zucker
Muskatblüte, Nelkenpulver
$^1/_2$ l Gemüsebrühe
$^1/_2$ l Milch
Salz und Pfeffer

Den Kürbis halbieren, die Kerne entfernen. Kürbis schälen und das Fleisch in Würfel schneiden. Die Butter zerlassen, die Kürbisstücke darin andünsten. Mit dem Zucker bestreuen. Die Gewürze zugeben, Milch und Gemüsebrühe angießen. Zugedeckt bei mittlerer Hitze ca. 30 Minuten köcheln lassen. Mit dem Pürierstab pürieren, mit Salz, Pfeffer und eventuell noch etwas Zucker abschmecken. Als Garnitur eignen sich geröstete Kürbiskerne.

Teltower Rübchen

1 kg Teltower Rübchen
2 EL Butter
1 EL Zucker
1 EL Mehl
$^1/_8$ l Brühe
1 EL Zitronensaft
Salz und weißer Pfeffer

Die Rübchen waschen und schälen, eventuell halbieren. Die Butter in einem Topf schmelzen, den Zucker einrühren und karamelisieren lassen. Die Rübchen dazu geben und einige Minuten schwenken, dann mit Mehl bestäuben und die Brühe angießen. Mit Zitronensaft, Salz und Pfeffer würzen und etwa $^1/_2$ Stunde dünsten.

Den Kürbis mit einem scharfen Messer teilen.

Den Kürbis halbieren, die Kerne entfernen.

Das Kürbisfleisch in Würfel schneiden.

Die Butter in einem Topf schmelzen.

Das ganze reichhaltige Angebot des Gemüselandes Brandenburg präsentiert sich auf den Marktständen, wie hier in Lübbenau.

Kürbisstücke in der Butter andünsten.

Gewürze, Milch und Brühe zugeben.

Alles pürieren und abschmecken.

Geröstete Kürbiskerne als Garnitur.

Deutsches Gemüse

Kohlrabi
Brokkoli
Blumenkohl
Gurke
Weißkohl
Rotkohl
Kürbis
Spitzkohl
Grünkohl
Rhabarber
Wirsing
Spinat
Mangold
Rosenkohl

Birnen

Er steht schon längst nicht mehr, der berühmte Birnbaum des alten Herrn von Ribbeck aus Fontanes Gedicht. Am 20. Februar 1911 machte ein Orkan dem verfaulten Stamm an der Kirchenmauer des beschaulichen Dörfchens Ribbeck endgültig den Garaus. Heutige Kinder, an süßere Kost gewöhnt, hätten wahrscheinlich ohnehin wenig Freude an seinen Früchten: Der Birnbaumgreis trug, das ist historisch verbürgt, Zeit seines langen Lebens nur »Kodden«, saure Holzbirnen. Aber auch süßere Sorten gedeihen in den Obstgärten der Mark. Traditionelle Gerichte wie die vielen, regional verschiedenen Variationen von Klößen mit Birnen zeigen, daß die Frucht in den Küchen Brandenburgs schon lange beliebt war. Und das nicht nur als süße Delikatesse zum Nachtisch, sondern auch als herzhafte Speise zum Hauptgericht – Salzbirnen wurden zum Beispiel mit Fenchel und Dill eingelegt, mit Zimt und Nelken abgeschmeckte Essigbirnen aus dem Steintopf gerne als Beilage zu Braten und Kartoffeln gegessen.

Nach Deutschland war die Birne von Persien und Armenien über Kleinasien und Italien gekommen. 1500 Sorten gibt es heute; nur ein Bruchteil davon wird allerdings in größerem Umfang angebaut. Einige Sorten zeichnen sich durch besonders possierliche Namen aus – wie die »Gräfin von Paris«, die süße »Vereinsdechantsbirne« und der »Katzenkopf«, der roh ungenießbar, aber gekocht köstlich ist. Das Fruchtfleisch der Birne ist reich an Mineralstoffen wie Kalium, Magnesium, Kalzium und Phosphor. Von weitaus geringerer Haltbarkeit als Äpfel, werden Birnen traditionell viel eingelegt, zu Mus, Kompott oder Likör verarbeitet. In einem Kochbuch von 1724 findet sich das folgende Rezept für gebackene Birnenschnitze: »Nim geschehlte bieren, hacks klein, röste sie in schmaltz, thue handvoll kleine Weinbeer darein, Zucker, Zimmet, ein Wenig geröst brodt, ruhrs wohl durch ein ander, nim oblathen, streich darauf ziemlich hoch.« Reines Birnenkompott schmeckt allerdings fade – es wird deshalb oft mit anderen Früchten kombiniert.

Es gibt 1500 Birnensorten. Die meisten der heute gängigen wurden im 18. und 19. Jahrhundert in Frankreich und Belgien gezüchtet.

Birnen und Klöße

1 kg Birnen
1 EL Zucker
1 Stange Zimt
1 EL Butter
1 EL Mehl
125 g Sahne

Die Birnen schälen, halbieren und das Kerngehäuse entfernen. In Wasser mit Zucker und Zimt aufkochen und ca. 20 Minuten dünsten. Die Birnen abschütten, die Kochbrühe auffangen. Die Butter zerlassen und das Mehl darin goldgelb anschwitzen. $^1/_2$ l Kochbrühe unter Rühren angießen und 10 Minuten köcheln lassen. Dann die Sahne angießen, die Birnen wieder einlegen und noch einmal erhitzen. Mit Kartoffelklößen servieren.

Herr von Ribbeck auf Ribbeck im Havelland

Herr von Ribbeck auf Ribbeck im Havelland
Ein Birnbaum in seinem Garten stand,
Und kam die goldene Herbsteszeit
Und die Birnen leuchteten weit und breit,
Da stopfte, wenn's Mittag vom Turme scholl,
Der von Ribbeck sich beide Taschen voll,
Und kam in Pantinen ein Junge daher,
So rief er: »Junge, wiste 'ne Beer?«
Und kam ein Mädel, so rief er: »Lütt Deern,
Kumm man röwer, ick hebb 'ne Birn.«

So ging es viel Jahre, bis lobesam
Der von Ribbeck auf Ribbeck zu sterben kam.
Er fühlte sein Ende. 's war Herbsteszeit,
Wieder lachten die Birnen weit und breit;
Da sagt von Ribbeck: »Ich scheide nun ab.
Legt mir eine Birne mit ins Grab.«
Und drei Tage darauf, aus dem Doppeldachhaus,
Trugen von Ribbeck sie hinaus,
Alle Bauern und Büdner mit Feiergesicht
Sangen »Jesus meine Zuversicht«,
Und die Kinder klagten, das Herze schwer:
»He is dod nu. Wer giwt uns nu 'ne Beer?«

So klagten die Kinder. Das war nicht recht.
Ach, sie kannten den alten Ribbeck schlecht;
Der neue freilich, der knausert und spart,
Hält Park und Birnbaum streng verwahrt.
Aber der alte, vorahnend schon
Und voll Mißtrauen gegen den eigenen Sohn,
Der wußte genau, was damals er tat,
Als um eine Birn ins Grab er bat,
Und im dritten Jahr aus dem stillen Haus
Ein Birnbaumsprößling sproßt heraus.

Und die Jahre gehen wohl auf und ab,
Längst wölbt sich ein Birnbaum über dem Grab,
Und in der goldenen Herbsteszeit
Leuchtet's wieder weit und breit.
Und kommt ein Jung übern Kirchhof her,
So flüstert's im Baume: »Wiste 'ne Beer?«
Und kommt ein Mädel, so flüstert's: »Lütt Dirn,
Kumm man röwer, ick gew di 'ne Birn.«

So spendet Segen noch immer die Hand
Des von Ribbeck auf Ribbeck im Havelland.

Theodor Fontane

Alexander Lucas.
Saftige, süß-säuerliche Tafelbirne.

Boscs Flaschenbirne.
Saftige Tafel- und Konservenbirne.

Gräfin von Paris.
Spätreifende, lagerfähige Tafelbirne.

Nordhäuser Winterforellenbirne.
Gut lagerfähige süße Tafelbirne.

Pastorenbirne.
Tafelbirne mit gelblichweißem Fleisch.

Feldküche

Nicht weniger als zwei Wagen mit Geflügel und sechs mit Wein ließ der römische König und spätere Kaiser Joseph I. 1702 in seinem Troß mitfahren, als er sich von Wien an den Rhein begab, um bei der Belagerung Landaus zu helfen. Er hatte für seine eigene Person schon beherzigt, was Preußenkönig Friedrich II. später in die Worte faßte: »Wenn man eine Armee bauen will, so muß man mit dem Bauche anfangen, denn dieser ist das Fundament dazu.« So luxuriös wie Joseph hatte es freilich kaum je ein Soldat. Verpflegung konnte über Sieg oder Niederlage entscheiden; Plünderungen waren nur ein Mittel, hungrige Kriegsknechte zu ernähren. Spätestens mit dem Übergang vom Söldnerheer zur stehenden Armee nach dem Dreißigjährigen Krieg wurde die Nahrungslogistik ein Schwerpunkt militärischen Interesses. 1714 beschrieb Gottfried Wilhelm von Leibniz seinen konzentrierten Fleischextrakt, der soldatischen Hunger stillen sollte – die Anregung dafür hatte er vom Erfinder des Dampfdruckkochtopfs, dem französischen Physiker Papin, bekommen. 1784 machte sich ein Mann namens Benjamin Thompson, der im Dienst des bayerischen Hofes stand, Gedanken über eine Suppe für Soldaten und schrieb:
»Es hat mich nicht wenig überrascht, zu entdecken, ein wie geringes Maß fester Nahrung, wenn sie nur ordentlich zubereitet wird, ausreichend Hunger stillen kann und Leben und Gesundheit erhalten und mit wie wenig Kosten selbst ein kräftiger und schwerarbeitender Mann ernährt werden kann.«
Die »ordentliche Zubereitung« sah so aus, daß man viel Wasser, Gerstengraupen, Erbsen und Kartoffeln drei Stunden lang kochte und dann zu einer gleichmäßigen Masse verrührte. In diesen Vitaminfriedhof kippte man etwas Salz und Essig und warf ein paar Brotscheiben hinein. Bei Hof war man übrigens begeistert. Die Soldaten durften von nun an Thompsons Suppe auslöffeln und er erhielt den Adelstitel: Graf Rumford.
Besonders für Notrationen, den »eisernen Bestand«, war hochkonzentrierte Nahrung ein Muß. Im 19. Jahrhundert gab es sie bereits in vielen Varianten: Die »Erbswurst« aus Erbsenmehl, Speck, Gewürzen und Salz, »Paman's Blutzwieback« aus mit Mehl verbackenem Blutserum, »Professor Knoblauch's Kleberbrod« oder »Fleischmehltafeln« aus Erbsenmehl und Fleischextrakt. Nicht nur die Nahrhaftigkeit, auch die Kosten für die Versorgung waren Thema vieler Abhandlungen. Ein »Rathgeber für den Menagebetrieb« rechnete 1882 vor, wie man schon bei Kartoffeln sparen konnte: »Beim Schälen durch Leute der Truppe rechnet man 30 bis 40 Prozent Abfall, beim Schälen durch Frauen 15 bis 25 Prozent.« Beklagenswert fand der Autor, daß es vielfach Brauch war, in die Küche Leute zu kommandieren, »die man aus irgend einem Grund aus der Front entfernen möchte« – statt dessen solle man lieber solche an den Herd stellen, die wenigstens ein bißchen etwas vom Kochen verstünden. Das war schon deshalb wichtig, weil die Zulieferer oft tricksten, um mehr Gewinn zu machen. Fauler Geruch wurde mit Kamillentee fortgewaschen und das Fleisch mit Anilin bepinselt, um Frische vorzutäuschen. Mehl wurde mit Gips oder gar Kalk vermischt; und in Kaffeepulver fand man gelegentlich Spuren von Zigarrenkistenholz. Diesen Widerwärtigkeiten zum Trotz hatten es viele junge Männer beim Heer besser als zu Hause: Eine zeitgenössische Statistik vermeldet, daß die meisten Neurekrutierten in den ersten Monaten an Gewicht zunahmen.
In den Kriegen unseres Jahrhunderts kamen zu Standard-Nahrungsmitteln wie dem überwiegend aus Roggen bestehenden Kommißbrot, dem Fleischextrakt und dem Feldzwieback noch synthetische Ergänzungen wie Vitamin C hinzu. »Der Krieg in Norwegen war ohne künstliche Ascorbinsäure kaum denkbar«, vermeldet 1942 lapidar ein Tagungsbericht der Arbeitsgemeinschaft »Ernährung der Wehrmacht«. Die »Gulaschkanone«, wie die mobilen Feldküchen im Jargon der Soldaten seit jeher hießen, waren manchmal nur dürftige Provisorien. Ein Buch für Feldkochunteroffiziere beschreibt, wie man aus einem Faß als Feuerstelle, mehreren Konservendosen als Rauchabzug und einer aus »englischen Beutekanistern« hergestellten Pfanne einen Herd bauen konnte. »Die Qualität des Küchenbullen zeigt sich darin, wie nah er sich mit den Töpfen an die Frontlinien heranwagt«, schrieb Erich Maria Remarque in seinem Roman »Im Westen nichts Neues« über die Verhältnisse im Ersten Weltkrieg. Hunger leiden mußten die Soldaten indes auch bei mutigen Köchen. Das Buch beginnt mit der zynischen Schilderung eines endlich einmal reichlichen Mahls – möglich nur, weil für 150 Mann gekocht wurde, aber lediglich 80 von der Front zurückkamen.
Heutzutage, in Friedenszeiten, beschäftigen Soldaten glücklicherweise kleinere Sorgen. Etwa die, wie man als Vegetarier fleischlos durch die Wehrdienstzeit kommt. Kein Problem, meint die Bundeswehr: Die Wehrersatzbehörden seien angewiesen, Vegetarier bevorzugt in Truppenteile einzuberufen, die moderne »Komponentenverpflegung« bieten – so kann sich jeder sein Menü selbst zusammenstellen, obwohl es, auch darauf legt man in der Hardthöhe Wert, keinen Rechtsanspruch auf vegetarische Kost gebe. In jeder Truppenküche entscheidet ein Küchenausschuß mit, was es »beim Bund« zu essen gibt; etwa 225 000 Soldaten und zivile Mitarbeiter nehmen derzeit täglich an der Truppenverpflegung teil. Die Gulaschkanone gibt es allerdings auch noch – als moderne »Einheitsfeldküche 250 Mann auf Anhänger mit Zubehör«, auf der man kochen, braten und sogar backen kann.

Im Krieg von 1871/72 waren 1200 Leute in der Grünberg'schen Fabrik mit der Herstellung von Erbswurst beschäftigt. Jeden Tag stellte man aus 225 Zentnern Speck, 450 Zentnern Erbsmehl, 28 Scheffeln Zwiebeln und 40 Zentnern Salz 75 000 Erbswürste her, jede ein Pfund schwer.

Das Kommißbrot aus Roggenmehl wurde 1628 bei der Belagerung von Stralsund für Wallensteins Truppen erfunden. Es ist besonders nahrhaft und lange haltbar.

Mobile Feldküchen werden im Jargon der Soldaten »Gulaschkanonen« genannt.

Besonders für die Notrationen war hochkonzentrierte Nahrung ein Muß. Es gibt sie seit dem 19. Jahrhundert.

Rechte Seite: Soldaten beim Essenfassen. Seit dem Übergang vom Söldnerheer zur stehenden Armee wurde die Nahrungslogistik Thema militärischen Interesses.

Dezember 1812,
Rückzug von Moskau

»Ich befand mich in der Nähe von Franzosen, einer derselben ging um den beim Feuer Schlafenden, ihre Lebensmittel weg zu stehlen; er kam auch glücklich mit einem Säckchen voll Mehl; welche Freude! Ich bot ein Stück Geld, wenn ich Theil an der Suppe nehmen dürfte, die nun gemacht werden sollte. Schon wurde begonnen, die Suppe mit Pferdefett in einem kleinen Kaßerol zu rösten, unter der Sorge daß wir sie vielleicht mit dem Leben zahlen müßten, indem eine Menge Elender sich um uns sammelte, die alle davon wollten; schon waren wir entschlossen, unser Leben an die Suppe zu setzen, als auf einmal unser vermeintes Mehl in blauer Farbe in Flammen aufschlug; es war Schwefel und kein Mehl! Ich hatte schon bei dem Gedanken an die Suppe meinen Zipfel Gelbrübe vollends verschlungen und war nun gänzlich von Lebensmitteln entblößt. Eine schöne Aussicht für den Morgen!«

(Aus: Carl Sachs, Tagebücher, 1812)

Getreide

Wenn alles Korn gemäht und gebunden war, kam »der Alte«. So nannten die Bauern der Mark die letzte Garbe, der sie die Gestalt eines Mannes gaben. Der Alte blieb entweder auf dem Feld stehen oder wurde mit festlichem Geleit ins Herrenhaus gebracht. In manchen Gegenden war es auch Brauch, daß der Sämann sich blendend sauber anzog, bevor er sein Werk begann; das erste Korn aß er auf, wobei er dem Getreide gutes Gedeihen wünschte. In die Ecken des Feldes wurde sorgsam je eine Arnika eingepflanzt. Das sollte die Aussaat vor Hagel schützen. Noch bis in unser Jahrhundert hielten sich diese ländlichen Sitten, die Zeugnis davon ablegen, wieviel Aufmerksamkeit die Menschen den Feldfrüchten widmeten, von denen ihr Überleben abhing. Das Wort »Getreide« leitet sich vom althochdeutschen »gitregidi« ab, das »Ertrag« oder »Besitz« bedeutet. Lange hielt sich zur Bearbeitung des Ackers noch der traditionelle Pflug, bei dem der Bauer neben dem Gerät ging; die sogenannten Sitz- oder Wagenpflüge, in Nordamerika um 1850 konstruiert, stießen hierzulande zunächst auf Ablehnung. Die Bauern fanden es nicht recht, daß die hochgeschätzten Zugtiere neben dem Pflug auch noch den Pflüger zu ziehen haben sollten.

Vor dem flächendeckenden Anbau der Kartoffel war Getreide in deutschen Landen das Hauptnahrungsmittel – manchmal zu Brot gebacken, weitaus öfter aber zu Brei verarbeitet. Noch im 18. Jahrhundert bemaß sich die finanzielle Unterstützung von Armen häufig nach dem ortsüblichen Getreidepreis. In Brandenburg zählten Hafergrütze und Graupensuppe, manchmal mit Speck oder Backpflaumen verfeinert, sowie Hirsebrei zu den – im doppelten Sinne – Hauptgerichten. Selbst aus altem Brot wußten die Bauersfrauen noch eine schmackhafte Brotsuppe zuzubereiten, und Grützwurst, die mit Schmalz, Schweineblut und Gerstengrütze angerührt wurde, zählte zu den Höhepunkten auf dem wöchentlichen Speiseplan.

In Brandenburg wird noch heute fast die Hälfte des Ackerlandes mit Getreide bebaut. Die vorwiegend sandigen und nicht sonderlich fruchtbaren Böden eignen sich dabei weniger für den Anbau empfindlicher Arten und werden deshalb vorwiegend für Roggen genutzt; wiewohl nach seiner Fläche nur das fünftgrößte Bundesland, hat Brandenburg auch absolut gesehen die größte Anbaufläche für Roggen im gesamten Bundesgebiet – und das, obwohl sie kleiner ist als zu DDR-Zeiten. Mit der Wende halbierte sich schlagartig die Produktion, für die es keinen ausreichenden Markt mehr gab. Mittlerweile werden wieder knapp zwei Drittel der ehemaligen Roggenanbauflächen für diese Getreideart genutzt, insgesamt knapp 215 000 Hektar.

Auch Winterweizen und Wintergerste werden traditionell angebaut, neuerdings auch immer mehr Triticale. Diese schon hundert Jahre alte und als besonders widerstandsfähig bewährte Kreuzung zwischen Weizen (*Secale*) und Roggen (*Triticum*) spielte zu DDR-Zeiten kaum eine Rolle. Heute wird das Korn auf einer Fläche von knapp 40 000 Hektar angebaut.

In Brandenburg wird noch heute fast die Hälfte des Ackerlandes mit Getreide bebaut, wobei der Großteil der Anbaufläche für Roggen genutzt wird.

Kochen mit geschichtlichem Bewußtsein

Der Nürnberger Schuster Hans Sachs war der erste, der in seinem 1530 erschienenen Schwank »Das Schlaweraffenland« das Motiv vom Breiberg einführte, der das sagenhafte Paradies umgibt, wo keiner mehr arbeiten und keiner mehr frugal leben muß: Die Häuser sind mit Fladen bedeckt, die Türen aus Lebkuchen, die gebratenen Schweine laufen benutzerfreundlich mit dem Messer im Rücken herum und die gebratenen Tauben fliegen einem ins Maul. Wer dorthin möchte, so Sachs, »der muß sich große Dinge zutrauen: er muß sich durch einen Berg aus Hirsebrei essen, der ist gut drei Meilen breit.« Für die Armen sicher eine einfache Übung, denn sie aßen zu Sachs' Zeit und bis zur Einführung der Kartoffel nichts anderes: morgens, mittags, abends Brei. Aus Kastanien und Eicheln, wenn die Not am größten war, sonst aus Gerste, Roggen, Hafer, Buchweizen, Hirse. Selten aus Weizen, denn der war für das Brot der Reichen vorbehalten. Um Brei zuzubereiten, braucht man keine Geräte, keine Mühle, keinen Ofen. Wer Getreide, Steine und ein Gefäß hat, ist schon ausgerüstet. Ein heißer Stein zum Rösten der Körner, ein weiterer, um sie zu zermahlen – so taten's in grauer Vorzeit schon unsere Vorfahren. Um Wasser oder Milch mit Mehl zu verrühren, benötigt man keine Anleitung. Kein noch so altes Kochbuch widmet sich diesem alltäglichsten Gericht, mit dem die Frauen ihre Familien ernährten. Im »Butt« läßt Günter Grass eine Köchin auftreten, die sich mit folgender Rede an ihre männlichen Kollegen wendet:

»Ihr kocht ohne geschichtliches Bewußtsein. Weil ihr nicht wahrhaben wollt, daß der männliche Koch ein Produkt der Klöster und Fürstenhöfe, der jeweils herrschenden Klasse gewesen ist. Während wir Köchinnen immer dem Volk gedient haben. ... Wir haben in Hungerzeiten das Mehl mit Eicheln gestreckt. Uns mußte zum täglichen Haferbrei Neues einfallen. … Wer nicht historisch Hirse und Schwadengrütze nachschmecken kann, der soll hier nicht großspurig vom Grillieren und Sautieren reden.«

Dinkel. Widerstandsfähiger Urweizen, fast nur aus biologischem Anbau.

Gerste. Ohne sie wären Bier- und Branntweintrinker arm dran.

Hafer. Er war vor der Kartoffel das Grundnahrungsmittel in Europa.

Roggen. Brot aus Roggen ist besonders im Norden Deutschlands beliebt.

Weizen. Sein vitalstoffreiches Mehl wanderte früher ins Brot der Reichen.

Wildschwein

Die Wildschweine benehmen sich säuisch. Sie buddeln in gepflegten Vorgärten, graben verzweifelten Bauern Wiesen um und wühlen ihnen kurz nach der Aussaat jedes einzelne Maiskorn aus dem Acker. In manchen Gebieten Brandenburgs, wie etwa den waldnahen Stadträndern der Landeshauptstadt Potsdam, sind die allesfressenden Schwarzkittel regelrecht zur Plage geworden. Nicht zuletzt, weil manch einer die niedlichen Frischlinge gerne füttert und sich dann wundert, wenn die Schweinerotte auch ausgewachsen wiederkommt. Durch die großen zusammenhängenden Feld- und Waldgebiete, einem Erbe aus der Zeit der landwirtschaftlichen Produktionsgenossenschaften der DDR, und die vielen Stillegungsflächen aus ehemaligem Militärbesitz können sich die Tiere vielerorts ziemlich ungehindert bewegen. Der Bestand im Lande wird auf gut 30 000 geschätzt. 40 000 dürfen jedes Jahr von den Jägern zur Strecke gebracht werden. Die Zahlen widersprechen sich nur scheinbar: Zwischen 150 und 180 Prozent liegt die Zuwachsrate bei Schwarzwild.

Das Mitteleuropäische Wildschwein, das den schönen lateinischen Namen »Sus scrofa scrofa« trägt und, wie Asterix-Leser wissen, mit Vorliebe »oink, oink« sagt, ist ein scheues, nachtaktives Waldtier. Die Keiler, die bis zu 200 Kilogramm schwer werden können, sind Einzelgänger und gesellen sich nur zur Paarungszeit Ende Oktober zu der Rotte von Bachen und Jungtieren. Nach erbitterten Kämpfen mit den Rivalen in Sachen Liebe, schreitet der siegreiche Keiler zur Paarung, bei der es angeblich recht liebevoll zugeht, wenn man kräftige Bisse in den Nacken der Angebeteten als Zeichen der Huld interpretieren will. Kurz vor der Niederkunft verläßt die Bache die Rotte und verbringt die erste Zeit mit ihren vier bis zwölf Frischlingen versteckt.

Obelix ist sicher die bekannteste historische Figur mit einer Wildschweinbraten-Obsession, doch waren die Gallier längst nicht die ersten, die das schmackhafte Fleisch der wilden Schweine zu schätzen wußten: Knochenfunde und Höhlenmalereien beweisen, daß man den Tieren bereits in der Steinzeit nachstellte. Mitte des 6. Jahrtausends vor Christus begann die Domestikation: Das Wildschwein ist die Stammform des Hausschweins.

Heute wird Wildschwein als Delikatesse geschätzt: Keule und Rücken ergeben ausgezeichnete Braten, das Fleisch schmeckt kräftiger und ist magerer als das des Hausschweins.

Halali in Brandenburg

Mit 2,3 Millionen Hektar Jagdfläche und großen Beständen an nahezu allen Wildarten ist Brandenburg eines der wildreichsten Bundesländer. 113 000 Rehe gab es einer Schätzung zufolge 1996, 18 700 Damhirsche und 16 000 Rothirsche. Unweit nördlich von Berlin liegt eines der ältesten und größten Jagdgebiete Europas, die Schorfheide. Dort jagten schon Kurfürsten, Kaiser und Nazibonzen. 1962 erklärte die DDR den Landstrich am Werbellinsee zum streng bewachten Staatsjagdgebiet. Waidmännisch ging es dort jedoch nicht immer zu. Staatsratsvorsitzender Erich Honecker und ähnlich privilegierte Genossen schossen auch schon mal vom Auto aus, ignorierten Schonzeiten und hielten sich wenig an die Grundsätze des Jägerhandwerks. So wurde der Rotwildbestand künstlich hoch gehalten, damit schießlustige Gäste immer etwas vor die Flinte bekommen konnten. In der Folge zeigten sich die Auswirkungen derart kurzsichtiger Bewirtschaftung: Kurz nach der Wende gab es in der Schorfheide große Waldschäden und kaum noch Heidekraut – die vielen Tiere hatten fast alles abgefressen, was in ihrer Reichweite wuchs. Mittlerweile hat sich durch gezielte Abschußquoten die Situation wieder gebessert.

Seit 1996 gilt eine neue Verordnung, die Wilderei erschweren und damit auch Freunde des Wildbrets vor minderwertiger Ware schützen soll. Jeder Jäger muß das erlegte Wild vor dem Verkauf mit einer numerierten Marke versehen; Abnehmerbetriebe sind verpflichtet, die Nummern in ihre Wildhandelsbücher einzutragen, so daß nachvollzogen werden kann, woher das Wild stammt.

Wenn die Bache mit ihren Frischlingen unterwegs ist, zeigt sie sich besonders angriffslustig, wie schon mancher Hundebesitzer erfahren mußte.

Wildschweinbraten

(Abbildung unten)

- *1 kg Wildschweinfleisch aus der Keule*
- *Salz und Pfeffer*
- *1/4 l Rotweinessig*
- *1 Bund Suppengrün*
- *2 Zwiebeln, grob gehackt*
- *2 Lorbeerblätter*
- *4 Nelken*
- *5 Pimentkörner*
- *1 Zitrone, in Scheiben geschnitten*
- *1 EL Zucker*
- *150 g durchwachsener Speck, in Würfel geschnitten*
- *1 EL Butterschmalz*
- *1/4 l Rotwein*
- *2 EL geriebenes Schwarzbrot*

Die Wildschweinkeule waschen, trockentupfen und kräftig mit Salz und Pfeffer einreiben. Für die Marinade den Essig mit dem Suppengrün, Zwiebeln, Lorbeerblättern, Nelken, Pimentkörnern, Zitronenscheiben und Zucker einmal aufkochen und abkühlen lassen. Das Fleisch mit der Marinade übergießen und zugedeckt an einem kühlen Ort 1-2 Tage ziehen lassen. Vor dem Braten das Fleisch aus der Marinade heben und gut abtropfen lassen. Den Speck im heißen Butterschmalz auslassen und das Fleisch darin von allen Seiten anbraten. Den Rotwein und die Marinade angießen. Zugedeckt bei kleiner Hitze ca. 1 Stunde schmoren. Nach Ende der Garzeit den Braten aus dem Topf nehmen und warm stellen. Den Schmorfond mit dem Schwarzbrot binden. Den Braten aufschneiden, mit der Sauce, Kartoffeln oder Püree und Rot- oder Sauerkraut servieren.

Schweinekotelett

- *4 Schweinekoteletts à 200 g*
- *Salz und Pfeffer*
- *3 EL Mehl*
- *2 EL Öl*

Die Koteletts mit Küchenpapier abtupfen, auf beiden Seiten zwischen Knochen und Fleisch mit der Messerspitze einritzen, mit Salz und Pfeffer einreiben und im Mehl wenden. Überschüssiges Mehl abklopfen.
Das Öl in einer weiten Pfanne erhitzen. Die Koteletts hinein legen und auf jeder Seite etwa 5 Minuten braten. Mit Teltower Rübchen und Kartoffelpuffern servieren.

Brandenburger Lammfleisch

- *800 g Lammfleisch*
- *2 EL Butterschmalz*
- *2 Zwiebeln, gehackt*
- *1/8 l Rotwein*
- *Salz und Pfeffer*
- *1/2 l Brühe*
- *500 g grüne Bohnen*
- *500 g Kartoffeln*
- *einige Stengel Bohnenkraut*

Das Lammfleisch würfeln und im Butterschmalz anbraten. Die Zwiebeln untermischen und kurz anrösten. Mit Rotwein ablöschen, salzen und pfeffern und die Brühe angießen. Zugedeckt bei mittlerer Hitze ca. 1 Stunde schmoren. Die Bohnen putzen und kleinschneiden, die Kartoffeln schälen, waschen und würfeln. 20 Minuten vor Ende der Garzeit mit dem Bohnenkraut zum Lamm geben. Den Eintopf vor dem Servieren noch einmal mit Salz und Pfeffer abschmecken.

Wildschweinbraten

Brandenburger Kohlrouladen

(Abbildung Mitte)

1 Kopf Weißkohl
Salz
1 altes Brötchen
150 g Frühstücksspeck, fein gewürfelt
350 g Hackfleisch
1 Ei
2 EL Schwarzbrotcroûtons
Salz und Pfeffer
200 g durchwachsener Speck, in Scheiben geschnitten
1 Dose geschälte Tomaten
300 ml Fleischbrühe
100 g saure Sahne
1 TL Paprikapulver, edelsüß
1 Bund Petersilie, fein gehackt

Den Weißkohl putzen, den Strunk ausschneiden und den Kohl in kochendes Salzwasser legen. 20 Minuten köcheln lassen, dann herausheben und gut abtropfen lassen. Das Brötchen in heißem Wasser 10 Minuten quellen lassen. Das Hackfleisch mit dem Ei, dem ausgedrückten Brötchen und den Schwarzbrotcroûtons gut vermischen, mit Salz und Pfeffer würzen. Vom Kohlkopf die äußeren 8 Blätter ablösen und mit der Hackfleischmasse füllen. Die Blätter über die Füllung schlagen und mit Küchengarn umwickeln. Die Speckscheiben in einem Bräter auslassen, die Kohlrouladen darauf setzen und rundum anbraten. Die Tomaten in Würfel schneiden und zu den Rouladen geben. Die Fleischbrühe angießen und die Rouladen zugedeckt im vorgeheizten Backofen bei 180 °C ca. 1 Stunde schmoren. Nach Ende der Garzeit die Rouladen herausheben und warm stellen. Den Bratfond mit der sauren Sahne verrühren und mit Salz, Pfeffer und Paprika abschmecken. Über die Rouladen gießen und mit der Petersilie bestreuen.

Meerrettichlende

(Abbildung unten)

600 g Rinderlende
Salz und Pfeffer
3 EL Öl
250 g Zwiebeln, in Ringe geschnitten
1/4 l Brühe
2 große Äpfel
1 EL Butter
1 EL Mehl
100 g Sahne
200 ml Milch
2 EL Johannisbeergelee
1/2 kleine Stange Meerrettich, frisch gerieben
1 EL Zitronensaft

Die Lende waschen, trockentupfen und mit Salz und Pfeffer einreiben. Im Öl von allen Seiten scharf anbraten. Die Zwiebelringe zufügen, kurz mitbraten und die Brühe angießen. Zugedeckt bei mittlerer Hitze ca. 1 Stunde garen. Die Äpfel schälen, vierteln und entkernen. In Stücke schneiden und in der Butter andünsten. Das Mehl mit der Sahne und der Milch verrühren, unter die Äpfel mischen und einige Minuten unter Rühren köcheln. Das Johannisbeergelee und den Meerrettich unter die Sauce ziehen. Die Lende aus dem Bräter heben und den Bratfond durch ein Haarsieb zur Apfelsauce gießen. Sauce mit Salz, Pfeffer und Zitronensaft abschmecken. Die Lende in Scheiben schneiden und auf vorgewärmten Tellern mit der Sauce und Salzkartoffeln anrichten.

Meerrettichlende

Brandenburger Kohlrouladen

Die Erdbeeren werden zu einem Brei zerstampft (siehe auch Hintergrundfoto).

Dem Brei wird ein Antigeliermittel beigegeben, nach dem Verrühren fügt man Gärhefe zu.

Die derart aufbereitete Erdbeermaische wird nun in den Gärballon gefüllt.

Obstwein

Wenn in Werder die Bäume blühten, kam auf die Beamten des kaiserlichen Postamts eine turbulente Zeit zu. Vier bis fünf Zentner mit Ansichtspostkarten aus dem idyllischen Ort unweit von Potsdam und Berlin mußten an den »Blütensonntagen« abgefertigt werden. Schuld daran war der Obstzüchter Wilhelm Wils. Der hatte am 13. März 1879 auf einer Vorstandssitzung der Werderaner Obstbauern vorgeschlagen, den Höhepunkt der Baumblüte in allen Berliner Zeitungen bekanntzugeben. Knapp zwei Monate später kamen die Berliner in Scharen in Sonderzügen angereist, um sich unter rosa blühenden Pfirsichbäumen und weißen Apfel- und Birnenblüten ein gepflegtes Räuschlein mit dem berühmten Werderaner Obstwein anzutrinken. Der fruchtige Geschmack überdeckte den tückischen Charakter des süßen Gesöffs, das sich als »Bretterknaller« einen Namen machte und oft dafür sorgte, daß auch die Polizei beim Blütenfest etwas zu tun bekam, sei es, um eine Gaststätte zu räumen oder eine scherbenübersäte Straße abzusperren. Noch immer feiert Werder jedes Jahr, mittlerweile wieder etwas ruhiger, die Baumblüte und kürt zum Auftakt des Festes eine Blütenkönigin. Auf 2500 Hektar wird heute im Havelland Obst angebaut; das ist mehr als die Hälfte der gesamten Obstfläche im Land.

Geht man in der Geschichte noch weiter zurück, ist nicht der Obstzüchter Wilhelm Wils der eigentliche Urheber des Blütenfestes, sondern ein gefürchtetes kleines Kerbtier: die Reblaus. Bis zur Mitte des 18. Jahrhunderts war der Weinbau neben der Fischerei eine der Haupterwerbsquellen der Werderaner. Bereits im 13. Jahrhundert hatten die Mönche des Lehniner Zisterzienserklosters mit dem Weinbau begonnen, 1740 gab es noch 130 Weinbergbesitzer. Das nahm schlagartig ein Ende, als die Reblaus den Reben den Garaus machte. Die Winzer stiegen auf den Obstbau um. Bereits um 1900 wurden 1448 Hektar um Werder für den Obstbau genutzt. Was die Obstzüchter nicht absetzen konnten, wurde zu Erdbeer-, Apfel- und Kirschwein, Johannis-, Stachel- und Himbeerwein und solchem aus Aprikosen, Pfirsichen und Pflaumen vergoren. Die genauen Rezepte sind Familiengeheimnisse – wer zur Obstblüte nach Werder kommt, kann einige durchprobieren. Und seit gut zehn Jahren erlebt sogar der Weinbau eine Renaissance: Ein Liebhaberverein kümmert sich um das nördlichste Weinanbaugebiet Europas, den »Werderaner Wachtelberg«, und läßt jährlich bis zu 20 000 Flaschen füllen.

Vitaminbombe Sanddorn

Er hat mehr an Vitamin C zu bieten als die meisten Fitneß- und Multivitamindrinks: Sanddorn.
100 Gramm seines Saftes enthalten 266 Milligramm Vitamin C, also fünfmal so viel wie Zitronen- oder Orangensaft. Der dornige Strauch oder Baum wächst bevorzugt in feuchteren Regionen, die Hauptanbaugebiete in Brandenburg liegen in den Agrarräumen um Glindow und um Cottbus.
Aus den orangefarbenen Beeren preßt man vor allem Säfte und Saftcocktails. Das gut verträgliche Öl der Beere, von dem sie bis zu drei Prozent enthält, kann aber auch als Sonnenschutzöl oder zur Herstellung von Kosmetika und pharmazeutischen Produkten verwendet werden. Aber nicht nur das: Mit eher herbem Sanddornwein und -likör wollen die brandenburgischen Produzenten auch den Verbrauchern etwas Landestypisches bieten, denen herkömmliche Obstweine einfach zu süß sind.

Der in heißem Wasser aufgelöste Zucker wird ebenfalls in den Gärballon geschüttet.

Auf den verschlossenen Gärbottich kommt der Gäraufsatz, durch den die Kohlensäure entweicht.

Monika Albrecht

Mecklenburg-Vorpommern

Insgesamt 4374 Straßenkilometer in Mecklenburg-Vorpommern sind Alleen. Sie sind per Landesverfassung geschützt.

Vorhergehende Doppelseite:
Mecklenburgs viele Seen versorgen die Bevölkerung mit Fisch, unter anderem auch mit Aal.

Wir haben unsere kleine Insel in dieser heute etwas stürmischen Welt gefunden … Wenn ein Flieger über diesen Teil des mecklenburgischen Landes fliegt, so sieht er Wälder und Seen, Seen und Wälder«, schrieb der Schriftsteller Hans Fallada, der sich 1933, in turbulenter Zeit, nach Carvitz bei Feldberg zurückzog.

Noch heute, viele Jahrzehnte und zwei politische Systeme später, vermittelt die Landschaft Mecklenburgs und Vorpommerns Ursprünglichkeit, Ruhe, Stille. Die Seen, die Flüsse, die Ostseeküste, die Bodden sowie das Haff, direkt an der Grenze zum Nachbarland Polen gelegen, machen immerhin zehn Prozent des Landesterritoriums aus. Andererseits wird das fruchtbare Festland von mehr als 4000 Bauern bestellt. Vor allem Getreide, Kartoffeln, Rüben und Futterfrüchte gedeihen auf den 1,5 Millionen Hektar landwirtschaftliche Nutzfläche. Im Frühsommer, wenn der Raps blüht, erstrahlen weite Flächen des Landes in leuchtendem Gelb.

Als gemeinsames Land existiert Mecklenburg-Vorpommern erst seit 1990. Es entstand aus den drei Nordbezirken Rostock, Schwerin und Neubrandenburg. Das 1000jährige Mecklenburg war seit 1815 Großherzogtum. Pommern dagegen gehörte zu Preußen, bevor es in Deutschland einging. Friedrich der Große schätzte seine Pommern als »Menschen mit einem geraden und schlichten Sinn«, die »etwas Ungekünsteltes haben«.

Über Jahrhunderte wurden beide Landschaften von starken Gegensätzen bestimmt. Die Ostseeküste mit ihren Inseln wie Rügen und Hiddensee zog Maler und Dichter an; das Bürgertum in den Hansestädten Wismar, Rostock, Stralsund, Greifswald, Demmin und Anklam sorgte durch den blühenden Handel mit Skandinavien für einen wirtschaftlichen Aufschwung, doch auf dem Land herrschte bis ins 19. Jahrhundert hinein die Leibeigenschaft. Teile des Gebiets befanden sich lange in schwedischem Besitz. Vermutlich beeinflußte dies auch die Küche des Landes. Die Vorliebe für das Süß-saure kennzeichnet die Kost, die ansonsten das Attribut kräftig und bodenständig verdient.

Inselküche
Fisch
Aal
Hochprozentiges
Kartoffelgerichte
Gänse
Die Festtagsgans
Suppen und Eintöpfe
Hering
Heringsprodukte
Fleisch
Rüben
Vorratshaltung
Nachspeisen

Inselküche

Spitze, weiße Kreidefelsen, idyllisch und bedrohlich zugleich, die See, in dunklen, sich zum Horizont aufhellenden Blauschattierungen, im Vordergrund ein schwarz gekleideter Mann, der dem Betrachter den Rücken zuwendet. »Kreidefelsen auf Rügen« heißt dieses Bild von Caspar David Friedrich (1774–1840), eines der wichtigsten Werke der Romantik und das bekannteste Sujet der Ostseeinsel.
Rügen ist Deutschlands größte Insel, ein Mikrokosmos von Landschaftsformen: Küste, Heide, Wald, Salzwiesen, Felder, Felsen und sogar eine Hügelkette, die sich »Alpen« nennt. Die landwirtschaftlichen Produkte, die hier gedeihen, sowie Meer und Boddengewässer, die Fisch liefern, machen die Menschen seit Jahrhunderten autark. Sie waren Fischer und Kleinbauern, besaßen zwar keine Reichtümer, doch zum Leben reichte es: »Unser Federhof lieferte Gänse, Puthähne, Enten, Hühner und Tauben und das gute Gewehr meines Vaters Hasen, Rebhühner, wilde Enten und die herrlichsten Schnepfen, wovon der Strand und seine weiten Wiesen wimmelten. Es war überhaupt eine große allgemeine Gastlichkeit auf der Insel. Umstände wurden nicht viel gemacht, Fische, Gefieder, Geräuchertes und Gesalzenes fehlten fast nirgends; Zucker, Kaffee, Tee waren in dem fast gar nicht bezollten Lande sehr wohlfeil; Bier und Branntwein fehlten nimmer, selten auch ein Glas Wein«, schrieb der Schriftsteller Ernst Moritz Arndt, gebürtig in Groß Schoritz auf Rügen, um 1765 in seinen Jugenderinnerungen.
Viele traditionelle Gerichte der Inselküche sind Speisen, die sich neben der Feldarbeit oder auf den Fischerbooten ohne aufwendige Zubereitung herstellen ließen. Pommersche und mecklenburgische Einflüsse sind herauszuschmecken ebenso wie skandinavische. Schließlich gehörten Rügen und das benachbarte Hiddensee von 1648 bis 1815 zu Schweden. »Die Gerichte sind einfach und schmackhaft, über Jahrhunderte bewährt und bewahrt«, schreibt Dieter Kraatz in seinem Buch »Köstlichkeiten einer Inselküche«, »sie sind zu einem großen Teil in ihrer Einfachheit der Zubereitung und der Bescheidenheit ihrer Zutaten ein Ergebnis der gesellschaftlichen Verhältnisse, in denen die Inselbevölkerung lebte.«
Daß in einer Inselküche Fisch eine wichtige Rolle spielt, liegt auf der Hand: Rügen besitzt 273 Kilometer Küste. Über besonderen Fischreichtum verfügen dabei die Bodden, die die gesamte Küste von Mecklenburg-Vorpommern kennzeichnen. Bodden sind unregelmäßig geformte Buchten, die von fast allen Seiten Land umgibt. Da sie nur eine enge Öffnung zum Meer aufweisen, ist der Salzgehalt des Wassers so gering, daß sogar Süßwasserfische hier leben können. Fische aus den Boddengewässern sind zarter und schmackhafter als ihre Artgenossen aus dem Meer oder Süßwasser.
Zu den Köstlichkeiten der Inselküche zählen gekochter Dorsch mit Senfsauce, Hiddenseer Aalsuppe, Fischeintöpfe oder Schmoraal. Gesalzene und gepfefferte Aalstücke werden mit Zwiebelringen in Butter geschmort und mit einer Mehl-Butter-Schwitze angereichert. Auch Kohlgerichte gehören zu den Spezialitäten. Gemäßigte Temperaturen und die lange Sonnenscheindauer lassen das Gemüse besonders gut gedeihen. Zu Schmorkohl, Weißkohleintopf und anderen traditionellen Gerichten reicht man Rügengeist, eine hochprozentige Mixtur aus Weizenbrand, Sanddornsaft und Kräutern, die brennend serviert wird.

Der Maler Caspar David Friedrich hat sie berühmt gemacht, die Kreidefelsen auf Rügen.

Elisabeth auf Rügen

»Wir gelangten gegen sechs Uhr in tiefster Harmonie nach Stubbenkammer, angenehm müde und heiß, so daß wir uns freuten, angelangt zu sein. Auf dem freien Platz vor dem Restaurant – denn natürlich gab es eines auf der höchsten Stelle des Weges – standen Tische unter den Bäumen, an denen Menschen aßen und tranken. Ein Tisch stand ein wenig abseits, mit dem schönsten Blick über die Felsen, er war mit einem weißen Tuch gedeckt und wartete offensichtlich auf Teetrinker. Es gab da hübsche Tassen aus dünnem Porzellan und Erdbeeren und eine Teekanne, und in der Mitte stand ein Krug mit Rosen darin, und als ich mich noch wunderte, für welche bevorzugten Leute hier gedeckt sein möchte, kam Gertrud aus dem Restaurant, von einem Kellner gefolgt, der dünne Brotscheiben und Butter trug. Da wußte ich, daß wir selbst diese bevorzugten Personen waren.
›Gestern habe ich mit Ihnen Tee getrunken, nun sind Sie an der Reihe, meine Gäste zum Tee zu sein.‹
›O wie entzückend‹, sagte Mrs. Harvey-Browne und sank mit einem Seufzer der Befriedigung in einen Stuhl und atmete den Duft der Rosen ein. ›Ihre Jungfer gehört offenbar zu jenen seltenen Juwelen, die gern etwas Besonderes für ihre Herrin tun.‹
Nun, Gertrud ist ein seltenes Juwel. Alles sah sauber und gepflegt aus neben diesen bier-befleckten Tischen, wo Kaffee getrunken und verschüttet worden war von Touristen, die ihre Gertruds daheimgelassen hatten. Der Ort war ganz wundervoll. Die weißen Klippen hoben sich rein und scharf vom Meer ab, die tiefen Schluchten waren mit vielerlei Grün bewachsen – mit niedrigen Bäumen, Farnkräutern, wilden Blumen. Tief unten ankerte ein Dampfer. ... Es war ein ziemlich großer Dampfer mit zwei Schornsteinen, doch er sah von oben aus wie ein winziges weißes Spielzeug.«

(Aus: Elisabeth von Armin, Elisabeth auf Rügen, 1904)

1

Rügener Aalsuppe
(Abbildung 1)

- *800 g Kartoffeln*
- *1 l Fleischbrühe*
- *1 große Zwiebel, fein gehackt*
- *1 Lorbeerblatt*
- *5 Pfefferkörner*
- *je 125 g Möhren und Sellerie*
- *200 g Räucheraal*
- *Salz und Pfeffer*
- *$^1/_2$ TL Majoran*
- *1 Bund Schnittlauch*

Die Kartoffeln schälen, waschen und in Würfel schneiden. Mit der Fleischbrühe, der Zwiebel, Lorbeerblatt und Pfefferkörnern zum Kochen bringen und ca. 30 Minuten köcheln. Dann das Lorbeerblatt entfernen und die Suppe mit dem Mixstab pürieren. Das Gemüse in feine Streifen schneiden und kurz blanchieren. Den Räucheraal ebenfalls in schmale Streifen schneiden, mit dem Gemüse in der Suppe erhitzen und mit Salz, Pfeffer und Majoran kräftig abschmecken. Den Schnittlauch in Röllchen schneiden und vor dem Servieren über die Suppe streuen.

Geschmorter Schweinekamm mit Backpflaumen
(Abbildung 2)

- *350 g entsteinte Backpflaumen*
- *50 g Zucker*
- *2 EL geriebene Pfefferkuchen*
- *800 g Schweinekamm ohne Knochen (Halsgrat)*
- *Salz und Pfeffer*
- *2 EL Butterschmalz*
- *1 Bund Suppengrün, grob gehackt*
- *2 Zwiebeln, fein gehackt*
- *1 TL Tomatenmark*
- *1 EL Speisestärke*
- *1 Prise Zucker*

Die Backpflaumen in $^1/_4$ l heißem Wasser mit dem Zucker 10 Minuten kochen, die geriebenen Pfefferkuchen unterrühren, noch einmal aufkochen, dann vom Herd nehmen und 1 Stunde ziehen lassen. Das Fleisch mit Salz und Pfeffer einreiben und im heißen Butterschmalz rundum scharf anbraten. Das Suppengrün und die Zwiebeln zufügen und einige Minuten mitrösten. Das Tomatenmark einrühren, mit $^1/_2$ l Wasser ablöschen und das Fleisch zugedeckt ca. 1 Stunde schmoren. Nach Ende der Garzeit das Fleisch herausheben und warm stellen. Den Bratfond abseihen und noch einmal aufkochen. Die Speisestärke mit etwas Wasser verquirlen, unter die Sauce rühren und einige Minuten köcheln. Inzwischen die Backpflaumen wieder erhitzen und den Schweinekamm in Scheiben schneiden. Das Fleisch auf einer vorgewärmten Platte anrichten, mit der Sauce überziehen und die Backpflaumen anlegen. Als Beilage Kartoffelpüree oder Klöße reichen.

Filet vom Boddenbarsch
(Abbildung 3)

- *4 Boddenbarschfilets à 200 g*
- *Salz und Pfeffer*
- *5 EL Mehl*
- *2 EL Öl*
- *1 Zwiebel, fein gehackt*
- *$^1/_8$ l Weißwein*
- *200 g pürierte Tomaten*
- *200 g Sahne*
- *200 g Krebsschwänze*

Die Barschfilets waschen, trockentupfen, salzen und pfeffern. In Mehl wenden und im heißen Öl von beiden Seiten goldbraun braten. Die Fischfilets aus der Pfanne heben und warm stellen. Die Zwiebeln im Bratfond andünsten, dann mit Weißwein ablöschen und die pürierten Tomaten sowie die Sahne einrühren. Die Sauce mit Salz und Pfeffer abschmecken, die Krebsschwänze und die Barschfilets einlegen und in der Sauce einige Minuten ziehen lassen, nicht kochen. Mit frischem Buttergemüse (grünem Spargel, Zuckererbsen) servieren.

2

3

Fisch

»Wer das Küstenland aufsucht, wo immer es auch sein mag, im gemütlichen Katen Familiengeschichten erfährt, es sich in einer modernen Gaststätte wohl sein läßt oder im warmen Sand des Strandes die Sonne genießt, sollte nicht übersehen, daß alle Ortschaften, die Wiesen und Weiden, der Wald und die Dünen einen gefährlichen Nachbarn haben – das Wasser!« Fritz Meyer-Scharffenberg beschreibt in seinem Buch »Zwischen Meer und Bodden« die Urgewalten, die an der Ostseeküste herrschen und sich ganz anders entfalten als an der Nordsee, wo Ebbe und Flut den Ablauf bestimmen.

Diejenigen, die die intensivste Bekanntschaft mit dem »gefährlichen Nachbarn« machten, waren die Fischer, die seit Generationen hinausfuhren, um die Reichtümer der Meere auszubeuten. Das taten sie freilich vor allem in den letzten Jahrzehnten so gründlich, daß die Hochseefischerei heute ernsthafte Probleme hat. Der Dorsch, der Brotfisch der Ostseefischer, ist in seinem Bestand derartig reduziert, daß die Fangquoten für die deutschen Fischer auf wenige tausend Tonnen festgelegt wurden. Zudem überschwemmen Billigimporte aus Skandinavien und Osteuropa den Markt und entziehen den heimischen Fischern die Existenzgrundlage. Auch mit dem Hering, der früher manchen Kaufmann zum reichen Mann machte, ist heute nicht mehr viel zu verdienen. Zwar hat sich der Bestand wieder verbessert, aber Ostseeheringe sind kleiner als diejenigen aus der Nordsee und erzielen einen geringeren Preis.

In Mecklenburg-Vorpommern arbeiten rund 600 Hochsee- und Küstenfischer. Über 100 Fischarten finden sich in ihren Netzen: Allen voran der Hering, gefolgt von Dorsch, Flunder, Hornhecht, Steinbutt, Wittling, Sprotte, Scholle, Kliesche, Schellfisch, Seezunge, Seehecht. Die Küstenfischer fangen auch Garnelen. Oderhaff, Peenestrom, Achterwasser, Greifswalder Bodden, Strelasund, Darßer Boddenkette und Wismarbucht sind dabei ebenso wichtige Fanggebiete wie die Küstengewässer der Ostsee.

Zu den häufigsten Süßwasserfischen zählen Barsch, Zander, Plötze, Hecht, Aal, Blei, Schnäpel (Blaunase), Lachs und Forelle, aber auch Maräne und etliche Futterfische.

Auf grünen Hering kann man sich zum Beispiel in Freest freuen. Der Fischereihafen ist mit rund 10 Millionen Mark Fördermitteln – unter anderem aus Brüssel – ausgebaut worden und wird immer mehr zum Anziehungspunkt für Feinschmecker. Zu Jahresbeginn lockt die Heringszeit, im Spätsommer die Aalsaison. In Rostock-Warnemünde fahren im Februar und März ganze Flottillen von Fischkuttern zum Heringsfang aufs Meer. In Tuckpartien, immer zwei Kutter, holen sie das Silber des Meeres aus dem Wasser, begleitet von Möwenschwärmen, die im Kielwasser der Boote nach Beute suchen.

In Rankwitz auf der Insel Usedom kann man die Fische am Achterwasser nicht nur kaufen, sondern gleich an Ort und Stelle verspeisen. Hier ist seit Ende des vergangenen Jahrhunderts die Fischerei Haupterwerbsquelle. Die Usedomer Feinfisch GmbH ist seit langem ein Geheimtip für Urlauber und Segler, denn eine kleine rustikale Gaststätte bietet Lachsforelle, Matjesfilet oder geräucherten Aal nach Art des Hauses an. Zudem wird wenige Meter weiter eine Forellenmast betrieben. Die Fische werden entweder gesäubert und kochfertig filetiert oder geräuchert verkauft.

Während die Rügener auf ihren heimischen Barsch schwören, weil er im Brackwasser heranwächst und besonders zart ist, meinen die Ueckermünder, daß im Haff der beste Zander gefangen wird. Und noch eine Besonderheit kennen die Küstenbewohner: den Hornfisch oder Europäischen Hornhecht (*Belone belone*). Er wird im Mai gefangen, und dann laden die Gaststätten an der Küste zum Hornfischessen. Die Überraschung kommt beim Zerlegen: Der Fisch hat neongrüne Knochen! Davon sollte man sich aber nicht abschrecken lassen: Der Farbstoff Vivianit, der die Gräten grün färbt, ist völlig unschädlich.

Gebratene Fischklopse Saßnitzer Art

500 g Fischfilet
2 Eier
1 feingehackte Zwiebel
75 g Semmelbrösel
Salz, weißer Pfeffer und Muskatnuß
Öl zum Braten

Das Fischfilet durch den Wolf drehen und mit den Eiern, der Zwiebel und den Semmelbröseln zu einer festen Masse verkneten. Mit Salz, Pfeffer und gemahlener Muskatnuß abschmecken und aus der Masse kleine Klößchen formen. In heißem Fett portionsweise goldgelb ausbraten, dann mit dem Schaumlöffel herausheben und kurz auf Küchenpapier abtropfen lassen. Dazu reicht man Kartoffelsalat oder Mischgemüse und Salzkartoffeln.

Kak't Dösch

4 Dorschkoteletts à 250 g
Salz und Pfeffer
Saft von 1 Zitrone
3 EL Butter
1 Bund Suppengrün, grob gehackt
1 Zwiebel, gespickt mit 1 Lorbeerblatt
4 Pimentkörner
2 EL Mehl
250 g Sahne
3 EL scharfer Senf
2 Eigelb
etwas Weinessig
1 Prise Zucker

Die Dorschkoteletts waschen, trockentupfen und mit Salz und Pfeffer würzen, mit dem Zitronensaft beträufeln und 15 Minuten ziehen lassen. Inzwischen 1 EL Butter schmelzen und das Suppengrün darin anrösten. Mit 1 $^1/_2$ l Wasser aufgießen, die Zwiebel und die Pimentkörner zufügen und 10 Minuten kochen lassen. Dann die Dorschkoteletts einlegen und bei kleiner Hitze etwa 8 Minuten gar ziehen lassen. Anschließend den Fisch herausheben und warm stellen, den Fischsud abseihen. Die restliche Butter zerlassen und das Mehl unter Rühren anschwitzen. Mit $^1/_4$ l Fischsud ablöschen, die Sahne unterrühren und einige Minuten köcheln. Den Senf mit Eigelb und etwas Weinessig verrühren. Die Sauce vom Herd nehmen, die Eigelbmischung einrühren und mit Salz, Pfeffer und Zucker abschmecken. Als Beilage Salzkartoffeln oder Buttergemüse reichen.

Einen Hecht zu gleicher Zeit zu kochen, zu braten und zu backen

»Nehmet einen großen Hecht, theilet ihn in drei Theile, doch so, daß er ganz bleibt, das Kopftheil und Schwanztheil wird geschuppet und gekerbet, das Mitteltheil behält die Schuppen, bestreuet den Hecht mit Salz, begießet die Schuppen mit Weinessig, daß sie blau werden, bindet ein in Wein naß gemachtes Tuch mit feinem Bindfaden darum, steckt ihn an den Spieß, das Vorder- oder Kopftheil begießet mit heißer Butter, bestreuet es jedesmal nach dem Begießen mit Mehl, laßt aber kein Mehl in die Butter fallen; das Mitteltheil begießet mit halb Wein und Wasser, das Schwanzende begießet immer mit heißer Butter und bratet ihn gahr.«

(Aus: Stettinisches Kochbuch, 1797)

Um Dorschfilets herzustellen, entfernt man erst die Mittelgräte des Fisches.

Dann schneidet man den Fisch in Portionsstücke etwa gleicher Größe.

Salzen, pfeffern, mit Zitronensaft beträufeln und ziehen lassen.

Die Fischstücke dürfen nicht kochen. Man läßt sie nur im Wasser ziehen.

Aal

»Schon stand der mit der Stauermütze … breitbeinig über dem Stück Gaul, aus dem sich wütend hellgrün kleine Aale schleuderten. Der Mann hatte Mühe, sie zu fangen; denn Aale bewegen sich auf glatten, dazu noch feuchten Steinen schnell und geschickt. Auch waren sofort Möwen und Möwengeschrei über uns. Die stießen zu, schafften spielend zu dritt oder viert einen kleinen bis mittleren Aal, ließen sich auch nicht vertreiben; denn denen gehörte die Mole.«
Die Szene, die Oskar Matzerath, der Held von Günter Grass' »Blechtrommel« da beobachtet, ist nicht sehr appetitanregend – der Stauer hatte einen frischen Pferdekopf als Köder ins Wasser gesenkt –, aber zum Glück sind solche Fangmethoden nicht mehr Usus.
Der Aal, der heute in der Räucherkammer oder im Topf landet, wird entweder von professionellen Fischern gefangen oder von Hobbyanglern an Land gezogen. 55 000 Bürger des gewässerreichsten Landes der Bundesrepublik besitzen einen Angelschein und freuen sich auf die Aalsaison im Sommer. Der Aal ist ein Fisch der Finsternis, er schlängelt sich am Boden entlang und wird vor allem nachts oder in der Dämmerung vom Boot aus geangelt. Nicht immer hat man Glück, daß der Fisch auch anbeißt. Bietet ihm doch seine natürliche Umgebung ein verlockendes Nahrungsangebot: Würmer, Weichtiere, Insektenlarven, Krebse, kleine Fische. Kurz, es gehört schon zu den Sternstunden im Leben eines Petrijüngers, wenn er einen Aal nach Hause trägt. Der kommerzielle Fischer kann auf solche Highlights nicht warten: Er arbeitet mit Langleinen oder Reusen, die reichere Beute garantieren. Da die Blankaale auf ihrer Wanderung zu den Laichplätzen durch die dänischen Küstengewässer ziehen, ist dort der Fang besonders lohnend.
In der DDR galt der Aal als Dreifarben-Fisch: Er wurde grün gefangen, braun geräuchert und schwarz, also unter dem Ladentisch und zu überhöhten Preisen, verkauft.
Neben dem hohen Eiweiß- und Vitamingehalt zeichnet sich der Aal besonders durch seine geringe Zahl der Gräten aus: Selbst der ungeübte Fischesser kann sich dem Genuß ohne Angst vor dem Ersticken widmen. Roh allerdings sollten selbst Sushi-Fans diesen Fisch nicht verzehren: Aal enthält ein starkes Nervengift (Ichthyotoxin), das erst durch Räuchern oder Kochen zerstört wird.

Hobbyfischer haben selten einen Aal an der Angel. Profis verwenden Reusen oder Langleinen.

Das Leben ist eine Reise

In der Müritz, dem größten See Mecklenburgs, schlagen die Wogen hoch: Es sind neue Bewohner eingetroffen, gleich 70 000 an der Zahl. Nicht, daß es deswegen zu Platzproblemen unter Wasser kommen würde – der 117 Quadratkilometer große See kann die kleinen Satzaale schon verkraften, die alljährlich im Herbst in Spezialbehältern ankommen und kaum 25 bis 30 Gramm Gewicht auf die Waage bringen. Als neue Heimat wird ihnen der Schilfsaum des Ufers zugewiesen, damit sie vor den Räubern des Wassers und der Luft auf natürliche Weise geschützt sind. Denn daran, daß sie überleben, haben die Warener Müritz-Fischer Interesse. Schließlich wollen sie ihren Fischbestand erhalten, denn auch das, und nicht nur das Abfischen, gehört zu ihrem Job.
Die jungen Tiere haben einen langen Weg hinter sich; sie stammen aus den Nebenflüssen von Rhein und Maas. Doch diese Strecke war längst nicht die weiteste, die sie in ihrem Leben zurücklegten. Der Geburtsort von »Anguilla anguilla«, dem Europäischen Flußaal, liegt in der Sargassosee südlich der Bermudainseln, etwa 4000 Kilometer von Europa entfernt. Kaum aus den Eiern geschlüpft, also noch als Larven, beginnen die Aale ihre Reise, die im wahrsten Sinne des Wortes »babyleicht« ist: Sie lassen sich nämlich einfach vom Golfstrom tragen. Daß das Transportmittel langsam ist, nehmen sie billigend in Kauf: Es dauert zwei bis drei Jahre, bis sie an den Küsten Europas und Nordafrikas ankommen, streichholzdick und durchsichtig und daher mit Recht »Glasaale« genannt.
Nun steigen sie in den Ernst des Lebens ein: in die Flüsse. In dieser Phase des Erwachsenwerdens werden sie dunkel und bekommen einen neuen Namen: »Steig-« oder »Satzaale«. Die Flüsse hinaufsteigen müssen sie nun, um ihren neuen Lebensraum zu erreichen, und da dies wegen baulicher Veränderungen oft nicht mehr möglich ist, werden sie eingefangen und in neuer Umgebung ausgesetzt – wie zum Beispiel in der Müritz. Es gibt aber auch Tiere, die diesen Abschnitt ihres Lebens im Brackwasser verbringen.
Wann die Geschlechtsreife eintritt, hängt vom Nahrungsangebot und von den Wassertemperaturen ab; im Durchschnitt findet sie im Alter von acht bis zehn Jahren statt. »Im dichtbevölkerten Brackwasser oder in Gefangenschaft mit anderen Aalen neigt der Aal zum männlichen Dasein, bleibt faul und kurz, höchstens einen Meter lang. Strengt er sich aber an und kämpft sich einsam die Gewässer hoch, wird er zum Weibchen; das kann bis zu 1,50 Meter lang werden«, schreibt Jörg-Uwe Albig in »Geo«.
Nach der Geschlechtsreife nehmen die Tiere keine Nahrung mehr auf; im September und Oktober drängt es sie zurück ins Meer. Dabei wandern sie oft über Wiesen, wenn ihnen keine »Wasserstraßen« zur Verfügung stehen. Da sie jetzt eine silbrig glänzende Unterseite aufweisen, nennt man sie »Blank-« oder »Silberaale«.
Nun wird die Reise wirklich anstrengend, denn sie geht zurück in die Sargassosee und diesmal gibt es keinen freundlichen Golfstrom-Service. Da heißt es Rudern und vom dicken Fettpolster zehren. Ein Aal kann bis zu vier Jahre ohne Nahrung leben. Man nimmt an, daß er für seinen Weg zurück zu den Laichgründen etwa ein halbes Jahr braucht.
Nachdem sie sich fortgepflanzt haben, verenden die Aale. Sie werden etwa zehn Jahre alt.
Diejenigen hingegen, denen die Rückkehr verwehrt ist, zum Beispiel, weil sie in Aquarien von Forschern landen, können 50 Jahre alt werden. Freilich, ohne die See ihrer Jugend je wiedergesehen, ohne den letzten Teil der Reise angetreten zu haben, der ja auch zu einem erfüllten Aalleben gehört.

Aal in Sauer oder Marinierter Aal

1 kg frischer Aal, küchenfertig vorbereitet
Salz und Pfeffer
1/4 l Weißweinessig
1 unbehandelte Zitrone in Scheiben
1 TL Salbei
2 grobgehackte Zwiebeln
2 Lorbeerblätter
1 TL Gewürzkörner (Piment-, Senf-, Pfefferkörner)

Den Aal in ca. 4 cm lange Stücke schneiden, salzen und pfeffern und 20 Minuten ziehen lassen. Den Essig mit 1/2 l Wasser, den Zitronenscheiben, Salbei, den Zwiebeln, Lorbeerblättern und Gewürzkörnern zum Kochen bringen und 10 Minuten köcheln. Dann die Aalstücke in den Sud geben und 15 Minuten bei kleiner Hitze gar ziehen lassen. Die Aalstücke entweder im Sud warm servieren oder in einem gut verschließbaren Gefäß erkalten lassen.

Der Arbeitstag der Aalfischer beginnt am frühen Morgen.

Die Reusen sind schwer, das läßt auf einen guten Fang hoffen.

Bei dem Gewicht kann's allerdings leicht kopfüber gehen!

Mal sehen, was drin ist – der Inhalt der Reusen wird an Bord gekippt.

Nun geht's an's Sortieren, und zwar schnell, denn ...

... die Fische werden noch lebend in verschiedene Bottiche gepackt.

Der »Dreifarben-Fisch«, in seinem ersten Stadium: grün.

Doch die Kammer, um ihn braun zu räuchern, ist schon vorbereitet.

Goldbraun glänzend verläßt der Aal die Räucherkammer.

Schwarz wird er heute nicht mehr verkauft, der fertig geräucherte Aal.

Hochprozentiges

Die Trinkgewohnheiten der Mecklenburger und der Pommern änderten sich in den Jahrhunderten mehrmals. Einst tranken sie vor allem Schwachbier (Kofent). Mit Kaffee und Tee, die Mitte des 17. Jahrhunderts nach Europa kamen, ging sein Verbrauch zurück. Vor allem trank man den Klaren, er war gut zum Aufwärmen und zum Anregen. Auch konnte man ihn in eine Blechflasche gefüllt mit aufs Feld nehmen. Manch einer fertigte sich Kartoffelschnaps selber.

Selbständiges Brennen war zwar verboten, aber der preußische Staat sorgte dennoch dafür, daß seine Bürger genug zu trinken hatten, denn eine gewisse Dumpfheit der Bevölkerung kam ihm politisch gelegen. Im Abstand von 50 bis 100 Kilometern entstanden im 19. Jahrhundert die Schnapsbrennereien, die Kneipen und Krämer belieferten. Die wohl bekannteste Spirituosenproduktion des Landes ist die Richtenberger Fabrik in Nordvorpommern. Dort wird seit mehr als einem Jahrhundert Schnaps gebraut, so zum Beispiel der »Pommernschnaps« und der »Richtenberger Korn«.

Landestypisch sind außerdem der Holundersekt oder der Schlehenwein, die auch heute noch im Nordosten von den Einwohnern auf dem Lande selbst angesetzt werden. Dazu fahren die Frauen und Männer zuvor in die Natur und pflücken Holunderbüsche oder Schlehensträucher leer, die vielerorts an den Feldrändern wachsen.

Für den Weinanbau herrschte allerdings nicht das entsprechende Klima. Erst im 18. Jahrhundert fand der Wein in den gehobenen Kreisen der Gesellschaft Mecklenburgs und Pommerns immer mehr Liebhaber. Per Schiff kam das Getränk in Fässern in den Hafenstädten an, meistens roter Bordeauxwein aus den Pyrenäen. Er mußte aber vor dem Trinken mindestens ein Vierteljahr lagern. Dann wurde der Rebensaft in Karaffen gefüllt. Im 20. Jahrhundert stieg dagegen der Verbrauch von Bier erneut an. Zum Ärger der Ärzte und Ernährungsberater wird in Mecklenburg-Vorpommern eine erhebliche Menge Alkohol konsumiert, viel mehr als in anderen Bundesländern: Die Mecklenburger und Vorpommern halten den Rekord mit jährlich 16,1 Liter reinem Alkohol. Der Durchschnitt in Deutschland beträgt dagegen 12 Liter pro Kopf der Bevölkerung. Dabei stehen die hochprozentigen Getränke besonders hoch im Kurs. Möglicherweise trägt die hohe Arbeitslosigkeit von bis zu 25 Prozent in manchen Gegenden dazu bei, daß der Griff zur Flasche immer häufiger erfolgt.

Rügengeist, eine hochprozentige Mixtur aus Weizenbrand, Sanddornsaft und Kräutern, wird brennend serviert.

Eyerbier: Dunkles oder helles Bier, mit Zucker, gemahlenem Ingwer, Eigelb, Zimt und etwas Wasser gemischt.

Fliederbeerglühwein: Aus dem Saft von Holunderbeeren zubereiteter Wein wird erhitzt und mit Nelken gewürzt.

Heidelbeerlikör: Heidelbeeren werden mit Zucker, Korn, Vanille und Zimt angesetzt.

Pommerscher Umtrunk: Die Bowle aus Pomeranzen, Rotwein und Sekt wurde in Offizierskasinos kredenzt.

Sanddornlikör: Sanddorn, Zucker und Korn sind die Ingredienzen dieses vitaminreichen Trunks.

Schlehenwein: Aus dem Saft von Schlehen und mit Zucker hergestellter Wein.

Bier mit Zuckerreis

Der plattdeutsche Heimatdichter Richard Wossidlo schrieb »up platt« über Sitten und Bräuche zur Erntezeit. Er stellte fest, daß in zahlreichen Gegenden von Mecklenburg und Vorpommern die gleiche Speisenfolge in der sogenannten »Austzeit« (Erntezeit) beliebt war: So gab es morgens um 5 Uhr Pfannkuchen, zum zweiten Frühstück brachte die Bauersfrau Kaltschale aufs Feld, mittags aß man Hühnerbraten oder Schweinskopf, aber auch Klöße und Weißkohl mit Hammelfleisch. Abends bekamen die Leute eine Schüssel mit Reis und Pflaumen, ein Weißbrot oder Schüsselkuchen mit auf den Weg. Meistens wurde mit Bier der Durst gelöscht, Branntwein gab es seltener. Ein Doberaner erzählt, daß sich sein Vater während der Roggenernte das Bier in den Reis mit Zucker gegossen hat, das soll den Durst besser gelöscht haben als Kaltschale.

Zur Erntezeit trank man Hopfenbier, kein Ingwerbier. Ingwerbier soll vor allem im Darguner Kloster hergestellt worden sein; es wurde mit der aus Südostasien stammenden Ingwerwurzel angesetzt oder auch mit gemahlenem Ingwer gewürzt, um einen eigenen Geschmack zu erreichen. Die Knechte gingen am Abend des ersten Erntetages zu den Bauern von Haus zu Haus und prüften das Erntebier. Die Mädchen stellten dazu die Flaschen zurecht. Es soll eine große Ehre für diejenige gewesen sein, deren Bier als das beste galt.

Kartoffelgerichte

Himmel und Erde

(Abbildung unten links)

600 g Kartoffeln
Salz
600 g säuerliche Äpfel
1 Zwiebel, fein gehackt
2 EL Butter
200 g durchwachsener Speck
1 Prise Zucker
Pfeffer
Muskatnuß

Die Kartoffeln waschen, schälen und vierteln. In Salzwasser ca. 25 Minuten kochen. Inzwischen die Äpfel schälen, vierteln, entkernen und in Scheiben schneiden. Die Zwiebel in der Butter glasig dünsten, die Äpfel zufügen und bei kleiner Hitze weich dünsten. Die Kartoffeln nach Ende der Garzeit abschütten, ausdampfen lassen und noch heiß durch die Kartoffelpresse drücken. Den Speck fein würfeln, in einer trockenen Pfanne auslassen und mit dem Bratfett unter die Kartoffelmasse heben. Die Apfel-Zwiebel-Mischung untermischen und mit Salz, Zucker, Pfeffer und gemahlener Muskatnuß würzen.

Aal mit Kartoffeln

750 g Kartoffeln
Salz
600 g frischer Aal
2 EL Butter
4 EL Mehl
200 g Sahne
weißer Pfeffer und Muskatnuß
1/2 Bund gehackte Petersilie

Die Kartoffeln waschen, schälen und in Scheiben schneiden. Mit 1 l Wasser und etwas Salz ansetzen, zum Kochen bringen und 15 Minuten köcheln lassen. Den Aal enthäuten, säubern und in mundgerechte Stücke schneiden. Butter und Mehl verkneten, die Kartoffelsuppe damit binden und die Sahne angießen. Die Aalstücke einlegen und bei kleiner Hitze 10 Minuten ziehen lassen. Mit Salz, Pfeffer und gemahlener Muskatnuß würzen und vor dem Servieren mit gehackter Petersilie bestreuen.

Stampfkartoffeln mit Buttermilch

1 kg mehlige Kartoffeln
Salz
1/4 l Buttermilch
150 g durchwachsener Speck
1 Zwiebel, fein gehackt

Die Kartoffeln waschen, schälen und vierteln. In Salzwasser ca. 25 Minuten weich kochen. Nach Ende der Garzeit die Kartoffeln abschütten, kurz ausdampfen lassen und zerstampfen. Die Buttermilch mit dem Schneebesen unterrühren und die Stampfkartoffeln warm stellen. Den Speck in feine Würfel schneiden und in einer trockenen Pfanne auslassen. Die Zwiebel zufügen und glasig dünsten. Die Speck-Zwiebel-Mischung über die Stampfkartoffeln verteilen und sofort servieren.

Pellkartoffeln mit Salzhering, Butter und Quark

(Abbildung unten Mitte)

4 Salzheringe
1 kg Kartoffeln
Salz
500 g Quark, 20 % Fettgehalt
1/8 l Milch
2 EL Crème fraîche
1 Prise Zucker
125 g Butter

Die Salzheringe einige Stunden wässern. Dann die Fische aus dem Wasser heben und gut abtropfen lassen. Die Kartoffeln gründlich waschen und abbürsten, mit 1/2 l kaltem Wasser und 1 TL Salz zum Kochen bringen und ca. 25 Minuten köcheln lassen. Die Garzeit richtet sich nach der Größe der Kartoffeln. Den Quark mit der Milch und der Crème fraîche glattrühren und mit Salz und Zucker würzen. Die fertigen Kartoffeln abgießen, kurz abschrecken und schälen. Sofort mit den Salzheringen, dem Sahnequark und der Butter servieren.

Himmel und Erde

Kartoffelsuppe mit Speck und Backpflaumen

(Abbildung unten rechts)

200 g entsteinte Backpflaumen
750 g mehlige Kartoffeln
1 Bund Suppengrün, gehackt
2 Zwiebeln, gehackt
1 EL Butter
1 l Brühe
1 TL gerebelter Majoran
Salz und Pfeffer
250 g durchwachsener Speck

Die Backpflaumen in $^1/_2$ l Wasser aufkochen und 1 Stunde ziehen lassen. Inzwischen die Kartoffeln waschen, schälen und in kleine Würfel schneiden. Mit dem Suppengrün und der Zwiebel in Butter andünsten, dann die Brühe angießen. Mit Salz, Pfeffer und Majoran würzen und zugedeckt 25 Minuten köcheln lassen. Danach die Suppe mit dem Handmixer pürieren oder mit dem Schneebesen kräftig durchrühren. Die Backpflaumen abschütten und halbieren. Den Speck würfeln und in einer trockenen Pfanne auslassen. Die Backpflaumen mit etwas Einweichwasser dazu geben, kurz anschmoren und unter die Suppe mischen.

Kartoffelsuppe mit Speck und Backpflaumen

Pellkartoffeln mit Salzhering, Butter und Quark

Kücheneinrichtung

Wie ein Milchschrank oder »Melkschapp« (Plattdeutsch) im 18. Jahrhundert ausgesehen hat, kann man erfahren, wenn man das Agrarhistorische Museum Alt Schwerin oder das Freilichtmuseum Schwerin Mueß besucht. Dort sind Küchen aus jener Zeit vollständig mit Inventar erhalten. Melkschapps durften in keiner Küche fehlen. Wie sie aussahen, hing davon ab, was sich die Bewohner leisten konnten: Mit einem prächtig ausgestatteten Milchschrank konnte man seinen Wohlstand zur Schau stellen. Die Türflügel waren häufig mit Durchbruchtechnik gearbeitet und reich verziert.
Zum Kücheninventar gehörte auch das »Stettinergut«, »Stettinisches Zeug« oder »Pommersche Ware« genannt, eine pommersch-uckermärkische volkstümliche Fayenceware, deren Hauptmotive Blumen, Früchte, Vögel und fromme Sinnsprüche waren. Besonders schöne Exemplare des Stettinerguts findet man in Schleswig-Holstein, in Dänemark und Finnland. Seit 1736 ist die Ausfuhr aus Stettin nachweisbar, wobei der alljährliche Stettiner Topfmarkt beim Export eine große Rolle spielte. Das älteste erhaltene Stück ist ein Kerzenleuchter aus dem Jahr 1637.
In der Westhälfte Mecklenburgs und in der Prignitz konkurrierte das Stettinergut mit einer anderen Keramikgattung, die als »Blumenthaler Ware« bezeichnet wird. Dieses Geschirr kennzeichnet schwarzbraune Glasur auf ziegelrotem Ton. Dekor oder Sprüche sind in weißer Farbe aufgetragen.

Gänse

»Martina« hieß das Gänsekind, das der Verhaltensforscher Konrad Lorenz kurz nach dem Schlüpfen adoptierte und von dem er in einer wunderbaren Geschichte berichtet, aus der man viel über das soziale Verhalten und vor allem über die Kommunikation der Gänse lernen kann. Martina war eine Graugans, und die Graugans ist die Stammform unserer Hausgans. Gänse wurden vermutlich schon seit der Jungsteinzeit als Haustiere gehalten, wobei sich die heutigen Gänserassen erst in den letzten 200 Jahren entwickelt haben. Zu den alten und heute gefährdeten Geflügelrassen zählen die Emdener Gans, die Diepholzer Gans und die Lippegans. Im Norden hält man vor allem die Pommersche Gans, die auch im Nachbarland Polen gezüchtet wird, allerdings vorwiegend für den Export nach Deutschland.

Die Gans gilt als das beste Geflügel und durfte früher bei keinem fürstlichen Mahl und bei keinem bürgerlichen Weihnachtsfest fehlen. Bei den Tagelöhnern stand Gänsebraten nur sehr selten auf dem Tisch, seit sich in der zweiten Hälfte des 19. Jahrhunderts die bis dato im Nordosten üblichen Tischgemeinschaften aufgelöst hatten. Vorher hatten der Bauer und seine Knechte aus derselben Schüssel gegessen. Die räumliche Trennung brachte auch die soziale Differenzierung der Tischsitten und der Speisen mit sich.

Früher führte die Gänsemagd oder der Gänsehirte die Tiere über den Stoppelacker, wo sie sich an den herabgefallenen Körnern dick fressen sollten, darum auch die Bezeichnung »Stoppelgänse«.Von großer wirtschaftlicher Bedeutung waren in der Zeit, bevor es Kunstfasern gab, natürlich auch die Federn der Gans, als wärmende Bettdeckenfüllung ebenso wie als Schreibgerät.

Eine selbstgezüchtete Gans vom Lande gehört zu den kulinarischen Kostbarkeiten im Nordosten Deutschlands. Dabei kann die Gans nicht groß genug sein. Ein pommerscher Magen kann alles vertragen, heißt es, und der Mecklenburger sagt: »Die Gans ist ein verrückter Vogel – für einen zu viel und für zwei zu wenig.« Wer allerdings normalen Essern einen Gänsebraten vorsetzt, kann damit rechnen, daß sich gut fünf bis sechs Personen daran sattessen können. Gefüllt wird der Vogel in Mecklenburg-Vorpommern natürlich mit dem landestypischen kulinarischen Trio: Backpflaumen, Äpfel und Brot.

Kurz nach dem Schlüpfen fallen die Federhüllen ab, und die Gänse verwandeln sich in flaumige Bällchen.

Das gegenseitige Locken über weite Fernen

»Denken Sie, hier in meiner Nachbarschaft ist irgendwo auch eine Gans, ich meine: eine richtige gefiederte Gans; und die schreit manchmal zu meinem Entzücken; leider nur zu selten. Wissen Sie, weshalb mir das so gefällt? Ich habe es jetzt raus: Das Gackern der Hühner oder das Quaken der Enten, das ist so ein echt hausmütterlicher, sorgenvoller Laut eines alten Haustieres, aber in dem Gänseschrei, da steckt noch der wilde, ungezähmte Vogel, der nach dem Süden zieht über Winter, da ist noch trotziger Hochflug drin, das gegenseitige Locken über weite Fernen; wahrhaftig, wenn ich diesen unartikulierten Gänseschrei höre, da zuckt in mir alles vor Sehnsucht nach – was weiß ich nach was, einfach nach der Ferne, nach der Welt. Himmelkreuzhageldonnerwetter! Wenn ich so weit weitweg fliegen könnte wie eine Wildgans! Ich würde Sie gleich mitnehmen. Bis zu diesem Gänseflug leben Sie recht wohl und behalten Sie den Kopf oben.«

(Rosa Luxemburg aus dem Königlichen Frauengefängnis an Gertrud Zlottko, 25. Mai 1915)

Gänse sind gute Wächter – im alten Rom retteten sie das Capitol durch ihr Geschnatter –, und mancher Ganter kann gefährlicher als ein Hofhund sein. Ihr liebstes Angriffsziel sind die Waden von Menschen, die ihnen mißfallen.

Die Festtags-gans

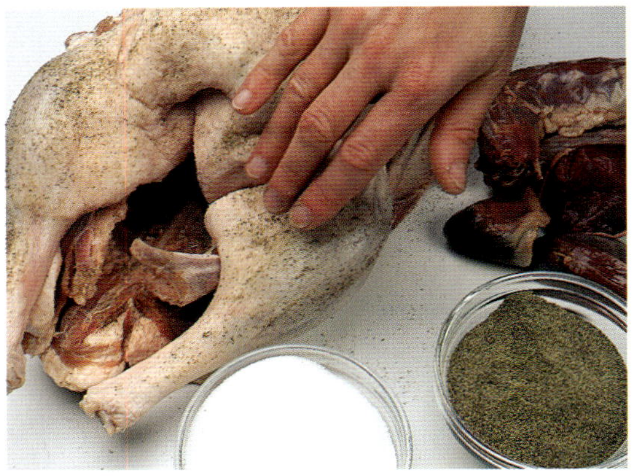

Die Gans wird ausgenommen, gesäubert, trockengetupft und mit Salz und Pfeffer eingerieben. Die Innereien hebt man auf. Sie lassen sich für andere Gerichte verwenden.

Nun gibt man die Füllung hinein, wobei der Phantasie keine Grenzen gesetzt sind: Pilze, Maronen, Innereien, Brot. Im Rheinland sind Backpflaumen und Äpfel üblich.

Zweihundertunddreißig Kalorien pro hundert Gramm. Das ist eine ganze Menge. Beim Genuß eines Brathähnchens brächte man nur die Hälfte auf die Hüften und damit auf die Waage. Doch wer möchte schon am ersten Weihnachtsfeiertag Familie und Freunde mit einem mageren Gockel bewirten? Nein, zum Fest gehört die Gans und zur Gans gehören Klöße – Kalorien hin oder her.

Traditionell ist eigentlich der 11. November der Tag, an dem es den Gänsen an die Krägen geht. Schuld daran sind sie selbst, sagt die christliche Legende, denn sie hätten den heiligen Martin verraten, der sich vor seiner Wahl zum Bischof in einem Gänsestall verbarg. Es ist anzunehmen, daß es den Gänsen auch ohne diesen schnöden Verrat nicht besser ergangen wäre. Denn sie sind nun mal im November schlachtreif, und ihr Fleisch ist um diese Zeit sogar noch besser, weil magerer, als zu Weihnachten. Zudem endete früher mit dem Martinstag das bäuerliche Wirtschaftsjahr. Die Tiere konnten nicht mehr im Freien weiden, und es war wirtschaftlicher, sie zu schlachten, als sie im Stall durchzufüttern.

Im bäuerlichen Jahreslauf war Sankt Martin ein wichtiges Datum. Die Feld- und Gartenarbeiten waren abgeschlossen, man bereitete sich auf den nahenden Winter vor. Durch Ernteeinnahmen und Viehverkauf war Geld im Haus. So konnten Rechnungen beglichen werden, Pacht, Zins und die Dienstboten wurden bezahlt. Letztere wechselten an diesem Tag traditionell die Stellung, nicht ohne ein paar freie Tage einzulegen und sich auf den Märkten zu vergnügen, die zu Martini abgehalten wurden.

Gefürchtet war dieses Datum bei denen, die zu arm waren, um ihre Pacht zu entrichten: »Martin ist ein harter Mann für den, der nicht bezahlen kann«, heißt es, oder »Wart bis Sankt Martin!« Dorfschullehrer erhielten am 11. November als Naturalgabe eine Gans, und insgesamt nahm man diesen Tag wahr, um vor der Weihnachtsfastenzeit noch einmal richtig zu essen und zu trinken. In Weinregionen kennt man den »Martinswein« oder »Märteswein« als den ersten Wein des jeweiligen Jahrgangs. Wer ihm zu sehr zusprach, wurde als »Martinsmann« verspottet. Auch besonderes Gebäck gab es zur Feier des Tages und als Geschenk für die Kinder und Dienstboten: Martinshörnchen, -wecken, -ringe und -küchle.

Als Jahreswendetermin spielte Martini auch eine wichtige Rolle für Weissagungen und Wetterregeln. Bei der Zukunftsschau wurde dann auch die gebratene Gans zu Rate gezogen: War ihr Brustbein rötlich, wurde der Winter hart. War es weiß, konnte man mit mildem Klima rechnen.

Gänsespezialitäten

Schwarzsauer von Gänseklein
Gänseklein, dem man etwas Schweinefleisch (ungeräucherten und ungesalzenen Bauchspeck) zusetzt, kocht man in Salzwasser mit Wurzelwerk und etwas Gewürz weich. Dann werden geviertelte, geschälte Birnen mit der durchgeseihten Brühe des Fleisches weichgekocht. Mit Essig vermischtes Gänseblut, zerkleinerte Nelken, Pfeffer und Piment sowie etwas Zucker werden hinzugefügt. Die Birnen läßt man in der dicklichen Brühe unter Rühren einige Male aufkochen. Man legt das Fleisch in eine Schüssel und richtet darüber die Birnen mit Brühe an.

Sauer eingekochtes Gänsefleisch
Man zerteilt eine Gans in portionsgerechte Stücke. Darüber wird so viel scharfer Weinessig, vermischt mit Wasser gegeben, daß das Fleisch davon bedeckt ist. Auf vier Kilogramm Fleisch gibt man in die Flüssigkeit als Gewürze fünf bis sechs Lorbeerblätter, einen Teelöffel Piment, ebensoviel schwarzen Pfeffer, sechs mittelgroße Zwiebeln und eine kleine Handvoll Salz. In dieser Brühe kocht man das Fleisch gar. Soll das Gänsesauer etwas feiner werden, kann man bei vier Kilo Fleisch etwa $^1/_4$ Liter Weißwein zugeben. Nach dem Kochen wird das Fleisch in einen Steintopf gelegt und die Brühe durch ein Sieb darüber gegossen.

Gebratenes saures Gänsefleisch
Von dem Gänsesauer wird das Gelee entweder bei schwacher Hitze abgeschmolzen oder mit heißem Wasser abgewaschen. Man überstreut das Fleisch mit ein wenig Zucker, legt es in braune Butter und läßt es darin heiß werden. Dann gibt man das Gelee wieder zu der Sauce und läßt das Fleisch unter fortwährendem Begießen noch etwa fünf Minuten weiter braten.

Karamelisiertes Gänsefleisch
Die ausgenommene Gans zerlegen. Dann $^3/_4$ Liter Essig, 1 $^1/_8$ Liter Wasser, zwei Lorbeerblätter, vier Pimentkörner, zwei Gewürznelken, zwei Zwiebeln, einen Eßlöffel Salz, schwarze Pfefferkörner, einige Senfkörner, eine Stange Lauch, eine Möhre, eine Petersilienwurzel für die Marinade in einem großen Topf aufkochen (die Marinade muß so kräftig gewürzt sein, daß es im Halse kratzt), die Gänseteile hineinlegen. Aufkochen und die Hitze reduzieren. Dann zwei Stunden schwach köcheln lassen. Die Brühe entfetten, das Fett in ein verschließbares Glas geben und kalt stellen (für Rot- oder Sauerkohl). Das Gänsefleisch in einen Steintopf legen, die entfettete, saure Brühe darübergießen. Alles mit flüssigem Kokosfett begießen und dadurch luftdicht verschließen. Das Fleisch hält sich im Keller etwa zwei Monate. Bevor man es essen will, muß man das Kokosfett entfernen. Die Gänseteile aus der Brühe nehmen. Mit dem beiseite gestellten Gänsefett und Zucker zusammen in einen Bräter geben und bei nicht zu starker Hitze so lange braten, bis der Zucker hellbraun wird und Fäden zieht. Dann das karamelisierte Fleisch herausnehmen und warm stellen. Den Bratensatz mit Wasser und circa vier bis fünf Eßlöffeln der sauren Brühe loskochen, mit angerührter Speisestärke oder Mehl binden. Dazu Salzkartoffeln und Rotkohl reichen. Den Kohl mit Gänsefett und schwarzem Johannisbeergelee zubereiten.

Gänseleber im Steintopf mit Sauerkraut
Eine Zwiebel in Scheiben schneiden und in Schmalz anschwitzen. Circa 600 Gramm Sauerkraut dazugeben, mit Wasser auffüllen. Nach Belieben darin einige Wacholderbeeren und Speckreste mitkochen, die gegen Ende des Kochprozesses wieder herausgenommen werden. Inzwischen die Gänseleber vorbereiten, mit Salz, Pfeffer und edelsüßem Paprika würzen und in einer Kasserolle zugedeckt mit $^1/_8$ Liter Weißwein und Bratenfond eine Stunde dämpfen lassen. Ist das Sauerkraut weichgekocht, mit Salz, Pfeffer und Zucker abschmecken und mit einer rohen geriebenen Kartoffel binden. Nun zwei Äpfel schälen und in Scheiben schneiden. Diese Scheiben auf den Boden des Steintopfes legen und darüber in Scheiben geschnittene Gänseleber geben. Darauf das Sauerkraut. Den Gänselebertopf etwa 20 Minuten im Ofen dämpfen lassen. Den Gänseleberfond mit kalt angerührtem Kartoffelmehl binden und mit Salz und Pfeffer abschmecken.

Geriebener Gänsemagen
Etwa 600 Gramm Gänsemägen pökeln und dann reiben. Zwiebeln fein hacken, beides mit Kräuteressig, Pfeffer und Thymian vermengen. Man kann auch die Gänsemägen mit den Zutaten zweimal durch den Fleischwolf geben und die Masse dann pikant abschmecken. »Geriebener« Gänsemagen paßt zu Pellkartoffeln oder als Brotaufstrich.

Gänseschmalz
Die zu großen Würfeln geschnittenen 500 Gramm Gänseflomen mit 125 Gramm Schweineflomen langsam auslassen. Dann den von Stengel und Blütenansatz befreiten ganzen Apfel, eine große Zwiebel und einen Thymianzweig hinzugeben. Alles wieder herausnehmen, wenn die Zwiebel braun geworden ist. Das Gänseschmalz nun durch ein Sieb geben und zum Festwerden in einen Steintopf füllen.

Gänse-Weißsauer
In kaltem Salzwasser 1500 Gramm Schweine- oder Kalbsfüße aufsetzen und eine Stunde kochen.
Etwa 2500 Gramm Gänse- oder Entenfleisch und Salz hinzufügen und so lange kochen, bis das Fleisch gar ist. Geputztes und zerkleinertes Wurzelwerk zusammen mit Lorbeerblatt, Pfefferkörnern und Essig oder Zitrone zum Fleisch geben und noch etwa zehn Minuten kochen lassen. Schichtweise in Gläser füllen. Die Brühe zum Entfetten durch ein Tuch abgießen und über das Fleisch in die Gläser gießen.

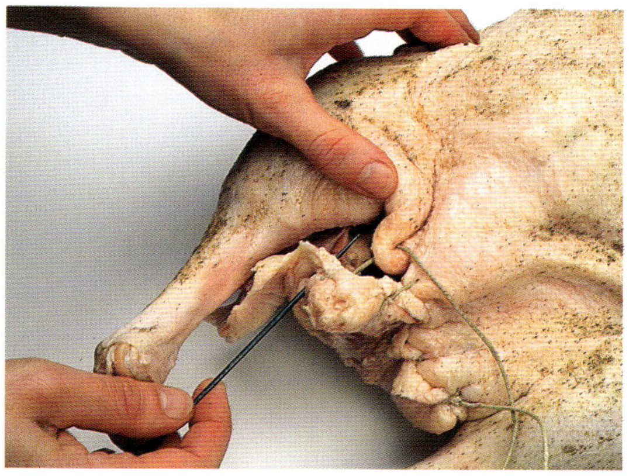

Damit die Köstlichkeiten auch da bleiben, wo sie hingehören, nämlich im Bauch des Vogels, wird der nun mit einem Küchengarn fest zugenäht.

Deutsche Gans mit Innenleben

Bayerische Füllung
Zwei alte Brötchen in Scheiben schneiden und in 200 ml heißer Milch quellen lassen. Die ausgedrückten Brötchen mit zwei Bund gehackter Petersilie, zwei gehackten Zwiebeln, den gebratenen und kleingeschnittenen Innereien der Gans, 250 Gramm Hackfleisch, drei Eiern, Beifuß, Kerbel und Majoran mischen und die Gans damit füllen.

Rheinische Füllung
500 Gramm entsteinte Backpflaumen einweichen, 100 Gramm Rosinen in Rum ziehen lassen. 1000 Gramm säuerliche Äpfel schälen und in Würfel schneiden. Mit Majoran, Salz und Pfeffer mischen.

Pilzfüllung
500 Gramm Mischpilze blättrig schneiden, mit 100 Gramm Speckwürfeln, 100 Gramm gehackten Walnüssen, einer gehackten Zwiebel, vier Eßlöffeln Semmelbröseln, zwei Eiern, gehackter Petersilie, Salz, Pfeffer und edelsüßem Paprikapulver mischen.

Maronenfüllung
100 Gramm gekochte und geschälte Eßkastanien mit vier kleingeschnittenen Äpfeln in Butter andünsten. 150 Gramm Hühnerleber und die Gänseleber kleinschneiden, zufügen und fünf Minuten dünsten. Mit Salz, Pfeffer, Zimt und Armagnac abschmecken.

Apfel-Zwiebel-Füllung
Vier säuerliche Äpfel in Würfel schneiden und mit 250 Gramm Schalotten in Butter fünf Minuten dünsten. Mit gerebeltem Majoran, Beifuß, Salz und Pfeffer kräftig würzen und die Gans damit füllen.

Ob die Gans auf den Bratrost gelegt oder in der Reine in den Ofen geschoben wird, bleibt dem Koch überlassen. Wichtig ist, daß der Vogel regelmäßig begossen wird.

Gänsebraten Pommersch

für 6 Personen

250 g entsteinte Backpflaumen
100 ml Weinbrand
1 Gans, ca. 4 kg
Salz und Pfeffer
500 g Äpfel
1/2 Bund Thymian
3 EL trockenes, geriebenes Schwarzbrot
1 TL Speisestärke
125 g Sahne

Die Backpflaumen im Weinbrand ziehen lassen. Die Gans ausnehmen, säubern und trockentupfen. Außen und innen mit Salz und Pfeffer einreiben. Die Äpfel schälen, vierteln, vom Kerngehäuse befreien und in Spalten schneiden. Mit den Backpflaumen und dem Weinbrand mischen, Thymian und Schwarzbrot unterrühren und die Masse in die Gans füllen. Die Öffnung mit Zahnstochern zustecken und mit Küchengarn kreuzweise verschnüren. Die Gans auf den Bratrost legen, unter den Bratrost eine Fettpfanne mit 1/4 l Wasser stellen. Im vorgeheizten Backofen bei 250 °C etwa 20 Minuten braten, dann die Gans unterhalb der Keulen mit einer Nadel einstechen, damit das Fett besser austreten kann. Die Hitze auf 190 °C reduzieren und die Gans weitere 3 Stunden braten. Während der Bratzeit alle 15 Minuten die Gans mit etwas Wasser begießen. Für die Sauce den Bratfond entfetten, eventuell noch etwas Wasser angießen und die Sauce aufkochen. Die Speisestärke mit der Sahne verquirlen und die Sauce damit binden. Mit Rotkohl und Kartoffelklößen servieren.

Gute drei Stunden dauert es, bis der köstliche Duft durch die Küche zieht und der Festtagsbraten fertig ist. Zur Gans gehören Klöße, Rotkraut und natürlich eine Sauce.

Semmelknödel

300 g Knödelbrot
200 ml heiße Milch
1 kleine Zwiebel, fein gehackt
1 EL Butter
1 EL gehackte Petersilie
2 Eier
Salz und Pfeffer
1/2 TL gerebelter Majoran

Das Knödelbrot mit der heißen Milch übergießen und 15 Minuten quellen lassen. Die Zwiebel in der Butter glasig dünsten, die Petersilie zugeben und kurz mitdünsten. Vom Herd nehmen und etwas auskühlen lassen. Dann die Zwiebelmischung und die Eier unter den Knödelteig kneten und mit Salz, Pfeffer und Majoran würzen. Mit nassen Händen aus dem Teig 4 große oder 8 kleine Knödel formen und in kochendes Salzwasser einlegen. Die Hitze reduzieren und die Knödel in ca. 20 Minuten gar ziehen lassen.

Suppen und Eintöpfe

Das »Mangkokt-Äten« (das Zusammengekochte) ist das Typische in der Küche Mecklenburg-Vorpommerns. Es wird als Fleisch-Gemüseeintopf gefertigt. Dazu nahm man vor allem Rüben, Mohrrüben, Weißkohl, sehr oft auch Erbsen oder andere Hülsenfrüchte. Grünkohl mit Grütze blieb auch nach dem Einzug der Kartoffel weiterhin eine wichtige Mahlzeit bei den Bauern und Tagelöhnern. Im Winter wurde ein großer Kessel auf Vorrat gekocht, und dann stand das Grünkohlgericht mehrmals in der Woche auf dem Tisch, oft auch dreimal am Tag. Dieses Mahl half, den Getreidevorrat über den Winter zu strecken. Der Drescher, der bei der Getreideernte die schwerste Arbeit zu erledigen hatte, aß Grünkohl bereits am frühen Morgen, um sich für den Tag zu stärken. Der deutsche Nationalökonom Wilhelm Roscher erklärte um 1890: »Ein Mecklenburgischer Tagelöhner ißt beinahe doppelt so viel als ein thüringischer, aber er leistet auch beinahe doppelt so viel.« Die derbe, kräftige, kalorienreiche Kost mit vielen Kohlenhydraten wurde vor allem auf dem Land gegessen. Nachdem die Kartoffel zum Volksgericht wurde, legte man beispielsweise in den kleinbürgerlichen Häusern der Städte Kartoffeln, Gemüse und Fleisch getrennt auf den Teller und nicht als »Zusammengekochtes«. Dagegen gab es auf dem Land auch in der zweiten Hälfte des 19. Jahrhunderts noch keine gesondert angerichteten Gemüsespeisen, alles kam in den Eintopf. Der Tagelöhner stellte, so wie er es über Jahrhunderte gewohnt war, die große Schüssel auf den Tisch, und jeder Essengast konnte sich daraus nehmen. Eigene Teller gab es in diesen Schichten erst zu Beginn des 20. Jahrhunderts.

Pommersche Erbsensuppe

Pommersche Erbsensuppe
(Abbildung)

- *350 g gelbe getrocknete Erbsen*
- *200 g durchwachsener Speck*
- *1 Schweineschwanz*
- *1 Schweineohr*
- *1 Bund Thymian*
- *1 Bund Suppengrün, fein gehackt*
- *1 Zwiebel, fein gehackt*
- *1 kg Kartoffeln*
- *Salz und Pfeffer*

Die Erbsen über Nacht in 2 l Wasser einweichen, am nächsten Tag abschütten. Schweineschwanz, -ohr und Speck in 2 l leicht gesalzenem Wasser ca. 1 Stunde kochen. Dann die Erbsen, Thymian, Suppengrün und Zwiebeln zufügen und 40 Minuten mitkochen. Inzwischen die Kartoffeln waschen, schälen und in Stücke schneiden. Die Kartoffelstücke in die Erbsensuppe geben und weitere 25 Minuten kochen. Wenn die Erbsen und Kartoffeln gar sind, den Thymian, Fleisch und Speck aus der Suppe nehmen. In mundgerechte Stücke schneiden, wieder zur Suppe geben und mit Salz und Pfeffer kräftig würzen.

Kliebensuppe

- *4 EL Mehl*
- *4 EL Zucker*
- *3 Eigelb*
- *1 Prise Salz*
- *2 l Milch*
- *1/2 Vanilleschote*

Das Mehl in eine Schüssel sieben, den Zucker unterrühren und das Eigelb, 1 Prise Salz sowie 2 EL Milch zufügen. Alles mit einer Gabel zu einer festen, krümeligen Masse, den Klieben, zerdrücken. Die restliche Milch mit der Vanilleschote zum Kochen bringen, die Klieben nach und nach einrieseln lassen und noch einige Minuten köcheln lassen. Vor dem Servieren die Vanilleschote entfernen.

Fliederbeersuppe

- *500 g Fliederbeeren (Holunder)*
- *75 g Zucker*
- *1 Päckchen Vanillinzucker*
- *1 Prise Salz*
- *2 große säuerliche Äpfel*
- *1 EL Speisestärke*

Die Fliederbeeren mit 1 l Wasser, Zucker, Vanillinzucker und Salz langsam zum Kochen bringen und 10 Minuten köcheln lassen. Danach die Suppe durch ein Sieb passieren. Die Äpfel schälen, vierteln und entkernen. In nicht zu kleine Stücke schneiden und in der Suppe weich, aber noch bißfest garen. Die Speisestärke in wenig Wasser anrühren und die kochende Suppe damit binden. Vom Herd nehmen und eventuell mit Zucker nachwürzen. Die Fliederbeersuppe mit Schwemmklößchen servieren.

Fischsuppe

- *250 g Kartoffeln*
- *3 Möhren*
- *1 Stange Lauch*
- *1/2 kleine Sellerieknolle*
- *2 Zwiebeln*
- *2 EL Butter*
- *1/4 l Weißwein*
- *Salz und Pfeffer*
- *500 g Fischfilet, z. B. Seelachs oder Dorsch*
- *1/2 Bund Dill*
- *1/2 Bund Petersilie*

Die Kartoffeln waschen, schälen und klein würfeln. Das Gemüse putzen und in Würfel schneiden, die Zwiebeln fein hacken. Die Zwiebeln in der Butter glasig dünsten, dann Kartoffeln und Gemüse zufügen und einige Minuten mitdünsten. Den Weißwein und 1 l Wasser angießen, mit Salz und Pfeffer würzen und 15 Minuten köcheln. Inzwischen das Fischfilet säubern, in nicht zu kleine Stücke zerteilen und salzen. Die Fischstücke in die Suppe einlegen und 10 Minuten darin ziehen lassen. Vor dem Servieren Dill und Petersilie unterrühren.

Schweriner Suppe (Sommersuppe)

- *1 Salatgurke*
- *2 Zwiebeln, fein gehackt*
- *2 EL Butter*
- *150 g junge Erbsen*
- *250 g Zuckerschoten*
- *4 Kopfsalatherzen*
- *1 l Brühe*
- *je 1 EL gehackte Petersilie, Kerbel, Pimpernell*
- *1/2 TL gemahlener Ingwer*
- *Salz und Pfeffer*
- *1 TL Speisestärke*
- *3 Eigelb*

Die Salatgurke schälen und in Würfel schneiden. Die Zwiebeln in der Butter glasig dünsten, die Gurke, die jungen Erbsen und die Zuckerschoten zufügen und mitdünsten. Die Kopfsalatherzen in Streifen schneiden, zum Gemüse geben und die Brühe angießen. Die Kräuter untermischen, mit Ingwer, Salz und Pfeffer würzen und 10 Minuten köcheln. Die Speisestärke mit etwas Wasser anrühren, in die kochende Suppe geben und noch einmal aufkochen. Vom Herd nehmen und mit dem verquirlten Eigelb binden. Mit Salzkartoffeln oder gerösteten Weißbrotwürfeln servieren.

Kochbuchliteratur zu DDR-Zeiten: Mudder Schulten

Wer ist Mudder Schulten? In Mecklenburg und Vorpommern weiß das jedes Kind. Denn die historische Figur wurde durch Fritz Reuter (1810–1874) bekannt gemacht, den Mundart-Dichter, der so etwas wie eine Identifikationsfigur für die Mecklenburger ist. Der beschrieb in seinem Buch »Dörchläuchting« den Strelitzer Herzog Adolf Friedrich IV., der von 1752 bis 1794 in Mecklenburg-Strelitz regierte und auf dem Neubrandenburger Marktplatz die Bäckersfrau Mudder Schulten traf. Sie erinnerte ihn daran, daß die Bäckerei zu den Hoflieferanten des Herzogs zählte und Durchlaucht seit fünf Jahren seine offenen Rechnungen nicht beglichen hatte. Das war natürlich unerhört in der damaligen Zeit, daß sich eine Frau aus dem Volke gegenüber Durchlaucht auflehnte. Doch die couragierte Bäckersfrau fand die richtigen Worte und qualifizierte sich damit als Volksheldin.

Daß Mudder Schulten noch immer ein Begriff ist, verdankt sie der knapp siebzigjährigen Inge Schumacher aus Neubrandenburg. Sie trat Ende der sechziger Jahre in einem Stück des DDR-Schriftstellers Franz Freitag auf: Mudder Schulten und »Dörchläuchting« (Durchlaucht) spazierten durch das moderne Neubrandenburg. Voller Leidenschaft schlüpft die gebürtige Ziethenerin noch heute in diese Rolle. Die Einheimischen lieben es, wenn »ihre Mudder Schulten« kommt und »up Plattdütsch« ihre »Läuschen und Riemels« (Anekdoten und Reime) erzählt. Sie weiß viel über Fritz Reuter, gibt aber auch vieles aus der heutigen Zeit zum Besten. Im Lauf der Jahrzehnte wurde Inge Schumacher so zu einem Original Mecklenburg-Vorpommerns, und sie nützt diese Position, um die Traditionen des Landes aufrecht zu erhalten – auch die kulinarischen. So trug sie dazu bei, daß in Neubrandenburg zu DDR-Zeiten neun Mudder-Schulten-Kochbücher herausgegeben wurden, die Rezepte enthielten, die von Müttern, Großmüttern und Urgroßmüttern überliefert wurden. Auf den alljährlich stattfindenden Solidaritätsbasaren der Journalisten gehörten diese Bücher zu den Verkaufsschlagern und waren meist im Handumdrehen vergriffen.

Über die Küche des Landes urteilt Inge Schumacher, die eine Fachlehre für Hauswirtschaft und Hotelwesen absolvierte, folgendermaßen: »Mecklenburg-Vorpommern war das rückständigste Land in Deutschland, Fritz Reuter hat das in ›Kein Hüsung‹ beschrieben. Es gab zwei Küchen, eine für die armen und eine für die reichen Leute. Während die einen aus jedem Zipfelchen etwas machen mußten, konnten die anderen aus dem Vollen schöpfen, Rezepte anderer Länder ausprobieren.«

Ein Lieblingsrezept zu nennen, fällt der begeisterten Köchin schwer. »Für eine gute Pflaumensuppe oder eine schmackhafte Fischsuppe läßt man fast jeden Braten stehen«, sagt sie. Für festliche Anlässe empfiehlt sie beispielsweise: Als Vorsuppe eine klare Fischsuppe, aus drei Karpfenköpfen gekocht, mit Möhren, Porree, Zwiebeln und ein paar bunten Nudeln. Als Hauptgang gepökelten Genickbraten, den sie mit viel Zwiebeln schmoren läßt; die Sauce schmeckt sie ohne Sahne ab. Den gleichen Braten kann man auch zwei Tage vorher in Bier legen, dann schmeckt er ebenfalls hervorragend. Der Rotkohl, den sie dazu reicht, wird mit einem Stück Schinkenspeck gekocht, mit Johannisbeermarmelade und mit Äpfeln süßsauer abgeschmeckt. Ein Grießflammeri zum Nachtisch oder ein Schwarzbrotpudding mit Rum beträufelt bilden den krönenden Abschluß dieses landestypischen Menüs.

Noch im Morgengrauen werden die Netze ausgelegt, die den Fang des nächsten Tages bringen sollen.

Die am Vortag ausgelegten Netze werden an Bord geholt.

Hering

»Runner von'n Disch, Mudder kaakt Fisch« – »Runter vom Tisch, Mutter kocht Fisch.« Das war früher ein gängiger Spruch, wenn ein ganz gewöhnliches Essen zubereitet wurde. Denn es gab damals meistens Fisch und in der Regel Hering, denn der war am billigsten.

Im Gegensatz zu seinem Artgenossen aus der Nordsee eignet sich der Ostseehering besonders gut zum Konservieren: Er ist zwar kleiner, dafür aber fettreicher. Deshalb kamen die Fische, die im Binnenland verkauft wurden bis zur Mitte des 19. Jahrhunderts überwiegend aus der Ostsee. Anfang des 19. Jahrhunderts war Hering infolge der zweiten großen Heringsperiode (1748 – 1808) besonders billig. In einer Quelle aus Rostock aus dem Jahr 1807 heißt es: »Die Häringe sind unter allem am wohlfeilsten, sie werden von dem gemeinen Mann sehr häufig im Frühjahr gegessen, zum Teil auch gedörrt und so ausgeführt, aber nicht eingesalzen.«

Daß man damals in Rostock kein Salz verwendete, ist erstaunlich, denn dies war seit Jahrhunderten die gängigste Konservierungsmethode. Im Jahr 1820 überließ der preußische Staat den Fischern sogar steuerfreies Salz, um sie wirtschaftlich zu fördern. Daraufhin entstanden überall an der Ostseeküste sogenannte »Salzhütten«, reetgedeckte Backsteinhäuser in Ufernähe, in denen die Fischer das Salz lagerten. Die meisten dieser Bauten wurden durch die Sturmfluten von 1872 und 1874 zerstört, nur sechs Häuschen stehen noch. In Koserow auf Usedom kann man eines als Minimuseum besichtigen.

Am besten schmeckt der Hering frisch vom Fischer, und da kann man ihn in der Zeit von Februar bis Mai kaufen, in der Hauptfangzeit für Heringe. In diesen Monaten besorgte die Hausfrau früher ganze Eimer Heringe. Sie wurden grün gebraten oder sauer eingelegt. Jedenfalls reichte so ein Eimer auch bei einer großen Familie für einige abwechslungsreiche Fischmahlzeiten.

Heute macht der Hering zwei Drittel des Gesamtfangs in Mecklenburg-Vorpommern aus. Allerdings haben die Fischer seit der Wende mit erheblichen Ertragseinbußen zu kämpfen, weil die Markt- und Absatzbedingungen für den Ostseehering äußerst ungünstig sind. Der Preisverfall und die geringeren Anlandungen führen zu sinkenden Erlösen. Aufgrund der Entwicklung des Internationalen Seerechts mußte die deutsche Seefischerei ihre Flotte seit Anfang der siebziger Jahre drastisch abbauen. Die Hochseefischerei verfügt heute nur noch über 17 Fangschiffe. Zudem stellen Billigimporte aus Ländern außerhalb der EU eine Konkurrenz dar, der die heimischen Fischer nicht gewachsen

Der auf Deck präsentierte Fang des Tages zieht auch die Möwen an, die das Boot umkreisen.

Nun können die Heringe auf den Markt gebracht werden, wo die frische Ware schon erwartet wird.

sind. Die Landesregierung von Mecklenburg-Vorpommern unterstützt die Fischer zwar durch Fördermittel für Investitionen. Sie können den Verlust jedoch nicht kompensieren.

Der Hering *(Clupea harengus)* wird in verschiedene Rassen unterteilt. Die wichtigsten ostatlantischen sind der Weißmeer-Hering, der Murma-Hering, der winterlaichende Norwegische Hering und der kleinere Baltische Hering, der in der Ostsee lebt. Für die Fischerei ist vor allem der Norwegische Hering von größter Bedeutung. Heringsschwärme werden mit Hilfe echometrischer Geräte festgestellt, die auch die Angaben für die Berechnung der Größe des Schwarmes liefern.

Nicht zuletzt aufgrund dieser äußerst effektiven Fangmethoden sind die Heringsbestände in den letzten Jahrzehnten drastisch zurückgegangen. Beim Nordseehering sank der Bestand innerhalb weniger Jahre auf ein Zehntel. Da hilft es nichts, daß der Hering nach wie vor die Stellung als beliebtester Fisch der Deutschen hält: Er führt mit 25 Prozent, gefolgt vom Alaska-Seelachs. Geschäft läßt sich mit diesem Fisch trotzdem keines mehr machen, die Zeiten, als Hering noch Zahlungsmittel war und Städte wie Amsterdam und die Hansestädte Rostock und Greifswald mit Heringshandel reich und mächtig werden konnten, sind endgültig vorbei.

Grüne Heringe gebraten

8 frische Heringe, küchenfertig vorbereitet
Salz und Pfeffer
6 EL Mehl
125 g Speckwürfel
100 g Butter

Die Heringe gründlich säubern, trockentupfen und innen und außen mit Salz und Pfeffer einreiben. 10 Minuten ziehen lassen, dann die Fische in Mehl wenden, überschüssiges Mehl abklopfen. Die Speckwürfel in einer großen Pfanne auslassen. Den Speck aus der Pfanne nehmen, die Butter zugeben und die Heringe darin auf jeder Seite etwa 5 Minuten goldbraun braten.
Anschließend auf einer vorgewärmten Platte anrichten. Die Speckwürfel noch einmal im Bratfett erhitzen und über die Heringe verteilen.

Oben: An Land werden die Heringe aus den Maschen des Netzes gelöst.

Linke Seite unten: Heringskutter im Hafen auf Rügen.

Herings-produkte

Salz, Öl, Essig, Aspik, Zwiebeln, Gürkchen, hartgekochte Eier, Sahne, rote Bete, Tomaten – kein anderer Fisch geht eine derartige Liaison mit den verschiedensten Gemüsen und Würzstoffen ein, keiner läßt sich so vielseitig zubereiten. Man kann ihn geräuchert als Bückling, im Glas und in der Dose, als Gabelhappen und Salat kaufen. In Salz eingelegt, versorgte er jahrhundertelang die Bewohner des Binnenlandes mit schmackhaften Fastenspeisen, und so manchem Zecher vertrieb er am Morgen danach den Kater. Einem Politiker hat er sogar den Nachruhm verschafft, von dem sie alle träumen: Bismarck. Seinen Namen führt jeder, der in ein mild mariniertes, um ein Gürkchen gerolltes Heringsfilet beißt, im Munde – und zwar im wahrsten Sinn des Wortes. Bismarck hat es vorausgeahnt: »Der Bismarckhering wird mir Unsterblichkeit schaffen«, sagte er.

Der Hering ist ein salzig Tier

Der Hering ist ein salzig Tier,
er kommt an vielen Orten für.
Wer Kopf und Schwanz kriegt, hat kein Glück,
Am besten ist das Mittelstück.

Es gibt auch eine saure Art,
in Essig wird sie aufbewahrt.
Geräuchert ist er alle Zeit
Ein Tier von großer Höflichkeit.

Wer niemals einen Hering aß,
wer nie durch ihn von Qual genas,
wenn er mit Höllenpein erwacht,
der kennt nicht seine Zaubermacht.

Drum preiset ihn zu jeder Zeit,
der sich der Menschheit Wohl geweiht,
der heilet, was uns elend macht,
dem Hering sei ein Hoch gebracht!

Heinrich Seidel

Bismarckhering

Rollmöpse

Brathering

Bratrollmops

Hering in Gelee

Bismarckheringe

8 Salzheringfilets
2 Zwiebeln, in Ringe gehobelt
2 Gewürzgurken, in Scheiben geschnitten
2 Lorbeerblätter
300 g saure Sahne
200 g Sahne
3 EL milder Weinessig
$1/2$ TL geschroteter Pfeffer
$1/2$ TL Senfkörner
Zucker

Die Heringsfilets einige Stunden wässern, dabei mehrmals das Wasser wechseln. Heringsfilets in eine tiefe Schüssel legen, die Zwiebelringe und die Gewürzgurken darüber schichten, Lorbeerblätter darüber bröseln. Für die Marinade die saure Sahne mit der Sahne, dem Weinessig, Pfeffer, Senfkörnern und Zucker verrühren und über die Heringsfilets gießen. Zugedeckt an einem kühlen Ort mindestens 1 Tag ziehen lassen.

Kronsild

Matjesfilet

Räucherhering

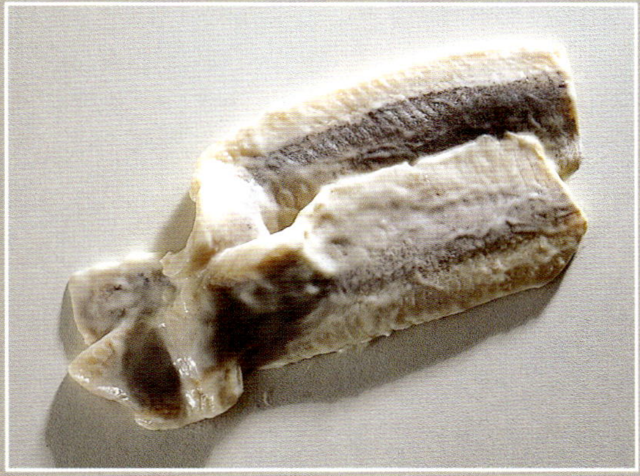

Sahnehering

Wissenswertes über den Hering

Heringe leben in großen Schwärmen im freien Wasser. Sie werden von der Biskaya bis zum nördlichen Eismeer gefangen, hauptsächlich in Nord- und Ostsee, und zwar in drei verschiedenen Entwicklungsstadien:
Matjes sind gekehlte Jungfische vor der Laichreife. Ihre Hauptfangzeiten sind Mai und Juni.
Vollheringe werden im Juli und August sowie von Dezember bis April gefangen. Sie haben noch nicht gelaicht und weisen einen ziemlich hohen Fettgehalt auf.
Herbstheringe (Leerheringe, Yhlen) sind abgelaichte Heringe und wesentlich weniger fett als Matjes und Vollheringe. Man fängt sie im September und Oktober.
Hering kommt als Frischfisch, also »grün«, auf den Markt. Meistens aber kauft man ihn verzehrfertig und konserviert offen, im Glas oder in Dosen:
Grüne Heringe sind frische Fische, die sich zum Braten und Grillen eignen.
Bratheringe sind frische ausgenommene Heringe, mit den Gräten gebraten und in Essigmarinade konserviert.
Bücklinge sind leicht gesalzene, heißgeräucherte Heringe.
Kipper sind auseinandergeklappte, leicht gepökelte und mit der Haut kaltgeräucherte Heringe. Zum Verzehr muß man sie braten oder auf andere Weise erhitzen.

Fleisch

Die herbstlichen Schlachtfeste waren auf den Dörfern oftmals Volksfeste, und dabei wurde als typisch pommersches Gericht der »Tollatsch« hergestellt. Er besteht aus frischem Schweineblut, aus Rosinen und Zucker. Das Wort »Tollatsch« stammt aus dem Slawischen und bedeutet soviel wie »runder Kuchen«. Obwohl sich die Gerichte in Mecklenburg und Vorpommern sehr ähneln, kennt man den Tollatsch im westlichen und südlichen Teil Mecklenburgs kaum. In Vorpommern haben sich inzwischen nach der Wende etliche Fleischereien dieser Spezialität zugewandt und stellen sie das ganze Jahr über her, nicht nur, wie es die Tradition verlangt, im Herbst. Will man Tollatsch eßfertig machen, wird er aufgeschnitten, in der Pfanne gebraten und mit Zucker bestreut. Dazu gibt es einen großen Pott schwarzen Kaffee.
Fleisch kam in der armen Region früher nur am Sonntag auf den Tisch oder wenn es etwas Besonderes zu feiern gab: So wurde vor 100 Jahren bei Hochzeiten beispielsweise montags vor dem großen Fest geschlachtet. Das Hochzeitsmahl bestand meistens aus einer Hühnersuppe, einem großen Hecht mit brauner Butter, einem frischen Schweinebraten und roter Grütze. Oder es gab Aalsuppe, Entenbraten und danach Pudding.

Hintergrund: Der gebackene Schinken gehört zu den ganz besonderen Spezialitäten Mecklenburgs.

Wichtig beim gebackenen Schinken ist die Qualität des Fleisches.

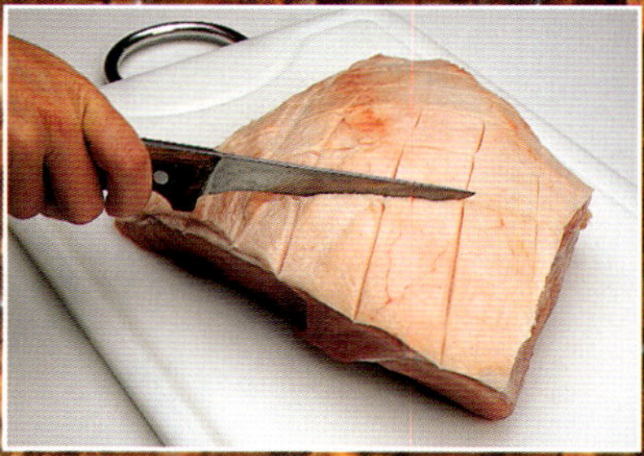

Es muß eine dicke Fettschicht haben, die man rautenförmig einschneidet.

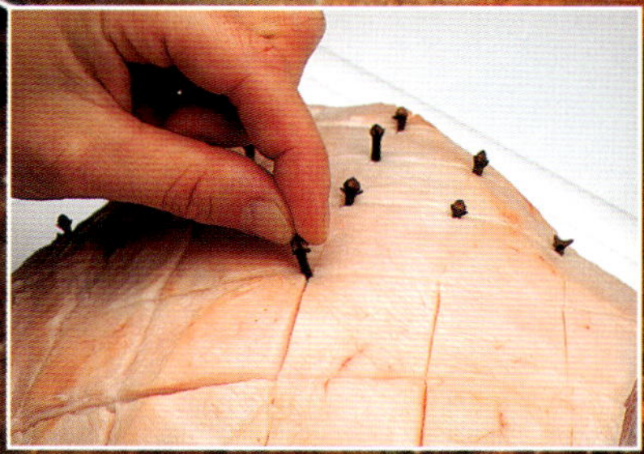

In jedes Schnittkreuz wird eine Gewürznelke gesteckt.

Auf einem Bräter mit etwas Wasser schiebt man das Fleisch in den Ofen.

Gebackener Schinken auf mecklenburgische Art

1,2 kg Schweinekeule ohne Schwarte, aber mit Fettschicht
Gewürznelken
Salz
150 g geriebene Brotkruste
1 TL Nelkenpulver
2 EL Zucker

Die Fettschicht der Keule mit einem scharfen Messer in 8 bis 10 mm große Rauten teilen und in jedes Schnittkreuz eine Gewürznelke stecken. Mit Salz bestreuen, mit der Fettschicht nach oben in einen Bräter legen und 2 cm hoch Wasser angießen. Im vorgewärmten Backofen bei 200 °C die Keule ca. 2 Stunden braten, dabei ab und zu heißes Wasser angießen. Die geriebene Brotkruste mit Nelkenpulver und Zucker vermischen. Nach Ende der Garzeit den Bräter aus dem Ofen nehmen und die Nelken entfernen. Das Fleisch mit der Brotmischung bestreuen und nochmals in den Ofen geben, bis es eine feste Kruste hat. Den Braten vor dem Aufschneiden kurz ruhen lassen, dann in Scheiben schneiden und mit glasierten Möhren und Zwiebeln oder auch mit Kartoffeln servieren.

Rügenwalder und andere Würste

In Rügenwalde (Hinterpommern) traf sich im vorigen Jahrhundert die Zunft der Fleischer einmal wöchentlich beim Tee und einem Schnäpschen zum Plausch. Einer brachte eines Tages eine mißlungene Cervelatwurst mit. Alle probierten davon und waren begeistert. Das war dann die erste Rügenwalder Teewurst. Das Original-Rezept wird heute streng gehütet und ist geschützt, denn die Rügenwalder zählt mit zu den Wurstspezialitäten, die weit über die Grenzen des Landes bekannt sind. Ein Rezept für die Zubereitung der Rügenwalder lautet so: Zu zwei Kilogramm fettem Schweinebauchfleisch, kleingeschnitten, kommt ein Kilogramm mageres helles Fleisch, das durch die feine Scheibe des Wolfs gelassen wird. Gewürz pro Kilo Fleischmasse: 32 Gramm Salz, 4 Gramm Konservensalz, 2 Gramm weißer gemahlener Pfeffer, 1 Gramm edelsüßer Rosenpaprika. Mit der Fleischmasse gut vermengen, dann in schnellem Lauf durch die feine Wolfscheibe treiben. Ein scharfes Messer im Wolf ist dabei Hauptbedingung. Die Masse wird gut durchgerieben und in Cellophandärme gefüllt. Die Teewurst muß zwei bis drei Tage in mäßig warmem Rauch vorrösten, ehe sie endgültig in den Rauch kommt. Die Würste werden im Kaltrauch goldbraun geräuchert.
Die Bauern sorgten beim Schlachten dafür, daß möglichst alles verwertet wurde. So entstand aus Herz oder Lunge das sogenannte Haschee. Zuvor aber wurden Lungwurst und Leberwurst produziert. Der typische heimische Geschmack wird durch Kräuter wie Thymian oder Majoran hervorgerufen. Übrigens konnte man im Stettinischen Kochbuch aus dem Jahre 1797 folgenden Tip lesen:
»Bey allen Würsten, die man kochet, muß man dahin sehen, daß sie sehr langsam und geräumig kochen, und in der Mitte unter dem Kessel kein Holz gelegt wird, sonst sie sehr leicht aufplatzen.«

Nach dem Ende der Garzeit werden die Gewürznelken entfernt.

Man bestreut das Fleisch mit der geriebenen, gewürzten Brotkruste.

Nach erneutem Überbacken wird der Braten in Scheiben geschnitten.

Rüben

Unter den Rüben hat vor allem die Zuckerrübe für Mecklenburg-Vorpommern große Bedeutung. Zum einen gehört sie für die Bauern in diesem Landstrich zu den wichtigsten Feldfrüchten, denn der oft schwere Acker bietet geradezu hervorragende Bedingungen, um diese Frucht gedeihen zu lassen. Zum anderen ist sie ein gutes Futtermittel für das Vieh. Darum legten die Bauern einst und jetzt besonderen Wert auf diese Rübe. Seit mehr als 100 Jahren wird die Zuckerrübe auch in Mecklenburg-Vorpommern maschinell verarbeitet. Nach der Wende blieben von den ehemals zahlreichen Zuckerfabriken im Nordosten lediglich zwei in Betrieb: Die Güstrower Fabrik und die im vorpommerschen Anklam an der Peene. Bei letzterer handelt es sich um eine der modernsten Zuckerfabriken Europas und zugleich um eine der größten Deutschlands. Ein dänischer Konzern übernahm die alte Produktionsstätte und investierte zu Beginn der neunziger Jahre mehr als 320 Millionen Mark in die Modernisierung des Unternehmens, das bereits auf ein über hundertjähriges Bestehen in der Peenestadt zurückblicken kann. Mit einer Jahresproduktion von rund 150 000 Tonnen Zucker gehört die Anklamer Anlage zu den leistungsfähigsten im Norden. Pro Kampagne werden an 100 Tagen und Nächten rund eine Million Tonnen Rüben von Rügen bis Prenzlau herangefahren. Rund 200 Spezialisten sind beschäftigt, um das weiße Kristall herzustellen.

Während die Zuckerrübe besonders für die Landwirte eine große Rolle spielt, weiß jeder Einheimische, was eine »Wruke« ist. Wruken, anderenorts »Kohlrüben« genannt, gehören zu den landestypischen Produkten im Nordosten. Man verarbeitet sie zu Wrukeneintopf oder Gestowten Wruken, Gerichten, die zu den bodenständigen Spezialitäten der Küche dieser Region zählen. Köche, die sich derzeit intensiv mit den heimischen Rezepten beschäftigen, haben die Wruke wiederentdeckt und versuchen, ihr einen Platz in der gehobenen Küche zuzuweisen.

Doch die Wruke hat es schwer, wieder als schmackhaftes Gemüse anerkannt zu werden. Nach dem sogenannten Kohlrübenwinter im Jahr 1916/17 wurde sie von zahlreichen Familien aus der Küche verbannt. Während der kriegsbedingten Hungersnot waren Wruken mit Kartoffeln und Wasser nämlich über Wochen hinweg die einzige Mahlzeit, die nicht nur mittags, sondern auch morgens und abends auf dem Tisch stand. Der Hunger war es dann auch, der die Arbeiter damals auf die Straße trieb. In Rostock streikten sie mit der Losung: »Oh, Deutschland hoch in Ehren, du kannst uns nicht ernähren!«

Gelbe Rüben

Gestowte Wruken

(Abbildung linke Seite)

750 g Schweinebauch
Salz
1 Zwiebel, gespickt mit 1 Lorbeerblatt und 2 Nelken
1 Bund Suppengrün
5 Pimentkörner
1 kg Kohlrüben (Wruken)
1 feingehackte Zwiebel
1 EL Butterschmalz
1 TL Speisestärke
125 g Sahne
Pfeffer
1 TL gerebelter Majoran
1/2 Bund gehackte Petersilie

Den Schweinebauch in 1 l kaltem Wasser mit 1 TL Salz, der gespickten Zwiebel, dem Suppengrün und den Pimentkörnern aufsetzen, zum Kochen bringen und zugedeckt ca. 1 Stunde garen. Inzwischen die Kohlrüben schälen, die holzigen Teile entfernen und die Rüben in ca. 4 cm lange Stücke schneiden. Die gehackte Zwiebel im Butterschmalz glasig dünsten, die Kohlrüben zufügen und so viel Schweinebauchbrühe angießen, daß die Rüben knapp bedeckt sind. Das Gemüse etwa 20 Minuten garen. Die Speisestärke mit der Sahne verquirlen, unter das kochende Gemüse rühren und mit Salz, Pfeffer und Majoran würzen. Noch einmal aufkochen und die gehackte Petersilie untermischen. Portionsweise auf vorgewärmten Tellern anrichten, dazu jeweils 1 Scheibe Schweinebauch geben.

Gepökelte Entenkeule mit Wruken

(Abbildung oben)

Für 6 Personen

200 g Pökelsalz (vom Metzger besorgen lassen)
Zucker
5 Zwiebeln
5 Lorbeerblätter
10 Wacholderbeeren
1 TL grob geschroteter Pfeffer
6 große Entenkeulen
600 g Kohlrüben (Wruken)
400 g Kartoffeln
100 g Speckwürfel
1 EL Butterschmalz
Salz
150 g Schmand
Pfeffer und gemahlener Kümmel

1 1/2 l Wasser mit dem Pökelsalz, 1 EL Zucker, 2 Lorbeerblättern, 5 zerdrückten Wacholderbeeren und dem geschroteten Pfeffer aufkochen, 10 Minuten köcheln, vom Herd nehmen und etwas abkühlen lassen. Die Entenkeulen in den lauwarmen Sud legen und zugedeckt an einem kühlen Ort 3 Tage ziehen lassen. Dann die Keulen aus dem Sud nehmen und 1/2 Stunde in kaltem Wasser wässern. Die Entenkeulen anschließend in 1 1/2 l Wasser mit 2 Zwiebeln, 2 Lorbeerblättern und den restlichen Wacholderbeeren zum Kochen bringen und knapp 1 Stunde garen. Inzwischen die Kohlrüben und Kartoffeln schälen und in Würfel schneiden.
Die Speckwürfel im Butterschmalz auslassen, Rüben und Kartoffeln dazugeben und so viel Entenkochwasser dazugeben, daß das Gemüse knapp bedeckt ist. Leicht salzen und etwa 20 Minuten garen. Vor dem Servieren den Schmand unterrühren und das Gemüse mit Salz, Zucker, Pfeffer und Kümmel abschmecken. Die Entenkeulen auf einer vorgewärmten Platte anrichten und das Gemüse getrennt dazu reichen. Dazu schmecken Schwenkkartoffeln und grüner Salat.

Konservieren und Einmachen

Vorrats-haltung

Jeder kennt die Geschichte von der Grille und der Ameise: Die Grille tut den ganzen Sommer nichts. Sie musiziert und läßt den lieben Gott einen guten Mann sein. Die Ameise hingegen rackert sich ab und sammelt Vorräte. Als dann der Winter kommt, steht die Grille blöd da, während die Ameise sich vergnügt in ihren wohlgefüllten Keller hockt und der kalten Jahreszeit entgegenblickt. Was der Dichter uns mit dieser Fabel sagen will, ist klar und war für die Menschen in den vergangenen Jahrhunderten oberste Devise: Wer sich keinen Vorrat anschafft, kommt nicht über den Winter. Wer nach der Ernte, wenn Obst und Gemüse in Überfülle vorhanden sind, nicht genug konserviert, »dem geht's ans Eingemachte«, sprich, er kommt in eine existenzbedrohende Situation. Gerade in einem Land wie Deutschland, in dem die Winter lang und hart sind, war die Vorsorge schon immer Überlebensstrategie und hat sicher auch das geprägt, was man »Mentalität« nennt. Sparen, Einteilen, An-die-Zukunft-denken, anstatt, wie die Grille, in den Tag hineinzuleben – Menschen, die in Gegenden wohnten, wo die Natur an jedem Tag des Jahres den Tisch deckt, mußten das nicht.
Die älteste Konservierungsmethode ist das Trocknen. Einen heißen Stein und etwas Sonne oder ein Feuer – mehr braucht man dazu nicht. Einsalzen war die nächste große Erfindung, mit der man Lebensmittel haltbar machte. Und bei diesen zwei Methoden blieb es dann jahrhundertelang. Um 1680 wurde der Dampfkochtopf erfunden, und wirklich in großem Stil revolutionierte erst das 19. Jahrhundert die Konservierungsmethoden: Eindosen und Räuchern wurden kommerziell betrieben, 1857 entstand das erste gewerbliche Räucherhaus, um 1870 gab es in Deutschland die ersten Kühlhäuser in den großen Städten. Heute im Zeitalter der Tiefkühltruhen ist Einmachen und Einkochen ein Hobby. Wer ihm frönen und Vorräte für harte Zeiten anlegen will, kann folgende Methoden benützen:

Einlagern
In dunklen, belüfteten Kellerräumen mit der idealen Temperatur von 4 Grad Celsius und einem Luftfeuchtigkeitsgehalt um 90 Prozent können bestimmte Obst- und Gemüsearten monatelang aufbewahrt werden. Allerdings müssen faulende Exemplare regelmäßig aussortiert werden. Zum Einlagern eignen sich vor allem späte Äpfel-, Birnen- und Kartoffelsorten sowie Kohl, rote Beten, Möhren, Schwarzwurzeln und andere Wurzelgemüse (am besten in Sandkästen lagern).

Das Gemüse wird in nicht zu kleine Stücke geschnitten, der Blumenkohl in Röschen zerteilt.

Alle Gemüse werden gemeinsam in kochendem Salzwasser kurz zum Aufkochen gebracht und blanchiert.

Über das in Gläser gefüllte Gemüse wird ein heißer Sud aus Essig, Wasser, Salz und Zucker gegossen.

Werden die Mixed Pickles im Ofen sterilisiert (30 Minuten bei 90 °C), benötigen sie weniger Essig.

Trocknen
Bei mindestens 30 Grad Celsius können Obst, Gemüse, Pilze und Kräuter getrocknet werden, wobei eine gute Belüftung wichtig ist, um der Schimmelbildung vorzubeugen. Manche Früchte lassen sich nur mit Sonne und Luft auf dem Dachboden oder Balkon trocknen. Auch Backöfen oder spezielle Dörrapparate können für diese traditionelle Konservierungsmethode verwendet werden. Zu hohe Temperaturen gehen mit höheren Vitaminverlusten einher. Getrocknete Lebensmittel – besonders geeignet sind Äpfel, Birnen, Pflaumen, Aprikosen, Pfirsiche, Trauben, Suppengemüse, Tomaten, Zwiebeln, Steinpilze und Küchenkräuter – sollten immer fest verschlossen und dunkel in Dosen oder Gläsern aufbewahrt werden.

Sauer einlegen
Die Säure des Essigs wirkt konservierend. Weinessig wird in der Regel mit dem gleichen Anteil Wasser verdünnt und mit Gewürzen, Meersalz und etwas Vollrohrzucker erhitzt. Dann wird das Gemüse oder Obst im Essigsud aufgekocht oder in Gläser gefüllt und mit heißem Sud aufgefüllt. Für lange Haltbarkeit werden die Gläser sterilisiert, für baldigen Verzehr kann darauf verzichtet werden. Zum Einlegen eignen sich zum Beispiel Gurken, Blumenkohl, Möhren, Paprika, Zwiebeln, Maiskölbchen, Weißkohl, Rotkohl, Pilze, Pflaumen und Kirschen.

Einkochen
Das Sterilisieren ist ein Konservierungsverfahren für Obst und Gemüse mit Hilfe von Hitze. Länge und Temperatur der Sterilisierungszeit variieren nach Obst- oder Gemüseart. Die oft lange Erhitzung bewirkt Vitalstoffverluste, Eiweiß- und Geschmacksveränderungen. Am besten eignet sich diese Methode zum Einmachen von Mirabellen, Aprikosen, Pfirsichen, Birnen und Kirschen.

Milchsaures Gemüse
Diese natürliche Konservierungsmethode macht sich die spontane Milchsäuregärung zunutze und kommt ohne Erhitzung aus. Neben dem bekanntesten Gärungsgemüse – Sauerkraut – können auch andere Gemüse milchsauer vergoren und bis zu einem Jahr gelagert werden. Es eignen sich unter anderem Weißkohl, Zwiebeln, Oliven, Sellerie, Gurken, Möhren oder grüne Tomaten.

Tiefgefrieren
Bei dem modernen Konservierungsverfahren bleiben die Vitalstoffe von Gemüse und Obst erhalten. Es empfiehlt sich, Gemüse kurz in Dampf zu blanchieren, um die Aktivität der Enzyme zu hemmen. Gemüse kann unaufgetaut gegart werden. Besonders gefriergeeignet sind Beerenfrüchte. Zum Einfrieren eignen sich besonders gut Erbsen, Bohnen, Rosen- und Grünkohl, Brokkoli, Blumenkohl, Artischocken, Paprika, Tomaten für Saucen, Pilze und Kräuter.

Rechte Seite: Mit einem wohlgefüllten Vorratsregal kommt man gut über den Winter.

Nachspeisen

Rhabarberkompott im späten Frühjahr, Rote Grütze mit Milch im Sommer oder Kartoffelpfannkuchen mit frischen Äpfeln im Frühherbst – das waren Standardgerichte, womit sich die Mecklenburger und Vorpommern das Leben versüßten. Früher wurde meistens Backobst für das entsprechende Kompott verwendet, denn Konservieren und Einmachen lernte man erst später kennen. So trocknete man Pflaumen, Äpfel, Birnen und sogar Kirschen, um für den Winter einen Vorrat zu besitzen. Besonders Pflaumen mußte man aufbewahren, waren sie doch dringend nötig als Füllung für den zünftigen Enten- oder Gänsebraten. Birnen und Klöße, Suppen aus Backpflaumen standen des öfteren auf dem Tisch, aber ebenso Rote Grütze, Kaltschale oder ein »anständiger Grießflammeri«.
Dabei nutzten die Leute alles, was Garten und Natur hergaben. Man sammelte im Wald Blaubeeren und Himbeeren, pflückte weiße Holunderblüten oder schwarze Holunderbeeren und nach dem ersten Frost Schlehen. Daraus zauberten die Hausfrauen die unterschiedlichsten Suppen oder Liköre.
Oftmals wurde das Obst für Kuchen verwendet. Zwar behauptete ein Chronist des 19. Jahrhunderts »von Kuchen weiß man bey uns nicht viel«, doch besonders der »Pottkauken« und der »Platenkauken« (Blechkuchen) wurden vielfach angerührt. Den Blechkuchen beispielsweise fertigten die Frauen auf dem Lande zu Hause und brachten ihn dann zum Bäcker im Dorf, um ihn dort backen zu lassen. Viele besaßen keinen Backofen in ihrem Haus. Oft war es der heute noch beliebte Hefekuchen, den man – ganze Bleche voll – für die Familie zu besonderen Feierlichkeiten backen ließ. Pottkauken dagegen wurde tatsächlich im Kochtopf und später in einer irdenen, runden Form gebacken.

Götterspeise

(Abbildung rechte Seite)

200 g geriebenes Schwarzbrot
2 EL Kakaopulver
2 EL Zucker
Weinbrand
150 g schwarzes Johannisbeergelee
1 EL Rum
200 g Sahne
1 Päckchen Vanillinzucker
abgeriebene Schale von 1 Zitrone

Das geriebene Schwarzbrot mit dem Kakao und dem Zucker vermischen und unter Rühren so viel Weinbrand angießen, bis die Masse zäh ist. 30 Minuten quellen lassen. Das Johannisbeergelee mit dem Rum glattrühren. Die Sahne mit dem Vanillinzucker halbsteif schlagen und die Zitronenschale unterheben. In 4 Gläser jeweils etwas Brotmasse, Johannisbeergelee und Sahne füllen.

Brotpudding

250 g Schwarzbrot
1/4 l Rotwein
100 g Rosinen
50 g Korinthen
6 Eier, getrennt
125 g Puderzucker
60 g Butter
1/2 TL Zimt
100 g Mandelstifte
1 Prise Salz
Butter und Semmelbrösel für die Form

Das Schwarzbrot fein zerkrümeln oder reiben und im Rotwein 20 Minuten quellen lassen. Die Rosinen und Korinthen in etwas heißem Wasser einweichen. Das Eigelb mit dem Puderzucker und der Butter schaumig schlagen, dann den Zimt einrühren und die Mandelstifte, das Schwarzbrot sowie die abgetropften Rosinen und Korinthen untermischen. Das Eiweiß mit 1 Prise Salz sehr steif schlagen und unter die Brotmasse heben. Eine verschließbare Puddingform ausfetten und mit Semmelbröseln ausstreuen. Die Masse einfüllen, die Form verschließen und 1 Stunde im Wasserbad kochen. Dann weitere 20 Minuten in der Form fest werden lassen. Den Pudding auf eine Dessertplatte stürzen und mit Weinschaumcreme servieren.

Birnen und Klöße

1 kg Birnen
Saft von 2 Zitronen
1 Vanilleschote
1 Zimtstange
4 Gewürznelken
1/4 l Weißwein

Die Birnen schälen, vierteln und entkernen. In Spalten schneiden und mit dem Zitronensaft beträufeln. Die Vanilleschote der Länge nach halbieren und mit der Zimtstange und den Gewürznelken im Weißwein 10 Minuten kochen. Die Birnen und 1/4 l Wasser zugeben und weitere 10 Minuten köcheln. Das Kompott abseihen, den Sud auffangen. Sud wieder zum Kochen bringen und Mehl- oder Schwemmklößchen darin gar ziehen lassen. Die Birnen wieder dazu geben. Heiß servieren oder erkalten lassen und mit Zucker und Zimt bestreuen.

Anklamer Apfelschüssel

250 g Schwarzbrot oder Pumpernickel
2 EL Butter
2 EL Puderzucker
150 g Himbeermarmelade
2 cl Himbeergeist
400 g Apfelmus mit Apfelstücken aus dem Glas

Das Brot fein zerbröseln oder reiben und in der Butter rösten. Mit Puderzucker bestreuen und erkalten lassen. Die Himbeermarmelade mit dem Himbeergeist glattrühren. In eine Dessertschale schichtweise geröstetes Brot, Apfelmus und Himbeermarmelade geben und 30 Minuten im Kühlschrank ziehen lassen. Mit kalter Vanillesauce anrichten.

Süße Gedanken über die Geschlechter

»Süß sind die Kinder. Zucker und Schokolade sind als Mitbringsel und Gastgeschenke beliebt. Inzwischen ist dies ja fast ein billiger Ausweg geworden. Nicht nur, daß gerade Kinder vornehmlich mit Süßigkeiten beschenkt werden, empfindet man Kinder auch gerne als ›süß‹. … Ist süß weiblich? Die Süßigkeiten werden fast immer mit Frauen beworben, die Pez-Verkäuferinnen, die Cola-Mädchen, die Kaffeetanten und Schokoladefräulein. …
Die Volksmeinung ist zurecht oder zu unrecht überzeugt, daß Frauen mehr Süßigkeiten konsumieren als Männer. Ein Beobachter nach dem anderen stellt die Erwartung auf, daß Frauen dem Süßen mehr zuneigen als Männer, daß sie süße Nahrung benützen, um anderweitig unerreichbare Gegenstände zu erlangen, daß Süßigkeiten im realen und übertragenen Sinn mehr die Domäne der Frauen als die der Männer seien. Keine Süßigkeiten zu wollen, diente Ferdinand v. Saar zur Charakterisierung einer Revolutionärin und Barrikadenkämpferin, eines Mannweibes, einer solchen ›mit heiserer Stimme‹: ›Sie aß fast nichts, mochte nicht einmal Süßigkeiten.‹ Wann und warum erhält süß ein ›weibisches‹ Attribut? Werner Sombart sprach von der Verbindung zwischen süßem Konsum und weiblicher Dominanz. Kinder und Frauen werden am meisten beschenkt. In der Wirklichkeit des Proletariats ist es umgekehrt. Fleisch ist in der kargen Welt der Arbeiterfamilie für die Männer, die ›Familienerhalter‹ bestimmt, für die Frauen hingegen das Brot, das mit Zucker, mit Marmelade, mit Kaffee, mit Tee verbessert wird. Frauen und Kinder essen mehr Zucker als Männer. Zucker fungiert als Substitutionsgut für Fleisch. Bezogen auf den Kaloriengehalt ist Zucker im späten 19. Jahrhundert bereits wesentlich wichtiger als Fleisch.«

(Aus: Roman Sandgruber, Bittersüße Genüsse, 1986)

Schwarzer Magister

500 g Backpflaumen
400 g Weißbrot in Scheiben
150 g Butter
1/2 l Milch
1 Päckchen Vanillinzucker
2 EL Zucker
2 Eier
2 Eigelb

Die Backpflaumen über Nacht in etwas Wasser einweichen. Am nächsten Tag abschütten, den Sud auffangen und die Backpflaumen entsteinen und halbieren. Das Weißbrot in der Hälfte der Butter goldbraun ausbacken. Die Milch mit dem Pflaumensud, Vanillinzucker, Zucker, den Eiern und dem Eigelb verrühren. Eine Springform ausfetten und lagenweise Brotscheiben und Backpflaumen einschichten, als letzte Lage Brot. Mit der Eiermilch begießen und im vorgeheizten Backofen bei 175 °C ca. 1 Stunde backen.

Justus Steidle · Verena von Funcke

Schleswig-Holstein

COOBANA
Früchte à la carte

Sylt mit seinen weiten Stränden zählt zu den beliebtesten Ferienzielen an der Nordseeküste.

Vorhergehende Doppelseite:
Dithmarschen – die »Kohlkammer Deutschlands« und das größte Kohlanbaugebiet Europas.

Bis Schleswig-Holstein seinen Bindestrich bekam, mußten Jahrhunderte vergehen – obwohl man sich bereits 1460 geschworen hatte, »up ewig ungedeelt«, »auf ewig ungeteilt« zu sein. Doch erst 1946 ging dieser Wunsch in Erfüllung: Das Land zwischen den Meeren erhielt die politische Einheit.

Vorangegangen waren Zeiten der Wirrnis, gekennzeichnet von Kriegen, willkürlichen Teilungen, Fremdherrschaft. Lange hatten die Dänen das Sagen, später die Preußen, selbst Österreich und die Hansestadt Hamburg mischten mit. Manche Städte, wie Lübeck und Flensburg, profitierten von diesem politischen Ränkespiel, das Land aber blieb arm, Landwirtschaft und Fischerei waren die einzige Lebensgrundlage.

Das hat natürlich auch die Küche geprägt. Fast ausschließlich heimische Produkte kamen auf den Tisch. Doch davon möglichst reichlich. Und in kräftiger, oft sehr fetter Zubereitung: Eintöpfe, Schinken, riesige Mehlbüdel, Fisch in allen Variationen. Denn mächtig Brennstoff brauchte der Mensch früher, angesichts der Rauheit des Klimas, des ständigen Windes und der harten Arbeit im Freien.

Doch trotz des Bindestrichs: Es geht so etwas wie eine Grenze durchs Land. Gegensätze kennzeichnen die Menschen wie die Landschaft: die Vornehmheit der Insel Sylt und das Bauernland Angeln; die Wortkargheit der Ostfriesen und die Offenheit Lübecks oder Flensburgs; der Heimatdichter Theodor Storm aus Husum und Thomas Mann, der Mann von Welt, aus Lübeck; die Nordsee, das wilde, und die Ostsee, das im Gegensatz dazu milde Meer. Schleswig-Holstein sei ein Land wie ein Schinken mit Speckseiten rechts und links, wurde geschrieben. Das sind die beiden Küsten mit ihrer neuen Tourismusindustrie. In der Mitte, auf dem Geestrücken, ist bis heute das meiste noch bäuerlich-urwüchsig. Hier sind die Kirchen noch voll. Hier nutzt man jeden Anlaß, von der Taufe bis zum Begräbnis, zu einem deftigen Festschmaus. Hier erweist sich auch die Küche noch am bodenständigsten. Selbst wenn sie nun, wie überall, ein wenig abgespeckt und verfeinert wird. Doch auch das ist – ganz im Sinne des Bindestrichs – eine gelungene Liaison.

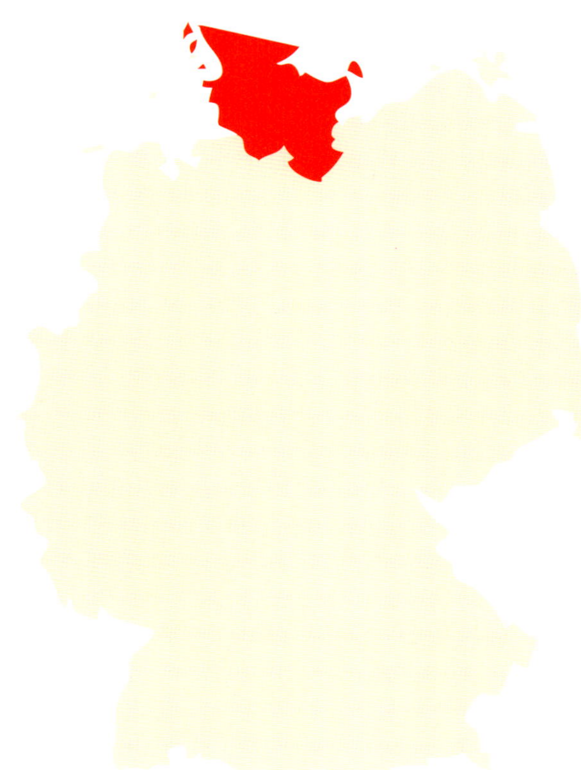

Nach dem Fang werden die Fische durch die Kiemen auf Stangen aufgespießt.

Ein Rahmen, der nun in die Räucherkammer wandert, faßt 40 Eisenspieße mit je 25 bis 30 Sprotten.

Wenn man sie in die Kisten schichtet, würzt man die Sprotten mit einer guten Prise Salz.

Kieler Sprotten

»Da plagen sich de Lüd herum mit luder leege Saken. In Eckernför verstaht de Lüd, ut Sülwer Gold to maken.« – »Da plagen sich die Leut' herum mit lauter dummen Sachen. In Eckernförd' verstehen die Leut', aus Silber Gold zu machen.«

Aus Silber Gold machen – um dieses alchimistische Wunder zu vollführen, müssen die Bewohner der kleinen Hafenstadt an der Ostsee keine Magier bemühen. »Clupea sprattus« ist ihr Medium, die 12 bis 15 Zentimeter lange, silbrig glänzende Sprotte, die vor allem in der Ostsee lebt und zur Familie der Heringe zählt. Sprotten werden vorwiegend in der Eckernförder Bucht, knapp dreißig Kilometer nordwestlich von Kiel, vor der Halbinsel Fehmarn sowie vor der dänischen Küste gefischt. Hauptfangzeit sind die Wintermonate, da der Fettgehalt des Fisches dann am höchsten ist. Im letzten Jahrhundert noch waren Sprotten ein Armeleuteessen, preiswert und kalorienreich. Heute ist der Bestand stark reduziert und durch Überfischung gefährdet. Dabei geht es den Sprotten nicht anders als den Heringen; beide Fischarten gehen meist gemeinsam, weil sie sich auf etwa gleicher Wassertiefe aufhalten.

Eigentlich wären Sprotten nicht besonders delikat – würde man sie nicht durch Räuchern veredeln. Und dafür hat man an Schleswig-Holsteins Ostküste spezielle, seit Generationen überlieferte Rezepte, die in den Räuchereien als Geheimnis gehütet werden. Nur Fangfrisches taugt zur Verarbeitung. Die Fische kommen deshalb sofort in die Räucherei, wo sie gesäubert und danach eine halbe Stunde in milder Salzlake gebeizt werden. Dann spießt man sie, Fisch für Fisch, durch Kiemen und Schlund auf. 40 solcher Eisen-Spieße mit je 25 bis 30 Sprotten passen in einen der Rahmen, die nun in den Räucherofen gehängt werden, in dem mehrere tausend Sprotten Platz finden.

Nun beginnt die Kunst des Räuchermeisters. Zunächst geht es ums Trocknen. Dazu wird ein Feuer aus Buchenscheiten entfacht. Sobald sich die Haut der Sprotten leicht kräuselt, sind sie trocken. Das Räuchern kann beginnen: Erlenholz, zum Schluß manchmal noch etwas Eiche, kommt auf die brennenden Buchenscheite. Das Holz wird vorher angefeuchtet, damit es ordentlich qualmt. Etwa eine Stunde dauert die Veredelungs-Prozedur, sie muß exakt im rechten Moment beendet werden, sonst werden die Sprotten hart. Die richtige Mischung von Rauch und Hitze (60 bis 80 Grad) – das ist das Geheimnis. Sie verwandelt die Silberhaut der Fische in Gold.

Da es nun eindeutig die Eckernförder sind, die die Kunst des »Goldmachens« beherrschen, bleibt die Frage offen, warum die geräucherten Sprotten »Kieler Sprotten« heißen. Diese Mogelpackung kam dadurch zustande, daß die Fische früher vom Bahnhof Kiel aus versandt wurden. Also bekam die traditionell in Holzkisten verpackte Ware den Absenderstempel »Kiel«. So entstand, ganz unverdienterweise, das bekannte Markenzeichen »Kieler Sprotten«.

Unerschrockene verzehren Kieler Sprotten im Stück, Kopf und Schwanz inklusive. Andere filetieren sie, verspeisen sie vom Teller, zum Beispiel mit Rührei. Für beide Fälle aber gilt: Am besten schmecken dazu kräftiges Schwarzbrot und ein kühles Bier.

Kieler Sprotten kommen gar nicht aus Kiel, sondern aus Eckernförde. Ihren Markennamen bekamen sie, weil sie früher von Kiel aus versandt wurden.

Fische der Nord- und Ostsee

Wie sehr der Mensch seine Umwelt unter dem Aspekt der Nahrhaftigkeit betrachtet, macht ein Beispiel aus der Sprachgeschichte deutlich: Die Etymologen vertreten die Theorie, daß das westindogermanische Wort für »Fisch«, dessen Stammform in einigen Sprachen übrigens gleichbedeutend mit »Nahrung, Speise« ist, zunächst ausschließlich das Nahrungsmittel bezeichnete. »Fisch« war Synonym für »Zubrot« und wurde erst später als Gattungsbezeichnung auf die Lebewesen im Wasser übertragen.

Ein proteinreiches Zubrot lieferten Fisch und Krustentiere schon den Jägern und Sammlern. Sie errichteten an der Küste Fischsperren und benützten Speere, um Fische zu fangen. Der Angelhaken gehört zu den ältesten Geräten des Menschen, schon in der Steinzeit wurden Bastnetze verwandt.

Obwohl Salzen und Trocknen bereits seit alters als Konservierungsmittel bekannt waren, spielte Fisch in der mitteleuropäischen Ernährung jahrhundertelang kaum eine Rolle. Die relativ billig im Binnenland erhältlichen Stockfische und Salzheringe kamen hauptsächlich als Fastenspeise auf den Tisch, Volksnahrungsmittel war Seefisch nur an den Küsten. Dort freilich war er weit mehr als Zubrot – wenn der Fang gut ausfiel, wurde die leicht verderbliche Ware zu Schleuderpreisen verkauft. Und dann hatten sogar die Armen tagtäglich Fisch, vor allem Hering, auf dem Speiseplan.

Die Situation änderte sich erst in den achtziger Jahren des 19. Jahrhunderts. Durch den Ausbau der Verkehrswege und die Erfindung neuer Konservierungsmethoden, wie Eindosen oder Konservierung durch Kälte – um 1870 waren in den großen Städten die ersten Kühlhäuser gebaut worden –, wurde es möglich, auch das Binnenland mit Seefisch zu beliefern. Dort bestand erhöhter Bedarf: Industrialisierung und Urbanisierung hatten zur Folge, daß viele Bauern ihr Land aufgaben. Sie konnten sich also nicht mehr selbst versorgen. Zudem wurden zahlreiche Gewässer trockengelegt, Flüsse begradigt und umgeleitet – der Lebensraum der Süßwasserfische war damit eingeschränkt. Hand in Hand mit der Industrialisierung nahm die Bevölkerung in Deutschland ab 1870 sprunghaft zu. Fleisch war für die Arbeiter unerschwinglich, in der Versorgung mit Seefisch sah man eine Lösung des Nahrungsproblems. Die technische Entwicklung, der Einsatz von Dampftrawlern mit maschinell angetriebenen Netzwinden, machte es möglich, die Fanggründe auszudehnen und die Erträge zu steigern. Und so konnte die Werbung schon um 1900 verkünden: »Was für Lukullus unmöglich war, wird heute dem Fabrikarbeiter aller Länder geboten. Frische Seefische bilden allwöchentlich den animalischen Teil der Nahrung sogar unserer Gefangenen.«

Heute beträgt der Fischverbrauch in Deutschland pro Kopf und Jahr rund 15 Kilogramm, nur zwei davon sind Süßwasserfische. Die »Eigenanlandungen«, also das, was aus heimischen Gewässern kommt, sind dabei seit den siebziger Jahren drastisch zurückgegangen: 85 Prozent der Fische, die auf deutschen Tellern landen, werden heute importiert. Das liegt zum einen an der seerechtlichen Entwicklung – durch die Einführung der 200-Seemeilen-Fischereizonen gingen viele ertragreiche Fangplätze verloren –, zum anderen aber auch daran, daß Nord- und Ostsee schlicht überfischt sind. In der Nordsee zum Beispiel sind die Anlandemengen von Kabeljau um 74 Prozent, Seelachs um 70 Prozent, Seezunge um 17 Prozent, Scholle um 35 Prozent, Hering um 56 Prozent und Makrele um 99 Prozent zurückgegangen.

Schuld daran sind nicht zuletzt die Fangmethoden: Wegen der engen Maschen (1,6 Zentimeter) gehen neben den Beutefischen auch viele andere Fischarten und vor allem Jungtiere ins Netz. Diese »Beifänge« werden entweder zurück ins Meer geworfen – »Greenpeace« geht davon aus, daß auf jedes Kilo gefangenen Fisches sechs Kilo tote Meerestiere kommen – oder zu Fischmehl und -öl verarbeitet. Höchst problematisch ist auch die sogenannte Baumkurren-Fischerei, bei der der Meeresboden mit schweren Ketten regelrecht umgepflügt wird. Die Fischer wollen damit die auf dem Boden lebenden Plattfische aufscheuchen. Der Nebeneffekt jedoch sind schwere Schädigungen der Meeresflora und -fauna und damit das Aussterben bestimmter Arten. Zudem sind die Beifänge bei dieser Methode besonders hoch: Sie betragen bis zu 80 Prozent.

Volle Netze, leere Meere? Es ist nicht ganz unproblematisch, wenn der Mensch seine Umwelt nur unter dem Aspekt der Nahrhaftigkeit und des Profits betrachtet.

Fischkauf – der Frischetest

Die Frische der Fische – gleich, ob es sich um Süßwasser- oder Meeresfische handelt – kann an den unten genannten fünf Merkmalen deutlich erkannt werden. Das Fleisch von geangelten Fischen, die über Wasser sterben, ist generell fester.

Die Augen müssen klar und prall sein und glänzen; liegt der Fisch zu lange auf Eis, werden die Augen trüb und stumpf.

Die Kiemen müssen hellrot sein und fest anliegen; bei zu lange gelagerten Fischen werden sie blaß und wirken verklebt.

Der Druckpunkt ist bei frischen Fischen, wenn man sie per Fingerdruck prüft, nur ganz kurz zu sehen; bleibt der Druckpunkt längere Zeit sichtbar, ist der Fisch nicht mehr frisch und das Fleisch nicht mehr fest.

Die Eingeweide weisen bei frischen Fischen scharfe Konturen auf und können klar auseinander gehalten werden; je länger der Fisch tot ist, um so undeutlicher sind die Umrisse zu erkennen.

Die Schleimschicht ist auf der Haut der Süßwasserfische ein Zeichen von Frische; wirkt ihre Haut stumpf, sind sie zu alt.
Fische mit Schuppen haben keinen Schleim.

Blauleng

Dornhai

Dorsch

Glattbutt

Hering

Lachs

Makrele

Meeraal

Merlan

Rotbarbe

Rotzunge

Scholle

Seehase

Seezunge

Steinbutt

Stockmakrele

Fischgerichte

Scholle mit Krabben

(Abbildung rechte Seite oben)

4 halbe Schollen
Saft von 1 Zitrone
Salz
5 EL Mehl
3 Eier
100 g geklärte Butter
250 g ausgelöste Krabben (Nordseegarnelen)

Die Schollen waschen, trockentupfen, mit dem Zitronensaft beträufeln, salzen und 10 Minuten stehen lassen. Dann nochmals mit Küchenpapier abtupfen. Die Eier verquirlen und die Schollen zuerst in Mehl, anschließend in Ei wenden. In der Butter auf jeder Seite 5 Minuten goldbraun braten. Die Schollen herausheben und warm stellen. Die Krabben in der Butter erhitzen und vor dem Servieren auf den Schollen verteilen.

Pfannfisch

(Abbildung rechte Seite Mitte)

1 kg Pellkartoffeln
100 g Frühstücksspeck
2 Zwiebeln
2 EL Butterschmalz
Salz und Pfeffer
500 g gekochter Fisch, z. B. Kabeljau oder Seelachs
1 Bund gehackte Petersilie

Die Pellkartoffeln in dünne Scheiben, den Frühstücksspeck in Streifen und die Zwiebeln in Ringe schneiden. Das Butterschmalz in einer großen Pfanne erhitzen, den Speck darin auslassen. Kartoffeln und Zwiebeln zufügen und scharf anbraten, mit Salz und Pfeffer kräftig würzen. Den gekochten Fisch in mundgerechte Stücke zerpflücken, vorsichtig unter die Kartoffeln mischen und kurz mitbraten. Mit der Petersilie bestreuen und mit sauer eingelegtem Gemüse servieren.

Matjes mit grünen Bohnen

(Abbildung rechte Seite unten)

1 kg neue Kartoffeln
Salz
1 kg grüne Bohnen
1/2 Bund Bohnenkraut
8 Matjesfilets
200 g Frühstücksspeck in kleinen Würfeln
1 EL Butter
2 kleine Zwiebeln, fein gehackt
Pfeffer

Die Kartoffeln waschen und in Salzwasser etwa 20 Minuten kochen. Die Bohnen putzen, mit Bohnenkraut in wenig Salzwasser 15 Minuten garen. Die Matjesfilets kurz wässern, unter fließendem, kaltem Wasser abspülen und trockentupfen und kalt stellen. Den Frühstücksspeck in einer trockenen Pfanne auslassen, die Butter zufügen und die Zwiebeln darin glasig dünsten. Die Kartoffeln und die Bohnen abschütten und kurz abschrecken. Kartoffeln nach Belieben schälen oder mit der Schale auftragen.
Die Bohnen mit der Speck-Zwiebel-Mischung übergießen und mit den gekühlten Matjes servieren.

Scholle mit Krabben

Pfannfisch

Matjes mit grünen Bohnen

Sylter Austern

Da staunten die Archäologen: Bei Ausgrabungen in Dänemark stießen sie auf vorgeschichtliche Küchenabfälle, in denen sich Unmengen von Austernschalen fanden. Damit ist bewiesen, daß unsere Vorfahren nicht nur Feinschmecker waren, sondern sich auch gesund ernährten: Austern sind nährstoffreich und kalorienarm. Bei einem Eiweißanteil von zehn Prozent bestehen sie nur zu vier Prozent aus Kohlenhydraten, zu ein bis zwei Prozent aus Mineralstoffen und Vitaminen und zu ein bis zwei Prozent aus Fett, der Rest ist im wesentlichen Wasser. Und, was für uns moderne Menschen wichtiger ist als für die prähistorischen: Der geringe Fettgehalt minimiert die Schadstoffbelastung auf nahezu null, weil sich Schadstoffe nur im Fettgewebe anreichern.

Austern sind zwittrige Meerestiere, die je nach Zeit und Temperatur ihr Geschlecht wechseln, mal männlich, mal weiblich sind. Ihre Fortpflanzung geschieht über Eier, die sich in freischwimmende Larven verwandeln, die sich dann nach etwa zwei Wochen an Steinen oder leeren Muscheln festsetzen und beginnen, die typisch schiefrige Schale zu bilden. Oft dauert es vier bis fünf Jahre, bis Austern ausgewachsen sind, je nach Wassertemperatur und Nahrungsverhältnissen. Sie leben von kleinsten Schwebeteilchen, dem Phytoplankton, die sie aus dem Wasser filtern. Bis zu 20 Liter Wasser verarbeitet eine Auster binnen einer Stunde.

Austern aus fünf bis zehn Metern Tiefe zu holen, war in früheren Zeiten ein schwieriges Unterfangen. Auch der Transport der verderblichen Meeresfrüchte war problematisch. Das brachte im 11. Jahrhundert Knut den Großen, Dänemarks und zugleich Englands und Norwegens König, auf die Idee, Austern auszusäen: Ganze Schiffsladungen voll wurden damals von England an die Küsten der seinerzeit dänischen Nordfriesischen Inseln, unter anderem auch nach Sylt, gebracht und dort ausgesetzt. Diese erste Austernzucht in der Nordsee stellte für Sylt lange eine bedeutende Einnahmequelle dar: In Holzfässern mit Salzwasser verpackt, wurden die Austern nach Bremen und Hamburg und bis an den dänischen Hof verschickt.

Bis es Probleme gab. Das seit dem 13. Jahrhundert übliche Fischen mit Streicheisen, die von Booten über den Meeresboden gezogen wurden, ruinierte ganze Austernbänke. Gab es derer 1870 bei Sylt noch 47, die einen Ertrag von rund fünf Millionen Austern pro Jahr brachten, so mußte die kommerzielle Austernfischerei schon zwölf Jahre später dort praktisch aufgegeben werden. Das endgültige Aus kam vor dem Zweiten Weltkrieg.

Etliche Versuche, bei Sylt wieder Austern anzusiedeln, schlugen fehl. Bis zu einem Experiment der Bundesforschungsanstalt für Fischerei. Die probierte es Mitte der siebziger Jahre statt mit der heimischen mit der etwas widerstandsfähigeren pazifischen Auster – und hatte Erfolg. Fünf kleine Betriebe waren es anfangs, die sich auf den zunächst subventionierten Versuch einließen. Nach Wegfall der Unterstützung blieb einer: die Feinschmeckern wohlbekannte »Dittmeyer's Austern Compagnie« in List auf der Insel Sylt. Ihr und ihrem »Marinen Aquakulturbetrieb« ist die Wiedergeburt der deutschen Auster zu verdanken.

Wenn Austern in den »Kulturbetrieb« integriert werden, so geht das folgendermaßen vor sich: Sie werden in Kunststoffsäcke (»Poches«) gesteckt, die auf im Watt verankerten Eisentischen festgezurrt sind. Und zwar entlang der Niedrigwasserlinie, dem Grenzbereich zwischen Ebbe und Flut. Dort wachsen die Tiere heran, und die Menschen können sie problemlos ernten: Man öffnet die Behälter (je 15 bis 25 Kilo) und sortiert die reifen, zwischen 70 und 90 Gramm schweren Austern heraus. Das klingt einfach, ist aber eine mühsame Sache. Zumal bei kalter Witterung, wenn Dittmeyer's Leute stundenlang im Wasser zu arbeiten haben. Hart ist der Job auch vor Winterbeginn: Zum Schutz vor Eisgang, der die Austern-Plantage vernichten würde, werden alle Poches in mit Meerwasser versorgte spezielle Becken diesseits des Deiches gebracht. Zu Frühjahrsbeginn geht's dann zurück ins Wattenmeer – auf daß die »Friesenauster« weiter gedeihe. Sie trägt standesgemäß den Namen »Sylter Royal« und hat bei Blindverkostungen bereits den zweiten Platz errungen – hinter der »Portugaise« und vor der »Belon«, zwei klassischen Arten aus Frankreich. Inzwischen stammt jede vierte Auster, die in Deutschland verzehrt wird, aus Sylt, insgesamt sind es rund 25 Tonnen pro Jahr.

Rechte Seite: In den siebziger Jahren erlebte die deutsche Auster ihre Wiedergeburt. Heute stammt jede vierte in Deutschland verzehrte Auster aus der Zucht in Sylt.

Die Austern lagern in Säcken, etwa 50 cm von Wasser bedeckt, im Wattenmeer.

Die Säcke sind in Eisentischen gestapelt und verankert, die im Watt festgezurrt werden.

Bevor man an die Ernte gehen kann, müssen die Säcke entleert werden.

Sodann werden die Austern in einer Waschanlage gereinigt.

Die reifen, etwa 70 bis 90 Gramm schweren Austern werden aussortiert.

Am Klang zweier aneinandergeschlagener Austern erkennt der Fachmann, ob sie leben.

In Holzkisten verpackt, treten die Austern die Reise zu den Feinschmeckern im ganzen Land an.

Die Kisten müssen leicht unter Spannung stehen, damit sich die Austern nicht öffnen können.

Grundausrüstung für Feinschmecker: Kettenhandschuh und Austernmesser.

Mit dem spitzen Messer fährt man zwischen die Schalen der Auster.

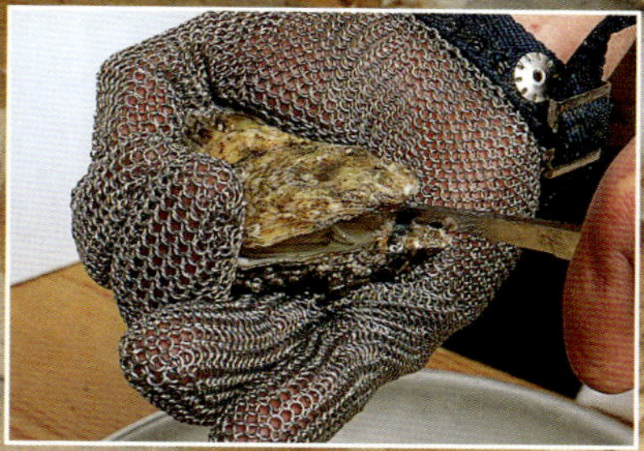

Durch eine Drehbewegung des Messers werden die Schalen geöffnet.

Die Auster liegt in der unteren Schale, läßt sich aber noch nicht lösen.

Mit einem Schnitt muß noch der Muskel durchtrennt werden.

Manche Feinschmecker geben nun etwas Pfeffer auf die Auster.

Wahre Kenner lehnen es ab, die Auster mit Zitrone zu beträufeln.

Nun kommt der Genuß: Die Auster wird aus der Schale geschlürft.

Büsumer Krabben

Zum Frühstück ein paar fangfrische »Brachyuren«, mal auf gebuttertem Schwarzbrot, zur Abwechslung auch mit einem Stück Aal, oder, für den ganz Unerschrockenen, einfach mit eisgekühltem Klaren! Ein gelungener Start in den Tag? Aber sicher doch, zumindest für die Krabbenfänger von Büsum.

»Brachyura« bedeutet »Kurzschwarzkrebs« oder schlicht Krabbe. Es gibt über 4000 Arten dieser Zehnfußkrebse, die meisten von ihnen leben im Meer; eine Unterordnung stellen die Garnelen dar, zu denen auch die Nordseegarnele gehört, die die Biologen »Crangon crangon« und die Einheimischen »Granat« nennen. Die Krabbe selbst legt auf solche Fachausdrücke keinen Wert, wohl aber auf gute Wasserqualität. Und die findet sie im weiten Wattenmeer vor Büsum mit seinen stark wechselnden Temperaturen und Salzgehalten. Die Tiere sind nicht nur vom Gezeitenstrom, sondern auch von der gegen den Uhrzeigersinn gerichteten Meeresströmung abhängig. Im Sommer ziehen sie zum Laichen in die Niedrigwasserbereiche der Wattenregionen, im Winter lassen sie sich hinaus in die offene See treiben. Den extremen Bedingungen dieses Lebensraums ist die Nordseekrabbe besonders angepaßt. Nachts ernährt sie sich von anderen Kleintierkrebsen, Würmern und Weichtieren; tagsüber hält sie sich im weichen Schlick verborgen. Ihre Lebensdauer beträgt drei Jahre, in denen ein einziges Weibchen etwa zwanzigtausend Nachkommen hervorbringen kann.

An der schleswig-holsteinischen Nordseeküste machen noch 115 Kutter zwischen Friedrichskoog und Hörnum Jagd auf die begehrte Krabbe. Die nordfriesischen Fischer wissen genau, welche Bedingungen optimal für einen guten Fang sind: Als Garanten gelten der Schutz der Nacht oder starke Strömung, bei der das Wasser trüb wird, so daß die Beute keine Möglichkeit hat, die Netzöffnung zu erkennen und ihr auszuweichen.

Im Fanggebiet werden die »Metall-Bäume« links und rechts vom Boot abgesenkt und die Netze bis auf den Meeresgrund herabgelassen. Die am Boden lebenden Krabben werden durch den Lärm der am Grund entlangschleifenden Netze aufgeschreckt und enden in deren feinen Maschen. Die Wassertiefe im Fanggebiet schwankt zwischen 4 und 13 Metern. Der Kutter fährt nie schneller als 2,5 Knoten, wobei er die Netze an den über 50 Meter langen Schleppleinen hinter sich herzieht. Echolot, Satellitennavigator oder auch ein Tagessichtradar vereinfachen zwar die Arbeit an Bord, einen guten Fang kann die Technik jedoch nicht garantieren.

Werden schließlich die Netze wieder hochgezogen, staunt man nicht schlecht: Nur 10 Prozent der Beute sind Krabben. Und die sehen nicht einmal appetitlich aus, ähneln sie doch eher gräulichen, durchsichtigen Kellerasseln. Erst der zehnminütige Kochvorgang in Meereswasser an Bord läßt aus den unansehnlichen Zehnfüßlern die bekannten, rot-gekrümmten und appetitlich duftenden »Granaten« werden, die wesentlich würziger im Geschmack sind als ihre Verwandten, die blaßrosafarbenen Nordmeerkrabben und Riesengarnelen. Die köstlichen Meerestiere werden nur zum Teil in Deutschland gepult. Neben Profi-Pulern, die überwiegend in Polen gesucht werden, arbeiten allein in Friedrichskoog fünf Krabbenschälmaschinen. Doch wer ein wirklicher Feinschmecker ist, der pult seine frischen Krabben selber.

Hintergrund: Die Krabben werden gleich an Bord der Kutter in Meerwasser gekocht.

Die »Metall-Bäume«, an denen die Netze hängen, werden eingeholt.

Die Krabben machen nur einen geringen Teil der Beute aus.

Der Fang wird aussortiert. Etwa 10 Prozent des Ganzen sind Krabben.

Der Topf mit kochendem Meerwasser steht schon bereit.

Krabbenregatta im August: festlich geschmückte Kutter liegen im Büsumer Hafen.

Um an ihr köstliches Fleisch zu kommen, muß man die Krabbe pulen.

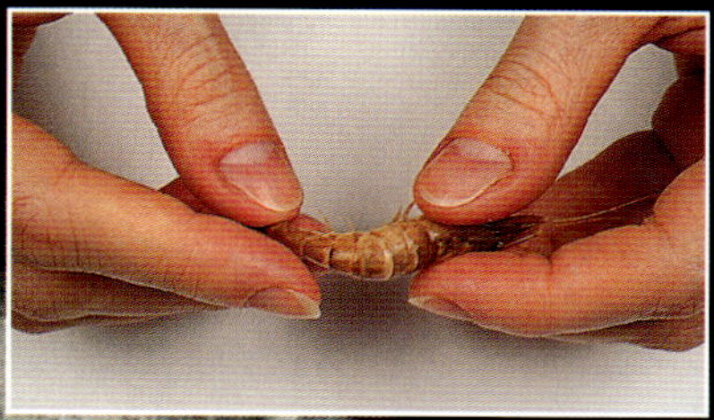

Man faßt sie dazu mit den Fingern beider Hände an Kopf und Schwanz.

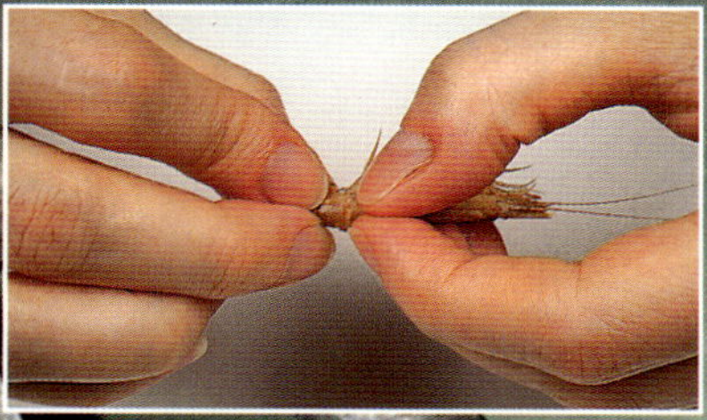

Die rasche Drehbewegung der rechten Hand will geübt sein.

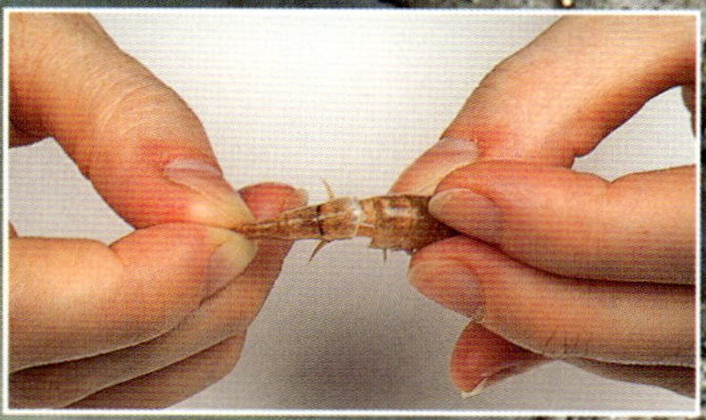

Beherrscht man sie, kann man das Schwanzgehäuse abziehen.

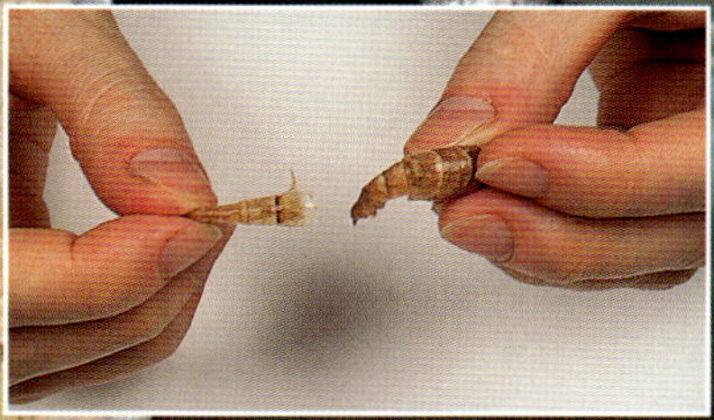

Nun liegt jedoch erst ein Teil des Krabbenfleisches frei.

Der Rest verbirgt sich noch im Kopfstück und will daraus gelöst werden.

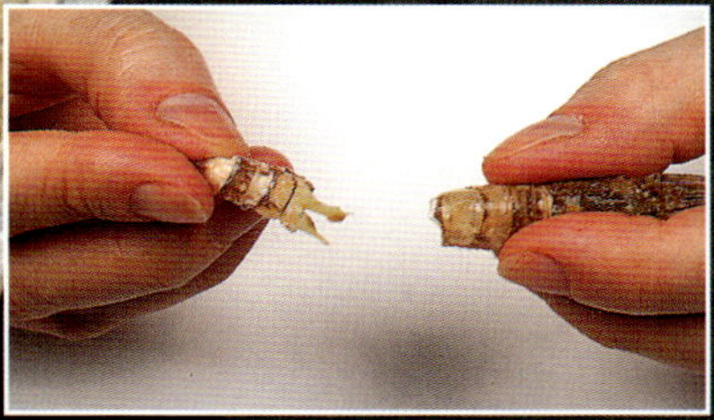

Das ist verhältnismäßig einfach: Kopfteil festhalten, am Schwanz ziehen.

Nur der mittlere Teil ist eßbar. Der Rest wandert in den Müll.

Nach etwa zehnminütiger Kochzeit sind die Krabben fertig.

Nach dem heißen nehmen die Krabben ein kaltes Bad.

Zum Abtropfen hängt man den Korb mit den Krabben an die Reeling.

Einheimische und Touristen warten schon auf die frischen Meerestiere.

Krabben in Dillsauce

Sylter Muschelsuppe

Hummer mit Schnüsch

Krabben in Dillsauce

(Abbildung links oben)

- 1 kleine Zwiebel, fein gehackt
- 2 EL Butter
- 4 EL Mehl
- 1/2 l Geflügelfond oder Gemüsebrühe
- 1 Prise Zucker
- Salz und Pfeffer
- gemahlene Muskatnuß
- 4 Blätterteigpastetchen
- 400 g ausgelöste Krabben (Nordseegarnelen)
- 1 Bund Dill, fein gehackt
- 2 Eigelb
- 125 g Sahne

Die Zwiebel in der Butter glasig dünsten. Das Mehl unter Rühren darin anschwitzen, den Geflügelfond angießen und mit Zucker, Salz, Pfeffer und Muskatnuß abschmecken. Die Sauce 15 Minuten köcheln lassen. Inzwischen die Blätterteigpastetchen im Backofen erwärmen. Die Krabben und den Dill zur Sauce geben, etwas ziehen lassen und nochmals mit den Gewürzen abschmecken. Das Eigelb mit der Sahne verquirlen. Die Krabbensauce vom Herd nehmen, das Eigelb unterrühren und die Masse in die Blätterteigpastetchen füllen. Sofort servieren.

Sylter Muschelsuppe

(Abbildung links unten)

- 1,5 kg Miesmuscheln
- 250 g Möhren
- 1 Petersilienwurzel
- 1/4 Sellerieknolle
- 2 Zwiebeln
- 75 g Butter
- 1 l Weißwein
- Salz
- 2 EL Mehl
- 1 TL Rosenpaprikapulver
- 1 TL Tomatenmark
- 1/2 TL grob gestoßener Pfeffer
- 1 Prise Zucker
- 1 kleine rote Paprikaschote, fein gehackt
- 2 Schalotten, fein gehackt

Die Muscheln mehrmals gründlich waschen, bürsten und den Bart entfernen. Möhren, Petersilienwurzel und Sellerie waschen, putzen und klein würfeln, die Zwiebeln hacken. 1 EL Butter in einem großen Topf zerlassen und das Gemüse darin glasig dünsten. Die Muscheln zufügen und zugedeckt einige Minuten schmoren lassen, dann mit dem Wein ablöschen, etwas salzen und ca. 6 Minuten garen, bis sich die Schalen weit geöffnet haben. Die Muscheln abschütten, den Muschelsud auffangen und die Muscheln aus den Schalen nehmen. 2 EL Butter zerlassen, das Mehl unter Rühren darin anschwitzen und den Muschelsud angießen. Mit Paprika, Tomatenmark, Pfeffer und Zucker abschmecken und 15 Minuten köcheln lassen. Inzwischen die Paprikaschote und die Schalotten in der restlichen Butter glasig dünsten. Zur Suppe geben und kurz mitkochen, dann das Muschelfleisch zufügen und in der Suppe noch einmal erhitzen. Die Muschelsuppe vor dem Auftragen mit Knoblauchcroûtons bestreuen.

Helgoländer Hummer mit Schnüsch

(Abbildung oben)

- 100 g frische Erbsen
- 100 g junge dicke Bohnen
- 4 Möhren
- 1 Bund Frühlingszwiebeln
- 1 Kohlrabi
- 200 g Steckrüben
- 1 Bund Suppengrün
- 1/2 TL Kümmel
- Salz
- 2 kleine lebende Hummer
- 1 Tasse eingekochter Hummerfond
- 300 g Sahne
- 50 g Butter
- 1 EL gehackte Petersilie

Das Gemüse einzeln auf den Punkt genau kochen. Einen Topf mit Wasser aufsetzen, zum Kochen bringen und das Suppengrün, Kümmel und Salz zufügen. Die Hummer mit dem Kopf voraus in das kochende Wasser geben und 10 Minuten ziehen lassen. Herausnehmen, auslösen und warm stellen. Butter, Hummerfond und Sahne etwas einkochen lassen, das Gemüse hineingeben, darin wieder erwärmen und anschließend auf Tellern ringförmig anrichten. Den Hummer in die Mitte plazieren oder in Medaillons schneiden und außen herum anlegen. Am Schluß die gehackte Petersilie über das Gemüse streuen.

Friesentatar mit Krabben und Reibekuchen

- 4 Matjesfilets
- 1 säuerlicher Apfel
- 1 Gewürzgurke
- 4 Radieschen
- 1 Bund Dill
- 1 EL Distelöl
- 100 g ausgelöste Krabben (Nordseegarnelen)
- 200 g Kartoffeln
- 1 Zwiebel, fein gehackt
- 1 Ei
- Salz, Pfeffer und Muskatnuß
- 1 Prise Zucker
- Öl zum Braten

Die Matjes, den Apfel, die Gewürzgurke und die Radieschen in Würfel schneiden, den Dill fein hacken und mit den Krabben und dem Distelöl durchmischen. 1 Stunde ziehen lassen. Inzwischen die Kartoffeln schälen und reiben. Mit der Zwiebel und dem Ei vermengen und mit den Gewürzen abschmecken. In einer Pfanne das Öl erhitzen und kleine Reibekuchen ausbacken. Reibekuchen und Tatar auf einem Teller anrichten, mit etwas Dill bestreuen und servieren.

80 Millionen Kohlköpfe werden jährlich in Dithmarschen, dem größten Kohlanbaugebiet Europas, geerntet.

Da Kohlköpfe äußerst druckempfindlich sind, wird überwiegend mit der Hand geerntet.

Kohl

Reihte man sie aneinander, könnte man damit die Strecke vom Nordpol bis zum Südpol auslegen. Die Rede ist von den rund 80 Millionen Kohlköpfen, die jedes Jahr in Dithmarschen, der »Kohlkammer Deutschlands«, geerntet werden. Insgesamt sind es etwa 120 Millionen Kilo Weiß-, Rot-, Rosen- und Blumenkohl sowie Wirsing, die jährlich auf annähernd 3000 Hektar, dem größten Kohlanbaugebiet Europas, eingebracht werden.

Der Kreis Dithmarschen an der Westküste Holsteins galt seit jeher als fruchtbare Region. Daß sich die flache Marschlandschaft mit ihrem feuchtwarmen Klima hervorragend für den Kohlanbau eignet, ist aber erst seit etwas mehr als hundert Jahren bekannt: 1889 legte der Gärtner Eduard Laß aus Wesselburen das erste Kohlfeld an. Die Ernte fiel so gut aus, daß viele Bauern nachzogen. Bedeutsam für die deutsche Agrarwirtschaft wurde Dithmarschen in den Hungerjahren Ende des Ersten Weltkriegs. Etwa 50 000 Eisenbahnwaggons mit Kohl gingen seinerzeit in alle Teile des brachliegenden Landes.

Kohl war immer ein Armeleuteessen – schon die römische Unterschicht verspeiste ihn zum Getreidebrei, neben Bohnen und Hülsenfrüchten war er fester Bestandteil der Eintöpfe – und hatte daher keinen besonders guten Ruf. »Jedes Obst und jeder Kohl sind eine schlechte Nahrung, weil sie schlechtes Blut machen«, schrieb ein Arzt im 13. Jahrhundert. Heute sehen die Ernährungswissenschaftler das anders: Kohl senkt den Cholesterinspiegel und ist reich an Mineralstoffen, besonders Eisen. Sein Vitamin-C-Gehalt entspricht etwa dem von Zitrusfrüchten, auch Vitamin B ist reichlich enthalten, ebenso Kalzium. Zudem liefert er wichtige Ballaststoffe und hat – bei durchschnittlich nur etwa 30 Kalorien auf 100 Gramm – einen guten Sättigungseffekt.

Im Zuge zunehmenden Ernährungsbewußtseins hat sich auch das Image des Kohls gewandelt: Selbst in der »Haute Cuisine« haben die verschiedenen Kohlsorten heute ihren Platz. Allgemeiner Beliebtheit erfreut sich nach wie vor besonders das Sauerkraut, und so geht auch ein großer Teil der dithmarsischen Weißkohlernte in die Fabriken, wo das Kraut verarbeitet und in Konserven abgefüllt wird.

In Dithmarschen gedeiht Kohl nahezu ohne Pflanzenschutzmittel. Zum einen, weil man auf Monokultur verzichtet und Kohl im Rahmen einer geordneten Fruchtfolge pflanzt, im Wechsel vor allem mit Getreide. Zum anderen stellt der fast ständige Westwind eine natürliche Abwehr gegen Schädlinge dar. Die Ernte, vorwiegend von September bis November, bedeutet mühsame Handarbeit. Da Kohlköpfe äußerst

Die losgeschnittenen Kohlköpfe warten darauf, eingesammelt zu werden.

Vorsichtig werden sie aufgeladen und dann sofort in Kühlhäuser oder Fabriken transportiert.

In der ersten Septemberhälfte finden in Dithmarschen die Kohltage statt. Hier feiert man in Meldorf.

Alles dreht sich um den Kohl, und natürlich werden Kohlspezialitäten in allen Varianten angeboten.

druckempfindlich sind, verbieten sich mechanische Methoden weitgehend. Der größte Teil der Ernte (ausgenommen die frühe Sorte Blumenkohl) wandert sogleich in riesige Kühlhäuser, wo die Kohlköpfe bei zwei Grad plus »in Schlaf versetzt« werden. So wird Kohl aus Dithmarschen zum Frischgemüse für nahezu das ganze Jahr.

Oben: Was einem Weindorf billig, ist dem Kohlanbaugebiet recht. Auch hier werden Königinnen gewählt.

Sauerkraut mit Austern?

»Aus feingehobeltem Weißkohle, vorzüglich aus dem herbstlichen Plattkohle, macht man durch Einsalzung und Gärung das allgemein bekannte Sauerkraut. Ein Faß, worin weißer Wein aufbehalten worden, schafft dem Sauerkraut eine leichtere Gärung und einen angenehmen, weinsäuerlichen Geschmack. Um die Wirkung bei einem neuen Gefäße zu ersetzen, tue man zerstoßene Weintrauben auf den Grund.
Sauerkraut wird häufig mit Fischen, Austern und anderen Fastenspeisen vermischt. Doch scheint es mir, daß es sich mit einem Brei von Kartoffeln, weißen Bohnen oder gelben Erbsen verbunden und mit einer Beilage von gesalzenem Schweinefleisch auf gut Deutsch am besten verzehren läßt.«

(Karl Friedrich von Rumohr, 1822)

Gefüllter Kohlkopf

1 großer Weißkohl
Salz
750 g geräucherter Bauchspeck
1 Zwiebel, gespickt mit 1 Lorbeerblatt und 2 Nelken
einige Piment- und Pfefferkörner
2 EL Butter
2 EL Mehl
200 g saure Sahne
Salz und Pfeffer, Muskatnuß
1 Prise Zucker

Die welken äußeren Blätter und den Strunk vom Kohl entfernen und den Kohlkopf in reichlich Salzwasser 10 Minuten dünsten. Den Kopf herausheben, abtropfen lassen und halbieren. Die inneren Blätter entfernen und die Kohlhälften aushöhlen. Den Bauchspeck durch die grobe Scheibe des Fleischwolfs drehen und in die Aushöhlungen füllen. Die Kohlhälften wieder zusammenfügen und mit Küchengarn zusammenbinden. Das Kohlwasser mit der gespickten Zwiebel und den Gewürzkörnern wieder zum Kochen bringen, den gefüllten Kohl einlegen und bei kleiner Hitze gut 1 $^1/_2$ Stunden garen. Die Butter in einem Topf zerlassen, das Mehl unter Rühren goldbraun anschwitzen, $^1/_2$ l Kohlwasser angießen und die Sauce 10 Minuten köcheln lassen. Zum Schluß die saure Sahne unterrühren und die Sauce mit Salz, Pfeffer, gemahlener Muskatnuß und Zucker abschmecken. Den Kohlkopf aus dem Wasser heben, abtropfen lassen, Küchengarn entfernen und die gefüllten Kohlhälften auf einer vorgewärmten Platte anrichten. Die Sauce getrennt dazu reichen.

Kohlrollen

250 g Mehl
Salz
1 Prise Backpulver
250 g Quark
250 g Butter
500 g Weißkohl in feinen Streifen
1 Messerspitze gemahlener Kümmel
500 g Hackfleisch
2 große gehackte Zwiebeln
150 g geriebener Käse, z. B. Gouda
2 Eier
1 EL Tomatenmark
2 EL Semmelbrösel
Pfeffer
$^1/_2$ TL gerebelter Majoran
1 EL gehackte Petersilie
2 Eigelb
$^1/_8$ l Milch

Aus Mehl, 1 Prise Salz, Backpulver, Quark und Butter einen Quarkblätterteig herstellen und einige Stunden kalt stellen. Inzwischen die Weißkohlstreifen mit dem Kümmel kurz in Salzwasser blanchieren, abtropfen und auskühlen lassen. Hackfleisch, Zwiebeln Käse, Eier, Tomatenmark und Semmelbrösel gut verkneten, mit Salz, Pfeffer, Majoran und Petersilie würzen und den Weißkohl untermischen. Den Blätterteig halbieren, jede Hälfte dünn ausrollen und in 6 Rechtecke schneiden. Jedes Teil mit etwas Hackfleisch-Kohl-Masse füllen, zu Rollen formen und mit der Naht nach unten auf ein mit Backpapier ausgelegtes Blech legen. Das Eigelb mit der Milch verquirlen und die Teigrollen damit bestreichen. Im vorgeheizten Backofen bei 220 °C ca. 35 Minuten goldbraun backen.

Birnen, Bohnen, Speck

1 kg Schweinebacke
1,5 kg Brechbohnen
Salz und Pfeffer
2 Stengel Bohnenkraut
4 festkochende Birnen

Die Schweinebacke in ca. 1 $^1/_2$ Stunden gar kochen. Das Fleisch herausheben und warm stellen. In der Hälfte der Brühe die Brechbohnen mit Salz, Pfeffer und Bohnenkraut garen. Die Birnen halbieren, das Kerngehäuse herausschneiden und die Birnen in einem zweiten Topf in der restlichen Brühe dünsten. Die Schweinebacke in Scheiben schneiden. Auf vorgewärmten Tellern zuerst die Bohnen, darauf das Fleisch und die Birnen anrichten. Salzkartoffeln getrennt dazu servieren.

Holsteiner Frische Suppe

Suppe
1 kg Rindfleisch
3 Suppenknochen
1 Zwiebel, gespickt mit 1 Lorbeerblatt und 2 Nelken
2 Bund Suppengrün
5 Pfefferkörner
Salz

Grießklößchen
$^1/_4$ l Milch
60 g Butter
Muskatnuß
120 g Grieß
3 Eier

Schwemmklößchen
35 g Butter
70 g Mehl
2 Eier
Pfeffer
1 Bund Schnittlauch

Das Rindfleisch mit den übrigen Zutaten in 2 l Salzwasser etwa 2 Stunden kochen. Dann das Fleisch herausheben, die Suppe durch ein Sieb abgießen und einkochen lassen. Inzwischen für die Grießklößchen die Milch mit Butter, 1 Prise Salz und etwas gemahlener Muskatnuß zum Kochen bringen. Den Grieß einrühren, vom Herd nehmen und nach und nach die Eier unterschlagen und den Grieß ausquellen lassen. Für die Schwemmklößchen $^1/_8$ l Wasser mit der Butter zum Kochen bringen, das Mehl zufügen und zum Kloß rühren und abbrennen. Vom Herd nehmen und nach und nach die Eier unterschlagen. Mit dem Mokkalöffel vom Grieß und vom Mehlteig kleine Klößchen abstechen, in die kochende Brühe geben und einige Minuten darin gar ziehen lassen. Die Suppe mit Salz und Pfeffer abschmecken. Den Schnittlauch in feine Röllchen schneiden und vor dem Servieren über die Suppe streuen. Statt oder zu den Klößchen können auch feine Gemüse wie Spargel und Zuckerschoten als Einlage in die Suppe gegeben werden.

Möweneier gelten als Delikatesse in Schleswig-Holstein. Man kocht sie 15 Minuten und serviert sie halbiert mit Ei oder Kresse, manchmal auch mit Mayonnaise. Besonders lecker: Mayonnaise geschlagen mit Apfelmus sowie viel Weißwein.

Schnüsch

250 g neue Kartoffeln
Salz
250 g frische Erbsen
250 g Möhren
250 g grüne Bohnen
Zucker
3/4 l Milch
50 g Butter
Pfeffer
1 Bund fein gehackte Petersilie

Die Kartoffeln in Salzwasser in der Schale kochen, dann schälen und in Scheiben schneiden. Das Gemüse putzen, die Möhren in Scheiben schneiden, Bohnen brechen. Alles in wenig Salzwasser mit einer Prise Zucker weichkochen, das Gemüse soll allerdings noch Biß haben. Die Milch mit der Butter zum Kochen bringen. Die Kartoffelscheiben und das Gemüse zufügen, noch einmal erhitzen und mit Salz, Zucker und Pfeffer abschmecken. Vor dem Servieren mit der gehackten Petersilie bestreuen. Dazu ißt man rohen Schinken oder Matjesfilets.

Buttermilchsuppe

1 l Buttermilch
abgeriebene Schale von 1/2 Zitrone
50 g Milchreis
50 g Rosinen
80 g Zucker
1 Päckchen Vanillinzucker
2 Eigelb

Die Buttermilch zum Kochen bringen, mit dem Schneebesen gut durchrühren und die Zitronenschale, Milchreis, Rosinen, die Hälfte des Zuckers und den Vanillinzucker zufügen. Bei kleiner Hitze 20 Minuten garen. Das Eigelb mit dem restlichen Zucker schaumig schlagen. Die Suppe vom Herd nehmen, die Eigelbmasse einrühren und sofort servieren.

Grünkohlsuppe

125 g Hafergrütze
1 kg Suppenfleisch
1 Zwiebel, gespickt mit 1 Lorbeerblatt und 2 Nelken
5 Pfefferkörner
Salz
1,5 kg Grünkohl

Die Hafergrütze über Nacht einweichen. Das Suppenfleisch mit der gespickten Zwiebel, den Pfefferkörnern und etwas Salz in 2 l Wasser 1 Stunde kochen. Inzwischen den Grünkohl von den Stengeln streifen, kurz waschen und hacken. Das Fleisch aus der Brühe heben, die Brühe abseihen und wieder zum Kochen bringen. Fleisch, Hafergrütze und Grünkohl zufügen und alles noch 1 Stunde köcheln lassen. Getrennt dazu Salzkartoffeln reichen.

Gemüse aller Art bilden eine wichtige Grundlage von Suppen und Eintöpfen, wie zum Beispiel dem klassischen Schnüsch. Gerne wird Gemüse in Schleswig-Holstein mit Obst kombiniert, so bei dem typischen Gericht Birnen, Bohnen, Speck.

Salzwiesen-lämmer

Dieser Anblick begeistert jeden, der in Nordfriesland Urlaub macht: Schafe, die auf den Wiesenmatten der Deiche grasen – weißgelbe Wollknäuel auf tiefgrünem Grund vor graublauer See. Ab März, April, dem Höhepunkt der Ablammzeit, bevölkern unzählige Mutterschafe mit ihren ein bis zwei Lämmern Schleswig-Holsteins nördliche Westküste, die Inseln und die Halligen. Insgesamt werden hier über 100 000 Schafe gehalten.

Die Beweidung der Deiche dient zum einen dem Küstenschutz. Seit Jahrhunderten hat sich das bewährt: Boden und Grasnarbe werden so gepflegt und gefestigt, können Sturm und Fluten besser standhalten. Die andere Seite, gleichzeitig ein wichtiger Wirtschaftsfaktor in der Region, ist das Fleisch der Deichlämmer, auch Salzwiesenlämmer genannt. Besonders geschätzt wird es, weil es von Tieren stammt, die sich lebenslang im Freien aufhalten. Sobald die Lämmer ihrer Mutter folgen können, meist schon zwei, drei Tage nach der Geburt, geht es auf die Weide. Muttermilch und später zusätzlich das ungedüngte Deichgras sind ihr einziges Futter. Auf den windumtosten Deichen wächst das Gras allerdings nicht hoch. Die Lämmer müssen in den weiträumigen, abgezäunten Deichbereichen sehr viel laufen, um genügend Futter zu bekommen. Sie entwickeln sich daher ziemlich langsam – was wiederum der Fleischqualität zugute kommt: Der Fettanteil ist ungewöhnlich niedrig.

Bei den Deichlämmern handelt es sich meist um eine Kreuzung aus deutschen Weißkopfschafen mit Texelschafen aus Holland; die Rasse ist besonders widerstandsfähig, was sie angesichts des rauhen Nordseeklimas auch sein muß. Schlachtreif sind die Lämmer nach drei bis sechs Monaten, je nach Wachstum. Ihre Mütter bleiben übrigens das ganze Jahr auf der Weide. Nur die letzten zwei, drei Wochen ihrer fünfmonatigen Tragezeit verbringen sie im Stall. Vor Wintereinbruch werden die Tiere allerdings auf Wiesen diesseits der Deiche gebracht, die sonst für Rinder genutzt werden.

Früher galt Schafzucht vor allem der Gewinnung von Wolle. Damit war etwa doppelt soviel zu erzielen wie mit dem Verkauf von Schaffleisch. Heute deckt der Erlös für die Wolle gerade noch die Scherkosten. Der Markt für Schaffleisch ist in Deutschland jedoch klein, auch für Hammel, das Fleisch kastrierter Böcke, das wegen seines intensiven

Geschmacks nicht jedermanns Sache ist. Gefragt, und das zunehmend, ist allein Lamm, das Fleisch von Tieren also, die nicht älter sind als ein Jahr. Das Gütesiegel »Frisches Lammfleisch – Gutes aus unseren Landen« vergibt die Wirtschaftsvereinigung Deutsches Lamm allerdings nur, wenn die Tiere deutscher Herkunft sind, nicht älter als sechs Monate wurden und maximal 22 Kilogramm Schlachtgewicht haben.
Was zeichnet das Fleisch der Deichlämmer nun besonders aus? Es ist magerer und spürbar zarter als das anderer Lämmer. Milder auch im Geschmack, gleichwohl deutlich gehaltvoller und würziger, aber keineswegs salziger. Beim Verzehr habe man sozusagen frische Seeluft auf der Zunge, sagen Liebhaber. Schon bei der Zubereitung läßt sich solche Lobpreisung nachvollziehen: Da schrumpelt beim Schmoren, Braten oder Grillen kaum was zusammen, das Fleisch verliert nur wenig Saft.
Natürlich spielt Lamm in der nordfriesischen Küche eine große Rolle. Ob Lamm-Eintopf mit Weißkohl, mit Lammleber gefüllte Lammbrust, Lamm-Gulasch mit grünen Bohnen oder Lammbraten in Kräuterkruste – all das und vieles mehr probiert man am besten vor Ort. Zum Beispiel während der »Nordfriesischen Lammtage«, die jedes Jahr im Mai stattfinden: ein zweiwöchiges Festival mit herrlichsten Spezialitäten.

Lammrücken mit Kräuterkruste

1 kg Kartoffeln
Salz und Pfeffer
250 g Sahne
1,5 kg Lammrücken
Öl zum Braten
125 g Butter
2 Eigelb
1 TL scharfer Senf
2 Knoblauchzehen
2 Bund glatte Petersilie, fein gehackt
50 g frische Kerbelblättchen
2 EL Semmelbrösel
500 g dicke Bohnen
160 g durchwachsener Speck, gewürfelt
2 EL Crème fraîche
1/2 Glas Quittengelee
200 g blättrig geschnittene frische Champignons
1 EL Butterschmalz

Die Kartoffeln in Scheiben schneiden, mit Salz und Pfeffer würzen, in eine Backform geben, mit Sahne begießen und 40 Minuten im Backofen bei 120 °C garen. Inzwischen den geputzten Lammrücken salzen und pfeffern, in Öl von allen Seiten etwa 20 Minuten goldbraun anbraten und etwas abkühlen lassen. Für die Kräuterkruste die Butter mit Eigelb und Senf schaumig schlagen, die Knoblauchzehen dazu pressen und die Kräuter sowie die Semmelbrösel untermischen. Den Lammrücken mit der Paste bestreichen und 15 Minuten bei mittlerer Hitze überbacken. Die dicken Bohnen in Salzwasser 15 Minuten garen. Den Speck in einer trockenen Pfanne auslassen, die gegarten Bohnen dazugeben und die Crème fraîche unterrühren. Den Lammbratenfond in einen Topf abseihen, das Quittengelee unterrühren und die Sauce abschmecken. Die Champignons in heißem Butterschmalz anbraten und als Garnitur vor dem Servieren über den Lammrücken geben.

Salzwiesenlamm mit Thymian

Lammrücken mit Kräuterkruste

Die besten Stücke vom Lamm

Keule: Ganz als Braten oder zum Schmoren. In Scheiben für Steaks, gewürfelt für Spieße, Gulasch oder fürs Fondue.
Rücken: Ganz als Braten. Für doppelte Koteletts oder einzelne Stielkoteletts. Der Teil des Rückens, in dem das Filet sitzt, ergibt ausgelöst einen guten Rollbraten. Aus dem Rücken schneidet man auch die Lammchops, drei bis vier Zentimeter dicke Scheiben, die sich zum Kurzbraten eignen. Ebenso die Lammfilets, die aus dem hinteren Rücken ausgelöst werden. Vom Filet oder aus dem Rücken stammen auch die etwa zwei Zentimeter dicken Lammnüßchen.
Schulter: Im Stück als Braten, mit oder ohne Knochen; wichtig ist, daß der äußere Fettbesatz abgetrennt wird. Das Fleisch findet auch in Eintöpfen und Gulasch Verwendung.
Hals: Dieses Stück (auch Nacken, Kamm) ist vor allem für Eintöpfe und Ragouts oder zum Kurzbraten (Halskotelett) geeignet.
Brust und Flanke: Die Brust hat relativ wenig Fleisch und ist etwas fettdurchwachsener als die anderen Teile; die Flanke ist ebenfalls dünn und mit verhältnismäßig viel Fett durchsetzt. Brust und Flanke sind preiswert und eignen sich für Ragouts oder Eintöpfe.

Salzwiesenlamm mit Thymian, Schnippelbohnen und Heidekartoffeln

1 Lammschulter ohne Knochen
Öl zum Braten
Salz und Pfeffer
2 Zweige Thymian
2 Bund Suppengrün, grob gehackt
1 gehackte Zwiebel
1 EL Tomatenmark
2 gehackte Knoblauchzehen
1 l Fleischbrühe
1,2 kg kleine Heidekartoffeln
1 große Nuß aus der Lammkeule
1 EL scharfer Senf
500 g Stangenbohnen, in Stücke geschnitten
2 Zweige Bohnenkraut
1/2 l Béchamelsauce
50 g durchwachsener Speck, fein gewürfelt
100 g Zucker
Butterschmalz zum Braten
6 Lammkoteletts
3 zerdrückte Knoblauchzehen

Lammschulter salzen und pfeffern, die Thymianzweige in die Mitte geben, rollen und binden. In Öl gut anbraten, Fleisch herausnehmen, das Suppengrün und die Zwiebeln im Bratsatz anrösten. Das Tomatenmark unterrühren und den Knoblauch zufügen, mit der Fleischbrühe aufgießen, die Lammschulter einlegen und 45 Minuten zugedeckt im Ofen schmoren. Inzwischen die Kartoffeln in Salzwasser gar kochen, schälen und auskühlen lassen. Die Lammschulter herausnehmen und warm stellen, die Sauce mit dem Mixstab pürieren und mit Salz und Pfeffer abschmecken. Die Lammnuß mit Senf einreiben, salzen und pfeffern, von allen Seiten in Öl gut anbraten und im Ofen bei 250 °C in 15 bis 20 Minuten rosa braten. Die Bohnen in Salzwasser mit dem Bohnenkraut garen. Den Speck in einer trockenen Pfanne auslassen. Die Bohnen mit dem Speck in der Béchamelsauce etwas ziehen lassen. Den Zucker in einem Topf braun werden lassen, mit 1/4 l Wasser ablöschen und zu Karamel einkochen. Die Kartoffeln im Butterschmalz braten, mit dem Karamel übergießen, durchschwenken und leicht salzen. Die Lammkoteletts mit dem zerdrückten Knoblauch einreiben, in heißem Öl auf jeder Seite 2 Minuten braten, salzen und pfeffern. Auf vorgewärmten Tellern jeweils 1 Scheibe Lammnuß, eine Scheibe Braten und 1 Kotelett auf der Sauce anrichten, dazu die Bohnen und Kartoffeln geben.

Linke Seite: Die Beweidung der Deiche durch Schafe dient auch dem Küstenschutz. Boden und Grasnarbe werden gepflegt und gefestigt und können Sturm und Fluten dadurch besser standhalten.

Milch

Fast 5,2 Millionen Kühe sind es, die Deutschland jährlich mit rund 29 Millionen Tonnen Milch versorgen. Eine wichtige Rolle spielt dabei Schleswig-Holstein: Es steuert etwa ein Zehntel bei. Milch ist auch ein bedeutender Wirtschaftsfaktor des Bundeslandes, sie liefert mehr als ein Drittel der Erlöse aus der Landwirtschaft.
Vor allem im mittleren und nördlichen Landesteil bestimmen die Kühe auch das Landschaftsbild – grüne Weiden, oft bis zum Horizont reichend, mit schwarzweißen Tieren als quasi wandelnden Mosaiksteinen. Hier im Norden stellt die Rasse der sogenannten »Schwarzbunten« den Hauptanteil, die für den Süden Deutschlands typischen »Rotbunten« machen lediglich ein Drittel aus.
Die idyllische Anmutung von Viehhaltung in Schleswig-Holstein täuscht freilich ein wenig darüber hinweg, daß es sich hier um eine der modernsten Milchwirtschaften Europas handelt. Es gibt zwar immer weniger bäuerliche Betriebe mit Milchkühen, dafür aber sind sie größer und effizienter. Der Milchertrag pro Tier stieg in den letzten zwanzig Jahren von 4200 Kilogramm auf fast 5700 Kilogramm pro Jahr. Hochleistungskühe bringen es sogar auf 10 000 Kilogramm und mehr. (In Kilogramm werden Milchmengen deshalb gemessen, weil 1 Liter Milch 1030 Gramm wiegt.)
Ganz nach marktwirtschaftlichen Aspekten sind auch die Molkereien organisiert. Vor fünfzig Jahren gab es quer übers Land noch 550, heute sind es 26 große Molkereigenossenschaften. Diese Konzentration verbessert nicht nur die Marktchancen – zwei Drittel der Produktion müssen außerhalb der Landesgrenzen abgesetzt werden –, sondern sichert auch die Milchqualität. Schleswig-Holstein genießt da einen hervorragenden Ruf. Man prüft hier nicht, wie gesetzlich vorgeschrieben, nur die Milch, sondern kontrolliert monatlich sogar die Futtermittel. Ergebnis ist das Gütesiegel »Hergestellt und geprüft in Schleswig-Holstein«.
Das Weiterverarbeiten der Rohmilch in der Molkerei ist eine aufwendige Prozedur. Nachdem die Milch bereits auf dem Bauernhof gefiltert, entlüftet und auf vier bis acht Grad heruntergekühlt wurde, gelangt sie in Spezialtankwagen in die Molkerei. Noch bevor sie dort in die Tanks wandert, testet man sie im Labor auf Frische, Fettgehalt, bakteriologische Unbedenklichkeit sowie auf spezifisches Gewicht und Geruch. Erst nach bestandenen Prüfungen heißt es »Milch frei!« fürs weitere Procedere.
Im Sammeltank wird die Milch nun auf etwa vier Grad gekühlt, bevor sie in einer großen Zentrifuge, dem Separator, gereinigt und dabei in Rahm und Magermilch getrennt wird. Bei 6000 bis 8000 Umdrehungen pro Minute sammeln sich die Milchfettkügelchen (Durchmesser $^{2}/_{1000}$ bis $^{6}/_{1000}$ Millimeter) an der Drehachse der Zentrifuge, während die schwerere Magermilch durch die Fliehkräfte an die Außenwand geschleudert wird. Meist ist bei Konsummilch der Fettgehalt (auf jeder Flasche oder Verpackung angegeben) genau eingestellt. Dies geschieht, indem man der Magermilch wieder entsprechende Mengen an Rahm zusetzt beziehungsweise weiter entzieht. Beim anschließenden Homogenisieren wird die Milch unter enormem Druck (150 bis 200 bar) durch enge Düsen gepreßt; dadurch werden die Fettkügelchen so zerkleinert, daß sie nicht mehr an die Oberfläche steigen und sich als Rahm absetzen können. Sie sind nun so winzig, daß sie in der gesamten Milch im Schwebzustand verteilt bleiben. Das ergibt zum einen vollen Geschmack, macht die Milch aber auch besser verdaulich.
Milch ist ein leicht verderbliches Lebensmittel und kann auch Keime enthalten. Deshalb muß alle Milch, die in der Molkerei zu Trinkmilch oder zu anderen Milcherzeugnissen verarbeitet wird, wärmebehandelt werden. So ist es gesetzlich vorgeschrieben. Drei Methoden werden angewendet:
Pasteurisieren: Bei dieser schonenden Erhitzung wird die Milch für 15 bis 30 Sekunden auf 72 bis 75 Grad gebracht. Der Nährwert bleibt erhalten, Geschmack und Geruch verändern sich nicht. Pasteurisierte Milch wird nach der Wärmebehandlung sofort wieder gekühlt und danach abgefüllt. Sie hält sich im Kühlschrank mindestens sechs Tage. Erhältlich ist sie in drei Fettstufen: als Vollmilch mit 3,5 Prozent, fettarme mit 1,5 bis 1,8 Prozent und als Magermilch mit 0,3 Prozent.
Ultrahocherhitzen: Dieses Verfahren (3 bis 10 Sekunden Erhitzen auf 135 bis 150 Grad) macht die Milch nahezu keimfrei, der Nährwert bleibt jedoch weitgehend erhalten. Die so gewonnene H-Milch, ebenfalls in den drei Fettstufen auf dem Markt, wird sofort wieder gekühlt und unter sterilen Bedingungen abgefüllt. Ungeöffnet bis zu sechs Wochen haltbar, auch bei Zimmertemperatur.
Sterilisieren: Dieses nur noch selten angewendete Verfahren macht die Milch bis zu einem Jahr haltbar. Sie wird in bereits verschlossener Flasche 10 bis 30 Minuten auf 110 bis 120 Grad erhitzt und so völlig keimfrei. Nährwert und Geschmack sind dadurch allerdings erheblich beeinträchtigt.

Rechte Seite: Bis so ein Glas kühler Milch auf dem Tisch steht, muß das Naturprodukt viele Verarbeitungs- und Kontrollphasen in der Molkerei durchlaufen.

Milchprodukte

Sauermilch-Produkte

Für ihre Produktion wird die Milch zunächst erwärmt, um die Bakterien zu eliminieren. Dann fügt man bestimmte Milchsäurebakterien zu. Sie führen zu einer Gärung und wandeln einen Teil des Milchzuckers in Milchsäure um, die das Kasein, einen Eiweißbestandteil in der Milch, gerinnen läßt. Folge: Die Milch wird dick.
Joghurt: Entsteht meist durch Zusatz von »Lactobacillus bulgaricus« und »Streptococcus thermophilus«. Der Säuerungsprozeß bei 42 bis 45 Grad dauert zwei bis drei Stunden, wird danach durch Kühlung abgebrochen. Joghurt gibt es in verschiedenen Fettstufen: Sahnejoghurt mindestens 10 %, Joghurt mindestens 3,5 %, fettarmer Joghurt zwischen 1,5 und 1,8 % und Joghurt aus entrahmter Milch mit höchsten 0,3 %. Normaler Joghurt säuert im Becher, Trinkjoghurt in großen Tanks. Viele Sorten sind auch mit Fruchtzusätzen erhältlich. »Bioghurt« wird mit anderen Bakterienkulturen hergestellt und schmeckt besonders mild.
Kefir: Sauermilchgetränk, aus dem Kaukasus stammend, mit leicht moussierendem, säuerlichem Geschmack. Enthält in geringen Mengen Alkohol, aber selten mehr als 0,1 %. Hier werden nicht nur Milchsäurebakterien, sondern auch gärende Hefen (Kefir-Körner) zugesetzt. Wie Joghurt in vier verschiedenen Fettstufen erhältlich sowie mit verschiedenen Fruchtzusätzen.
Dickmilch: Durch Zusatz von Bakterienkulturen eingedickte gesäuerte Milch. Entweder stichfest als Dickmilch oder flüssig als Sauermilch. Ebenfalls in vier verschiedenen Fettstufen auf dem Markt.
Buttermilch: Entsteht bei der Butterproduktion. Hoher Eiweißgehalt, viel Kalzium und Lecithin, aber sehr wenig Kalorien und Fett (höchstens 1 %). Zu unterscheiden sind die dickflüssigere »Reine Buttermilch« und »Buttermilch«, der Magermilch und Wasser zugefügt werden kann. Auch mit Fruchtzusätzen.

Sahne-Produkte

Sie werden aus dem Rahm hergestellt, der beim Zentrifugieren der Milch abgetrennt wird. Im Handel sind frische sowie ultrahocherhitzte und sterilisierte Erzeugnisse, die dann wesentlich länger haltbar sind.
Sahne/Süßrahm: Mindestens 10 % Fett.
Schlagsahne: Mindestens 30 % Fett.
Schlagsahne extra: Mindestens 36 % Fett.
Crème double: Süßrahm mit ca. 43 % Fett.
Crème fraîche: Mild gesäuert, 30 bis 40 % Fett.
Schmand: Gesäuertes Sahne-Produkt, meist ultrahocherhitzt hergestellt, Fettgehalt um 24 %. Auch als »löffelfester Sauerrahm« im Handel erhältlich.
Saure Sahne/Sauerrahm: Hergestellt durch Aufrahmen und Säuern mit Milchsäurebakterien, anschließend homogenisiert. Fett zwischen 10 und 15 %.

Frischkäse-Produkte

Auch hier wird pasteurisierte Milch mit Milchsäurebakterien gesäuert und so verdickt. Oft wird Lab, ein aus Kälbermagen gewonnenes Ferment, zugefügt. Der Fettgehalt wird bei diesen Produkten wegen des unterschiedlichen Wassergehalts in Prozent »i. Tr.« angegeben. Das bedeutet: Fettanteil in der Trockenmasse. Der tatsächliche Fettanteil ist bei all diesen Produkten also deutlich geringer als zu vermuten ist.
Speisequark: Durch Säuerung eingedickte Milch, nochmals zentrifugiert. Dabei wird weitere Molke abgetrennt, jene Flüssigkeit, die aus geronnener Milch abläuft. Danach passiert und eventuell mit Rahm angereichert. In drei Varianten: Magerstufe (unter 10 % i. Tr.), Halbfettstufe (20 % i. Tr.) und Fettstufe (40 % i. Tr.).
Rahm-Frischkäse: Aus Sahne und gesäuerter dicker Milch, durch längeres Zentrifugieren mit noch festerer Konsistenz als Quark. Rahm-Frischkäse mit 50 % Fett i. Tr., Doppelrahm-Frischkäse mit 60 bis 85 % Fett i. Tr.
Körniger Frischkäse: Dafür wird zerschnittener Säure-Lab-Quark noch einmal erwärmt – es entstehen feste, kleine Körnchen. Meist mit 10 oder 20 % Fett i. Tr.

Die verschiedenen Milchsorten

Rohmilch: Unbehandelte Milch frisch von der Kuh, lediglich gefiltert, um Schmutzteilchen zu entfernen. Verkauf direkt beim Bauern. Muß vor dem Trinken kurz aufgekocht werden.
Fettgehalt zwischen 3,5 und 4,5 %.
Vorzugsmilch: Naturbelassene Rohmilch aus streng überwachten Bauernhöfen, dort auch abgefüllt. Fettgehalt um 3 %.
Beim Bauern oder im Handel erhältlich. Roh trinkbar.
Vollmilch mit natürlichem Fettgehalt: In der Molkerei gereinigt und geprüft. Fettgehalt mindestens 3,5 %, er darf nicht eingestellt werden. Liegt aber oft etwas höher, je nach Jahreszeit und Fütterung.
Vollmilch mit eingestelltem Fettgehalt: Fettanteil wird in der Molkerei eingestellt – meist 3,5 %.
Teilentrahmte (fettarme) Milch: Fett mindestens 1,5 %, höchstens 1,8 %.
Kann mit Milcheiweiß angereichert werden.
Entrahmte Milch (Magermilch): Höchstens 0,3 % Fett, kann mit Milcheiweiß angereichert werden.

Katen-schinken

Der Schwarzwälder Schinken kommt aus dem Schwarzwald, der Westfälische aus Westfalen – und der holsteinische? Aus der Kate. Katen sind kleine Bauern- oder Landarbeiterhäuser, die mit ihren schornsteinlosen Reetdächern das Bild Schleswig-Holsteins ebenso prägen wie die schwarzweißen Kühe. Von außen sieht man diesen Häuschen ihr mehr als hundertjähriges Alter nicht an, das Innenleben vieler jedoch verrät, daß hier seit Generationen geräuchert wird: Die Wände der niedrigen Räume sind rußig, fast schwarz, und der Himmel hängt voller Schinken, dem zartwürzigen Holsteiner Katenschinken.

Natürlich wird der Schinken heute nicht mehr ausschließlich in Katen geräuchert. Seinen besonderen Geschmack verdankt er Wissen und Erfahrung der Räuchermeister ebenso wie der Qualität des Fleisches, die wiederum vom Alter und vor allem von der Aufzucht der Schweine abhängt. Nur jede zweite Hinterkeule findet den Weg in die Räucherei: Das Tier wird nach dem Schlachten an einem Bein aufgehängt und dadurch reißen die Muskelfasern. Das Ergebnis: »Gummischinken« und damit nicht tauglich für erstklassigen Holsteiner Katenschinken.

Vor dem Räuchern salzt der Meister die Schinken trocken und am Knochen unter Verwendung einer Spezialmischung aus Salz, Kräutern und Senfkörnern ein, brennt sie nach und wässert sie schließlich unter fließendem Wasser 36 Stunden. Erst dann erhält der Schinken in der Räucherkate seinen Platz und nimmt dort über kaltem Buchenholzrauch bei 18 bis 20 Grad seinen vollen delikatwürzigen Geschmack an. Ein Schinken kann bis zu 13 Wochen im Rauch hängen; wird noch in einer Kate geräuchert, so ist deren allabendliche Lüftung während dieser Zeit unablässig.

Die Wahl des Holzes entscheidet über den Geschmack des Schinkens, Erle und Buche eignen sich hierbei wunderbar, Tanne verdirbt die Gaumenfreude. Statt mit Spänen wird vornehmlich mit trockenen Buchenscheiten geräuchert. Vertrauen erwecken die Späne aus offensichtlichem Grund nicht: Imprägnierstoffe und damit Giftstoffe verbergen sich oft im Holz, von dem täglich drei Waschzuber verbrannt werden.

Das regelmäßige und rechtzeitige Umhängen der Stücke je nach Größe in verschieden heiße Räume gehört ebenfalls zur holsteinischen Räucherkunst. Zum Schluß wandert die Räucherware ganz nach oben, um dort ihren erlesenen Spitzengeschmack zu erhalten. Geräuchert wird im Winter, vom Gallustag am 15. Oktober bis zum Büdeltag am 15. Mai. Neben dem Rauch und der Luft, so erklären die Räucherer, darf die Bedeutung des Salzes nicht unterschätzt werden. Ein Zuviel beeinträchtigt die Qualität des Schinkens deutlich.

Ein kräftiger Katenschinken, der zusammen mit Schwarzwälder und Westfälischem Schinken das Trio deutscher Spitzenschinken bildet.

Holsteiner Katenrauchwurst

In der Kate hing der Himmel früher nicht nur voll Schinken, sondern auch voll Würste. Eine besondere Spezialität Schleswig-Holsteins ist dabei die Holsteiner Katenrauchwurst, eine schnittfeste Rohwurst, die bei niedrigen Räuchertemperaturen hergestellt wurde. Die Würste hingen bis zu drei Monaten im Rauch, dabei wurde Kiefernholz, Wacholder, Hartholz und Heidekraut verbrannt, wobei die Wurst ihr kräftiges Aroma entwickelte. Die Holsteiner Katenrauchwurst besteht zu 30 Prozent aus entsehntem rohem Rindfleisch, zu 40 Prozent aus fettem, rohem Schweinefleisch und zu 30 Prozent aus rohem Rückenspeck ohne Schwarte. Gewürzt wird mit Salz, Pfeffer und etwas Honig.

Fleischgerichte

Lübecker National
(Abbildung unten rechts)

- *750 g rohes Kasseler ohne Knochen*
- *Salz*
- *750 g Steckrüben*
- *2 Gemüsezwiebeln, grob gehackt*
- *750 g Kartoffeln*
- *1 EL Speisestärke*
- *250 g Sahne*
- *Salz und Pfeffer*
- *1/2 Bund gehackte Petersilie*

Das Fleisch mit 1 TL Salz in 1 1/2 l kaltem Wasser aufsetzen, zum Kochen bringen und 30 Minuten köcheln lassen. Inzwischen die Steckrüben schälen und in Würfel schneiden. Steckrüben und Zwiebeln zum Kasseler geben und weitere 30 Minuten garen. Die Kartoffeln waschen, schälen, in Stücke schneiden und in Salzwasser bißfest kochen. Das Fleisch aus der Brühe heben und warm stellen. Die Speisestärke mit der Sahne verquirlen und unter das Rübengemüse rühren. Einige Minuten köcheln lassen, dann mit Salz und Pfeffer abschmecken und mit der Petersilie bestreuen. Das Kasseler und die Salzkartoffeln getrennt dazu reichen.

Schwarzsauer
(Abbildung unten links)

- *1 kg Schweinefleisch (Pfoten, Halsfleisch, Schnauze)*
- *1 l Wurst- oder Fleischbrühe*
- *1 Zwiebel, gespickt mit 1 Lorbeerblatt und 2 Nelken*
- *Salz und Pfeffer*
- *5 Pimentkörner*
- *100 ml Weinessig*
- *1/2 l Schweineblut*

Das Schweinefleisch in mundgerechte Stücke zerteilen. In der Brühe mit der gespickten Zwiebel, Salz, Pfeffer und den Pimentkörnern und dem Essig zum Kochen bringen. Bei kleiner Hitze in ca. 1 1/2 Stunden gar kochen. Das Fleisch herausheben und warm stellen. Die Brühe abseihen und wieder zum Kochen bringen. Das Blut einrühren und die Sauce dicklich einkochen. Nochmals mit Salz, Pfeffer und Essig abschmecken und über das Fleisch gießen. Mit Salzkartoffeln oder Mehlklößchen und Backobst servieren.

Husumer Ochsenkuchen
(Abbildung rechte Seite unten)

- *1 Ochsenschwanz*
- *Salz und Pfeffer*
- *2 EL Öl*
- *1 Zwiebel*
- *1 Möhre*
- *1/2 Sellerieknolle*
- *2 EL Tomatenmark*
- *200 ml Rotwein*
- *2 Knoblauchzehen*
- *1 Lorbeerblatt*
- *200 g Poulardenfleisch*
- *150 g Sahne*
- *je 50 g kleingewürfelte Karotte, Sellerie und Lauch*
- *1 EL Schnittlauch, in feine Röllchen geschnitten*
- *1 Schweinenetz*
- *Butterschmalz zum Braten*

Den Ochsenschwanz in die einzelnen Glieder zerteilen, salzen und pfeffern und im heißen Öl anbraten. Zwiebel, Möhre und Sellerieknolle hacken und kurz mitrösten. Das Tomatenmark unterrühren, mit Rotwein ablöschen, zerdrückte Knoblauchzehen und Lorbeer zufügen und so viel heißes Wasser zugeben, daß die Fleischstücke bedeckt sind. Im geschlossenen Topf ca. 2 Stunden schmoren lassen, dabei ab und zu etwas Wasser nachgießen. Dann die Ochsenschwanzstücke herausheben, abtropfen und auskühlen lassen. Inzwischen das Poulardenfleisch in kleine Stücke schneiden und im Mixer mit der Sahne, Pfeffer und Salz zu einer homogenen Masse verarbeiten. Die Gemüsewürfel in kochendem Wasser kurz blanchieren und mit dem Schnittlauch unter die Masse heben. Die Ochsenschwanzstücke von Knochen und Knorpel befreien, auf das gut gewässerte Schweinenetz legen, mit der Füllmasse in die ursprüngliche Form bringen und ganz in das Schweinenetz einschlagen. Den gefüllten Ochsenschwanz in wenig Butterschmalz leicht anbraten, mit dem entfetteten Schmorfond auffüllen und in ca. 20 Minuten gar schmoren. Als Beilage Sahnewirsing und Petersilienkartoffeln reichen.

Schwarzsauer

Lübecker National

Brooken Sööt – süß-saure Spezialitäten

Wie es einem Süddeutschen geht, wenn er mit bestimmten Spezialitäten des Nordens konfrontiert wird, kann man in Thomas Manns Buddenbrooks lesen. Die Tochter Tony hat nach München geheiratet und serviert ihrem Mann Permaneder »manches von unseren heimatlichen Gerichten, so gestern zum Beispiel Sauerampfer mit Korinthen, aber davon habe ich großen Kummer gehabt, denn Permaneder nahm mir dies Gemüse so übel (obgleich er die Korinthen mit der Gabel herauspickte), daß er den ganzen Nachmittag nicht mit mir sprach, sondern nur murrte, und ich kann sagen, Mutter, daß das Leben nicht immer leicht ist.«
Des einen Leid, des andern Freud': Birnen, Bohnen, Speck, Schweinerippe mit Backpflaumen, Aal mit Rhabarberkompott, Wurst mit Apfelmus sind nur einige der Gerichte, die typisch für die Küche Schleswig-Holsteins sind. »Brooken Sööt«, »aufgebrochene Süße«, nennt man das, und meint damit mehr als nur süß-sauer (»söötsuur«), nämlich die Kombination von Deftigem mit fruchtigem Süß.
Die Geschichte der »Brooken Sööt« reicht weit zurück: Schon die Wikinger, die vor der ersten Jahrtausendwende südlich von Flensburg ihren Stützpunkt Haithabu hatten, schätzten Fleisch und Fisch mit Beeren- und Obstbeilagen. Man hat versucht, dies mit dem Mangel an Gewürzen zu erklären: Die Früchte verliehen dem eintönigen Alltagsessen spezielle Geschmacksrichtungen. Oder mit der Vorratswirtschaft: Beeren und Früchte ließen sich trocknen und konnten so auch im Winter mit gepökeltem Fleisch und Fisch aufgetischt werden. Diese Theorien erklären jedoch nicht, warum sich die Vorliebe für Süß-Saures hauptsächlich im Norden des Landes durchsetzte, während der Süden diese Kombination ablehnt – Gewürzmangel herrschte vor dem Mittelalter hier wie dort und die Konservierungsmethoden waren überall dieselben. Vielleicht prägten Fremdeinflüsse den Geschmack? Skandinavische, englische? Vielleicht auch. Am besten läßt man das Theoretisieren ganz. Denn über Geschmack soll man bekanntlich nicht streiten – und auch nicht theoretisieren.

Schweinebacke mit Großem Hans und Beerensauce

1 geräucherte Schweinebacke, ca. 900 g
1 Zwiebel, gespickt mit 1 Lorbeerblatt und 2 Nelken
1 Bund Suppengrün
Salz
5 Eier, getrennt
1/2 l Milch
500 g Mehl
100 g zerlassene Butter
Mehl zum Bestäuben

Die Schweinebacke in einen Topf legen und so viel Wasser angießen, daß das Fleisch ganz bedeckt ist. Mit der gespickten Zwiebel, dem Suppengrün und wenig Salz zum Kochen bringen und zugedeckt bei kleiner Hitze ca. 1 1/2 Stunden köcheln lassen. In der Zwischenzeit das Eigelb cremig aufschlagen. Die Milch zugeben. Zuerst das Mehl, dann die zerlassene Butter unterrühren. Das Eiweiß mit 1 Prise Salz sehr steif schlagen und vorsichtig unter die Masse heben. Ein sauberes Küchentuch heiß durchspülen und mit etwas Mehl bestäuben. Den Teig in das Tuch füllen und das Tuch mit Küchengarn fest zusammenbinden, dabei zwischen Teig und Garn eine Handbreit Luft lassen. Den Teigbeutel in kochendes Wasser legen und ca. 1 1/2 Stunden garen. Mit der Schweinebacke und Beerensauce servieren.

Wenn in Schleswig-Holstein vom »Büdel« oder vom »Großen Hans« die Rede ist, ist damit ein Mehlkloß gemeint, der hier, je nach Region, in verschiedensten Varianten und Größen auftaucht. Der »Mehlbeutel« wird ohne Treibmittel und mit Eiern oder geschlagenem Eiweiß zubereitet. Er kann ein Mahl für sich sein, dann wird er mit Kartoffeln und Sauce und als Süßspeise mit Kompott oder Backobst gereicht, oder als Begleiter von Fleischgerichten auftreten – immer groß genug, damit kein Tropfen der wertvollen Sauce verloren geht, die man mit Hilfe des Mehlbeutels auftunkt. Früher war es auch üblich, den Mehlbeutel aus Brotresten zuzubereiten.

Husumer Ochsenkuchen

Federwild

Salopp formuliert, versteht man unter der Bezeichnung »Federwild« alles, was Federn hat und jagdbar ist. Also Hühnervögel, Tauben, Gänse- und Entenvögel, Wat- und Möwenvögel, Kranicharten, Greifvögel und Sperlingsvögel, kurz, alles, was fliegt und auf den Boden fällt, wenn man es mit einer Ladung Schrot durchbohrt. Darüber, welcher Vogel wann ungestört seine Kreise ziehen darf, entscheiden Gesetze, die Schonzeiten festlegen. So ist zum Beispiel der Auerhahn in Deutschland ganzjährig geschont und entkommt damit dem Schicksal, als ausgestopfte Trophäe an die Wand gehängt oder als ausgefallene Speise gebraten zu werden. Andere Vögel leben fröhlich vor sich hin, weil sie sowieso keiner essen will, zumindest in guten Zeiten. Früher war es zum Beispiel in armen Gegenden durchaus üblich, Krähen zu braten. Auch Singvögel werden in unseren Breiten nicht mehr gegessen; Lerchen galten noch im vorigen Jahrhundert als Delikatesse, doch schon damals versalzten die Tierschützer den Feinschmeckern den Braten.

Obwohl es eigentlich ein Widerspruch in sich ist, kommt vieles Wildgeflügel heute aus Zuchten und ist damit ganzjährig im Handel erhältlich. Generell sind Wildformen, ob Gänse, Enten oder Tauben, im Geschmack kräftiger und gehaltvoller als ihre domestizierten Artgenossen. Ganz besonderer Beliebtheit unter Feinschmeckern wie Jägern erfreut sich dabei der Fasan. Die Gourmets schätzen ihn gefüllt und mit Speck umwickelt als Braten, an dem sich gut zwei Leute laben können, die Jäger lieben ihn wohl, weil er so schön ist – vor allem das Männchen mit seinem bunten Federkleid macht sich prächtig in der Strecke –, und es eine sportliche Herausforderung darstellt, den schnell fliegenden Vogel zu erlegen. Daß es dabei vor der Jagd wenig sportlich zugeht, scheint sie nicht zu stören. Da die Zahl der Fasanen aufgrund der Veränderungen von Landschaft und Umwelt immer mehr zurückgeht, werden die Tiere in Massenzuchtanstalten aufgezogen – unter Bedingungen, die den Namen »artgerecht« nicht verdienen – und dann ausgesetzt, damit die Jäger sie in freier Wildbahn erlegen können. Nach deutschem Recht müssen die Tiere mindestens sechs Wochen lang die Freiheit genossen haben, bevor sie erlegt werden dürfen.

Der Fasan kommt ursprünglich aus Asien; sein Verbreitungsgebiet erstreckt sich vom Schwarzen Meer bis nach Korea und Japan. Der Sage nach haben ihn die griechischen Argonauten aus dem Land Kolchis am Kaukasus entführt und in ihre Heimat gebracht. Der Name »Fasan« leitet sich aus der Herkunftsgegend des Vogels ab, dem Fluß Phasis zwischen Kleinasien und Kolchis.

Fasanen zu züchten, zu jagen und zu verspeisen, hat Tradition in Europa. Die Griechen und die Römer sahen ihn gerne auf der Tafel und von Karl dem Großen ist überliefert, daß er den Vogel regelmäßig verspeiste. Aus dekorativen Gründen wurden die gebratenen Fasanen bei fürstlichen Gelagen mit ihren bunten Federn bedeckt aufgetragen. Auch auf Stilleben und Jagdgemälden findet man immer wieder prächtige Fasanen abgebildet. Seit dem 13. Jahrhundert gab es an den Fürstenhöfen »Fasangärtlein« oder »Fasanerien«, wo die Vögel als Prunkobjekte gehalten wurden und sich, ähnlich wie die Pfauen, großer Verehrung erfreuten. Zum Jagdwild wurden die Fasanen erst nach dem Dreißigjährigen Krieg.

Wildentenbrust mit Schmorkohl

Wildentenbrust mit Schmorkohl

1 Bund Suppengrün
1 kleine Zwiebel, gespickt mit 1 Lorbeerblatt und 2 Nelken
Salz und Pfeffer
1 TL Zucker
1 EL Wildgewürz
1/8 l milder Weinessig
4 Entenbrustfilets
2 Eigelb
150 g Sahne

1 l Wasser mit dem Suppengrün, der gespickten Zwiebel, den Gewürzen und dem Essig zum Kochen bringen. Die Entenbrustfilets einlegen und in etwa 20 Minuten bei kleiner Hitze gar ziehen lassen. Nach Ende der Garzeit die Entenbrüste aus dem Fond heben und warm stellen. Den Fond durch ein Sieb in eine Kasserolle gießen und auf die Hälfte einkochen. Das Eigelb mit der Sahne verquirlen und die Sauce damit legieren, nicht mehr kochen. Die Entenbrustfilets schräg aufschneiden und auf vorgewärmten Tellern mit Schmorkohl und Kartoffelpüree anrichten. Die Sauce getrennt dazu reichen.

Gefüllter Fasan

Gefüllter Fasan

1 küchenfertiger Fasan
Salz und Pfeffer
125 g Champignons
75 g gekochte Schinkenwürfel
1 Ei
1 EL Semmelbrösel
1/2 TL Rosmarin
1 EL gehackte Petersilie
2 Scheiben fetter Speck
2 EL Butterschmalz
1/4 l Brühe
200 ml Rotwein
1 TL Speisestärke
100 g Sahne

Den Fasan waschen, trockentupfen und mit Salz und Pfeffer einreiben. Die Champignons putzen und fein hacken. Mit den Schinkenwürfeln, dem Ei, den Semmelbröseln, Rosmarin und Petersilie mischen und den Fasan damit füllen. Fasan mit den Speckscheiben umwickeln, den Speck mit Küchengarn festbinden. Den Fasan in einen Bräter legen. Das Schmalz erhitzen und über den Fasan gießen. Im vorgeheizten Backofen bei 220 °C ca. 40 Minuten braten. Während dieser Zeit gelegentlich mit etwas Brühe begießen. Nach Ende der Bratzeit den Fasan aus dem Bräter heben und warm stellen. Den Bratfond mit der restlichen Brühe ablöschen, durch ein Sieb in einen Topf gießen, entfetten, mit Rotwein aufgießen und zum Kochen bringen. Die Speisestärke mit der Sahne verquirlen, in die Sauce rühren und mit Salz und Pfeffer abschmecken. Den Fasan tranchieren, mit der Füllung auf einer vorgewärmten Platte anrichten und die Sauce getrennt dazu reichen.

Rechte Seite: Der Fasan wird seit dem Mittelalter in Europa gezüchtet. Die Adligen hielten ihn früher in »Fasangärtlein« oder »Fasanerien«

Das hübsch gesprenkelte Perlhuhn wird fast so groß wie das Haushuhn.

Goethe aß auf seinen Reisen durch Deutschland täglich zwei Rebhühner.

Ringeltauben bilden große Schwärme, um ihre Feinde zu verwirren.

Die Stockente ist die in Europa am häufigsten vorkommende Ente.

Die Wachtel, das kleinste Feldhuhn, kommt nur gezüchtet auf den Markt.

Raps

In Schleswig-Holstein spricht man von der »leuchtendgelben Jahreszeit«, wenn Anfang Mai der Raps zu blühen beginnt und sich die Felder in goldgelbe Teppiche verwandeln. Bei dieser Pracht mag man an den süßen Rapshonig denken, an klares Öl, das über frische Salatblätter fließt – brummende Dieselmotoren oder gar Schmieröl assoziiert wohl niemand. Und doch, auf Deutschlands schönsten Ölfeldern wächst auch das Ausgangsprodukt für Biodiesel und andere industriell verwertbare Alternativprodukte.

Doch bleiben wir beim nahrhaften Aspekt: Raps ist wichtigste Ölsaat, die in Europa angebaut wird, weltweit steht er an dritter Stelle in der Rangliste der Ölfrüchte. Er enthält 45 Prozent Öl und besonders viel Eiweiß. Aufgrund seiner Zusammensetzung zählt Rapsöl zu den hochwertigsten Speiseölen. Sein Fettsäuremuster mit fast 60 Prozent einfach gesättigter Ölsäure und über 30 Prozent mehrfach ungesättigter Fettsäuren ist besonders für den Herz-Kreislauf schonende Ernährung wichtig. Aufgrund seiner ernäh-rungsphysiologischen Eigenschaften und seines neutralen Geschmacks eignet sich raffiniertes Rapsspeiseöl hervorragend für die Lebensmittelverarbeitung: Es wird für die Herstellung von Margarine, Mayonnaise oder auch Feinkostsalaten verwendet. In Reformhäusern und Delikatessgeschäften wird Rapsöl inzwischen kaltgepreßt angeboten.

Raps ist ein Kreuzblütler; man unterscheidet zwischen Winter- und Sommerraps, wobei der Sommerraps mit einem Anteil von nur 0,6 Prozent von geringer Bedeutung ist. Erst seit einiger Zeit wird ausschließlich 00-Raps angebaut, dessen Werte an Erucasäure und Glucosinolaten fast gegen Null gehen.

Im Handel sind folgende Speiseöle erhältlich:

1 Bucheckernöl
2 Distelöl
3 Haselnußöl
4 Mohnöl
5 Leinöl
6 Rapsöl
7 Sonnenblumenöl
8 Traubenkernöl
9 Walnußöl

Raps ist die wichtigste Ölsaat, die in Europa angebaut wird. Weltweit steht er an dritter Stelle.

Zum Tanken aufs Feld

Autos fahren mit umweltfreundlichem Biodiesel. Die Industrie verwendet natürlich abbaubare Schmierstoffe und Hydrauliköle. Häuser werden mit Pflanzenöl beheizt. Rinder fressen Kuchen statt Tiermehl ...
Dieses Utopia liegt gar nicht so fern: Deutschlands Felder tragen nachwachsbaren Rohstoff: den Raps. Sein Öl läßt sich unter Einsatz von Methanol zu Rapsmethylester (RME), kurz: zu Biodiesel verarbeiten. Dessen Vorteile: 100 Prozent weniger Schwefeldioxid, 80 Prozent weniger Kohlendioxid, 52 Prozent weniger Ruß, 22 Prozent weniger Kohlenwasserstoff, 17 Prozent weniger Partikel.
Auch Heizen kann man mit Rapsöl: In sogenannten Biomasse-Blockheizkraftwerken wird Strom und Wärme gleichzeitig erzeugt. Pflanzenöltaugliche Dieselmotoren produzieren Strom, aus der Motorabwärme wird Wärme gewonnen.
Auf Rapsbasis hergestellte Schmierstoffe und Hydrauliköle weisen hervorragende Eigenschaften auf. »Verlustschmieröle«, also Öle, die bei der Anwendung an die Umwelt verlorengehen, können heute bereits zu zwei Dritteln durch umweltfreundliche Rapsöl-Produkte ersetzt werden.
Rapsölkuchen und -schrot spielen eine wichtige Rolle in der Tierfütterung und stellen eine natürliche und gesunde Alternative zur Tiermehlfütterung dar.
Textilindustrie und Lederverarbeitung nutzen ebenfalls Rapsöl. Selbst in Waschmitteln, Salben, Pflastern, Kosmetika, Badezusätzen und Zahnpflegemitteln ist es häufig enthalten.

Auch Bienen tummeln sich gern in den Rapsfeldern.

Nachspeisen

»Erfahrungsgemäß essen alle Poeten gern Kuchen«, schreibt der aus Husum stammende Dichter Theodor Storm, der seiner Heimat mit der 1888 erschienenen Novelle »Der Schimmelreiter« ein literarisches Denkmal setzte. Storm spricht davon, daß ihn Süßes »wieder auf die Beine« bringe, wenn er sich »halb tot« fühle. Ähnliches scheint für viele Schleswig-Holsteiner zu gelten: Ohne eine ordentliche Portion Nachspeise ist für sie das Leben kaum vorstellbar.

Besonders beliebt ist die »Rode Grütt«, die Rote Grütze, die ja inzwischen schon landesweit die Nachspeisen-Büfetts erobert hat. Ihr Name verrät, wie sie entstand: Die übliche Gersten- oder Hafergrütze wurde verfeinert, indem man sie mit dem Saft von eingemachten Johannisbeeren, Himbeeren oder auch Kirschen oder Brombeeren kochte. Heute bevorzugt man frisches oder eingefrorenes Obst. Früchte bilden auch die Grundlage etlicher anderer Desserts, wie zum Beispiel der »Deern im Schleier«, einer Kombination von kleingeschnittenen Äpfeln, zerbröseltem Schwarzbrot und Sahne. Die Vorliebe für süß-sauer macht übrigens auch bei den Nachspeisen nicht halt: Beim »Birnenbeschlag« wandern Birnen zusammen mit Speck in einen Auflauf. Die Nähe zu England brachte auch den Pudding auf den Tisch. Der berühmteste ist der von Thomas Mann so geschätzte »Plettenpudding«. Theodor Storm dagegen hielt es eher mit den »Förtchen«, dem einzigen Schmalzgebäck der schleswig-holsteinischen Dessertküche. Oder mit Napf- und Butterkuchen, die man nachmittags – England läßt auch hier grüßen – gerne zum Tee nahm.

Hintergrund: Beeren aller Art wandern in die Rote Grütze, die man mit Vanillesauce serviert.

Rote Grütze

250 g rote Johannisbeeren
250 g Sauerkirschen
250 g Himbeeren
1/4 l schwarzer Johannisbeersaft
1/4 l Kirschsaft
1/4 l Himbeersirup
75 g Speisestärke
2 EL Zucker
1 Päckchen Vanillinzucker

Die Früchte verlesen und putzen, Johannisbeeren von den Stielen streifen, Sauerkirschen entsteinen. Den Johannisbeersaft mit dem Kirschsaft und dem Himbeersirup aufkochen. Die Speisestärke in etwas kaltem Wasser verquirlen, in die Fruchtsäfte rühren, Zucker und Vanillinzucker zufügen und nochmals aufkochen. Die Früchte vorsichtig untermischen, in eine Dessertschale umfüllen und erkalten lassen. Dabei die Rote Grütze mehrmals umrühren, damit sie nicht steif wird. Dazu paßt kalte Vanillesauce oder flüssige Schlagsahne.

Diverse rote Beeren und Früchte, Obstsäfte und Sirups bilden die Grundlage der Roten Grütze.

Alle Beeren müssen gewaschen und entstielt werden, von den Kirschen entfernt man die Steine.

Obstsäfte und Sirup aufkochen und die in kaltem Wasser gelöste Speisestärke dazugeben.

Nachdem der Zucker und der Vanillezucker zugefügt wurden, kocht man die Flüssigkeit noch einmal auf.

Nun werden die vorbereiteten frischen Früchte vorsichtig untergemischt.

Die Rote Grütze wird in Dessertschalen umgefüllt; sie wird kalt mit Vanillesauce oder Sahne serviert.

Das Qualitätsprodukt Lübecker Marzipan findet seinen Markt in der ganzen Welt.

Marzipan

Thomas Mann nannte es eine »üppige Magenbelastung«. Vermutlich ahnte er nicht, daß Marzipan früher nicht allein als Leckerei, sondern ebenso als Arznei geschätzt wurde. Unter anderem ausgerechnet gegen einen »bösen« Magen, wie ein aus dem Jahr 1571 erhaltenes »Receptum« für eine Karlsbader Kur beweist.

Marzipan als angebliches Heilmittel – das mag damit zu tunhaben , daß bis ins 18. Jahrhundert hauptsächlich Apotheker den teuren Zucker verkauften und Konfekt, Marzipan und andere Zuckerwaren herstellten. Kuchenbacken und Zuckerbäckerei galten seinerzeit als »Freie Kunst« und waren damit nicht durch zünftiges Recht privilegiert.

Die Kunst, Marzipan aus Mandeln und Zucker herzustellen, ist über tausend Jahre alt und stammt aus dem Vorderen Orient, von wo aus sie mit der arabischen Herrschaft nach Spanien und ins übrige Europa gelangte. Dort avancierte Marzipan rasch zur begehrten Nachspeise an fürstlichen Tafeln. Denn nur die Reichen konnten sich wegen der enormen Preise für Zucker derlei kostbare Köstlichkeiten leisten. Erst mit der industriellen Gewinnung von Rübenzucker zu Beginn des 19. Jahrhunderts wurde Marzipan einigermaßen erschwinglich. Zu dieser Zeit beginnt auch die Geschichte Lübecks als »Hauptstadt« des Marzipans. Sie ist eng verbunden mit dem Namen Johann Georg Niederegger, der 1806 die Konditorei am Markt übernahm und wenig später die erste fabrikmäßige Herstellung von Marzipan begann. Damals war Marzipan allerdings noch ein Saisonprodukt, man genehmigte es sich vorwiegend als süßen Festschmaus in der Weihnachtszeit.

Grundstoffe der Marzipan-Herstellung sind süße Mandeln und Zucker. Zunächst wird die sogenannte Marzipan-Rohmasse hergestellt. Das geschieht heute vollautomatisch: Die meist aus dem Mittelmeerraum stammenden Mandeln gehen durch Reinigungs- und Sortiermaschinen, werden anschließend durch Brühen enthäutet, gewaschen und zusammen mit Zucker (zwei Teile Mandeln, ein Teil Zucker) in mehreren Walzstühlen immer weiter zerkleinert, bis eine pastenartige Masse entsteht. Hinzugefügt werden Spuren von Rosenwasser oder ähnlichen Ingredienzen. Was und wieviel das im einzelnen ist, bleibt streng gehütetes Geheimnis jedes Herstellers.

Anschließend wird die Rohmasse etwa 45 Minuten auf über 100 Grad erhitzt. Das läßt den Zucker schmelzen, verbessert die Bindung der Mandel-Zucker-Paste, verstärkt das Aroma und macht Marzipan haltbarer (je nach Produkt sechs bis zwölf Monate). Nach dem Abkühlen in speziellen Kesseln verläßt das Rohmarzipan in Blöcken, 30 bis 40 cm breit und 25 cm hoch, die Maschine. Es ist jetzt form- und knetbar – der Veredelungsprozeß kann beginnen: Die Rohmasse wird nun mit gesiebtem Puderzucker aufbereitet. Bei Lübecker Marzipan, übrigens eine geschützte Bezeichnung, dürfen maximal 30 Teile Puderzucker auf 70 Teile Rohmasse kommen, bei Edel-Marzipan sind es nur 10 Prozent.

Bis zu 30 Tonnen Marzipan stellt allein die Nummer eins auf dem Markt, die Firma Niederegger, täglich her. Mehr als 70 Meter messen hier die elektronisch gesteuerten Formstraßen, auf denen sich das Marzipan in die verschiedensten Formen und Sorten verwandelt, abgekühlt und schließlich verpackt wird. Je nach Sorte kommen weitere Zutaten hinzu, zugeliefert von wiederum automatisch arbeitenden Füllstationen entlang der Produktionsstraße. Selbst das »Schminken« von buntem Marzipan-Obst funktioniert mittels Spritzgeräten, die pflanzliche Farben aus Karotten, Spinat oder Brennesseln auf die Süßigkeiten sprühen. Nur winzige Details sind noch Handarbeit – etwa die Tupfer für die Näschen der Osterhasen.

Mandeln und Zucker durchlaufen mehrere Walzstühle, wobei sie immer weiter zerkleinert werden.

Die pastenartige Masse wird in Kupferkesseln verrührt und mit verschiedenen Aromen angereichert.

Die aus der Rohmasse geformten Produkte müssen trocknen, bevor sie weiterverarbeitet werden.

Es gibt über 200 verschiedene Marzipanprodukte. Hier werden die Laibe mit Schokolade überzogen.

Marzipan-Bratäpfel

4 große Äpfel, z. B. Boskoop oder Cox Orange
150 g Marzipan-Rohmasse
3 EL Puderzucker
1/8 l Orangenlikör

Die Äpfel gut waschen und das Kerngehäuse weit ausstechen. Die Marzipan-Rohmasse mit dem Puderzucker und dem Orangenlikör gut verkneten und die Äpfel mit dieser Masse füllen. Die gefüllten Äpfel in eine feuerfeste Form setzen und im vorgeheizten Backofen bei 200 °C etwa 25 Minuten braten. Herausnehmen, sobald die Füllung braun wird. Dazu reicht man warme oder kalte Vanillesauce oder Schlagsahne.

Marzipan in 200 Variationen

Weiße Marzipan-Brote, mit Kuvertüre überzogene schwarze, in Kakaopulver gewälzte Kartoffeln, Pralinen verschiedenster Art, Pasteten mit Ananas, Himbeere, Erdbeere, Apfel, Aprikose, Kirsche, Ingwer, Walnuß, Haselnuß, Pistazie, Mokka, Cappuccino, Rum oder Rotwein – das ist nur eine Auswahl aus den über zweihundert Variationen, in denen in Lübeck Marzipanprodukte hergestellt werden. Für jeden Anlaß und jede Jahreszeit gibt's passende Motive und Figuren: Glücksschweine und Schornsteinfeger, Ostereier, Häschen und Hühnchen, Mai- und Junikäfer, Dinos und Trolle, Bärchen, Affen, Elefanten. Besonders beliebt ist sogenanntes Vexier-Marzipan: täuschend echt aussehende Äpfel, Birnen, Orangen, Pfirsiche, Bananen, Zitronen, Karotten, Tomaten und manches mehr – alles in Originalgröße. Seit alters her gilt Weihnachten als Marzipan-Hochzeit. Also dürfen Schneemänner, Nußknacker, Nikoläuse, Zimtsterne und Engel für den Baum sowie der Marzipanstollen im Angebot nicht fehlen. Ein Augenmerk hat man auch auf die Touristen in Schleswig-Holstein, die Marzipan-Erinnerungen mit nach Hause nehmen können. Zum Beispiel Seehunde, Seesterne, Aale und andere Fische sowie das berühmte Lübecker Holstentor als Marzipantorte. Auch eine andere traditionelle Sorte wird in Lübeck produziert, das bekannte Marzipan nach Königsberger Art – winzige Marzipansemmeln, extra geflämmt.

Geistige Speise

Lübeck was not amused. Die feine Gesellschaft der Freien Reichsstadt rang mit mäßigem Erfolg um Fassung, hinter den Fassaden der vornehmen Patrizierhäuser wurden höchst unvornehme Ausdrücke laut und sogar die rituellen Tafelfreuden der Hanseaten litten unter dem Unerhörten: Es hatte ihnen einer in die Suppe gespuckt. Im Sommer 1901 waren bei Fischer in Berlin die »Buddenbrooks« erschienen, ein mehr als 1000 Seiten umfassender Kaufmannsroman, für den der Autor 1929 mit dem Nobelpreis ausgezeichnet werden sollte. Ein literarisches Ereignis. Und als solches für Lübeck eigentlich nicht von Belang: Denn an der Trave widmete man sich von jeher lieber seinen Kontobüchern als den Hirngespinsten irgendwelcher hergelaufener Schreiberlinge. Unglücklicherweise aber war der Autor der »Buddenbrooks« ein weggelaufener Schreiberling. 1875 in Lübeck geboren, als zweiter Sohn eines hochangesehenen Großkaufmanns und Senators, verfügte er über Insiderkenntnisse, die seinem Roman Kontobuch-Bedeutung verliehen. Das mußte ernst genommen werden, das waren keine »Hirnges-pinste«, das war Realität. Der »ausbeutende Appetit der armen Verwandten« ebenso wie das traurige Schicksal des zuckerkranken Senators James Möllendorpf, der sich in einer unstandesgemäßen Absteige seiner todbringenden Tortenleidenschaft hingab: »... und dort fand man auch den Entseelten, den Mund noch voll halbzerkauten Kuchens.«

Man erkannte sich wieder. Und der Autor galt fortan als Fahnenflüchtiger und Nestbeschmutzer, der seine Herkunft verraten hatte. Was zum Teil durchaus stimmte: Thomas Mann war der »Haft der engen Vaterstadt« tatsächlich entflohen. 1894, mit 19 Jahren also, übersiedelte er nach München, wo Mutter und Geschwister nach dem frühen Tod des Vaters bereits 1893 ein neues, lichteres Zuhause gefunden hatten. Hier, in wechselnden Schwabinger Quartieren, entstanden die »Buddenbrooks«. Die Lebensstimmung des jungen Schriftstellers, der eigentlich zum Firmenerbe bestimmt gewesen war, setzte sich damals »aus Indolenz, schlechtem bürgerlichen Gewissen und dem sicheren Gefühl latenter Fähigkeiten zusammen«.

Von schlechtem bürgerlichem Gewissen konnte jedoch schon bald keine Rede mehr sein. »Ich werde mich photographieren lassen«, schrieb der 26jährige, als der Roman glücklich beendet und angenommen war. Das Bild ist erhalten: Wir sehen einen ernsthaften jungen Mann aus gutem Hause, der soeben bewiesen hat, daß Leistung kein Privileg der nüchternen Tat- und Rechenmenschen ist. Und, das war ganz wichtig, daß eine künstlerische Leistung auch gesellschaftlich honoriert werden kann. Von der »Sonne der öffentlichen Gunst und Achtung« bestrahlt, durfte er nun endlich anknüpfen an die scheinbar verratene patrizische Herkunft. Während Lübeck schäumte, gab sich Thomas Mann in München eine »Verfassung«. Seinen homosexuellen Neigungen zum Trotz heiratete er 1905 die schöne, kluge und standesgemäße Katja Pringsheim, zeugte mit ihr ein Kind nach dem anderen und etablierte sich und die Seinen in immer nobleren Behausungen. In diesem Rahmen fühlte er sich sicher, das »Würdig-Bürgerliche« gab ihm Halt und Mitte: »Man ist als Künstler innerlich immer Abenteurer genug. Schließlich soll man sich gut anziehen, zum Teufel, und sich benehmen wie ein anständiger Mensch.«

Es ging gepflegt zu bei den Manns – was selbstverständlich auch eine angemessene Verpflegung mit einschloß. Wer in der Poschingerstraße 1 eingeladen war, konnte wie die Gäste der »Buddenbrooks« immer »eines nahrhaften Bissens gewärtig sein«, also nach alter Lübecker Sitte im Durchschnitt fünf Gänge erwarten. Und der Hausherr selbst klagte zwar stets über Magen- und Darmbeschwerden, aß aber zeitlebens tapfer dagegen an. Seine Tagebücher dokumentieren es: Ein Frühstück, bestehend aus »Hors d'œuvres, Milchnudeln, Kalbsbraten, Käse und Erdbeeren« war nichts Außergewöhnliches; und wenn in diesen Aufzeichnungen von einem »kleinen Imbiß« die Rede ist, sollte sich der Leser getrost eine Reihe von sättigenden Leckerbissen vorstellen. Gutes Essen gehörte zu den wenigen erlaubten Sinnes-Genüssen im Leben Thomas Manns, da war ihm der Segen der hanseatischen Ahnen gewiß.

Und was die hanseatischen Zeitgenossen betraf, so ließen auch sie sich immer mehr besänftigen mit der Zeit. Der weggelaufene Schreiberling hatte es ja offenkundig doch noch zu was gebracht, sein Lebensstil war respektabel und sein Marktwert schien, wenn man den Nobelpreis in Mark und Pfennig umrechnete, nicht unbeträchtlich. Die Anerkennung wuchs, aber Strafe mußte dennoch sein: Erst im Mai 1955, drei Monate vor seinem Tod, wurde Thomas Mann Ehrenbürger seiner Heimatstadt Lübeck.

Daß dort bisweilen auch früher schon Verständnis aufblitzte für die befremdenden Bedürfnisse des Schriftstellers, zeigt eine Episode, von der Katja Mann berichtet. Einige Jahre nach der Hochzeit, so erzählen ihre »Ungeschriebenen Memoiren«, seien sie zum ersten Mal gemeinsam in Lübeck und – angesichts eines Anwesens aus der Mannschen Erbschaft – sogar in Versuchung gewesen, sich hier niederzulassen. Woraufhin ein alteingesessener Großvetter ihres Mannes bedächtig Einspruch erhoben habe: »Ach, ich denke, Sie würden die geistige S-peise doch etwas vermissen.«

In Lübeck kocht man in verschiedenen Lokalen das sogenannte »Buddenbrooks Menü« nach, das mit einer Kräutersuppe mit kräftiger Fleischbrühe beginnt.

»Der Gourmet des geschriebenen Wortes«, wie Thomas Mann bezeichnet wurde, schwärmte für feine Genüsse und war auch dem Seezungenfilet nicht abgeneigt.

Schinken Lübsche Art: »Ein kolossaler, ziegelroter, panierter Schinken erschien, geräuchert, gekocht, nebst brauner, säuerlicher Schalottensauce«, so Thomas Mann.

Ebenfalls in den Buddenbrooks« beschreibt er den köstlichen Plettenpudding: »ein schichtweises Gemisch aus Makronen, Himbeere, Biskuits und Eiercreme ...«

Rechte Seite: Das Holstentor in Lübeck, der Vaterstadt Thomas Manns, die ihren Sohn und seine »Buddenbrooks« allerdings mit sehr gemischten Gefühlen sah.

Thomas Mann in den dreißiger Jahren; er lebte bereits in München und war ein bekannter Schriftsteller.

Rum

»Fünfzehn Mann auf des toten Mannes Truh, Johoho, und 'ne Buddel voll Rum! Sauft, und der Teufel sagt Amen dazu, Johoho, und 'ne Buddel voll Rum.« So grölt der Kapitän in »Die Schatzinsel« von Robert Louis Stevenson, und Kapitän Hans Hinrich Pott sang auf seiner Überfahrt von Dänisch-Westindien wahrscheinlich ein ähnliches Lied, während er genüßlich von dem auf dem Schiff mitgeführten Rum probierte. Dieses Getränk muß ihm so sehr gemundet haben, daß er 1848 vor dem Nordertor Flensburgs mit der Rumfabrikation begann. So nahm »Der gute Pott« seinen Anfang.

Als erstes Flensburger Schiff segelte 1755 die »Neptunus« nach Dänisch-Westindien. Die Stadt gehörte seit 1460 zum dänischen Königreich und hatte es bereits zu beträchtlichem Reichtum gebracht: Ihre Schiffe segelten unter der »Danebrog«, der dänischen Flagge, was bedeutete, daß sie selbst in Kriegszeiten unbehelligt Frachtfahrten durchführen konnten. 1755 erlaubte der dänische König seinen Untertanen, sich am lukrativen Westindienhandel zu beteiligen und so prosperierte die Stadt weiter: Im letzten Viertel des 18. Jahrhunderts verdreifachte sich die Flensburger Flotte, die Einwohnerzahl stieg zwischen 1796 und 1803 von 6800 auf 10 700.

Rum war auf den Seglern, die auf den Karibischen Inseln Zucker, Tee, Kaffee, Tabak, Baumwolle und Edelhölzer luden, anfangs nur als Beifracht deklariert. Die in der Altstadt ansässigen Branntweinbrenner, von denen es 1794 bereits 150 selbständige Betriebe gab, machten sich jedoch schnell daran, den noch ungenießbaren »Pure-Rum« in ein überaus beliebtes Getränk zu verwandeln, wobei die Qualität des Flensburger Wassers entscheidend zur Veredelung beitrug.

Der »Pure-Rum« wurde unmittelbar nach der Ernte des Zuckerrohrs auf den Karibischen Inseln hergestellt. Die schnelle Verarbeitung des Zuckerrohrs war wichtig, da der Saft leicht verdarb. So wurde das Rohr möglichst noch am Erntetag in die plantageneigenen Zuckermühlen gebracht und dort durch Walzen gedreht. Über eine Rinne gelangte der Saft ins Zuckerhaus, wo er durch Erhitzen eingedickt wurde. Der so entstandene Sirup tropfte durch Fässer, deren Böden mit Löchern perforiert waren, ins Melassebecken. Am Faßboden sammelte sich der braune Rohrzucker.

Die Kolonialherren der britischen Karibikinseln verschifften gewöhnlich die Melasse und destillierten den Rum im Nordosten der heutigen USA. Der diente als wertvolles Tauschmittel: Für Rum bekam man in Afrika Sklaven, die dann wiederum in die Karibik verschifft wurden, wo man sie gegen Melasse tauschte. Das war der sogenannte Dreieckshandel, der enorme wirtschaftliche Bedeutung für die Kolonien hatte und in dessen Folge ein ganzer Kontinent seiner Menschen beraubt wurde.

Der »Pure-Rum«, der nach Flensburg kam, wurde bereits auf den Inseln hergestellt: Melasse, Zuckerschaum sowie die Rückstände vorangegangener Destillationen wurden als Rum-Maische angesetzt und dann destilliert. Das so entstandene Getränk verdiente allerdings diesen Namen noch nicht, es war nahezu ungenießbar. Das änderte sich erst durch die Überfahrt. Die dauerte damals Monate und der Rum hatte Gelegenheit, in den Fässern auszureifen und sein Aroma zu entfalten. Die Kunst der Verfeinerung – der Rum-Verschnitt entsteht im wesentlichen durch Zusatz von Wasser, reinem Alkohol und diversen Aromen – war dann die Sache der Flensburger und bleibt bis heute das Geheimnis eines jeden Herstellers.

Rechte Seite: Zitronensprudel, Eis und Rum gehören in den kalten Anglermuck, einen guten Sommerdrink.

Der Pastor und der Pharisäer

»Wer keen Pharisäer drunk, kennt nicht Nordstrand!« – »Wer keinen Pharisäer getrunken hat, kennt Nordstrand nicht«, behaupten die Bewohner der Insel Nordstrand bei Husum und unterhalten ihre Gäste gerne mit der Geschichte, wie die Köstlichkeit mit der luftigen Sahnehaube erfunden wurde:

Im Jahr 1872 fand eine Kindstaufe mit anschließender Feier statt, zu der selbstverständlich auch der Herr Pastor geladen war. Wie damals üblich, wurde starker Kaffee mit geschlagener Sahne gereicht, von dem man, um den Gastgeber nicht zu beleidigen, mindestens zehn bis zwölf Tassen trinken mußte. Bekannt – und dem Pfarrer ein Dorn im Auge – allerdings war die Trinkfreudigkeit der Nordstrander. Die hätten liebend gerne »etwas Anständiges« getrunken, um das freudige Ereignis gebührend zu begehen. Allein, dem stand die Anwesenheit des hohen geistlichen Herrn entgegen. Es gab Kaffee, und sonst nichts.

Der Herr Pastor wiederum sah in dieser Feier eine gute Gelegenheit, seinen Schäfchen eine Lektion in Sachen »man kann auch ohne Alkohol fröhlich sein« zu erteilen und unterhielt seine Gemeinde mit witzigen Anekdötchen – offensichtlich mit gutem Erfolg: Die Gäste wurden zusehends ausgelassener und fröhlicher. Entgangen war dem Mann Gottes allerdings, daß der Gastgeber in der Küche angeordnet hatte, man möge Zucker und Rum in den Kaffee geben und diesen mit einer besonders hohen Sahnehaube abdecken, damit der Pastor den Alkohol nicht rieche. Sorge sei zudem dafür zu tragen, daß der hohe Herr immer nur den richtigen Kaffee und nicht etwa auch ein Täßchen des hochprozentigen Getränks serviert bekomme.

Die Gäste genossen dieses Spiel, und die Stimmung wurde immer heiterer, besonders, wenn sich vielsagende Blicke der Eingeweihten trafen. Auch in der Küche wurde die Neukreation ausgiebig getestet, und so kam es schließlich zum Malheur: Der Pastor erhielt einen Hochprozentigen! Er bemerkte den Betrug sofort, sprang auf und rief empört: »Ihr scheinheiliges Volk! Ihr Pharisäer!« Die Geschichte verbreitete sich wie ein Lauffeuer. Und alle wollten die Neuschöpfung probieren. So wurde der »Pharisäer« zum Nationalgetränk der Nordstrander.

Eiergrog: Eidotter und Zucker werden schaumig gerührt; dazu kommen ein Gläschen Rum und heißes Wasser.

Eisbrecher: Ein Glas wird zu zwei Dritteln mit kochendem Wasser gefüllt. Dazu kommt Zucker, Rotwein und Rum.

Pharisäer: Starker, heißer Kaffee wird in eine spezielle Tasse gefüllt. Dazu Zucker, Rum und Schlagsahne.

Fünf Zutaten gehören in den Punsch: Rum, Zitronen- oder Orangensaft, Zucker, diverse Gewürze und Wein.

Teepunch: Schwarzer Tee, Orangen- und Zitronensaft, Gewürze (Nelken, Zimt, Vanilleschote) und natürlich Rum.

Die Trinker
Versuch einer Typologie

Der hat ein Glas zu viel getrunken,
der hat sich einen auf die Nase gegossen,
der hat mehr als ein Bierchen sichergestellt,
der hat einen im Tee.

Der hat dem Wein allzu sehr zugesprochen,
der hat sich einen hinter die Binde gekippt,
der hat zu tief ins Glas geschaut,
der hat mächtig einen in der Krone.

Aber der! Der säuft ja wie ein Schwein!

(Aus: Robert Gernhardt, Hier spricht der Dichter, 1995)

Anglermuck

Rumtopf

Die Zubereitung dieser hochprozentigen Köstlichkeit dauert einen ganzen Sommer lang, so wie Mutter Natur die Früchte reifen läßt. Für einen gelungenen Rumtopf braucht man neben Geduld ein Gefäß aus Steingut oder glasiertem Ton mit Deckel (gibt es im Fachhandel), Früchte, Zucker und mindestens 40prozentigen Rum. Da frische Früchte nicht ganz billig sind, lohnt es sich, auch beim Rum nicht zu sparen und beim Kauf auf gute Qualität zu achten.
Für das Ansetzen eines Rumtopfs gilt die einfache Faustregel: Auf 500 Gramm Früchte kommen 250 Gramm Zucker und so viel Rum, daß die Früchte stets bedeckt sind. Da Früchte, die oben schwimmen, schimmeln können, sollte man einen Teller auf die Früchte legen. Während der Rumtopf auf das Reifen neuer Früchte wartet, sollte er kühl, dunkel und zugedeckt stehen. Nach dem Einlegen der letzten Fruchtsorte muß er mindestens noch zwei Monate ziehen.

Für einen Rumtopf eignen sich:
Erdbeeren (Mai bis Juli)
Aprikosen (Juni bis August)
Kirschen (Juli, August)
Johannisbeeren (Juli, August)
Himbeeren (Juli, August)
Mirabellen (Juli, August)
Pflaumen (Juli bis September)
Pfirsiche (Juli bis September)
Zwetschgen (Juli bis September)
Brombeeren (August, September)
Birnen (August bis Oktober)
Äpfel (ab September)

Die Früchte müssen vollreif, aber noch fest und makellos sein, damit der Rumtopf haltbar bleibt. Rumtopf kann man pur mit halbsteif geschlagener Sahne servieren, er schmeckt aber auch sehr gut zu Vanilleeis, Vanillepudding oder Grießflammeri.

Rum-Terminologie

Pure-Rum: Der in Fässern nach Flensburg verschiffte wasserklare »Pure-Rum« wird seit 100 Jahren vorwiegend aus Jamaika eingeführt. Er ist ein hochprozentiger Branntwein (Typ German-flavoured Rum) von 76 bis 80 % vol , der ausschließlich durch die Gärung und Destillation von Melasse oder Zuckerrohrsaft gewonnen wurde.
Rum-Verschnitt: Wenn Rum Alkohol anderer Art beigemischt wird, muß er die Bezeichnung »Rum-Verschnitt« tragen. Der Rumanteil des im Fertigprodukt enthaltenen Alkohols muß dabei mindestens 5 % betragen, der Mindestalkoholgehalt liegt bei 37,5 % vol. Die Flensburger entwickelten den »Rum-Verschnitt« Ende des 19. Jahrhunderts. Durch die Beimischung von Wasser, reinem Alkohol und Aromastoffen verfeinerten die Hersteller den noch ungenießbaren »Pure-Rum« und entwickelten ihre eigenen Markenprodukte.
Original-Rum: »Original-Rum« darf nur ein Erzeugnis genannt werden, das aus dem Ausland eingeführt ist und im Inland keinerlei Veränderungen erfahren hat.
Echter Rum: »Echter Rum« ist ein »Original-Rum«, der im Inland auf Trinkstärke herabgesetzt wurde. Handelt es sich um eine Mischung aus Rum verschiedener Herkunft, so ist ein übergeordneter geographischer Begriff zu verwenden, wie etwa »Echter Übersee-Rum«.
Weißer Rum: »Weißer Rum« ist ein leichter Rum, der in Edelstahltanks gelagert und auf Trinkstärke herabgesetzt wird. Er kommt ungefärbt auf den Markt, im Gegensatz zu den anderen Rumsorten, die ihre braune Färbung durch den Zusatz von Zuckercouleur oder Karamel erhalten.

Vanillepudding mit Rumtopf

Rumtopf

Stefan Siegert

Hamburg

Tee, Tabak, Kaffee, Gewürze – Importgüter,
die Hamburg reich machten. Sie wurden früher
in der Speicherstadt gestapelt.

Vorhergehende Doppelseite:
Der frische Fang des Tages wird allmorgendlich
auf dem Hamburger Fischmarkt feilgeboten.

Für eine Hafenstadt liegt Hamburg ziemlich weitab vom Meer. Über hundert Kilometer flußaufwärts beginnt erst der am Ende fünfzehn Kilometer breite Trichter der Elbmündung. Seine Binnenlage bringt Hamburg doppelte Wasseranbindung: Die Hansestadt mit ihren 1,6 Millionen Einwohnern, dem einzigartigen Binnensee der gestauten Alster und mehr Wasserstraßen als Venedig, liegt zwischen zwei Meeren und war in ihrer Geschichte der Nord- wie der Ostsee gleichermaßen verbunden, wobei sich die Nordsee in der Neuzeit als dynamischerer Verkehrsweg für den Austausch mit der Welt erwies.

Der hat die Hamburger geprägt, seit Kaiser Barbarossa ihnen 1189 die Schiffahrtsprivilegien verlieh. Die freie Reichsstadt wurde 1321 zur Hansestadt, deren Kaufleute es verstanden, ihre Verbindungen zum Welthandelsspitzenplatz London durch die Jahrhunderte so auszubauen, daß Hamburg sich wie keine andere deutsche Stadt an der frühkolonialen Ausbeutung der Welt beteiligen konnte.

Mit Gewürzen und Tee, Kaffee und Tabak kamen auf den Seglern der Ostindienkompanie und auf Hamburger Koggen und Viermastern nicht nur Güter aus aller Welt, sondern auch Kenntnisse von fernen Ländern und Rezepte fremder Küchen. Es schmeckte den Hamburgern, sie wandten sich, nicht zuletzt kulinarisch, der Welt zu, obwohl ihnen der Ruf einer gewissen Steifheit bis heute anlastet.

Besonders zugeknöpft hat sich Hamburgs Geldaristokratie traditionell der Kultur gegenüber verhalten. So versuchte Lessing am Gänsemarkt vergebens ein deutsches Nationaltheater zu etablieren, Bach bemühte sich in der Stadt ebenso erfolglos um Anstellung wie der Hamburger Brahms. Allerdings, fürs gute Essen und Trinken hatten Hamburgs Geldleute immer einen offenen Beutel.

»Man kann zu Hamburg englisch, französisch und deutsch speißen«, heißt es in einer alten Lobrede, »im Ganzen speißt man doch immer Hamburgisch.« Das Hamburgische an der hanseatischen Küche, soll das heißen, ist ihre Weltläufigkeit. Bei so einer Fülle nimmt es wunder, daß originär Hamburger Spezialitäten rar sind. Genau genommen gibt es nur eine einzige, die berühmte Hamburger Aalsuppe.

Hamburger Fischmarkt
Gutes aus der Ferne
Tee
Teegebäck
Aalsuppe
Feine englische Art
Früchte des Meeres
Fisch
Klöße und Pudding
Gewürze
Zigaretten

Um die Fischauktionshalle drängen sich die Budenreihen. Wer hier Geschäfte machen will, muß auch Schauspieler sein. Denn ohne gute Show geht nichts.

Hamburger Fischmarkt

»Dreißig Mark ... draaa-iii-ßich-Maaaaaaaak, Leute!« schreit es, und alle drehen sich um. »Noch'n Aal und noch'n Aal.« Der kleine alte Mann im schmuddeligen Weißkittel packt Stück für Stück vom Räucherfisch ins Papier auf seiner Linken und brüllt mit einer Stimme, als sei er mindestens zwei Meter größer: »Hier noch zwei Plattfisch' und da« – eine zarte Anspielung auf die aphrodisiakische Wirkung einer Räucherforelle – »ein Potenzbomber – alles für dreißig Mark, draa-iii-ßich-Maaaaaaaak, Leute!« Die Leute lachen und bleiben stehen. In der ersten Reihe zücken einige ihre Portemonnaies, legen grüne und blaue Scheine auf den Tresen und schieben sich dann, in der Plastiktüte Räucherfisch für zwei Monate, weiter durch das Gedränge, das allsonntäglich zwischen fünf und halb zehn Uhr über 100 000 Menschen auf dem Hamburger Fischmarkt verursachen.

Ein paar Meter weiter fliegen Bananen durch die Luft. Neben den Fischverkäufern sind die Männer auf den LKW-Ladeflächen voller Bananenkartons, Ananas- und Orangenkisten die Stars unter den Marktschreiern. Mit ihrem Hochleistungs-Entertainment drehen sie noch Zitrus-Allergikern Kisten voller Apfelsinen und Pampelmusen an. Ihre Kundschaft, egal ob aus Seoul oder Helsinki, Rom, San Francisco oder Hamburg-Eimsbüttel teilt sich

Längst geht es am Hamburger Fischmarkt nicht mehr fleischlos zu. Marktschreier verhökern auch Würste.

exakt in zwei Lager: Die Nachtschwärmer und die Frühaufsteher, die einen erkennbar an schiefen Krawatten und abgestürzter Frisur, die anderen am frisch geputzten Morgenblick und den blitzblanken Schuhen. Unterschiede auch im Kaufverhalten: Schleppen die einen schon mal einen Plüschteddybären mit sich herum oder eine veritable Zimmerpalme, trifft man die anderen eher mit Gartenzwerg oder Kaninchen unterm Arm. Leckeren Matjes und geräucherten Steinbutt, Krabbenbrötchen und Lachs gibt's nur noch nebenbei. Alle möglichen anderen Lebensmittel auch. Längst ist der Fischmarkt Touristensache. Man bekommt alles, vom Allzweckputzmittel bis zum Jesus-liebt-Dich-Sweatshirt, von Lammfellschuhen bis zu Wellensittichfutter. Das gibt es zu kaufen ganz oben auf dem ansteigenden Dreieck zwischen den großen alten Backsteinhäusern, dem eigentlichen Fischmarkt, wo die Tierhändler ihre Stände haben, immer dem Hahnenschrei nach.

Genau genommen ist der Hamburger Fischmarkt der Altonaer Fischmarkt, denn er liegt auf dem Gebiet von Altona, das im Unterschied zu Hamburg bis 1938 preußisch war. Noch lange Zeit nach Eröffnung des ersten Fischmarkts 1703 gab es an der Elbe zwei Anleger und zwei Marktplätze. Die Konkurrenz war erbittert bis in die Gründerjahre hinein, als mit dem Wechsel von Seglern zu Fischdampfern und mit der Erfindung der Konservendose Fischfang und Fischhandel einen immensen Aufschwung nahmen. Man ging vom Verhökern der Ware gleich von Bord der Fischkutter über zum Anbieten auf großen Auktionen. Die Fischauktionshalle wurde gebaut, Altonas Fischereihafen avancierte zum Hauptanlegeplatz der deutschen Nord- und Hochseeflotte.

Heute sieht man während des Fischmarkts durch die Fenster der Fischauktionshalle die Unermüdlichen der Saturday Night Party letzte Küsse und Adressen tauschen. Um die Halle herum drängen sich die Schaulustigen zwischen den Budenreihen, mittendrin der kleine alte Mann im weißen Fischverkäuferkittel. »Hier, einen Goldfisch leg' ich euch oben 'auf, einen Goldfisch mit 585er Goldauflage«, brüllt er und drückt noch einen geräucherten Hering auf einen Haufen Räucheraale. Neben seiner Bude ein offener Container voller Fischköpfe. Oben in der Hamburger Luft kreisen geduldig die Möwen.

Linke Seite: Historische Aufnahme der Fischauktionshalle am Hamburger Fischmarkt in Altona.

Gutes aus der Ferne

Ob die Israelis sich mit den Arabern vertragen, ob in Ekuador die politische Lage stabil ist oder von aktuellen Umbrüchen erschüttert – kaum ein anderer Bereich ist von der sprichwörtlichen Hamburger Weltoffenheit so unmittelbar betroffen wie der Südfrüchtehandel. Bananen, Kiwis, Johannisbrot oder Ananas müssen frisch angeboten werden, die Importeure haben keinen Spielraum, und also ist Zeit im Fruchtgeschäft mehr als anderswo Geld. Die weißen Fruchtdampfer mit exotischen Namen, die im Hamburger Hafen ein- und auslaufen, sehen darum auch nicht zufällig elegant und schnittig aus im Vergleich zu den massigen Containerfrachtern. Sie sollen ja vor allem schnell sein, die empfindliche Ladung in ihren Kühlräumen muß schließlich in Rekordzeit von anderen Kontinenten nach Hamburg gelangen.

Insgesamt 132 751 Tonnen Obst kamen 1995 nach Hamburg. Davon sind Äpfel und Birnen auf dem deutschen Markt nach wie vor die Renner. Von den 483 981 Tonnen Südfrüchten wurden zu 80 Prozent Apfelsinen und Clementinen, Zitronen und Bananen verkauft. Durch die Importmöglichkeiten gibt es heute alle Obst- und Südfrüchtesorten ganzjährig. Der Unterschied zwischen Himbeeren aus Neuseeland im Dezember und Vierländer Himbeeren im Juni ist allerdings deutlich zu schmecken.

Schon die für den Export einzig wirtschaftliche Massenproduktion – Tomatenstauden, die einst nicht größer als 1,30 Meter waren, messen heute 2,50 Meter und tragen entsprechend mehr Früchte – hat Geschmackseinbußen zur Folge. Darüber hinaus gibt es eigens für den Export gezüchtete Sorten: Sie müssen besonders haltbar sein, damit sie die lange Reise und die ebenfalls langen Lagerzeiten in Kühlhallen und Supermärkten überstehen. Wer je eine Papaya oder Feige dort gegessen hat, wo sie wächst, wird gern auf jene kleinen, unreifen Großplantagen-Erzeugnisse verzichten, die bei uns als Papayas oder Feigen angeboten werden.

Was die Lagerung zu Hause angeht, gilt, daß Tropenfrüchte – dazu zählen auch Tomaten –, nicht unter sieben Grad plus gelagert werden sollten. Apfelsinen und Clementinen und alle anderen Früchte, die aus Gegenden mit kalten Wintern kommen – beispielsweise der Mittelmeerregion oder Südafrika – dürfen im Gemüsefach des Kühlschranks aufbewahrt werden.

Mehr als 100 000 Tonnen Südfrüchte kommen jährlich im Hamburger Hafen an.

Die Ananas wird aus Afrika und den Karibikländern importiert.

Hauptproduktionsländer für Bananen sind die südamerikanischen Staaten.

Spanien, Nord- und Südamerika liefern die süßliche Cherimoya.

Die Clementine wächst in allen subtropischen Regionen der Erde.

Die Grapefruit kommt vorwiegend aus den USA auf den deutschen Markt.

Kaki werden in den Mittelmeerländern, Asien und Amerika angebaut.

Hauptsächlich die Türkei beliefert den europäischen Markt mit Feigen.

Der Granatapfel wächst im Mittelmeerraum und in Amerika.

Wichtigstes Exportland der sternförmigen Karambole ist Malaysia.

Ihr Exportartikel verschaffte den Neuseeländern den Spitznamen: »Kiwis«.

Die Kaktusfeige kommt aus den Trockengebieten der Tropen.

Die Kapstachelbeere oder Physalis stammt überwiegend aus Afrika.

Die Mango ist eine Tropenfrucht und ein wichtiger Exportartikel.

Die Maracuja oder Passionsfrucht kommt vor allem aus Südamerika.

Die Limette kommt ursprünglich aus den feuchten Tropengebieten Asiens.

Die asiatische Frucht Litschi wird heute vor allem aus Afrika versandt.

Brasilien, Costa Rica und Südafrika beliefern den Markt mit Papayas.

Zitronen kommen überwiegend aus den Mittelmeerländern.

Die Loquat oder Japanische Mispel gedeiht auch im Mittelmeerraum.

Orangen werden hauptsächlich aus den Mittelmeerländern importiert.

Nur die oberste Blattknospe und die zartesten Blätter des Teestrauchs werden bei der Ernte gepflückt.

Nach dem Pflücken wird der Tee weiterverarbeitet. Er wird getrocknet und nach Blattgrößen sortiert.

Beim Tee, der als »broken« bezeichnet wird, werden die Blätter vor dem Fermentieren zerrissen.

Qualitätsbezeichnungen und Inhaltsstoffe

Nur die obere Blattknospe und die folgenden drei oder vier noch zarten Blätter eines Teestrauchs werden bei der Ernte gepflückt – in China und Japan vier bis fünf Mal im Jahr, in klimatisch ausgeglicheneren Regionen wie Indien, Sri Lanka und Indonesien bis zu dreißig Mal. Dabei bringt die Frühlingsernte – beim Darjeeling der beliebte First Flush – zart duftige Ergebnisse, der Second Flush ist kräftiger im Aroma. Die Buchstaben FTGFOP 1 auf einer Packung bezeichnen die erste und beste Sortierung eines Blatt-Tees: »Fine Tippy Golden Flowery Orange Pekoe.« Wobei »Fine Tippy« sich bezieht auf die »tips«, die feinsten jungen Blattspitzen eines Tees, »Orange Pekoe« die besondere Qualitätsstufe hervorhebt. B ist die Abkürzung für »broken«, ein Assam BOP wäre demnach ein gut sortierter Assam gehobener Qualität mit zerkleinerten Blättern.
Tee enthält im Durchschnitt 1,5 bis 4 Prozent Koffein, 17 Prozent Tannin oder Gerbsäure, 10 Prozent Zellulose, 26 Prozent Stickstoffsubstanzen, 1,5 Prozent Fett, 5 Prozent Asche und 1 Prozent ätherische Öle.

Tee

»Preußischer Adler« hieß der Segler, den der Chronist der Teehandelsgesellschaft G. W. A. Westphal & Sohn im Sommer 1848 in die Firmengeschichte eintrug: 8065 Kisten voll duftender, würziger Teeblätter hatte er aus Kanton in die Lagerräume der Hamburger Firma gebracht. Es war die Zeit, da der Teekonsum in Deutschland zu steigen begann. Mitte des 17. Jahrhunderts wurde der Tee dort erstmals erwähnt, man konnte ihn als Medizin in Apotheken kaufen. Von 1722 bis 1772 hatte es der aufbrühbare Import, hauptsächlich in Norddeutschland, von einer Sorte auf sechzig gebracht. Hauptursache dafür war die 1752 gegründete »Königlich-preußisch-asiatische Handelskompanie zu Emden«, mit deren Hilfe – Deutschland war durch den Dreißigjährigen Krieg ins Hintertreffen geraten – König Friedrich II. (1740–1786) noch schnell an den fetten Kolonialkuchen heranzukommen versuchte. Schon vier Jahre später fiel diese preußische Variante einer Ostasien-Kompanie dem Siebenjährigen Krieg zum Opfer. Der Teekonsum in Deutschland aber wuchs weiter. »Sie saßen und tranken am Theetisch und sprachen von Liebe viel. Die Herren waren ästhetisch, die Damen von zartem Gefühl ...«, kommentierte Heinrich Heine die Entwicklung im »Buch der Lieder«.

Bremen und Hamburg waren seit Ende des 18. Jahrhunderts Haupteinfuhr- und Umschlagplätze für Tee in Deutschland. Das hing zusammen mit der Hegemonie Hollands und Englands bei Transport, Anbau und Genuß des belebenden Getränks. Solange der Tee überwiegend aus seinem Geburtsland China kam, lag die holländische Ostindienkompanie mit der englischen gleichauf. Doch Holland fiel zurück mit zunehmendem Teeverbrauch in Großbritannien. Dort betrugen die Jahreseinfuhren 1784 schon mehr als vier Millionen Kilogramm, eine Zahl, die Deutschland erst 1925 erreichte, als die Engländer bereits 218 Millionen Kilogramm importierten. Gänzlich verloren hatten die Holländer den Wettbewerb, als England in seiner Kolonie Indien mit dem Anbau chinesischen Saatguts begann, ab 1830 in der Region Assam, nach 1870 auch in Darjeeling. Der Berichterstatter von Westphal & Sohn konnte Ende 1880 in die Chronik eintragen, daß das Gros der Firmenimporte nun aus Indien und Ceylon komme, dem heutigen Sri Lanka.

Verbunden war dieser Import-Umbruch mit einem beginnenden Geschmackswandel von grünem Tee zu schwarzem, denn die Engländer stellten in ihren Kolonien nur noch Schwarztee her. Die Hamburger Teehändler, soeben umgezogen in die neu erbaute Speicherstadt, kompensierten die Veränderung durch Export grüner Sorten in die arabischen Länder. In der Hansestadt selbst war die »Hamburger Mischung« beliebt, die aus grünem und schwarzem Tee bestand.

Die Blattfarbe ergibt sich aus unterschiedlichen Verarbeitungsmethoden. Schwarztee wird nach dem Pflücken gewelkt, gerollt, fermentiert und getrocknet und schließlich nach Blattgrößen sortiert. Die Engländer fügten dem ein Verfahren hinzu, bei dem zwischen Rollen und Fermentieren ein Zerreißen der Blätter und ein Ausschneiden der Blattrippen eingeschaltet wird, was den Tee, er wird als »broken« verkauft, kräftiger macht. Beim grünen Tee, der seit Jahrtausenden überwiegend in China, in geringeren Mengen auch in Japan, hergestellt und getrunken wird, entfällt die Fermentierung. Während man die Blätter in China statt dessen kurz in speziellen Pfannen erhitzt, behandelt man sie in Japan mit heißem Wasserdampf, wobei die in den Blättern enthaltenen Enzyme neutralisiert werden. Neben der grünen Farbe bleiben so Vitamine und Polyphenole erhalten, außerdem das belebende Koffein, was grünen Tee erfrischender macht als schwarzen.

Trotz positiver Resonanz auf aktuelle Presseberichte über gesundheitsfördernde Wirkungen grünen Tees, blieb sein Verbrauch in Deutschland bis heute minimal. Von den 1994 importierten 23 380 Tonnen Tee kamen 25,7 Prozent aus Indien (Darjeeling, Assam, Dooars, Nilgiri), 20,5 Prozent aus Sri Lanka (Uva, Dimbula, Kandy, Nuware-Eliya), 17,8 Prozent aus China und Japan (China Gun Powder, Long Chin, Taiwan Sencha, Japan Bancha), 14,1 Prozent aus Indonesien (Java, Sumatra), 10,6 Prozent aus Afrika (Malawi, Kenia, Simbabwe, Tansania).

Westphal & Sohn gibt es nicht mehr. Aber die Speicherstadt steht noch, und noch haben die meisten Hamburger Teeimporteure ihre Lagerräume dort, obwohl manch einer auch schon geräumigere Hallen am Stadtrand unterhält. Erbaut 1882 bis 1888, wurde die Speicherstadt im Gründerboom nach Hamburgs Zollanschluß ans Kaiserreich binnen 25 Jahren zum »größten zusammenhängenden Lagerhaus-Komplex der Welt«. Heute steht der Umbau der schönen alten Speicherböden und Kontore zu Boutiquen, Design-Zentren und Loggen an. Dort wird der Tee, wenn überhaupt, nur getrunken werden. Vielleicht mit Genuß. Gewiß aber nicht mehr professionell.

Der Tee, der aus fernen Landen in die Hansestadt kam, wurde in der Speicherstadt gelagert.

Senatorenmischung Teegebäck

Buttermürbeteigmischung

1,2 kg Mehl
800 g Butter
400 g Puderzucker
1 Päckchen Vanillinzucker
1 Prise Salz
4 Eigelb
2 Eier
abgeriebene Schale von 1 Zitrone
Mehl für die Arbeitsfläche

Das Mehl auf die Arbeitsfläche sieben, in die Mitte eine Mulde drücken, die zimmerwarme Butter in Würfeln zusammen mit den restlichen Zutaten hineingeben und alles rasch zu einem glatten Teig verkneten. Teig zu einer Kugel formen, 30 Minuten im Kühlschrank ruhen lassen und dann auf der bemehlten Arbeitsfläche 5 mm dick ausrollen. Aus einer Hälfte Plätzchen in Herzform, aus der anderen in Blütenform ausstechen. Die Plätzchen im vorgewärmten Backofen bei 200 °C etwa 10 Minuten goldbraun backen.

Füllung für die blütenförmigen Plätzchen
100 g Erdnußfett
100 g Puderzucker
75 ml Zitronensaft

Das Erdnußfett mit dem Puderzucker aufschlagen, nach und nach den Zitronensaft untermischen. Die Hälfte der Blütenplätzchen mit der Zitronencreme bestreichen, die anderen Plätzchen als Deckel darauf setzen. Mit gelbem Fondant überziehen und nach Wunsch garnieren.

Füllung für die herzförmigen Plätzchen
100 g Johannisbeermarmelade

Marmelade durch ein Sieb streichen und auf die Hälfte der Herzplätzchen verteilen. Die anderen Plätzchen als Deckel darauf setzen und mit rosa Fondant überziehen.

Eigelbmakronen

750 g Marzipan
160 g Eigelb
150 g Puderzucker
1 Päckchen Vanillinzucker
1 Prise Salz
Läuterzucker zum Glasieren
300 g dunkle Kuvertüre

Das Marzipan mit einer Gabel gut zerdrücken und mit dem Eigelb zu einer glatten Masse verarbeiten, nach und nach den Puderzucker, Vanillinzucker und Salz untermischen. Die Masse mit dem Spritzbeutel durch eine Lochtülle in kleinen Ringen auf das mit Backpapier ausgelegte Backblech setzen. Im vorgeheizten Backofen bei 260 °C abflämmen und noch heiß mit Läuterzucker glasieren. Die Kuvertüre schmelzen und die Makronen mit der Unterseite zur Hälfte eintauchen. Auf einem Kuchengitter trocknen lassen.

Makronen

500 g Marzipanrohmasse
360 g Eiweiß
500 g Zucker
100 g Nougat
100 g Erdnußfett
500 g Vollmilchkuvertüre
Pistazienkerne zum Garnieren

Die Marzipanrohmasse mit dem Eiweiß zu einem glatten Teig verarbeiten, dabei nach und nach den Zucker zufügen. Den Teig mit einem Spritzbeutel durch eine Lochtülle auf ein mit Backpapier ausgelegtes Blech setzen und im vorgewärmten Backofen bei 180 °C in ca. 10 Minuten hellbraun backen. Die Makronen erkalten lassen. Das Nougat mit dem Erdnußfett leicht schaumig schlagen und mit dem Spritzbeutel einen etwas kleineren Tupfen Nougatmasse auf die Makronen setzen. Die Vollmilchkuvertüre schmelzen und die Makronen damit überziehen. Kurz bevor die Kuvertüre fest wird, jede Makrone mit $1/2$ Pistazie garnieren.

Teecreme

150 g Sultaninen
$1/8$ l Rum
4 Blatt Gelatine
4 EL schwarzer Tee
150 ml Milch
$1/2$ Vanilleschote
100 g Zucker
3 Eigelb
200 g Sahne

Die Rosinen im Rum einweichen. 3 Blatt Gelatine in etwas kaltem Wasser einweichen. Die Teeblätter mit $1/8$ l kochendem Wasser aufgießen, 3 Minuten ziehen lassen, anschließend die Hälfte der Flüssigkeit abnehmen und mit der Milch und der Vanilleschote zum Kochen bringen. Vom Herd nehmen und die Vanilleschote entfernen. Den Zucker mit dem Eigelb schaumig schlagen, mit der tropfnassen Gelatine unter die Teemilch rühren und kalt stellen. Sobald die Creme zu gelieren beginnt, die steif geschlagene Sahne unterheben. Die Sultaninen abtropfen lassen und gut die Hälfte davon unter die Masse mischen, wieder kalt stellen. Die restlichen Sultaninen halbieren und auf die erkaltete Creme legen. Den Rum erwärmen und das letzte Blatt Gelatine darin auflösen, über die Sultaninen gießen und bis zum Servieren im Kühlschrank aufbewahren.

Buttersandmasse

- 800 g Butter
- 320 g Puderzucker
- 2 Päckchen Vanillinzucker
- 1 Prise Salz
- abgeriebene Schale von 1 Zitrone
- 4 Eigelb
- 2 Eier
- 1 kg Mehl
- 300 g Aprikosenmarmelade
- 200 g dunkle Kuvertüre

Die Butter mit dem Puderzucker, Vanillinzucker, Salz und Zitronenschale schaumig schlagen, nach und nach das Eigelb, die Eier und das Mehl einarbeiten. Mit einem Spritzbeutel durch die Sterntülle Teigtropfen auf ein mit Backpapier ausgelegtes Blech spritzen und im vorgeheizten Backofen bei 200 °C ca. 10 Minuten goldbraun backen. Die Kekse erkalten lassen. Die Aprikosenmarmelade durch ein Sieb passieren und die Hälfte der Kekse damit bestreichen, die andere Hälfte als Deckel darauf setzen. Die Kuvertüre schmelzen und die Spitze der Kekse hineintauchen. Auf einem Kuchengitter trocknen lassen.

Trüffel

- 350 g Sahne
- 850 g Vollmilchkuvertüre
- Puderzucker zum Garnieren

Die Sahne zum Kochen bringen. 350 g Kuvertüre in kleine Stücke hacken, unter die Sahne rühren und darin schmelzen. Die Masse erkalten lassen, dann leicht schaumig schlagen und auf Pergamentpapier mit einem Spritzbeutel Stangen spritzen. Die kalten Stangen in 3 cm große Stücke schneiden. Die restliche Kuvertüre schmelzen, die Stücke damit überziehen und vor dem Erkalten in Puderzucker wälzen.

Aalsuppe

Fragt man einen Hamburger nach typisch hanseatischen Gerichten, wird er sich vermutlich am Kopf kratzen, die Stirn runzeln, dann wird ihm Hamburger Aalsuppe einfallen. Das war's auch schon. Aalsuppe ist Hamburgs einzige über die Stadtgrenzen hinaus berühmte Küchenspezialität, gehaltvoll, geschichtsträchtig, aber nicht unumstritten. Im 18. Jahrhundert soll sie eine reine Fischsuppe gewesen sein. Anderslautenden Erwägungen nach kommt ihr Name gar nicht von »Aal« sondern von »all«, hamburgisch für »alles«, was sich auf die Fülle der Zutaten bezieht und den Aal in lauter Fleisch und Gemüse, Obst und Gewürzen einfach untergehen läßt. Aalsuppe ohne Aal, heißt es, sei vorzeiten als »sure Supp« (saure Suppe) aus Schleswig-Holstein nach Hamburg gelangt. Erst die Finkenwerder Fischerfrauen hätten, weil sie eben ewig an Fisch denken und alles mit Fisch machen, Aalstücke in die saure Suppe gelegt. Hamburg hat diese Bereicherung offenbar so begeistert übernommen, daß die Suppe dort seitdem, auch wenn einmal kein Aal da ist, immer noch »verlorene Aalsuppe« heißt.

Die Hamburger streiten sich aber nicht nur über Herkommen und Etymologie der Aalsuppe, sondern auch über ihre Zusammensetzung. So geben einige Küchenhanseaten, über die im Standardrezept vorgesehenen Gemüse hinaus, zwei in dünne Ringe geschnittene kleinere Porreestangen, 300 Gramm gewürfelten Spargel und ein gewürfeltes Stück Steckrübe dazu oder schmecken die Suppe, statt mit Zucker, mit rotem, ungesüßtem Johannisbeersaft ab. Statt grünem Aal als Einlage (200 Gramm pro Person) schmeckt auch geräucherter. Und während man üblicherweise den Aal in der Suppe auf den Tisch bringt, empfiehlt Sophie Charlotte Hommer in der 16. Auflage des »Großen Hamburger Kochbuch für alle Stände«, die grünen Aale nach dem Häuten und Salzen mit warmem Essig zu übergießen, eine Stunde in der Marinade zu lassen und sie nach dem Kochen, mit etwas Brühe übergossen, neben der Suppe zu reichen.

Wie sorgsam und bis ins Detail bedächtig man sich so einer Aalsuppe widmen kann, zeigt Frau Hommer am Beispiel von Gewürzkräutern und Bouillon: »Nachdem man einen guten Teil frischer Petersilie verlesen, mehrmals gewaschen und gut ausgepflückt hat, hackt man sie recht fein, verfährt ebenso mit anderen Kräutern, als Thymian, Majoran, Estragon und Sellerieblätter, gibt die Bouillon durchs Sieb, läßt sie sich absetzen und gießt sie abgeklärt in ein so großes Gefäß, daß die Suppe darin fertig gekocht werden kann.«

Obligatorisch trotz all dieser diversen aalsuppentypischen Variationen sind Schwemmklöße oder Mehlklöße als Einlage. Gewiefte Hausfrauen empfehlen, die Suppe in drei Töpfen zu kochen.

Aalsuppe

für 6 Personen

1 Schinkenknochen
1 Zwiebel, gespickt mit 1 Lorbeerblatt und 2 Nelken
2 l Fleischbrühe
800 g frischer Aal
Salz
1 Zitrone
450 g Dörrobst (getrocknete Backpflaumen, Apfelringe und Birnen)
je 125 g Möhren, Lauch, Sellerie, Spargel
250 g tiefgekühlte Erbsen
$^1/_2$ Bund gehackte Petersilie
2 EL Butter
4 EL Mehl
Zucker und weißer Pfeffer

Den Schinkenknochen mit der Zwiebel in der Fleischbrühe aufsetzen und ca. 1 $^1/_2$ Stunden kochen. Den Aal enthäuten, säubern und in mundgerechte Stücke zerteilen. Mit Salz bestreuen, mit der Zitrone beträufeln und ziehen lassen. Das Dörrobst in heißem Wasser 15 Minuten einweichen. Inzwischen das Gemüse putzen und in Würfel schneiden. Den Aal in einen extra Topf legen und mit Fleischbrühe bedecken. Bei kleiner Hitze 10 Minuten ziehen lassen und warm stellen. Dörrobst und Gemüse mit den Erbsen und der Petersilie in die Schinkenbrühe geben und 15 Minuten garen. Dann den Schinkenknochen herausheben, das Fleisch vom Knochen schaben und wieder in die Suppe geben. Butter und Mehl verkneten, die Suppe damit binden und die Aalstücke einlegen. Die Suppe mit Salz, Zucker und Pfeffer abschmecken und mit Schwemmklößchen servieren.

Die Zutaten für die Hamburger Aalsuppe variieren je nach Familienrezept.

Während der Schinkenknochen ausgekocht wird, weicht man das Backobst ein.

Die Aalstücke werden mit Zwiebel, Nelken und Lorbeer aufgesetzt.

Mit zwei Löffeln sticht man die Schwemmklößchen ab (Rezept Seite 246).

Sobald die Klößchen oben schwimmen, hebt man sie heraus.

Das vorbereitete Gemüse wird in der Fleischbrühe gegart.

Man fügt das Backobst zu und läßt auch den Aal kurz in der Brühe ziehen.

Was der Stadtplan über den Speiseplan verrät

Stintfang und Bäckerbreitergang, Lämmersieth, Brodschrangen und Caffamacherreihe – wie wichtig den Hamburgern das Essen ist, merkt man ihren Straßennamen an. Die bekanntesten Plätze der Stadt erinnern an Gaumenfreuden: Gänsemarkt, Fischmarkt, Hopfenmarkt. Wichtig war auch der Pferdemarkt, der heute Gerhart-Hauptmann-Platz heißt, weil das Thalia-Theater dort steht. Er lag günstig am einstigen Ende der vielgenutzten Frachtstrecke Hamburg–Lübeck und wurde im 19. Jahrhundert zum Ochsenmarkt, weil jeder Hamburger Bürger, der es sich leisten konnte, im Herbst mindestens einen fetten Ochsen schlachten ließ. Die Pastoren von St. Petri veranstalteten ochsenhalber bis 1859 in ihrem Kirchspiel sogar Sammlungen und hatten in die Decken ihrer Predigerhäuser eigens Haken eingelassen zum Aufhängen der geschlachteten Tiere. Davon, daß sich in Hamburg bis ins 19. Jahrhundert hinein Stadt- und Landleben begegneten, zeugt auch die Angewohnheit der Hamburger, ihre Schweine morgens um sechs durch die Straßen und vor die Tore treiben zu lassen, am Michaelis- und Nikolaustag auch in die Wälder der Umgebung. Schlachtreife Schweine und Ochsen wurden von »Viehziehern« zu den »Kütern« getrieben (küten = ausweiden, schlachten, vgl. engl. to cut), an die bis heute der Küterwall erinnert. Die Hälften und Viertel kamen zu den Knochenhauern, die sie weiterverarbeiteten in ihrer Straße, der Knochenhauertwiete. Letztes Kettenglied waren die »Garbrader«. Wein- und Bierhäuser boten im Mittelalter keine Speisen an, das gebratene Fleisch wurde an Garbrat-Ständen in Gassen und Twieten gesotten und verkauft. Die letzten Garbrader – die Garbraderstraße erinnert an sie – hatten ihre Stände auf dem Weihnachtsmarkt an der Domkirche auf dem Heiligengeistfeld, wo heute in jedem Dezember der »Hamburger Dom«, das größte Volksfest der Stadt, residiert. Dort gibt es keine Kirche mehr. Dafür jede Menge Garbrader mit Schinken- und Currywurst, Schaschlik, Hot Dogs und Döner Kebap.

Auf dem Platz vor der Nikolai-Kirche wurde früher im Herbst der Hopfen verkauft. Der Platz trägt noch heute den Namen »Hopfenmarkt«.

Feine englische Art

Nicht lange her, da gehörten Herren mit Bowler-Hut und Regenschirm zur Normalität in der Hamburger City. Der vornehmste Klub der Stadt schreibt sich mit »C«, man spielt dort Hockey und Tennis, und die Damen der Gesellschaft lieben es bis heute, sich in Faltenröcken mit grün-blau-gelb kariertem Schottenmuster zu zeigen, die Herren in messingbeknöpften Blazern. Die Vorliebe für die feine englische Art hat Tradition in der Hansestadt Hamburg.

In der mächtigen »Merchant Adventures Gilde«, die 1611 ihr Hamburger Kontor eröffnete, wurde sie erstmals offiziell. Über die englischen Handelsverbindungen konnten die Hamburger Kaufleute sich wenigstens teilweise am florierenden Kolonialhandel mit Tee und Seide, Pfeffer und Porzellan beteiligen. Im Biedermeier ließen sich mächtige Hamburger Patrizier wie Caspar Vogt um ihre Häuser an der Elbchaussee herum englische Parks anlegen, und Peter Godeffroy, nach dem ein aufwendiges Hamburger Hummer-Rezept benannt wurde, richtete sein »weißes Haus« in Blankenese mit englischen Chippendale-Möbeln ein.

Kein Wunder also, daß man in Hamburgs Küchen seit Generationen Gerichten wie Oxtailsoup oder Roastbeef, Plumpudding oder Hamburger Snack mit besonderer Achtung begegnete. Ein Beefsteak »englisch« zu braten, meinte in Hamburg schon immer dasselbe, wie wenn man heute »medium« sagt. Unter Beefsteak versteht man in Hamburg keineswegs nur Filet, sondern gern auch das weniger zarte, dafür kräftigere Kluftstück aus der Rinderkeule.

Der Plumpudding hat traditionell an Hamburger Silvesterabenden seinen großen Auftritt. In einer Serviette oder Form kocht man ihn aus einem schweren Teig von Rindernierentalg, Semmelbröseln, Mehl, Rosinen und Korinthen, Zucker, Salz, Zitronenschale, Bittermandeln, Muskat und Kardamom, Zimt, Ingwer und Nelken, Eiern, Rum und Sahne. Man serviert ihn mit einer Punschsauce, übergießt ihn mit Rum – und zündet ihn an.

Gediegene Lebensart nach englischem Vorbild – das hat Tradition in dieser Stadt, die zu England immer intensive Handelsbeziehungen pflegte.

Das Hamburger Steak – eine traurige Karriere

Das »Hamburger Steak« hat geschafft, was der »Bulette« und dem »Fleischpflanzerl« verwehrt blieb: Es hat weltweit Karriere gemacht. Vielleicht, weil das Hackfleischgericht aus der Hansestadt schon immer ein bißchen vornehmer war als seine Kollegen aus dem Süden und Osten. Nach altem Rezept hergestellt, besteht es aus reinem Beefsteak und Eigelb und enthält keine Sattmacher und Billigprodukte à la »Schrippe«, »Semmel« oder Gehacktes vom Schwein, wie sie Berliner und Bayern beimischen.

Rindfleisch begann in Amerika im 19. Jahrhundert wirtschaftlich an Bedeutung zu gewinnen, obwohl es bis in die sechziger Jahre unseres Jahrhunderts dauern sollte, bis es sich eindeutig den Markt vor dem Schweinefleisch eroberte, das heute nur noch in den Südstaaten der USA eine wichtige Rolle spielt. Der Beginn der Rinderzucht im großen Stil liegt westlich des Mississippi. Nachdem man die Bisons ausgerottet hatte, um damit den Indianern die Lebensgrundlage zu entziehen, standen in den Prärien riesige Weideflächen zur Verfügung, die sich ideal für die Rinderhaltung eigneten. Die fleischverarbeitende Industrie etablierte sich im Mittleren Westen, Chicago übernahm die Rolle des Schlachthauses der Nation.

Im Mittleren Westen, genauer in Ohio, soll denn auch der Hamburger geboren worden sein. So stellt es auf jeden Fall die Firma McDonald's dar, die es ja wissen muß, weil sie die innigste und lukrativste Beziehung zu dem Hackfleischteilchen unterhält. Gegen Ende des 19. Jahrhunderts, heißt es, als irgendein Imbißverkäufer in Ohio einmal keine Würstchen mehr hatte für seine Milchbrötchen, geriet das »Hamburger Steak« zwischen zwei Brötchenhälften und blieb dort als »Hamburger« kleben. Bis zum heutigen Tag und weltweit. Fettig, geschmacklos, in Ketchup ersäuft. Nichts mehr von Beefsteak und Eigelb. Eigentlich eine traurige Karriere. Bulette und Fleischpflanzerl können froh sein, daß ihnen das erspart blieb.

Oxtailsoup

1 kg Ochsenschwanz, in Stücke zerteilt
2 EL Butterschmalz
2 Bund Suppengrün, grob gehackt
1 EL Mehl
1/2 l Rotwein
1/2 l Fleischbrühe
2 Zwiebeln, gespickt mit 2 Lorbeerblättern und 4 Gewürznelken
1/2 TL Pfefferkörner
Salz

Die Ochsenschwanzstücke im heißen Butterschmalz scharf anbraten. Das Suppengrün zufügen, kurz mitrösten, dann mit Mehl bestäuben. Den Rotwein, die Fleischbrühe und 1/2 l Wasser angießen, gespickte Zwiebeln, Pfefferkörner und Salz zufügen und zum Kochen bringen. Die Suppe 2 Stunden köcheln lassen. Anschließend die Ochsenschwanzstücke aus der Suppe heben, die Suppe abseihen. Das Fleisch von den Knochen lösen, in kleine Würfel schneiden und in der Suppe nochmals erhitzen. Mit gerösteten Weißbrotscheiben servieren.

Roastbeef

1 kg Roastbeef
Salz und Pfeffer
3 EL Butter
1/4 l Fleischbrühe

Das Fleisch kräftig mit Salz und Pfeffer einreiben. Die Butter erhitzen und das Fleisch rundum anbraten. Dann im vorgeheizten Backofen bei 200 °C etwa 1 Stunde garen. Während der Bratzeit das Fleisch nach und nach mit der Fleischbrühe begießen. Das Roastbeef vor dem Anschneiden gut 5 Minuten ruhen lassen.

Früchte des Meeres

Hamburgs Hummermeile liegt westlich vom Altonaer Fischmarkt, wo heute nur noch Reste der einst großen Fischverarbeitungs- und Fischhandelsbranche vom Import und Verkauf feinster Meeresfrüchte leben: Kaviar und Austern, Stör, Langusten – und Hummer.

Der europäische und amerikanische Hummer, »Homarus gammarus« und »Homarus americanus«, eine der ältesten Tierarten unserer Zeit, lebt vorzugsweise an den zerklüfteten Küsten Nordeuropas, in den isländischen und irischen Gewässern, vor Norwegen und Dänemark, Kanada und den Vereinigten Staaten. Seltener gibt es ihn auch im Mittelmeer. In Deutschland kommt er infolge Überfischung der Nordsee nur noch selten vor; von Helgoland vertrieben ihn Anfang der fünfziger Jahre die englischen Übungsbomben, in kleiner Zahl kehrte er inzwischen dorthin zurück. Zum Vergnügen der Feinschmecker in aller Welt bedarf der Hummer keiner Gräten und Knochen, denn sein Skelett hüllt ihn als Panzer ein. Etwa einmal im Jahr, wenn ihm dieses Schutzkleid zu eng wird, verläßt er es durch eine Gelenkstelle zwischen Hinterleib und Rückenschild. Die neue Schale, die sich bereits unter der alten gebildet hat, dient ihm nun, bis er wieder 15 Prozent größer und 50 Prozent schwerer geworden ist und den Panzer erneut abstoßen muß. Kauft man einen Hummer, der diesen Kleiderwechsel gerade hinter sich hatte, wird man das an der weicheren Schale erkennen, die noch nicht bis in die Spitzen mit Fleisch ausgefüllt ist.

Wer Hummer, um Auseinandersetzungen mit zartfühlenden Angehörigen zu vermeiden, frisch gekocht kauft, sollte ihn am Tag vorher bestellen. Auf eigenem Herd bereitet man ihn in reichlich kochendem Salzwasser mit Kümmel oder etwas Dillkraut. Das lebende Tier wird mit dem Kopf zuerst schnell ins sprudelnd heiße Wasser gelegt – niemals tote Hummer kochen: Sie riechen unangenehm, das Fleisch flockt aus und könnte gesundheitsgefährdend sein. Soll der Hummer gegrillt werden, genügen drei Minuten in kochendem Wasser, bis der Panzer rot wird, bevor man ihn unter den Ofengrill oder aufs offene Feuer legt. Soll er im Topf garen, braucht der europäische Hummer 20 Minuten per 500 Gramm in siedendem Wasser; kanadische und amerikanische Maine-Hummer läßt man 15 Minuten per 500 Gramm ziehen.

Seit der Mensch Hummer verzehrt, streiten sich die Experten mit Inbrunst: Was schmeckt besser – das Fleisch aus dem Schwanz oder aus den Scheren? Die Entscheidung ist Geschmackssache wie die Beilagen und Saucen. Kalt oder

1 Hummer
2 Meeresschnecken
3 Vongole, Venusmuscheln
4 Kaisergranaten
5 Kaviar
6 Austern
7 Algen

lauwarm schmeckt der Hummer am besten zu selbstgemachter Mayonnaise oder schaumiger Hollandaise mit nicht zu wenig Zitrone. Für Hummer »Godeffroy« bereitet man eine Sauce aus in Öl und Butter angebratenen Schalotten und in Scheiben geschnittenen Pilzen sowie Weißwein, frischen Kräutern und Sahne, die mit Speisestärke leicht angedickt und mit in Butter geschwenkten, feingehackten Sardellenfilets verfeinert wird. Die Sauce gießt man über das ausgelöste Hummerfleisch und reicht Naturreis dazu.

Kaviar, die Eierspeise der Reichen

Die festen, milden und intensiv aromatischen Kügelchen des russischen Kaviars gelten als Götter(vor)speise. Hamburgs Götter, die reichen Handelsherrn und Reeder, haben das seit Jahrhunderten gewußt. Zum Déjeuner oder Gabelfrühstück oder zu kleineren Soupers unter Tage versammelten sie sich bei Schümann oder in Cölln's Austernstuben, die es bis heute gibt am Jungfernstieg, oder im Biedermeier-Restaurant Ehmke am Gänsemarkt, das in den siebziger Jahren einer ignoranten Stadtplanung zum Opfer fiel.
Was sie dort zeremoniell und mit Genuß verspeisten, sind die Eier vom Stör. Das klingt profan. Rogen, schon etwas besser. »Kaviar« am schönsten, weil fremdländisch. Das Wort wurde im 17. Jahrhundert aus dem türkischen »havyar« entlehnt.
Der Stör ist ein spindelförmiger Knochenfisch, der bis zu neun Meter lang werden kann. Er kommt im Kaspischen Meer und in den Flüssen und Gewässern Sibiriens vor, oder besser gesagt, er kam dort vor, denn Umweltverschmutzung und Überfischung haben ihm nahezu den Garaus gemacht. Sein Fleisch, das als Delikatesse gilt, und vor allem sein Rogen wurden ihm zum Verderbnis.
Unter den rund 25 Störarten sind drei besonders gefragt: Der Stör, dessen Namen auf die gesamte Gattung übertragen wurde, und der im Russischen Osjotr heißt. Unter diesem Namen kommt auch sein Rogen auf den Markt: bräunliches Korn von 3 Millimetern Durchmesser. Kleiner als der Stör, der ein Gewicht von bis zu 200 Kilogramm erreichen kann, ist der Scherg. Er liefert Sevrjuga-Kaviar: kleines, dunkles Korn, Durchmesser 2,5 Millimeter. Der teuerste Kaviar kommt vom Hausen, dem Giganten unter den Stören. Er kann bis zu neun Meter lang werden und ein Gewicht von 1500 Kilogramm erreichen. Seine hellgrauen Eier sind entsprechend groß und messen 3 bis 4 Millimeter im Durchmesser.
Gleich welcher Seite man den Vorzug gibt, man sollte die teure Leckerei nicht mit langweiligem Toast verspeisen, sondern mit Blini, den goldgelben, mit Hefe zubereiteten russischen Buchweizen-Pfannkuchen, die mit warmer Butter bepinselt werden; obenauf der göttliche Kaviar, gebettet auf ein weißes Kissen aus nicht zu saurem Rahm.

Von gebackenen Fischen und Backfischen

Obwohl er auch auf dem Hamburger Fischmarkt angeboten wird – unförmige Stücke panierten Fischfilets tanzend in heißem Fett, manchem zum olfaktorischen Ärgernis –, ist Backfisch keine typische Hamburger Spezialität. Seine Ähnlichkeit zu Fish and Chips hingegen ist unverkennbar. Vielleicht handelt es sich hier ebenfalls um einen englischen Import, sozusagen der »unfeineren Art.« Historisch jedenfalls ist nichts belegt.
Auch sprachgeschichtlich kommen wir nicht viel weiter. Obwohl »Kluges Etymologisches Wörterbuch« in der 22. Auflage von 1989 auf Seite 54 vermutet, »Backfisch«, das könne junge Fische meinen, »die schon zu groß sind, um wieder ins Wasser geworfen zu werden« und die man darum brate oder backe. Eigentlich, weiß das Wörterbuch, handele es sich um eine Übertragung aus dem 16. Jahrhundert für junge Studenten, präziser, um eine Verballhornung von »baccalaureus (niedrigster akademischer Grad, s. a. Goethes Faust, 1. Teil)«, wovon sich auch die aktuelle Bedeutung ableite: Backfisch als Synonym für ein junges Mädchen. Mädchen freilich durften zur Zeit der Renaissance noch gar nicht studieren. Wohl aber Fische backen. Was Backfische angeht, fischen wir also weiter im Trüben.

Bei den Zutaten zur Finkenwerder Scholle darf Speck nicht fehlen.

Um die Fische küchenfertig zu machen, entfernt man erst die Flossen.

Dann wird der Kopf mit einer Schere vom Rumpf abgetrennt.

Mit einem Schnitt öffnet man den Bauch, um die Innereien zu entfernen.

Fisch

Fische machen ein Gutteil der Hamburger Speisekarte aus. Zwar wird die Finkenwerder Scholle längst in Kühlwagen aus Dänemark herangefahren, der milde Matjes kommt aus Holland, Dorsche und Hechte haben den weiten Weg von Grönland oder Island hinter sich, wenn sie in Hamburg ankommen. Sie sind hier freilich immer noch um vieles frischer, als wenn sie nach längerer Weiterreise im Süden und Westen in den Verkaufstruhen liegen. Auch eßbare Elbfische gibt es wieder, denn die Wasserqualität der Elbe erholt sich langsam. Arten wie der Stint, kleiner und minder edler Bruder des Lachses, wandern wieder den Fluß hinauf zu ihren Laichplätzen am Elbeoberlauf; sie kommen dabei wohl auch am Hamburger Stintfang vorbei, einer großen Jugendherberge über der U-Bahnhaltestelle Landungsbrücken.

Frischen Fisch erkennt man an den klaren, ungetrübten Augen, dem Schleim auf der Haut, frischer Fisch ist feuchter Fisch. Bereits ausgenommene und geköpfte Tiere faßt man, um sie auf Frische zu testen, am Schwanz und läßt sie hängen. Bleiben sie dabei lotgerade, sind sie frisch. In der Pfanne biegen sich frische Fische bei der Berührung mit heißem Fett.

Auch in Hamburg kocht, brät oder grillt man die Meeresbewohner. Will man sie im Ganzen kochen, werden sie in kaltem Wasser angesetzt, kurz aufgekocht und dann bei geschlossenem Deckel in einer ihrer Größe entsprechenden Zeit gargezogen. Geschnittene Fischstücke gibt man in kochendes Wasser. Hechte, Karpfen oder Forellen, die man »blauen« möchte, werden mit Salz eingerieben und ruhen eine halbe Stunde, bevor sie mit heißem Essig (mit etwas Pfeffer darin) übergossen und kalt angesetzt werden. Braten kann man den Fisch einfach in Butter; man kann ihn auch vorher in Mehl wälzen – wie die Finkenwerder Ewerscholle –, das mit etwas Salz vermengt ist. Soll der Fisch besonders saftig sein, wird er mit verquirltem Ei und Mehl oder geriebenem Zwieback paniert. Möglich auch, den gesalzenen Fisch in Alufolie gewickelt in den heißen Ofen zu legen, was einen intensiven Fischsud ergibt. Einen Hecht kann man auch – mit Speck und in Wein gedünsteten Champignons belegt – in der Pfanne im Ofen backen.

Zu Fischgerichten bereitete man im alten Hamburg gern feine Saucen, etwa Krabbensauce aus gehacktem Krabbenfleisch, Mehl und Butter, Weißwein, Sahne und einer Schalotte. Oder – heiß über eine Seezunge gegossen eine Köstlichkeit – Kaviarsauce, zu der man 75 Gramm Kaviar vorsichtig unter eine Sauce aus 125 Gramm schaumig geschlagener Butter und sechs Eidottern, die mit zwei Teelöffeln Zitronensaft und etwas Salz abgeschmeckt werden, hebt.

Finkenwerder Scholle

4 frische Schollen, küchenfertig vorbereitet
Salz
Saft von 1 Zitrone
200 g durchwachsener Speck
1 Zwiebel
8 EL Mehl
8 EL Butter

Die Schollen waschen, trockentupfen und salzen. Mit Zitronensaft beträufeln und 10 Minuten ziehen lassen. Inzwischen den Speck in feine Würfel schneiden und die Zwiebel würfeln. Die Schollen nochmals trockentupfen, in Mehl wenden, überschüssiges Mehl abklopfen. Die Butter in einer großen Pfanne erhitzen. Die Schollen nacheinander auf beiden Seiten goldbraun braten und warm stellen, bis alle Fische fertig gebraten sind. In einer zweiten Pfanne den Speck auslassen. Die Zwiebeln zufügen und beides braten. Die Schollen mit der hellen Seite nach oben auf vorgewärmte Teller legen, den Speck darüber verteilen. Dazu paßt Kartoffelsalat.

Steinbutt

1 kg Steinbutt am Stück
Salz und Pfeffer
Saft von 1 Zitrone
1 Bund Suppengrün
1 Zwiebel, gespickt mit 1 Lorbeerblatt und 2 Nelken
2 EL Butter
3 EL Mehl
125 g Sahne
2 Eigelb
2 TL geriebener Käse

Den Steinbutt waschen, trockentupfen, mit Salz und Pfeffer einreiben und mit dem Zitronensaft beträufeln. Kurz ziehen lassen. Inzwischen Salzwasser mit dem Suppengrün und der Zwiebel zum Kochen bringen. Den Fisch einlegen und bei kleiner Hitze 15 Minuten ziehen lassen. Dann den Steinbutt herausheben und warm stellen. Für die Béchamelsauce die Butter schmelzen, das Mehl unter Rühren darin goldgelb anschwitzen und $1/2$ l Fischsud angießen. Die Sauce 5 Minuten köcheln lassen. Die Sahne mit dem Eigelb verquirlen, die Sauce vom Herd nehmen und die Eisahne sowie den Käse unterrühren. Den Steinbutt auf einer vorgewärmten Platte anrichten, die Sauce getrennt dazu servieren.

Stinte

40 Stinte, küchenfertig vorbereitet
Salz
4 Eier
6 EL Buchweizenmehl
Butterschmalz zum Ausbacken
Saft von 2 Zitronen
1 Bund grobgehackte Petersilie

Die Fische salzen und samt Kopf und Schwanz zuerst in den verquirlten Eiern, dann im Buchweizenmehl wenden. In einer großen Pfanne das Butterschmalz erhitzen und die Fische portionsweise goldbraun ausbacken, dabei vor dem Wenden die Fische mit Zitronensaft beträufeln und mit etwas gehackter Petersilie bestreuen. Im Backofen warm halten, bis alle Fische gebacken sind, dann auf einer vorgewärmten Platte anrichten.

Stör

4 Scheiben Störfilet à 200 g
Salz
2 EL Öl
1 Bund grobgehacktes Suppengrün
$1/2$ l Weißwein
1 Zwiebel, gespickt mit 1 Lorbeerblatt und 2 Nelken
4 Pimentkörner
5 Pfefferkörner
1 Kräutersträußchen, z. B. Dill, Petersilie, Thymian
2 EL Butter
2 EL Mehl
200 g Stachelbeeren
125 g Sahne
1 Prise Zucker
Pfeffer

Die Störfilets waschen, trockentupfen und salzen. 5 Minuten ziehen lassen, dann trockentupfen und im heißen Öl kurz von beiden Seiten anbraten. Den Fisch aus der Pfanne heben und das Suppengrün im Bratfond anrösten. Den Weißwein und 1 l Wasser angießen und den Sud mit der Zwiebel, den Gewürzkörnern und dem Kräutersträußchen 10 Minuten kochen. Die Störfilets einlegen und bei kleiner Hitze ca. 10 Minuten pochieren. Dann den Fisch herausheben und warm stellen, den Fischsud abseihen. Aus Butter, Mehl und $1/2$ l Fischsud eine leichte Béchamelsauce herstellen. Die Stachelbeeren und die Sahne zufügen, mit Salz, Zucker und Pfeffer abschmecken. Die Störfilets mit der Stachelbeersauce anrichten.

Die mit Zitronensaft beträufelte und trockengetupfte Scholle in Mehl wenden.

Die Scholle in eine Pfanne mit zerlassener Butter legen und goldbraun braten.

In einer anderen Pfanne Speck auslassen und zusammen mit den Zwiebeln braten.

Klöße und Pudding

»Hüt Klüt, morgen Fisch, vergnögt gaht wi to Disch« – »Heute Klöße, morgen Fisch, vergnügt gehn wir zu Tisch«. So beschrieb der Hamburger Dichter Gorch Fock in seinem 1913 erschienenen Roman »Seefahrt ist not!« den alltäglichen Speiseplan der Finkenwerder Fischer. Auch die Armen schräg gegenüber auf der anderen Elbseite hatten nicht viel mehr auf dem Tisch. Fisch war damals billig, zu Beginn des 20. Jahrhunderts wurde er sogar in den Armenhäusern Hamburgs aufgetischt.
Klöße formte man aus Kartoffeln, Mehl oder Grieß unter Zugabe von Wasser und, so vorhanden, Fett oder Ei. Kartoffel- und Fettklöße wurden entweder als Hauptmahlzeit oder als Beilage zum billigen Fisch gegessen; in die Fischsuppen, aber auch in Kompott von Backobst kamen Mehl- oder Schwemmklößchen, in die Flieder- und Bickbeersuppen (Holunder- und Blaubeerensuppen) die Klöße aus Grieß. Im Unterschied zu den Mehlklößen sind die Schwemmklöße aus einem mit Milch angerührten, mit Ei und Muskat komplettierten Brandteig gemacht.
Den wohlsituierten Hamburger Kaufleuten war das natürlich zu frugal. Ihre »Kochmamsells« verarbeiteten Hummer und Austern zu Klößen und salzigen Puddingen oder Nordseekrabben zu Kroketten, die die Diener als Vorspeisen und Zwischengerichte oder als raffinierte Beilagen zu Rumpsteak oder Wild auftrugen.
»Klüten« haben noch heute ihren Platz in der Hamburger Küche: als Einlagen in Suppen und Eintöpfen, als Beilagen und Hauptgericht. Vor allem in der berühmtem Hamburger Aalsuppe dürfen Mehl- oder Schwemmklöße nicht fehlen.

Rauchfleischklößchen

(Abbildung rechts oben)

4 alte Brötchen
$^1/_8$ l heiße Milch
Fett zum Ausbraten
200 g Butter
2 Eier
4 Eigelb
4 EL Mehl
200 g Hamburger Rauchfleisch, in feine Würfel geschnitten
1 Bund gehackte Petersilie
Salz, Pfeffer und Muskatnuß

2 Brötchen in Scheiben schneiden, mit der heißen Milch übergießen und 10 Minuten quellen lassen. Die restlichen Brötchen in kleine Würfel schneiden und in wenig Fett goldbraun rösten. Aus der Butter, den Eiern, Eigelb, den ausgedrückten Brötchen und dem Mehl einen Teig kneten. Zum Schluß das Rauchfleisch, die Brotwürfel und die Petersilie untermischen und die Masse mit Salz, Pfeffer und gemahlener Muskatnuß würzen. Aus der Masse mit nassen Händen kleine Klöße formen. Die Klöße in kochendes Salzwasser geben und bei kleiner Hitze ca. 15 Minuten gar ziehen lassen. Die Rauchfleischklöße mit brauner Butter und Grünkohl servieren.

Schwemmklößchen

35 g Butter
Salz und Muskat
70 g Mehl
2 Eier

Die Butter mit $^1/_8$ l Wasser, Salz und etwas gemahlener Muskatnuß zum Kochen bringen, das Mehl zufügen, zu einem Kloß rühren und kurz abbrennen. Den Topf vom Herd nehmen und die Eier unterschlagen. Mit 2 nassen Mokkalöffeln kleine Klöße abstechen und in siedender Brühe garen. Die Schwemmklößchen sind fertig, sobald sie an der Oberfläche schwimmen. Sie sind eine schmackhafte Einlage für Aalsuppe oder Frische Suppe.

Granatkroketten

(Abbildung rechte Seite)

1 feingehackte Zwiebel
1 EL Butter
100 g gekochte Kartoffeln vom Vortag
400 g Krabbenfleisch
Salz, weißer Pfeffer und Muskatnuß
1 EL feingehackte Petersilie
1 TL feingehackter Dill
3 EL Milch
100 g Semmelbrösel
3 Eier
Fett zum Fritieren

Die Zwiebel in der Butter glasig dünsten. Die Kartoffeln durch eine Kartoffelpresse drücken und mit der Zwiebel und dem Krabbenfleisch gut vermischen. Mit Salz, Pfeffer und gemahlener Muskatnuß würzen, die gehackten Kräuter und die Milch unterkneten. Die Masse 15 Minuten ziehen lassen, dann korkenförmige Kroketten daraus formen. Die Kroketten zuerst in Semmelbröseln, dann in den verquirlten Eiern und abschließend wieder in Semmelbröseln wenden. Im heißen Fritierfett portionsweise ca. 4 Minuten rundum goldbraun fritieren. Mit dem Schaumlöffel herausheben und vor dem Auftragen kurz auf Küchenpapier abtropfen lassen.

Hummerpudding

(Abbildung unten)

2 kleine gekochte Hummer
4 Eigelb
100 g Semmelbrösel
150 g Butter
Salz, weißer Pfeffe und Muskatnuß
8 Eiweiß
Butter und Semmelbrösel für die Form

Das Scheren- und Schwanzfleisch der Hummer ausbrechen und fein hacken. Eigelb und Semmelbrösel mit der zimmerwarmen Butter gut verkneten, dann das Hummerfleisch untermischen und mit Salz, Pfeffer und gemahlener Muskatnuß würzen. Das Eiweiß mit 1 Prise Salz sehr steif schlagen und vorsichtig unterheben. Eine verschließbare Puddingform mit Butter ausfetten und mit Semmelbröseln ausstreuen. Die Masse zu gut $^3/_4$ der Höhe in die Form füllen, verschließen und im Wasserbad ca. 1 $^1/_2$ Stunden garen. Nach Ende der Garzeit die Form kurz unter kaltem Wasser abschrecken, öffnen und den Hummerpudding auf eine vorgewärmte Platte stürzen.

Hummerpudding

Hamburger Speisekarte – Typisches und Assimiliertes

Schon 1805, also lange Zeit bevor man zum Griechen, Türken oder ins Steakhaus ging, hieß es über Hamburg: »Restaurateure, Refraichisseure, Schweizer haben sich hier angesiedelt und eingebürgert; Felsenkeller, Eis-, Beefsteak- und Italienerkeller haben sich unter und Chinesische Kaffeesäle über der Erde eröffnet.« Hamburgs Weltoffenheit beschränkte sich aber nicht nur darauf, Fremdländisches anzunehmen. Auch Gerichte, die aller Wahrscheinlichkeit nach von den Nachbarn – aus Holstein, Mecklenburg oder Niedersachsen – kommen, wurden in den Reigen der ortstypischen Gerichte aufgenommen::

Bickbeersuppe mit Klüten: Blaubeeren werden mit Wasser aufgekocht, mit etwas Speisestärke gebunden und mit Grießklößen serviert. Die ebenso zubereitete Holundersuppe heißt in Hamburg Fliedersuppe.

Birnen, Bohnen, Speck: Räucherspeck mit Brechbohnen, Bohnenkraut und Bergamottebirnen gekocht, dazu reicht man Salzkartoffeln.

Hamburger Rauchfleisch mit Kohl: Das Rauchfleisch mit kaltem Wasser und Gewürzen ansetzen, grobgeschnittenen Weißkohl hinzufügen. Das geschnittene Fleisch richtet man auf dem Kohl an, der mit einer leichten Mehlschwitze gebunden wurde.

Hamburger Stubenküken: Junges Hühnchen aus den Vierlanden, gefüllt mit einer Masse aus Hähnchenleber, gekochtem Schinken, Sahne und Ei. Es wird im Speckmantel im Ofen gegart und mit einer Sauce aus Sahne, Weinbrand und Madeira gereicht.

Labskaus: Gekochtes, gepökeltes, grobgehacktes Rindfleisch wird unter gekochte, zerstampfte Salzkartoffeln gezogen. Dazu reicht man Salzgurken und rote Bete. Das Gericht kann auch mit Stücken von Matjes oder Bismarckhering und einem Spiegelei pro Portion serviert werden.

Plockfinken: Wurzeleintopf mit gewürfeltem Rauchfleisch und einem Schuß Essig, angedickt mit einer Mehlschwitze. Wird mit Fettklößen serviert.

Plumen un Klüten: Gekochter, durchwachsener Speck mit Backpflaumen in einer süß-sauren, etwas angedickten Sauce mit Schwemm- oder Fettklößen.

Quetschmadam: Milchreis mit in Zucker, Zimt und Zitronenschale gekochten Birnen, der mit angedicktem Erdbeersaft serviert wird. Ein altes, typisches Gericht, der Name stammt von der im 18. Jahrhundert neuen Birnensorte »Quisse Madame«.

Snuten un Poten: Schweinskopf, Schweinspfoten, eventuell auch Schweinsohren, gepökelt und weichgekocht, werden mit Sauerkraut, Salzkartoffeln und Erbspüree serviert.

Austernklöße

24 Austern
250 g Champignons, blättrig geschnitten
1 EL Butter
6 Eier
150 g Semmelbrösel
Salz, weißer Pfeffer und Muskatnuß
abgeriebene Schale von 1 Zitrone

Das Austernfleisch in Scheiben schneiden und mit den gehackten Champignons in der Butter anbraten. Vom Herd nehmen, auskühlen lassen und fein hacken. Aus 4 Eiern ein Rührei herstellen, abkühlen lassen und ebenfalls hacken. Alles mit den restlichen Eiern und den Semmelbröseln gut vermischen und mit Salz, Pfeffer, gemahlener Muskatnuß und Zitronenschale fein würzen. Mit einem Löffel Klöße abstechen und in siedender Brühe gar ziehen lassen. Diese luxuriösen Klößchen passen gut zu feinen Fischsuppen.

Rauchfleischklößchen

Granatkroketten

Gewürze

Die Zeit, da man in den Gewölben, Katakomben und Magazinen der Hamburger Speicherstadt köstlich duftende Gewürze finden konnte, geht langsam ihrem Ende zu. Die Säcke mit schwarzem und weißem Pfeffer, Thymian und Piment, Curry, Kardamom und anderen Würzstoffen aus fernen Ländern sind zwar hinter den dicken, atmenden Backsteinmauern der alten Lagerhäuser am besten aufgehoben. Aber Transport und Stapelung müssen hier aus Platzgründen von Hand verrichtet werden, und die Kapazität reicht oft nicht aus. So ist die Lagerung in modernen Wellblech- und Eternithallen erheblich billiger, obschon dort leicht einmal eine Partie feucht wird und der Geschmack sich nicht optimal hält. Ein Großteil der 1995 nach Deutschland importierten 27 203 Tonnen Gewürze wurde zwar noch im Hamburger Hafen umgeschlagen. Die meisten Säcke, vornehmlich aus Brasilien und Indonesien, China, Indien und der Türkei, werden aber inzwischen von Bord der Containerschiffe, an der Speicherstadt vorbei, in die großen Lagerzentren ins Hamburger Stadtgebiet gebracht oder gehen gleich, per Binnenschiff, LKW oder Bahnfracht, an die Abnehmer im Osten und Süden.

Das erste Gewürz, das Geschichte machte, war der Pfeffer. Von ihm ist schon während der Völkerwanderung die Rede. Der Westgotenkönig Alarich forderte bei der Kapitulation Roms im Jahr 410 vor Christus außer 5000 Pfund Gold, 30 000 Pfund Silber, 4000 seidenen Kleidern und 3000 Purpurdecken 3000 Pfund schwarzen Pfeffer.

Gewürze waren also bereits in der Antike begehrte Handelsware, die auf unendlich langen und mühevollen Transportwegen von Indien nach Konstantinopel gebracht wurden und dort einen entsprechend hohen Preis erzielten. Der wahre »Hunger« nach Gewürzen brach im christlichen Abendland aber nach den Kreuzzügen aus, durch die der Orient, wie Wolfgang Schivelbusch in »Das Paradies, der Geschmack und die Vernunft« formuliert, »in einem wahrnehmbaren Sinne präsent« in Europa wurde. Seide, Samt, Damast, Teppiche und Gewürze gehörten zu den orientalischen Luxusgegenständen, mit denen die europäische Oberschicht sich damals umgab. Gewürze wurden Statussymbole, hemmungsloses Überwürzen der Speisen kennzeichnet das gesamte hohe Mittelalter. Manche Historiker erklären das Phänomen damit, daß Fleisch wegen mangelnder Kühlmöglichkeiten damals leicht verdarb und man es mit Pfeffer entweder haltbar machte oder scharfe, starke Gewürze benützte, um etwaigen Verwesungsgeschmack zu kaschieren. Diese Theorie ist aber insofern nicht haltbar, als Pfeffer viel zu teuer war, um zur Haltbarmachung eingesetzt zu werden und die Phase der Überwürzung im 17. Jahrhundert aufhörte, ohne daß andere Konservierungsmöglichkeiten gefunden worden wären.

Anis wird vor allem in der Weihnachtsbäckerei verwendet.

Cayennepfeffer ist sehr scharf und würzt Fleischspeisen.

Lorbeerblatt würzt Suppen, Eintöpfe und Marinaden.

Kreuzkümmel ist Teil des Mischgewürzes Curry.

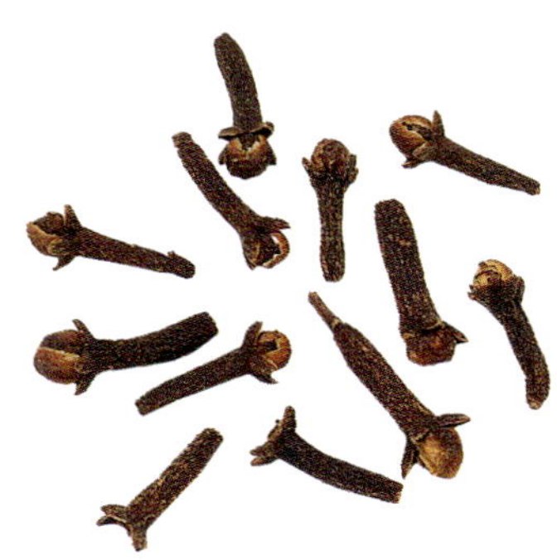

Gewürznelken gibt man in den Fischsud und zu Gemüse.

Paprika paßt zu Schnitzel, Hähnchen oder Saucen.

Safran wird vor allem wegen der Farbwirkung verwendet.

Sternanis würzt Kompott und Weihnachtsgebäck.

Currypulver kommt aus Indien und ist ein Mischgewürz.

Kardamom verfeinert Brot und Weihnachtsgebäck.

Muskatnuß paßt zu Kartoffel- und Gemüsegerichten.

Muskatblüte wird in Brühen und Frikassees verwendet.

Pfeffer gehört wie Salz auf jeden Tisch.

Piment ist wie Pfeffer ein Allzweckgewürz.

Wacholder paßt zu Wild, Sauerkraut, Schinkengerichten.

Zimt und Zucker – nicht nur zu Weihnachten beliebt.

Einleuchtender scheint Schivelbuschs Theorie: Die intensiv-aromatischen Gewürze, besonders der Pfeffer, seien Symbol für eine mit den Kreuzzügen beginnende Aufstockung des bis dato recht »hinterwäldlerischen« mitteleuropäischen Kulturniveaus durch die orientalische Hochkultur. Mit dem Pfeffergenuß entwickelten die Besitzenden erstmals eine feine Zunge – sie kamen auf den guten Geschmack. Und wurden süchtig auf Gewürze. Pfeffer als Stimulanz, in einer Zeit, in der es noch keine Genußmittel wie Tee, Kaffee, Schokolade oder Zucker gab. Pfeffer als Statussymbol, Staatsgeschenk, Zahlungsmittel.

Sucht macht abhängig. Vom Dealer, dem Gewürzhändler, der die Preise in astronomische Höhen schraubte, vom Lieferanten, dem Orient. Sucht macht reich – Venedigs Blütezeit hängt mit dem Gewürzhandel zusammen. Und Sucht macht erfinderisch. Als sich der Preis des Pfeffers im 15. Jahrhundert fast verdreißigfachte, der Nachschub stagnierte, die Nachfrage aber stieg, suchte man nach Auswegen: nach dem Seeweg nach Indien.

»Wir sind auf der Suche nach Christen und Gewürzen«, schrieb Vasco da Gama, der erste Europäer, der 1498 das Kap der Guten Hoffnung umsegelte. Der Schritt in die Neuzeit war damit getan. Pfeffer, sein Sucht- wie sein Profitpotential, hat ihn provoziert. Die Phase des europäischen Kolonialismus, mit all seinen für die Ursprungsländer der begehrten Waren höchst unerfreulichen Begleiterscheinungen, hatte begonnen.

Das Zentrum des Gewürzhandels verlagerte sich von Venedig nach Lissabon. Anfang des 17. Jahrhunderts entrissen die Holländer den Portugiesen die Hegemonie im Weltgewürzhandel. Nun bestimmte Amsterdam die Preise. Von dort bis Hamburg brauchte ein guter Segler bei günstigem Wind keine zwei Tage.

Das Monopol hatte die »Vereinigte Holländische Kompanie.« Sie machte vor, was monopolistisch heißt, schaltete die Konkurrenz aus, indem sie den Anbau von Muskatnüssen und Gewürznelken nur auf wenigen ihrer Inseln zuließ und hielt die Preise künstlich hoch, indem sie für die Verbrennung riesiger Mengen Zimt oder Muskatnüsse sorgte.

Heute sind die Zentren des internationalen Gewürzhandels Singapur, New York, Rotterdam und Hamburg; die USA und Deutschland führen den Welt-Gewürzimport an.

Dabei sind die Deutschen, trotz des in ihren Küchen deutlich gewachsenen Interesses für ausländische Zubereitungen und Gerichte, bis heute ihren drei Lieblingsgewürzen treu geblieben: Pfeffer, Paprika und Petersilie. Wollen sie mit Vanille würzen, nehmen sie für gewöhnlich statt des intensiv aromatischen Marks der schwarzen Vanilleschoten aus Mittelamerika immer noch das synthetische Pulver gleichen Namens; und möchten sie Zimtgeschmack, greifen sie immer noch mehrheitlich zu ockerfarbenen Zimtpulvern, nicht ahnend, wieviel mehr an Zimtwürze ihnen die getrocknete Rinde des ceylonesischen Canehl-Strauchs bringen würde.

Das tägliche Brot, geschickt genutzt für den Zigarettenschmuggel.

In einer Keksschachtel finden lediglich vier Schachteln Zigaretten Platz.

Ein harmloser Früchtekorb? Im Stroh ist Marihuanakraut eingeflochten.

In die Stuhlsitzfläche paßt am meisten rein. Nur sperrig.ist das Ganze.

Zigaretten

In Hamburg werden die Container nur noch gelöscht. Sie enthalten Normkartons, Juteballen mit Orienttabaken und große Holzzylinder, »Hogsheads« genannt, in denen traditionell die amerikanischen Tabake verschifft werden – insgesamt 90000 Tonnen Rohtabak jährlich. Gefertigt wird das Endprodukt Zigarette heute in Berlin und Bayern, in Polen, Rußland und der Tschechei. Der Tabak kommt aus Brasilien, Südafrika, den USA und in kleinerer Menge aus arabischen Ländern. Von Bord der großen Containerschiffe geht er – meist umgehend, denn Lagerung ist teuer – in LKWs und Bahnwaggons auf die Reise. Hamburg ist einer der wichtigsten Tabakumschlagplätze Europas. Neben dem Umschlag kümmern sich die Zigarettenkonzerne in der Hansestadt um die eigene Verwaltung, um Forschung, Marketing und Vertrieb der beliebten Rauch-Waren.

Von Amerika nach Europa gelangten die Urahnen der Zigarette über Spanien. Sevillas frühe Zigarrenarbeiterinnen sind durch Bizets Oper »Carmen« unsterblich geworden. Napoleons Reiter trabten, von Spanien kommend, 1807 einhändig in Hamburg ein, denn zwischen den Fingern ihrer freien Hand qualmte ein Glimmstengel. Der wurde in Zentraleuropa allerdings erst Mitte des 19. Jahrhunderts populär. Wieder kriegsbedingt. Diesmal von Osten kommend.

Der Zufall, heißt es, habe die Türken die moderne Zigarette »erfinden« lassen, als sie 1840 während der Belagerung der syrischen Festung Akka die gewohnten Wasserpfeifen entbehren mußten und ihren Kavala-Tabak in das Papier wickelten, in dem die Kugeln ihrer Schiffsgeschütze verpackt gewesen waren. Für weitere Verbreitung sorgte der Krim-Krieg (1853–1856), in dessen Verlauf die türkischen und französischen, englischen und russischen Fußtruppen statt des Mündungsqualms von Vorderladern und Geschützen erheblich lieber den Zigarettenrauch von hüben nach drüben ziehen sahen.

In Mitteleuropa wurde die Orientzigarette im Lauf der Zeit zum Genußmittel aller, zunächst vorwiegend der Männer. Nur Frauen wie George Sand oder Lola Montez wagten im 19. Jahrhundert, ihr Selbstbewußtsein durch öffentliches Zigarettenrauchen zu demonstrieren. Ganz durchgesetzt hat sich die würzige »Orient« während des Ersten Weltkriegs. Nach Ende des Zweiten begann in Deutschland der Siegeszug amerikanischer Virginia- und Burley-Tabake. Bis heute werden sie in den aktuellen »Blends« der marktbeherrschenden Filterzigaretten nach geheimnisumwitterten Rezepten mit einem nur noch kleinen Teil herberer Orientsorten gemischt.

Linke Seite: »Die Tabakmanufaktur von Sevilla«, Ausschnitt aus einem Gemälde von Constantin Meunier (1831–1905).

Der gepreßte Rohtabak wird in Hamburg angelandet und zur Verarbeitung weitertransportiert.

In den verarbeitenden Betrieben gelangt der Tabak über ein Fließband zur Blattmischbox.

Aus dem Zigarettenspeicher gelangen die Glimmstengel in das Magazin der Packmaschine.

Nur bei der Qualitätskontrolle werden die Zigaretten von einer menschlichen Hand berührt.

In »Schragen« werden die Zigaretten maschinell in den Verpackungsraum transportiert.

Nun fehlt nur noch die Verpackung. Und die Warnung der EG-Gesundheitsminister ...

Peter Schulz

Bremen

Der steinerne Roland auf dem Marktplatz
symbolisiert Freiheit und Unabhängigkeit der Stadt.

Vorhergehende Doppelseite:
Kaffee, sackweise angeliefert, gehört zu Bremen
wie der Roland und das Rathaus.

Een beten veel un een beten good« – es ist eigentlich ein Paradoxon, daß die Bremer bei ihrem ausgeprägten Hang zur Sparsamkeit gern aus dem Vollen schöpfen, wenn es ums Essen und Trinken geht. »Ein bißchen viel und ein bißchen gut« – ob große Gastereien wie das Schaffermahl, kleine Familienfeiern oder ganz normale Mahlzeiten: Es kommt gehörig etwas auf den Tisch und zwar zu allen Tageszeiten.

In der weltoffenen Seefahrer- und Kaufmannsstadt, Bischofssitz seit 787 und seit 1947 mit Bremerhaven im Zwei-Städte-Staat vereint, ist ein Hang zur gemütlichen Behaglichkeit, verbunden mit der Freude am Genuß, unverkennbar. Die Nähe zum Meer weckte die Liebe zum Fisch, die engen Verbindungen ins ländliche Umfeld den Hang zu rustikalen Gaumenfreuden. Und die Handelskontakte in alle Welt machten die Bremer empfänglich für exotische Köstlichkeiten.

Überhaupt: der Handel. Ihm verdankte die Stadt jenen Wohlstand, der den selbstbewußten Patriziern stets ebenso wichtig war wie ihre Unabhängigkeit. 1404 stellten sie auf dem Marktplatz den steinernen Roland auf, der seither als Wahrzeichen und Symbol ihrer Selbständigkeit von der »vryheit« kündet, der Freiheit gegenüber Fürsten und Bischöfen.

Dagegen zeigten sich Ratsherren und Kaufleute eher knausrig, wenn es um die schönen Künste ging. Und so machten Maler, Musiker oder Literaten von Rang mangels lebensfroher Landesherrn oder spendabler Kirchenfürsten meist einen weiten Bogen um jene florierende Hafenstadt, in der Ölfässer und Banknoten stets mehr galten als Ölgemälde und Notenblätter. Selbst die märchenhaften Stadtmusikanten haben Bremen bekanntlich nie erreicht …

Und doch haben sie auf bodenständige Weise »Lebens-Art«, diese Bremer, nicht zuletzt wegen ihrer genießerischen Gastlichkeit. Nur hübsch gediegen muß es dabei zugehen. So wie bei den soliden Bremer Kaufleuten, die ihre dunkelblauen Anzüge mit ähnlich ernstem Stolz tragen wie Überseekapitäne ihre noch dunkelblaueren Uniformen. Besonders gelungene Abschlüsse feiern sie nach wie vor im Ratskeller bei ein paar Flaschen Wein. Nicht überschwenglich, Gott bewahre, sondern in stiller Zufriedenheit. Eben bremisch.

Schaffer-mahl

Bremer müssen draußen bleiben. So will es das eherne Gesetz des »Hauses Seefahrt«. Wenn alljährlich am zweiten Freitag im Februar mit den Worten »Schaffen, schaffen, unnen un boven – unnen un boven schaffen« nachmittags um drei zum traditionellen »Schaffermahl« zu Tisch gebeten wird, ist die ehrwürdige Obere Rathaushalle für Bremer tabu, mögen sie auch noch so bedeutend sein oder sich so fühlen.
»Schaffen« bedeutete in der Sprache der Segelschiffahrer, daß der Smutje die Mahlzeit »beschafft«, also angerichtet, hatte, weshalb alle Mann unter und über Deck (»unnen un boven«) schleunigst zum Essen eilten, sobald dieser Ruf erschallte.
»Schaffer« heißen heute jene drei Herren, die das »Schaffermahl« ausrichten, mit anderen Worten: bezahlen. Denn die 300 Anwesenden – nur Männer dürfen den weitläufigen Saal betreten! – sind allesamt ihre Gäste, die sich gleichwohl nicht lumpen lassen und am Schluß der Mahlzeit einen großzügig bemessenen Obolus in ein herumgereichtes Salzfaß stecken. Der Erlös wiederum kommt dem »Haus Seefahrt« zugute, jenem Sozialwerk, das bis heute in Not geratene Seeleute und deren Familien unterstützt.
Seit 1545 ist das so, weshalb das Schaffermahl als ältestes Brudermahl der Welt angesehen wird. Eigentlich war es ein Abschiedsessen, das Kaufleute und Reeder für ihre Kapitäne gaben, die nach der Eisschmelze im Frühjahr wieder in See stachen. Zuvor aber wollte man sich bei einem guten Essen beraten, finanzielle und soziale Angelegenheiten regeln – die Seefahrt war ein lebensgefährliches Geschäft – und die Kassenlage der erwähnten Stiftung erörtern.
Kapitäne sind auch heute noch unter den Gästen, zu denen sich aber im Laufe der Zeit mehr und mehr einflußreiche und angesehene Persönlichkeiten aus Politik, Wirtschaft und Kultur gesellt haben. Ihnen wird die Ehre zuteil, eine der begehrten Einladungen zu erhalten – und zwar nur einmal im Leben! Einzig Theodor Heuss ist es gelungen, zweimal am Schaffermahl teilzunehmen: Der Bundespräsident lud sich schlankweg selbst ein, was man dem höchsten Mann im Staate schlecht abschlagen konnte.
Zu den Gästen, die Jahr für Jahr im vorgeschriebenen Frack oder in Kapitänsuniform

unter den historischen Schiffsmodellen Platz nehmen, die von der Rathausdecke hängen, gehören der Bürgermeister, der nur deshalb eingeladen wird, weil er der »Hausherr« des Rathauses ist, und eben jene, die schon einmal »geschafft« haben, also Mitglieder im »Haus Seefahrt« sind.
Die traditionelle Speisefolge, die an diesem Tag serviert wird, ist absolut nichts für einen schwachen Magen. Auf die in Form von Neptuns Dreizack angeordnete Tafel mit drei längs gestellten Tischen und einem quer gestellten kommen Gerichte, die einst als »einfache bremische Hausmannskost« bezeichnet wurden – schwer und deftig und von allem reichlich. Das fünfstündige Mahl, regelmäßig unterbrochen von gewichtigen Reden über das Vaterland, über Bremen und die Seefahrt, beginnt mit einer weißen sowie einer braunen Suppe, gekocht aus Hühnern beziehungsweise Ochsenlenden. Es folgt Stockfisch in derber Senfsauce, wozu nach wie vor braunes Seefahrtsbier in silbernen Humpen kredenzt wird, die von Gast zu Gast wandern.
Das dickliche, malzhaltige Gebräu, das einst als Mittel gegen Skorbut während langer Seereisen getrunken wurde, ist heute nicht mehr auf dem Markt. Die Bremer Haake-Beck-Brauerei setzt den eigentümlichen Sud deshalb alljährlich eigens für das Schaffermahl an, das ansonsten von Rot- und Weißwein begleitet wird.
Als nächste Speise haben die Teilnehmer, die Messer und Gabel zwischen den Gängen mit Löschpapier abwischen müssen – vielfaches Besteck galt auf Segelschiffen als Luxus –, Braunkohl mit Rauchfleisch, bremischem Pinkel und Maronen zu bewältigen. Ist das geschafft, wird Kalbsbraten mit gedämpften Äpfeln und Backpflaumen aufgetragen. Den Nachtisch bilden Chester- und Rahmkäse, Zunge und geräucherter Butt, der noch heute nach der Stadt Riga benannt ist, die ihn früher geliefert hat. Früchte und Kaffee folgen, und dann können endlich die langen Tabakspfeifen aus Ton entzündet werden, die man zum Abschluß in eine jetzt im wahrsten Sinne des Wortes geschaffte Männerrunde reicht.
Sind alle Speisen verzehrt – und zwar erst dann! – dürfen sich die Herren erheben und, zumeist etwas schwerfällig, in die benachbarten Festsäle des Rathauses wandern, wo bereits die Damen der Teilnehmer warten. Nur hier ist die Damenwelt nach alter Sitte zugelassen, und nur hier gibt es dann auch endlich ein anständiges Bier zu trinken.

Die Obere Rathaushalle während des Schaffermahls.

Edle Tropfen für die hohen Herren

So traditionell wie die Speisenfolge des Schaffermahls gestaltet sich alljährlich auch die Auswahl der Weine, die lange vor dem festlichen Ereignis durch die Schaffer vorgenommen wird. Gesucht werden dabei je ein erlesener Rotwein aus Bordeaux, ein Weißwein vom Rhein und ein trockener oder halbtrockener weißer Moselwein. Für die Bremer Weinhändler stellt diese Weinprobe eine besondere Herausforderung dar, dürfen doch die auserwählten »Schafferweine« später unter dieser offiziellen Bezeichnung und mit einem zusätzlichen Etikett versehen in den Handel gebracht werden. Ohnehin sind nur alteingesessene Unternehmen zur Probe zugelassen, die außerdem noch strenge Kriterien zu erfüllen haben.
Wer nämlich mit seinem Bordeaux an der Auswahl teilnehmen will, muß den notariellen Nachweis erbringen, seit drei Jahren einen Vorrat von mindestens 2000 Flaschen dieser Lage zu besitzen. Und bei den deutschen Weinen hat es sich um Erzeugerabfüllungen zu handeln, von denen wenigstens 750 Flaschen auf Lager sein müssen. Strenge Sitten also, die jedoch durch den Handel bereitwillig akzeptiert werden. Schließlich gilt die Auszeichnung zum »Schafferwein« im Wettbewerb untereinander als Gütezeichen erster Ordnung, was nicht nur Ansehen bringt, sondern sich obendrein als außerordentlich verkaufsfördernd erweist!

Schaffermahl zum Nachkochen

Kalbsbraten mit Selleriesalat, Katharinenpflaumen und gedämpften Äpfeln

(Abbildung rechte Seite)

- *100 g Backpflaumen mit Stein*
- *8 Nelken*
- *Schale von 1 Zitrone*
- *4 Stangen Kaneel*
- *Zucker*
- *2 kleine Knollen Sellerie*
- *Salz*
- *Essig und Öl*
- *Salz und Pfeffer*
- *2 Zwiebeln, fein gehackt*
- *4 Äpfel, z. B. Cox Orange*
- *1 l Weißwein*
- *Saft von 1 Zitrone*
- *1 kg Kalbsbraten*
- *Butterschmalz zum Anbraten*
- *einige Kalbsknochen*
- *1 Bund Suppengrün*
- *1 TL Rosmarin*
- *1/4 l Kalbsfond*
- *1 TL Speisestärke*
- *250 g Sahne*

Die Backpflaumen 2 Tage vorher einweichen. Am nächsten Tag den Sud von den Pflaumen mit den Nelken, Zitronenschale, Kaneel und etwas Zucker aufkochen, über die Backpflaumen geben und noch 1 Tag ziehen lassen. Die Sellerie schälen, in Scheiben schneiden und in Salzwasser bißfest kochen. Dann abgießen, abtropfen lassen und in Streifen schneiden. Aus Essig, Öl, Salz, Pfeffer und Zucker ein Salatdressing anrühren. Die Selleriestreifen mit den Zwiebeln in eine Salatschüssel geben, mit dem Dressing übergießen und ziehen lassen. Die Äpfel schälen, halbieren und entkernen. Weißwein, Zitronensaft und wenig Zucker aufkochen und die Äpfel darin weich dämpfen. Im Sud erkalten lassen. Den Kalbsbraten mit Salz und Pfeffer einreiben und in Butterschmalz rundum anbraten. Das Fleisch aus dem Bräter heben und die Kalbsknochen sowie das Suppengrün im Bratfond anrösten. Etwas Wasser angießen, den Kalbsbraten wieder einlegen und im vorgeheizten Backofen bei 150 °C ca. 40 Minuten garen. Den fertigen Braten aus dem Bräter heben, den Bratensatz mit dem Kalbsfond ablöschen und abseihen. Die Speisestärke mit der Sahne verquirlen, unter den Fond rühren und noch einmal aufkochen. Den Kalbsbraten in gleichmäßige Scheiben aufschneiden und die Sauce getrennt dazu reichen.

Bremer Hühnersuppe

(Abbildung links unten)

- *1 frisches Suppenhuhn*
- *1 Beinscheibe vom Rind*
- *1 Zwiebel, gespickt mit 1 Lorbeerblatt und 2 Nelken*
- *1 Bund Suppengrün*
- *Salz*
- *3 Eigelb*
- *500 g Sahne*
- *2 EL Krebspaste*
- *gekochte Spargelspitzen und grüne Erbsen als Einlage*
- *Pfeffer*
- *Weißwein zum Abschmecken*
- *1 EL gehackte Petersilie*

Das Suppenhuhn waschen und mit der Beinscheibe, der gespickten Zwiebel und dem Suppengrün in 2 l leicht gesalzenem Wasser aufsetzen, zum Kochen bringen und ca. 1 1/2 Stunden zugedeckt köcheln lassen. Nach Ende der Garzeit das Huhn aus der Brühe heben und die Brühe abseihen. Die Hühnerbrust auslösen, die Haut entfernen und das Fleisch in Würfel schneiden. Das Eigelb mit der Sahne verquirlen und mit der Krebspaste in die Hühnerbrühe rühren. Die Spargelspitzen, grünen Erbsen und die Hühnerfleischwürfel in der Suppe erhitzen, nicht mehr kochen. Mit Salz, Pfeffer und Weißwein abschmecken und vor dem Servieren mit der gehackten Petersilie bestreuen.

Stockfisch, Senfsauce und Salzkartoffeln

(Abbildung unten)

- *800 g Stockfisch*
- *Fischgräten und -abfälle für den Sud*
- *1 Bund Suppengrün*
- *2 Lorbeerblätter*
- *Salz und Pfeffer*
- *5 Pimentkörner*
- *1 Stange Lauch, in feine Streifen geschnitten*
- *2 EL Mehl*
- *15 g Butter*
- *2 EL Senf*
- *250 g Sahne*

Den Stockfisch vom Fischhändler 36 Stunden wässern und filetieren lassen. 1 1/2 l Wasser mit den Fischgräten und -abfällen, dem Suppengrün, den Lorbeerblättern, Salz, Pfeffer und den Pimentkörnern zum Kochen bringen und zugedeckt 1/2 Stunde kochen. Dann den Sud abseihen. Den Fisch in Streifen schneiden und mit dem Lauch in 1 l Sud gar dämpfen. Inzwischen für die Senfsauce das Mehl in der Butter anschwitzen, den restlichen Fischsud unterrühren und 10 Minuten köcheln. Mit Senf, Salz und Pfeffer abschmecken. Die Sahne halbsteif schlagen und unter die Sauce ziehen. Getrennt zum Fisch reichen, als Beilage Salzkartoffeln servieren.

Stockfisch mit Senfsauce

Bremer Hühnersuppe

Früchtekorb

Selleriesalat

Kalbsbraten mit Katharinenpflaumen
und gedämpften Äpfeln

Der Bremer Ratskeller

Bundeskanzler Konrad Adenauer lobte »Janz ausjezeichnet, der Assmannshäuser!«, und Bundespräsident Theodor Heuss zeigte sich nicht minder begeistert: Auch sein spezieller Wunsch (»Habet Se auch e Württemberger Weinle?«) konnte im Handumdrehen erfüllt werden.

Ob vom Main oder von der Mosel, vom Rhein oder von der Saale – weit über 700 verschiedene deutsche Weine ruhen im Bremer Ratskeller, weshalb Kellermeister Karl-Josef Krötz auch bei ausgefallenen Bestellungen gelassen bleibt. Er kann seinen Gästen die umfangreichste Weinkarte Deutschlands präsentieren; eine üppige Fülle, vor der schon so mancher Besucher der Bremer »Unterwelt« kapitulieren mußte.

Deren Herzstück ist die 1404 beim Bau des Rathauses entstandene große Halle mit ihren imponierenden Fässern, in deren Schatten es sich so gemütlich an langen Holztischen sitzen und ein paar Schoppen Wein genießen läßt. Dazu knabbert man »Steckrüben«, einen Snack aus Salzstangen und jungem Goudakäse in Riegeln. Die Ratsherren hatten den Keller, der im 17. Jahrhundert durch den »Bacchuskeller« erweitert wurde, in weiser Voraussicht anlegen lassen: Das städtische Weinmonopol garantierte erkleckliche Einnahmen. Und weil die geschätzten Weine von Rhein und Mosel über Jahrhunderte nur hier ausgeschenkt werden durften, flossen die Abgaben ebenso reichlich wie der Rebensaft.

Noch heute ist der Ratskeller mitsamt dem Weinhandel in städtischem Besitz. Die Gastronomie dagegen wurde einem privaten Unternehmen übertragen, das sich freilich an gleich zwei »eherne Gesetze« zu halten hat: Im »köstlichen und angenehmen Fundament des Bremer Rathauses« – so Matthäus Merian 1650 in seiner Städtechronik – ist schnödes Bier schlichtweg verpönt. Die zweite, die »goldene Regel«, aber gebietet, daß im Ratskeller ausschließlich Weine aus deutschen Anbaugebieten serviert werden dürfen!

Wer also nach einem Bordeaux fragt, wird bitter enttäuscht, obwohl feine französische Sorten schon seit dem 17. Jahrhundert über Bremen in deutsche Karaffen fließen. Damals nahmen die bremischen Weinimporteure den Handel nach Bordeaux auf und begründeten so ihre führende Marktposition, die sie bis in unsere Tage gehalten haben: Bremen ist der Stammsitz vieler renommierter Weinhäuser.

Kellerpoeten

Der Ratskeller hat seit Jahrhunderten Poeten, Maler und Musiker angezogen, die im Dämmerlicht der mächtigen Gewölbe zechten, zeichneten und philosophierten. Ob Fontane, Slevogt oder Brahms – sie und viele andere schätzten die Weine, rühmten das Ambiente und schwärmten über das besondere Flair der historischen Hallen, denen der unglücklich verliebte Wilhelm Hauff mit den »Phantasien im Bremer Ratskeller« das schönste literarische Denkmal gesetzt hat. Weil er das Herz der reizenden Bremerin Josephe Stolberg nicht gewinnen konnte, schrieb sich der junge Schwabe 1826 in Katerstimmung mit diesem weinseligen Märchen den Liebeskummer von der Seele. Dem Ratskeller, dessen Köstlichkeiten er ausgiebig genossen hatte, widmete Hauff die Zeilen: »Von allen Schlössern dieser Zeit lob ich ein Schloß zu Bremen, in seinen Hallen hoch und weit darf sich kein Kaiser schämen.«

Nahezu hymnisch mutet auch das Gedicht »Im Hafen« aus dem Zyklus »Buch der Lieder« von Heinrich Heine an, das mit den Worten beginnt: »Glücklich der Mann, der den Hafen erreicht hat, und hinter sich ließ das Meer und die Stürme. Und jetzo warm und ruhig sitzt im guten Ratskeller zu Bremen.«
Daß es nicht allein bei Schwärmereien blieb, machte Friedrich Engels 1839 in einem Brief an seinen Freund Wilhelm Graeber deutlich, in dem er sich als »oberster Poet im Bremer Ratskeller und priveligierter Zecher« rühmte und ein paar Zeilen später bekannte: »Vorgestern Abend hatte ich große Knüllität im Weinkeller mit zwei Flaschen Bier und zweieinhalb Flaschen Rüdesheimer 1794er.«
Keineswegs ein Kostverächter war auch Joachim Ringelnatz. Er schrieb 1924 im Ratskeller einen seiner »Reisebriefe«. Die Hommage an Bremen beginnt mit den Worten: »Hier gelt ich nix, und würde gern was gelten, denn diese Stadt ist echt, und echt ist selten.«

Wen es jedoch nach einem saftigen Mosel, einem erdigen Franken oder beerigen Württemberger gelüstet, der ist im Ratskeller an der richtigen Stelle. Und angesichts des beinahe verwirrenden Reichtums der »großen Weinkarte« muß es ja nicht gleich der 1727er Hochheimer Apostel sein oder der aus Rüdesheim stammende 1653er Rosewein. Sie gehören zu den ältesten und größten Schätzen des Ratskellers, denen gleichwohl nur noch Liebhaberwert zukommt. Genießbar sind diese Weine mit ihrer stark hervortretenden Säure und dem an einen eleganten Madeira erinnernden Duft nämlich schon lange nicht mehr. Unbezahlbar sind sie außerdem: Schätzungen aus den fünfziger Jahren ergaben, daß jeder Tropfen mit Zins und Zinseszins über 40 000 DM kosten müßte.
Diese Kostbarkeiten ruhen im Rosekeller und im Apostelkeller, die Besuchern lediglich während offizieller Führungen geöffnet werden. Einen neugierigen Blick kann man hingegen stets in den dreischiffigen Bacchuskeller werfen, wo eine dralle Götterstatue sichtlich vergnügt auf einem mächtigen, reich verzierten Weinfaß reitet.
Während der Bacchus- und der Hauffkeller nur dann bewirtschaftet werden, wenn sich größere Gesellschaften angesagt haben, wartet in den kleinen Logen am Rande der großen Halle jederzeit ein unverfälschtes Ratskeller-Erlebnis. Diese lauschigen Nischen mit dem drolligen Namen »Priölken« werden gern für vertrauliche Gespräche benutzt, verfügen sie doch über verschließbare Türen. Allerdings sind sie alles andere als heimelige Liebeslauben! Der Oberkellner achtet mit gespielt strenger Miene unerbittlich darauf, daß die Tür offenbleibt, falls sich nur zwei Personen im Priölken aufhalten.
Und noch etwas muß der Gast wissen, der erwartungsvoll unter den mächtigen Rundbögen des Gewölbes Platz nimmt: Entgegen landläufiger Auffassung ergibt die Abfolge »Wein, Weib und Gesang« hier keinen harmonischen Dreiklang. Wer ein weinseliges Lied anstimmt, wird naserümpfend betrachtet, wenn nicht gar barsch zur Ordnung gerufen. Denn im Ratskeller herrschen selbst im Überschwang hanseatische Bedächtigkeit und sinnige Solidität vor, jene typischen Charakterzüge der Bremer, die nur einmal im Jahr außer Kraft gesetzt werden, nämlich in der zweiten Oktoberhälfte, wenn der »Freimarkt« tobt, der Kölner Karneval und Oktoberfest auf norddeutsche Art vereint.

Der historische Bremer Ratskeller unterhalb des Rathauses birgt unbezahlbare Köstlichkeiten: Der älteste Wein, der »Rosewein«, stammt aus dem Jahr 1653 – und ist ungenießbar.

Stubenküken

Zart und federleicht soll es schmecken, das »Bremer Stubenküken-Ragout«, seit Generationen eine Leib- und Magenspeise an der Weser. Und deshalb galt das feine Fleisch junger »Küchlein« bei vornehmen Bremer wie Hamburger Hausfrauen als ideale Basis für ein Gericht, das in gleichem Maße nach »Citrone, Castanie und Krebsbutter« verlangte, wie es in einem bald 200 Jahre alten Rezept heißt.

Doch mit den »Stubenküken« im Ragout ist das so eine Sache: Es wird überliefert, daß es auf den Bauernhöfen im Bremer Umland den Großmüttern zukam, die kleinen Federbälle im Frühjahr in einer Kiste am warmen Ofen aufzupäppeln – in der Stube eben. Und weil das nicht immer klappte, nahm man damals wie heute durchaus mit filetierter Hühnerbrust vorlieb, um das »Ragout von Kiken« zu kochen.

Als unentbehrlich wurden dagegen »Midder« (Kälbermilch) sowie eine gehaltvolle Brühe angesehen, zubereitet aus magerem Rindfleisch, Ochsenuntermund und -gaumen, Schweinsohren und -zungen. Auch so feine und teure Gemüse wie Artischocken und Spargel sowie »2 Loth Pingeln«, also 100 Gramm Pistazienkerne, standen auf der traditionellen Zutatenliste.

Heute findet man im »Bremer Kükenragout« neben Kalbsbries und -zunge schon auch mal Cocktailwürstchen – Gourmets sehen darin einen unverzeihlichen Stilbruch. Stilecht und unerläßlich hingegen ist feines Blätterteiggebäck in Form kleiner Halbmonde.

Das Bremer Kükenragout wird aus dem zarten Fleisch ganz junger Stubenküken zubereitet.

Bremer Kükenragout

- 2 Stubenküken à 600 g
- 1 Kalbszunge
- 1 Kalbsbries
- 1 Zwiebel
- 1 Bund Suppengrün
- Salz
- 8 Klößchen aus Kalbsbrät
- 150 g kleine Champignons
- 250 g Spargelspitzen
- 3 EL Butter
- 2 EL Mehl
- 1/4 l trockener Weißwein
- Zitronensaft
- 1 Prise Zucker
- Salz und Pfeffer
- 125 g Sahne
- 2 Eigelb
- Blätterteighalbmonde zum Garnieren

Die Stubenküken und die Kalbszunge waschen. Die Zunge mit der Zwiebel und dem Suppengrün in Salzwasser ca. 20 Minuten kochen, dann die Küken und das Kalbsbries zufügen und weitere 40 Minuten garen. Nach Ende der Garzeit die Zunge, die Küken und das Bries herausheben und etwas abkühlen lassen, die Brühe abseihen. Die Zunge enthäuten, das Kükenfleisch von den Knochen lösen und die Haut entfernen. Das Bries enthäuten, Zunge und Kükenfleisch und Bries in Würfel schneiden. Die Klößchen in der Brühe gar ziehen lassen. Das Gemüse putzen. Die Butter zerlassen, das Mehl darin anschwitzen und 600 ml Brühe angießen. Zum Kochen bringen und das Gemüse in der Sauce garen. Zunge und Kükenfleisch zugeben und mit Weißwein, Zitronensaft, Zucker, Salz und Pfeffer abschmecken. Die Sahne mit dem Eigelb verquirlen und die Sauce damit binden. Das Ragout mit Blätterteighalbmonden garnieren.

Curryhuhn

- 1 frisches Brathähnchen
- 2 EL Öl
- 100 g Joghurt
- 100 g saure Sahne
- 200 ml Kokosmilch
- Salz
- 1 EL gemahlener Kreuzkümmel
- 1 EL Curry
- 1 TL feingeschnittene rote Chilischoten
- 1 Knoblauchzehe, fein gehackt
- 1/2 Bund gehackte Petersilie oder Koriander

Das Huhn innen und außen waschen, trockentupfen und in 8 Teile zerlegen. In Öl von allen Seiten gut anbraten. Joghurt, saure Sahne und Kokosmilch mit den Gewürzen verrühren und über die Hühnerteile gießen. Das Huhn zugedeckt bei kleiner Hitze ca. 1/2 Stunde kochen. Vor dem Servieren mit Petersilie oder Koriander bestreuen. Dazu paßt Reis.

Zum Bremer Kükenragout gehören eine Reihe erlesener Zutaten.

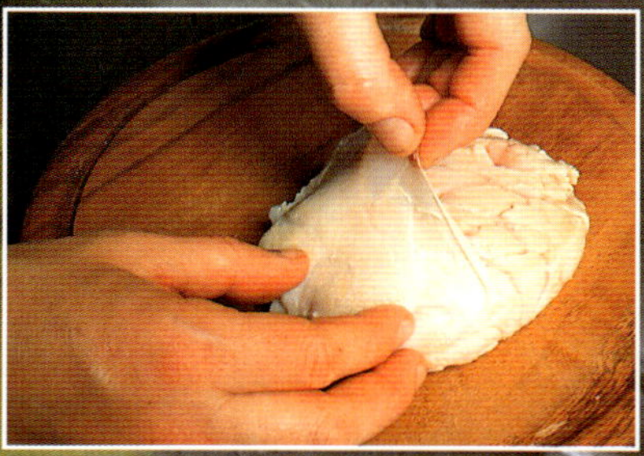

Das Kalbsbries muß von der durchsichtigen Haut befreit werden.

Dann schneidet man es in Scheiben und würfelt es anschließend.

Die Kalbsbrätklöße werden zum Garen in die Fleischbrühe gelegt.

Für die Sauce zerläßt man Butter und schwitzt Mehl darin an.

Unter ständigem Rühren wird die Fleischbrühe angegossen.

Ein Schuß Weißwein verfeinert die Ragoutsauce.

Bevor man Fleisch und Gemüse zufügt, kommt Zitrone in die Sauce.

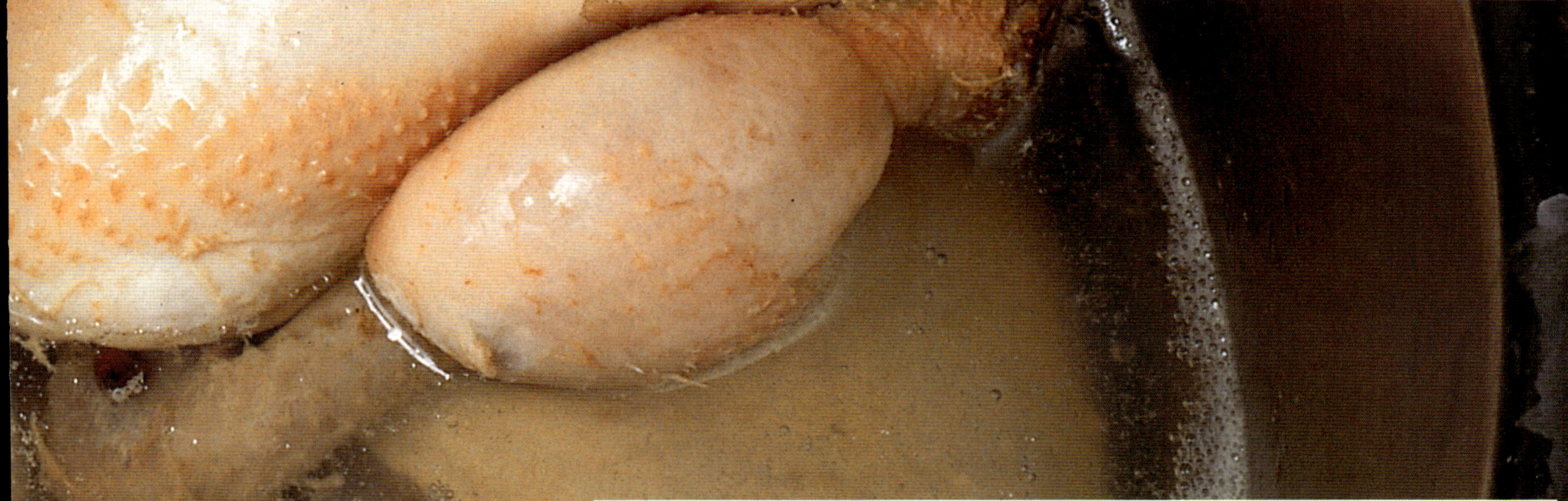

Bremer Speisekarte

Braunkohl und Pinkel: An den Sonnabenden zwischen Bußtag und Frühlingsanfang bevölkern Gruppen von Menschen, die offensichtlich wild entschlossen sind, sich zu amüsieren, den Bremer Hauptbahnhof. Ihr Erkennungszeichen: Kohlstrunk am Hut und Schnapsglas um den Hals. Ihr Ziel: Eine Gaststätte im Umland, wo nach einem gehörigen Fußmarsch beinahe ungehörig große Portionen des Nationalgerichtes Braunkohl und Pinkel (Grützwurst) verzehrt werden. Wohlgemerkt, Braunkohl. Grünkohl essen Oldenburger und Hamburger.
Bremer Klaben oder Kloben: Dieses besonders schwere Gebäck, das Rosinen, viel Butter, Mandeln und Zitronat enthält, beherrscht im Winter die Kaffeetafel.
Butterkuchen: Er ist das Lieblingsgebäck der Bremer – ein Hefekuchen mit besonders viel Butter, der mit einer Mischung aus Sahne, Butter und gehackten Mandeln bestrichen wird.
Currygerichte: Die Verwendung von Curry zu Huhn-, Enten- oder Rindfleischgerichten wurde durch seefahrende Kaufleute in Bremen verbreitet.
Gedünsteter Schellfisch: Der Fisch wird in einer stark gebundenen Senfsauce mit Salzkartoffeln serviert.
Granat: Frische Krabben, die man am besten selbst pult und dann auf gebuttertes Schwarzbrot schichtet. Darauf kommt ein Spiegelei.
Hedwigs oder Heißwecken: Die reichlich mit Rosinen bestückten Hefebrötchen werden ausgehölt, mit einem Stück Butter gefüllt und dann mit heißer Milch übergossen.
Knipp: Ein Gericht, das aus purer Not entstand. Arme Torfbauern verlängerten durchgedrehtes Schweinefleisch mit Hafergrütze und brieten die gut gewürzte und extrem fetthaltige Mischung in der Pfanne scharf an. Dazu passen Bratkartoffeln und Salzgurken. Danach ist ein Korn Pflicht.
Rote Grütze: Traditioneller Nachtisch, der in Bremen aus Himbeeren, Johannisbeeren, Kirschen und Erdbeeren zubereitet und vor dem Servieren mit dicker Vanillesauce übergossen wird.
Stinte: Die etwa eine Handspanne kleinen Fische, die früher Armeleuteessen waren, werden in Roggenmehl gewälzt und in Butter gebraten. Dazu gibt es grünen Salat und Kartoffeln.

Seemanns-kost

Joachim Ringelnatz, geistiger Vater des Seemanns »Kuddel Daddeldu«, kannte sich aus auf hoher See. »Ein harter Beruf in der Segelschiffahrt, und doch eine ehrliche Sache«, schrieb der einstige Fahrensmann, der 1924 die Genüsse des Bremer Ratskellers wie der dazugehörigen Küche (»Bin faul und mäste mich«) zu schätzen lernte; einer Küche, die eine enge Verwandtschaft zur traditionellen Seefahrtskost aufweist.

Und die mußte vor allem nahrhaft und deftig sein, machte doch die schwere Arbeit im rauhen Meeresklima Decksleute und Bootsmänner gleichermaßen hungrig. Da hatte der Schiffskoch schon was Handfestes auf die fest verschraubten Tische in der Mannschaftsmesse zu bringen, was den Smutje freilich oftmals heftiger ins Wanken brachte als der Seegang. Die frischen Lebensmittel, vor dem Ablegen im Hafen »gebunkert«, waren nämlich rasch verbraucht oder mangels Kühlung bald verdorben. Was in der Kombüse deshalb während der oftmals monatelangen Ozeanpassagen an Vorräten zur Verfügung stand, waren meist Speck, Stockfisch oder Fässer mit Pökelfleisch – allesamt zwar gehaltvolle, aber allein nur begrenzt genießbare Naturalien.

Doch als kleingeschnittenes Pökelfleisch, durch Unmengen Salz haltbar gemacht, mit gestampften Kartoffeln und Fischstücken vermischt wurde, dampfte an Bord plötzlich eine nicht gerade ansehnliche, immerhin aber wohlschmeckende Mahlzeit in den Holzschüsseln, die außerdem noch den Vorteil aufwies, daß man sie mit dem Blechlöffel verzehren konnte. Dieser zähe Brei, irgendwann mit dem Namen »Labskaus« bedacht und heute als das typische Seefahrtsgericht angesehen, kann aber durchaus auch Feinschmecker erfreuen, wenn er mit Zwiebeln, Butter, Senf und Worcestersauce verfeinert und mit roten Beten und sauren Gurken serviert wird. Kommen ein Spiegelei als Krönung obenauf und ein paar Gabelrollmöpse als Begleiter hinzu, gewinnt die Matrosenspeise auch optisch.

Wenn aber traditionell am Donnerstag, dem »Seemannssonntag«, besseres Essen auf dem Speiseplan stand, konnte es gut sein, daß der Mannschaft »Pluckte Finken« vorgesetzt wurde. Der inhaltsschwere Eintopf geht auf die Walfänger zurück, die noch im letzten Jahrhundert ihren Heimathafen Bremen-Vegesack regelmäßig mit Kurs Grönland verließen, um dort zu jagen. Hatten sie Erfolg, wurde der ausgelöste Walspeck in große Würfel (»Vinken«) gehauen, also »gepluckt«, und als Proviant in Fässern gelagert.

Diese »pluckten Finken« (das »V« ging irgendwann über Bord) werden mit Wurzeln, Kartoffeln, Bohnen und Zwiebeln so lange gekocht, bis die Flüssigkeit nicht pampig, sondern möglichst klar ist und mit einem kräftigen Schuß Essig abgeschmeckt werden kann. Wer den außerordentlich leckeren Eintopf heute in einer seiner vielen Varianten kocht (zum Beispiel mit Äpfeln oder auch mit Frühlingszwiebeln oder Lauch), wird natürlich nicht auf Walspeck, sondern auf geräucherten Speck oder Rauchfleisch zurückgreifen.

Auch der Stockfisch, einst das traditionelle Bremer Freitagsgericht, dürfte die kulinarische Monotonie an Bord nicht nachhaltig unterbrochen haben. Er wurde in einer dicken hellen Mehltunke mit gelben Rüben oder Karotten aufgetischt – eine lederne Masse, die nicht unbedingt jedem mundete.

Der Blick auf den Speisezettel der christlichen Seefahrt zeigt also, daß die Verpflegung, zu deren elementaren Bestandteilen mehrfach gebackener Schiffszwieback aus Roggenmehl gehörte, weder abwechslungsreich noch gesund war. Mangelerscheinungen infolge einseitiger Ernährung und fehlender Vitamine blieben da nicht aus; der gefürchtete Skorbut gehörte wie Wind und Wellen zu den stetigen Begleitern der Klipper und Schoner. Dieser Krankheit suchte man mit dem kalorienreichen braunen Seefahrtsbier zu begegnen, einem malzhaltigen Gebräu, das immer noch besser schmeckte als das brackige Wasser aus Tonnen, in denen zuvor vielleicht Melasse oder Petroleum transportiert worden war.

Mit derart kargen Lebensbedingungen hatten jedoch nicht nur die hartgesottenen Fahrensmänner zu kämpfen, sondern auch die vielen Auswanderer, die im 19. Jahrhundert via Bremerhaven über den »großen Teich« in die erhoffte bessere Zukunft schipperten. Zunächst waren es ca. 30 000 pro Jahr (1848), später schnellte ihre Zahl auf bis zu 75 000 Personen jährlich an (1864 bis 1874). Nach dem Kauf der preiswertesten Karten für die Passage im Zwischendeck gingen sie oftmals mit den letzten Ersparnissen an Bord. Ihren Reiseproviant, meist Kartoffeln, Pökelfleisch und Schiffszwieback, hatten sie selbst mitzunehmen, in Eigenregie mußte auch gekocht werden. Doch nicht selten kam es zu Hungersnöten auf den Überseedampfern, weil die Lebensmittel verdarben oder die Rationen zu knapp berechnet worden waren.

Die Erleichterung dieser vom Seegang gebeutelten, von Seekrankheit gezeichneten Menschen beim Anblick des »gelobten Landes« Amerika muß grenzenlos gewesen sein!

Luxus-Frühstück an Bord

Im Jahre 1883 fuhr der Journalist und Korrespondent der »National Zeitung« Paul Lindau mit dem Lloyddampfer »Elbe« von Bremen nach New York. Er reiste nicht wie jene 904 »unglücklichen Insassen des Zwischendecks«, er war Kajütenpassagier und kam entsprechend in den Genuß opulenter Menüs.
»Um zwölf Uhr ruft uns der Tamtam zur ersten Mahlzeit. Wir merken nun auch an der Terminologie, daß wir die Heimat verlassen haben; denn das, was man bei uns zulande schlechtweg Frühstück nennt, heißt jetzt Lunch. Daß die Beköstigung auf den Dampfern in der ersten Kajüte eine ganz vorzügliche ist, ist in den weitesten Kreisen bekannt, und es wäre ein schreiendes Unrecht, gegen die ausgezeichnete Qualität der Speisen auch nur ein Wort leisesten Tadels vorzubringen. Die Zusammensetzung erscheint mir indessen, wie ich in aller Schüchternheit bemerken möchte, bisweilen etwas gewagt. Als Karlsbader Nachkur würde ich den Lunch an Bord der »Elbe« kaum anraten können. Das Menü weist gewöhnlich folgende Schüsseln auf: Lachs, Hummer, Neunaugen, Spickaal, Gurkensalat, frische Blut- und Leberwurst, dazu als warme Speise: Sauerkraut und Erbsen mit Schweinsfüßen und ähnliche Leckerbissen für Magenkranke. Aber noch sind wir auf dem Süßwasser, wir sind alle bei bestem Appetit, das Schiff geht so ruhig, daß wir kaum wahrnehmen können, ob wir stehen oder gehen; es ist so vollkommen gelüftet, daß unsere Nase von dem unbeschreiblich widerlichen Geruch, der uns später so lästig werden sollte, noch nicht beleidigt wird.«

(Aus: Paul Lindau, Aus der Neuen Welt, 1884)

Labskaus

500 g gepökeltes Rindfleisch
4 Salzheringe à 200 g
500 g Kartoffeln
2 Zwiebeln, gehackt
1 EL Schmalz
200 g rote Bete aus dem Glas
4 Gewürzgurken
1 EL Senf
Pfeffer
4 Spiegeleier

Rindfleisch abspülen und in Wasser ca. 3/4 Stunde kochen. Inzwischen Salzheringe putzen, filetieren und 1/2 Stunde wässern. Die Kartoffeln schälen, waschen, vierteln und in Wasser gar kochen. Alles in Würfel schneiden und durch den Fleischwolf drehen. Zwiebeln im Schmalz glasig dünsten, Labskausmasse zufügen und unter Rühren erhitzen. Die Hälfte der roten Beten und Gewürzgurken kleinschneiden und dazu geben. Den Labskaus mit Senf und Pfeffer abschmecken und auf 4 Teller verteilen. Mit den restlichen roten Beten und Gewürzgurken garnieren und auf jeden Teller 1 Spiegelei setzen. Alternativ kann man auch mit einem Heringsfilet garnieren.

Matjes

Silbrig glänzend, gut eine Handspanne lang, mit butterzartem, aber keinesfalls rötlichem Fleisch an der Gräte – so muß er aussehen, der junge, noch nicht geschlechtsreife Hering, wenn er ein rechter Matjes sein will. Seine Fettreserven dürfen noch nicht in der Produktion von Milch und Rogen aufgegangen sein, seine Filets müssen mindestens 16 Prozent Fett enthalten, sein Geruch sollte allenfalls einen Hauch von Salz und Meer aufweisen.

Matjes – der Name stammt aus Holland, wo die maritime Gaumenfreude auch »erfunden« wurde. Die Spezialität beruht auf der Methode des »Kehlens« frisch gefangener Heringe, denen durch den Kehlschnitt unterhalb der Kiemen die Eingeweide entfernt werden. Lediglich die Bauchspeicheldrüse wird im Fisch belassen. Deren Fermente in Kombination mit wenig Salz bewirken innerhalb einiger Tage die Reifung des Herings zum Matjes.

Holländische Fischer brachten den Matjes im 18. Jahrhundert nach Deutschland; Emden und Glücksstadt, aber vor allem Bremen-Vegesack wurden zu den bedeutendsten Anlande- und Handelsplätzen für den Hering. Vegesack war vor einem Vierteljahrhundert, als die Fanggründe in der nahen südlichen Nordsee die mühevolle Arbeit noch lohnten, der Heimathafen für die meisten deutschen Logger, also die Heringskutter, deren Besatzung »Logger-Jantjes« genannt wurde. Heute wird der Hering vor allem bei den Shetland-Inseln und vor Norwegen gefischt, gut ausgerüstete Heringsfänger aus Holland haben angesichts der EU-Fangquoten die Marktführerschaft übernommen.

Geändert haben sich auch die Erwartungen der Verbraucher hinsichtlich eines delikaten Matjes, den der Handel meist als Doppelfilet anbietet. Denn während die Heringsfilets früher in Fässern mit Salz mindestens 35 Tage reifen (»harte Salzung«) und anschließend vor dem Genuß gewässert werden mußten, wird jetzt nach dem »Kehlen« die »leichte Salzung« bevorzugt. Und noch etwas ist anders: Heute muß der Matjes mindestens 24 Stunden lang bei minus 20 Grad gefrostet werden, um eventuell im Fischfleisch vorhandene Parasiten, die Nematoden, abzutöten. Matjes sollte also wenige Stunden nach dem Kauf serviert und allerhöchstens einen Tag im Kühlschrank aufbewahrt werden.

Geblieben ist indes der hohe Anteil an mehrfach ungesättigten Fettsäuren im Matjes, die sich positiv auf degenerative Krankheiten wie Arthritis und Arteriosklerose, Bluthochdruck und Herzerkrankungen auswirken. Kaum ein anderer Fisch ist so reich an Omega-3-Fettsäuren wie der Hering, weshalb man durchaus sagen kann: Matjes schützt vor Herzinfarkt!

Gebeizte Matjesfilets

- 8 Matjesfilets
- 4 EL Weißweinessig
- 2 Lorbeerblätter
- 1/2 TL schwarze Pfefferkörner
- 1/2 TL Senfkörner
- 1 EL Zucker
- 2 Möhren, in Scheiben geschnitten
- 2 Zwiebeln, in Ringe geschnitten

Die Matjesfilets kurz wässern, abspülen und in mundgerechte Stücke schneiden. Den Weinessig mit 1/4 l Wasser, den Lorbeerblättern, Pfeffer- und Senfkörnern und Zucker aufkochen. Die Möhren und Zwiebeln darin einige Minuten dünsten. Vom Herd nehmen und auskühlen lassen. Die Matjesstücke in eine Schüssel legen, das Gemüse mit dem Sud darüber verteilen und zugedeckt an einem kühlen Ort 2 Tage ziehen lassen. Mit frischem Bauernbrot servieren.

Gespaltener Hering auf die Fußsohle

Daß Matjes nicht nur köstlich schmeckt, sondern schlichtweg urgesund ist, hatte der Königsberger Gelehrte Friedrich Samuel Bock schon 1769 festgestellt. Er notierte, daß »dem Hering speziell große Arzeneykräfte beigeleget werden«, weshalb »der Ärzte Erndte nie unfruchtbarer sey, als wenn die Heringe ankommen.«
Zu den Zipperlein, denen man mit Matjes beigekommen sei, gehörte zum Beispiel Harnverstopfung. Dazu dörre man die Blase des Herings, bereite ein feines Pulver daraus, löse es in heißem Brunnenwasser auf und trinke es so heiß wie möglich.
Bei Fieber sollte ein über dem Rücken gespaltener Hering auf die Fußsohle gelegt werden, während ein Klistier aus aufgekochter Heringslake mit Korinthen durchschlagenden Erfolg bei Wassersucht und Hüftweh habe. Und Asche von verbrannten Heringen roh oder auf Brot gegessen »zermalmet die größten Blasensteine«.
Bei »Angriff der fieberhaften Materie auf den Kopf, die Dummheit oder Schläfrigkeit erwecket« nehme man drei Unzen getrocknete Stichwurz, zu Pulver verrieben, und vermische es mit drei Unzen schwarzer Seife und einer halben Unze Salz. Dann gebe man vier Unzen feingewiegten Bückling hinzu und streiche die Salbe alle zwölf Stunden frisch auf die Fußsohlen.
Nicht minder überraschend ist die überlieferte Heilverordnung bei Husten: vor dem Schlafengehen einen Salzhering essen, ohne etwas zu trinken. Diesem Rezept brachte Bock aber offensichtlich nicht allzu großes Vertrauen entgegen, denn er fügte hinzu: »Diese Cur dörfte denen unleidlich seyn, die einen Hering zu essen gewöhnt sind, um desto mehr trinken zu können.«

Matjesfilets Hausfrauenart

- *8 Matjesfilets*
- *2 Äpfel*
- *2 Zwiebeln, in Ringe geschnitten*
- *2 Gewürzgurken, in Scheiben geschnitten*
- *500 g Sahne*
- *1/2 Bund Dill, fein gehackt*

Die Matjesfilets kurz wässern, unter fließendem Wasser abspülen und trockentupfen. Die Äpfel schälen, vierteln, entkernen und in Scheiben schneiden. Alles mit den Zwiebeln und den Gewürzgurken in eine Schüssel schichten. Die Sahne darüber gießen und einige Stunden ziehen lassen. Vor dem Servieren mit Dill bestreuen. Dazu Pellkartoffeln reichen.

Matjes auf Schwarzbrot

Kaffee

Wer an Kaffee denkt, ist schon in Bremen. Denn Kaffee gehört zur Geschichte der Stadt wie der Roland oder das Rathaus. Diese Behauptung, durch aufrechte bremische Patrioten seit jeher im Brustton der Überzeugung verkündet, hat unlängst den verbürgten Beweis erfahren: Bereits 1673 wurde in Bremen das erste und damit älteste urkundlich nachweisbare Kaffeehaus im deutschsprachigen Raum eröffnet, also noch vor den Städten Hamburg (1677) und Wien (1683), denen bisher das Privileg zugesprochen worden war, über die ersten Cafés verfügt zu haben.
Der kaffeehistorische Fund – die Entdeckung der jungen Historikerin Petra Seling-Biehusen – bestätigt zweifelsfrei, daß der Bremer Senat am »23. Augusti Ao 1673« einem gewissen Jan Jantz van Huesden den Ausschank von Kaffee gestattete. Untertänigst und mit dem gebotenen Respekt hatte der Niederländer damals die »Hoch- und Woledlen Herren« darum gebeten, ihm »alhir eine Hanthierung Von außländischen Indianischen Geträncke, alß Coffi, Schokelati, und Potasie von des Krauts Herbathe« zu erlauben, was die gestrengen Ratsherren denn auch gnädigst gewährten.
Wenn man bedenkt, daß gerade ein Jahr zuvor in Paris (!) das erste Kaffeehaus eröffnet worden war, durfte sich Bremen damals also durchaus als europäische Metropole fühlen. Nur in London (1652) und Venedig (1645) hatte man noch früher einen Kaffee genießen können.
Diese Bremer Kaffee-Tradition ist bis heute ungebrochen. Die Statistik belegt, daß die Bohnen für jede zweite Tasse des schwarzen Muntermachers, die täglich in Deutschland getrunken wird, von Bremer Kaffeeröstern stammen. Außerdem ist Bremen das Zentrum der europäischen Entkoffeinierungsindustrie, seit Ludwig Roselius 1905 die aufsehenerregende Erfindung der Herstellung koffeinfreien Kaffees gelungen war. Mit den gewaltigen Gewinnen seiner Kaffee-Handels-AG (Kaffee-HAG) – bis heute unverwechselbar durch das markante Zeichen mit dem roten Rettungsring – finanzierte er übrigens die backsteinerne Böttcherstraße, eines der Bremer Wahrzeichen.
Seit dem 19. Jahrhundert hat der Bremer Hafen seine Position als führender deutscher Importplatz für Rohkaffee behauptet, aller hartnäckigen Konkurrenz zum Trotz. Diese Tatsache läßt sich in Bremen täglich erleben, nein: erschnuppern! Wer sich einmal an Kais und Kajen umschaut oder an der Weser entlangspaziert, wird bald bemerken, daß hier etwas in der Luft liegt; ein Aroma, das selbst bei allerschlimmstem Schmuddelwetter Wärme und Behaglichkeit verströmt.
Bremer Kaufleute haben den Handel mit den kostbaren Bohnen aufgebaut, die zunächst nur in Apotheken erhältlich waren und überwiegend aus Arabien stammten. Später entstanden Anbaugebiete in Java, Surinam oder Martinique; via Amsterdam, London und vornehmlich Bordeaux gelangte rasch immer mehr Kaffee nach Bremen. Nach der Französischen Revolution legten die Schiffe nach ihrer Überfahrt aus Nordamerika oder Westindien dann direkt im städtischen Hafen an der Bremer Schlachte an.
Kurz nach den napoleonischen Kriegen eröffnete ein Bremer Handelshaus die ersten eigenen Niederlassungen in Brasilien und verschiffte Kaffee direkt in die ferne Heimat, wo die Kaffeebranche neben den Tabak- und Baumwollhändlern zum festen Faktor im Geschäftsleben wurde. Bremer Importeure streckten ihre Fühler bald auch in Erzeugerländern wie Kolumbien, Malawi oder Indien aus und sorgen bis heute dafür, daß der Löwenanteil des Rohkaffees, es sind über 10 Millionen Sack pro Jahr, auf den deutschen Markt gelangt.
Parallel dazu halfen die bremischen Röstereien und Versandgeschäfte kräftig dabei mit, den guten Ruf der Hansestadt in Sachen Kaffee zu begründen und zu festigen. Heute setzen in erster Linie die Unternehmen Kraft Jacobs Suchard, Eduscho und Melitta die Bremer Kaffee-Tradition fort. Sie gehören zu den Marktführern in Deutschland und tragen entscheidend dazu bei, daß von den über zwei Milliarden Mark Kaffeesteuer (1992) etwa die Hälfte in Bremen anfällt.

Rechte Seite: Kaffeebohnen vor und nach der Röstung.

Im Kaffeelager werden die angelieferten Säcke gewogen. Außerdem entnimmt man eine Probe.

Bohnen aus aller Welt nehmen den Weg über Bremens Kaffeelager zum Endverbraucher.

Bereits im Kaffeelager werden die Mischungen zusammengestellt, die Großabnehmer geordert haben.

Um die Qualität zu sichern, werden die grünen Bohnen probegeröstet.

Die gerösteten Bohnen werden dem Proberöster entnommen.

Frisch geröstete Bohnen – ihr Duft ist unwiderstehlich.

Ethiopia Mocca

Malawy Guadey

Costa Rica SH 3

Pharisäer: Kaffee, Rum und eine Schicht Schlagsahne.

Dithmarscher Kaffee: Kaffee mit Eigelb, Rum und Sahne.

Gewürzkaffee: Kaffee mit Nelken, Kardamom, Zimt und einer Sahnehaube.

Eiskaffee: Kalter Kaffee mit Vanilleeis und Schlagsahne.

Kapuziner: Kaffee mit Schlagsahne, bestreut mit Kakao oder Zimt.

Schwarzwälder Kaffee: Kalter Kaffee mit ein, zwei Gläschen Kirschwasser und zerstoßenem Eis.

Kaffeekochen

Urgroßmutter machte nicht viel Federlesens. Sie schüttete ein paar Lot gemahlenen Kaffees in eine Kanne, goß siedendes Wasser auf und wartete. Fünf bis zehn Minuten später, wenn der Satz auf dem Boden zur Ruhe gekommen war, konnte sie ihren Muntermacher dann durch ein feines Sieb in ihre Tasse gießen. »Aufbrühen« nannte man diese Methode.
Generationen von Kaffeetrinkern fanden sich mit dem schlammigen, den Genuß trübenden Satz ab, bis die Hausfrau Melitta Bentz im Jahre 1908 den Kaffeefilter erfand. Eine Annehmlichkeit, die landauf, landab begeistert aufgenommen wurde, sofern man sich die teuren braunen Bohnen leisten konnte. Bei Ebbe in der Kaffeekasse griff man ebenso wie in Notzeiten auf Malz- oder Eichelkaffee zurück, dem geheimnisvolle Zusätze wenigstens eine tiefschwarze Farbe verliehen.
Nach dem Prinzip der Frau Bentz arbeitet heute jede Kaffee-Maschine, doch Kenner schwören nach wie vor auf das »Handfiltern«: Mittelfein gemahlener Kaffee (er setzt die Aromastoffe am besten frei) kommt mit einer Prise Salz in den Filter und wird mit sprudelnd kochendem Wasser zunächst knapp bedeckt (»angebrüht«). Nach kurzer Wartezeit gießt man weiteres Wasser auf, Zug um Zug, immer hübsch langsam und gleichmäßig, denn richtiges Filtern setzt Muße voraus. Und damit der Kaffee während der sechs bis acht Minuten Filterzeit nicht kalt wird, sollte die Kanne in einem warmen Wasserbad stehen.

Schlürfen gehört nicht zum guten Ton, aber zum Beruf des Kaffeeschmeckers.

Bis zu 180 Tassen Kaffee werden pro Tag Schluck für Schluck getestet.

Wie ein Weinverkoster spuckt auch der Kaffeeschmecker nach dem Testen aus.

Kaffee ist ein Naturprodukt, bei dem die Qualität der Bohnen schwanken kann.

Auch die ungerösteten Bohnen werden einer Geruchskontrolle unterzogen.

Die Ergebnisse des Tests werden auf einem Kontrollbogen festgehalten.

Der Beruf des Kaffeeschmeckers

Geräuschvolles Schlürfen, dazu ein Griff in die Schale mit ungerösteten Bohnen, ausspucken, ein paar Kreuze auf dem Kontrollbogen, die nächste Tasse. Schlürfen, tasten, ausspucken, ankreuzen, weiter. Arbeitsroutine für einen Kaffeeschmecker.
Bis zu 180 Tassen pro Tag werden auf diese Weise Schluck um Schluck getestet, Proben von Lieferungen aus aller Welt. Die Experten mit den sensiblen Geschmacksnerven und der langjährigen Erfahrung haben das letzte Wort in Sachen Qualität, mag auch das Rösten längst schon computergesteuert erfolgen.
Kaffee ist eben ein Naturprodukt, vielen Einflüssen unterworfen und dementsprechend schwankend in seiner Güte. Den Profis mit den feinen Zungen obliegt es, die richtige Zusammenstellung der Mischungen zu überwachen und damit die gewohnte Geschmacksrichtung einer Sorte zu garantieren.
Deshalb stecken die Kaffee-Koryphäen ihre Nasen auch in braune Papiertüten mit den jeweiligen Mischungen, um das Aroma zu erschnüffeln und zu beurteilen. Wer da auch nur ein bißchen Schnupfen hat, ist praktisch arbeitsunfähig.

Barbara Schnabel

Niedersachsen

Neben eindrucksvollen Wacholderbüschen hat die Lüneburger Heide auch ausgedehnte Waldgebiete, weite Wiesen, Moore und kleine Seen zu bieten.

Vorhergehende Doppelseite:
Heidschnucken, der Schäfer und sein Hund – sie gehören ins Bild der Lüneburger Heide.

Landschaftliche Vielfalt gehört zu Niedersachsens Stärken: Nur ein Katzensprung ist es von den lieblichen Höhenzügen des Weserberglands zu den dunklen Wäldern des Harzes. Auch wenn die Lüneburger Heide nicht ihr spätsommerliches Blütenkleid trägt, begeistert sie Naturfreunde. Der grüne Nordwesten, Heimat der Ammerländer und Ostfriesen, läßt sogar kritische »Südlichter« eingestehen, daß eine Region ohne größere Erhebungen nicht zwangsläufig öde sein muß. Und schließlich ist da noch die reizvoll-herbe Nordsee mit ihren Inseln, schon seit zwei Jahrhunderten Ziel Erholungssuchender. Fachwerkensembles vom Schönsten bieten nicht nur die Bierstadt Einbeck oder Celle; malerische Reetdächer prägen noch manches Ortsbild und oft genug sind Kirchen und Bürgerhäuser Kunstwerke in rotem Backstein. Reich verzierte Bauten im Stil der Weserrenaissance zeugen vom Reichtum der Städte, die mit dem Getreidehandel groß wurden.

Die traditionellen Spezialitäten zwischen Ems und Elbe sind einfach-deftig: Grünkohl mit Pinkel, Harzer Käse oder Wurst aus dem Braunschweigischen. Zu so Bodenständigem paßt es, wenn die Landeskinder sich in ihrer Nationalhymne als »sturmfest und erdverwachsen« besingen. Das erinnert auch gleich an eine Kämpfernatur, wie Heinrich den Löwen, die wohl markanteste Persönlichkeit der Welfendynastie, die hier jahrhundertelang herrschte. Ihr Schloß in der Niedersachsen-Metropole und weltbekannten Messestadt Hannover ist jetzt Landtagsgebäude und einer der ihren gab mit der Universität »Georgia Augusta« in Göttingen 1734 dem Land auch ein geistiges Zentrum. Die Stadt ist bis heute stolz auf viel intellektuelle Prominenz, die hier lehrte und lernte, wie die liberale »Göttinger Sieben«, der unter anderem auch dieGebrüder Grimm angehörten.

Wo man noch Platt spricht und sich wortkarg gibt, klagen »Zugezogene« oft über die Sturköpfigkeit der Einheimischen, müssen aber zugeben, daß einmal gewonnenes Vertrauen auch Bestand hat: Weit über den gemeinsamen Schluck Korn hinaus, den man überall im Land gern genießt.

Ostfriesische Teetafel
Obst
Apfelsorten
Kohl und Pinkel
Korn
Bockbier
Wurst
Fleischgerichte
Buchweizen
Sagenland
Harzer Käse
Heidschnucken
Schafrassen
Honig
Forelle
Räucherfisch
Enten

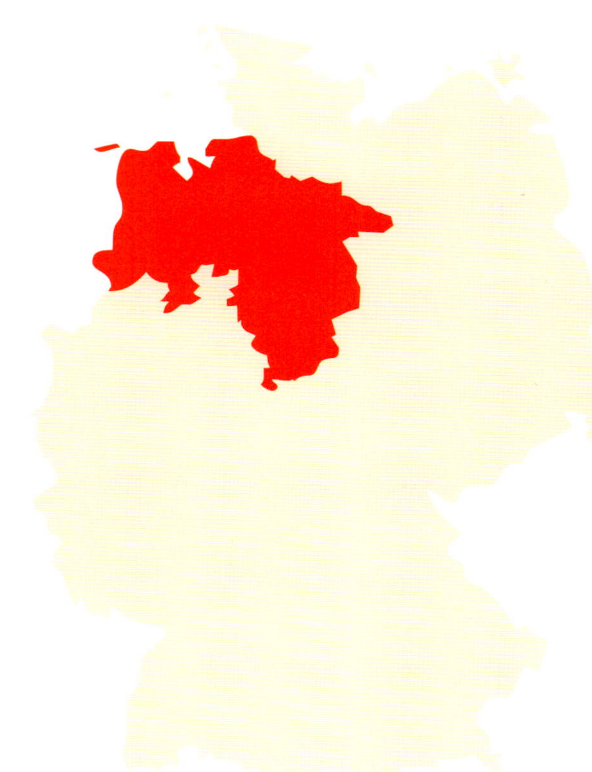

Teetesten: eine exakte Wissenschaft; genau 2,75 Gramm müssen es sein.

Auch Optik und Aroma geben Auskunft über die Qualität des Tees.

Der Tee wird in weißen Porzellanbechern mit Deckeln aufgegossen.

Beim Abgießen des Tees in die Tasse hält der Deckel die Blätter zurück.

Der Tee muß nun fünf Minuten ruhen, Öle und Gerbstoffe lösen sich dabei.

Nun gießt man den Inhalt des Bechers erneut ab und läßt ablaufen.

Der Geruch des aufgegossenen Tees gibt Aufschluß über die Qualität.

Nach dem Umrühren kostet der Teetester den Tee mit einem Löffel.

Er hält ihn kurz im Mund und spuckt ihn dann in einen kupfernen Napf.

Das Teearoma läßt sich anhand der aufgegossenen Blätter bestimmen.

Ostfriesische Teetafel

Tee gehört zu Deutschlands äußerstem Nordwesten wie der weite Himmel über flachem Land und eine frische Brise: Ein Viertel des deutschen Tee-Imports wird im dünnbesiedelten Ostfriesland verbraucht – pro Kopf fast soviel wie in England. Doch nachdem 1610 der erste Tee per Schiff Europa erreicht hatte, konnte das neue Getränk auch bei den Ostfriesen nur nach und nach das »Volksnahrungsmittel« Bier verdrängen, dem man bereits beim Frühstück zusprach. Den teuren grünen Tee leisteten sich die reichen Marschbauern neben Kaffee und Schokolade. Die ärmeren Schichten zogen Tee ebenfalls dem Kaffee vor, weil er sich im Verbrauch als sehr viel sparsamer erwies; sie tranken den preiswerteren Schwarztee – zu jeder Tageszeit und stets mit viel Zucker, der die nötigen Kalorien lieferte. Dabei wurde immer wieder aufgegossen, so daß der Nordseekenner Heinrich Heine 1827 schrieb, der einheimische Tee unterscheide sich von gekochtem Seewasser nur durch den Namen. Gästen mutete man das dünne Gebräu nicht zu, sie bekamen einen ersten, kräftigen Aufguß, wie wir ihn heute schätzen.

Als dann im frühen 19. Jahrhundert in deutschen Landen in »gehobenen Kreisen« die britische Sitte der Teegesellschaften in Mode kam, war sie im ostfriesischen Aurich schon einige Jahrzehnte alt; zum Tee genoß man neben feinem Gebäck gepflegte Konversation, Klavier- und Kartenspiel. Etwa ab 1880 bildete sich – schichtenübergreifend – das heraus, was wir ostfriesische Teekultur nennen. Deren Basis ist schwarzer Tee, von dem eine gediegene »Ostfriesische Mischung« mindestens 15 Sorten, vorwiegend aus Assam in Nordindien, enthält. Für ihre Qualität stehen erfahrene »Teekoster« ein, deren Berufskapital Nase, Zunge und Gaumen sind.

Wie jede Kultur kennt auch diese Rituale und Tabus. Die Kanne, zum Beispiel. Wehe dem, der sie für andere Getränke benützt oder gar mit Spülmittel entweiht! Behutsam wird sie vorgewärmt und erhält pro Tasse einen Teelöffel voll Blätter und noch einen ganz für sie allein, »für die Kanne«. In einem herausnehmbaren Tee-Einsatz können die Blätter ihr Aroma besonders gut entfalten, eingeengt in Tee-Eier geben sie nicht alles, was in ihnen steckt. Aufgegossen wird mit frischem, sprudelndem Wasser. Fünf Minuten sollte der Tee nun ziehen, außer man will ihn besonders anregend – dann genügen drei Minuten. Schätzt man seine beruhigende Wirkung, darf er zehn Minuten in der Kanne verbleiben.

Nun erscheint die Tasse auf der Teetafel. Dünnwandig und nach chinesischem Vorbild mit der »Ostfriesischen Rose« verziert. Das Dekor brachte um 1820 eine Thüringer Familie in die Region. Das Ritual verlangt, daß der Tee nicht vor den »Kluntjes« in die Tasse darf, dem weißen Kandiszucker, der so behaglich knistert, wenn er mit dem heißen, duftenden Getränk in Berührung kommt. Nun die Krönung: Ein Löffel süße Sahne. Ungeschlagen und möglichst fett (mindestens 30 Prozent), damit sie oben liegen bleibt. Umrühren ist absolut tabu. Nur so, behaupten Kenner, könne man die geschmackliche Dreifaltigkeit genießen: den bitteren Tee, die sanfte Süße des Zuckers und die kühle Sahne. Welch existentielle Bedeutung die Ostfriesen diesem Genuß beimessen, zeigt ein alter Spruch: »Hebben wi keen Tee, mutten wi starven«, »Wenn wir keinen Tee haben, dann müssen wir sterben.«

Mit einer silbernen Zuckerzange, die oft aus Emden oder Aurich kommt, werden ein bis zwei »Kluntjes«, also weißer Kandiszucker, in die dünnwandige Tasse gelegt.

Die »Kluntjes« knistern, wenn sie mit dem heißen, bitteren Tee in Berührung kommen. Der sollte drei Minuten gezogen haben.

Teekanne und Zuckerdose sind traditionell aus Silber, ebenso wie der Löffel, mit dem man die fetthaltige oberste Schicht der ungeschlagenen Sahne abschöpft.

Die Sahne gleitet am Tassenrand entlang, steigt vom Boden zur Oberfläche auf und bildet »Wölkchen«. Laut Teezeremoniell darf auf keinen Fall umgerührt werden.

Stilvoll muß es zugehen bei der Ostfriesischen Teetafel. Das Geschirr trägt nach alter Tradition die »Ostfriesische Rose«, die Auswahl an Kuchen und Gebäck ist reichlich: Knedewaffeln, Spekulatius, Ostfriesischer Schneckenkuchen mit Rosinen, »Pepernöte«, also Pfeffernüsse, werden zum Tee gereicht, ebenso wie andere regionale Spezialitäten.

Ein vielzackiger Keks, der sogar 1893 in der Neuen Welt ausgezeichnet wurde: der Leibniz-Keks.

Ein Keks geht auf Reisen

Auf der Weltausstellung in Chicago 1893 wurde ein niedersäschsiches Produkt viel beachtet und ausgezeichnet, das zu einem der bekanntesten Markenartikel Deutschlands werden sollte: der Leibniz-Keks, 1891 in Hannover von Hermann Bahlsen unter Geheimhaltung des Rezepts kreiert. Allerdings hieß es damals noch »Leibniz-Cakes« und »Hannoversche-Cakes-Fabrik«, denn die Idee hatte Bahlsen aus England mitgebracht. Erst 1911 setzte er dann die Eindeutschung durch.

Schon in den ersten Jahren wurden wöchentlich rund eine Million »Cakes« produziert und auch Lizenzen nach Nordamerika und Moskau vergeben. Anfangs ging das Gebäck lose über den Ladentisch des Kaufmanns, ungeschützt gegen Feuchtigkeit und den Geruch von Käse und Hering, bis die Firma 1898 eine bahnbrechende Idee hatte: eine luft- und staubdichte Verpackung mit dem Aufdruck TET nach dem altägyptischen Zeichen für »ewig, dauernd«. Nun war es vorbei mit dem Bröckeln, der Keks mit den charakteristischen Zacken blieb knusprig, und in seiner handlich-kubischen Form war das Päckchen ideal zum Mitnehmen. Bald ging niemand mehr ohne Leibniz-Keks im Proviant auf Reisen – dafür sorgten schon die eifrigen Verkäufer in TET-Uniformen auf den Bahnsteigen und die einprägsamen Slogans: »Was ißt die Menschheit unterwegs? – na selbstverständlich LEIBNIZ-CAKES!« Auch Deutschlands erste Leuchtreklame am Potsdamer Platz in Berlin warb meterhoch und strahlend für die Knabberei aus Hannover.

1912 konnte man mit einer für Europa innovativen Fließbandanlage täglich 90 Zentner »Reisekeks« herstellen. Während der beiden Weltkriege ging die Produktion zurück, nur in den dreißiger Jahren wurde ein Aufschwung verzeichnet. Ab 1948 konnte man wieder Leibniz-Keks kaufen, und 1956 entwickelte die Firma eine neue, thermoplastische Verpackung, die dem Kunden noch mehr Frische – »Ofenfrische« – garantierte und deren Zuverlässigkeit eindrucksvoll unter einer Fontäne in einem Wasserbecken demonstriert wurde.

Es hat viele Nachahmer gegeben, doch bis heute steht der Leibniz-Keks weltweit synonym für Butterkeks – nicht nur, weil er als erster Markenartikel seiner Art ins Handelsregister eingetragen wurde, sondern auch durch die Qualität der Bahlsenschen Rezeptur und ein geschicktes Marketing. Der Mann allerdings, dessen Bedeutung für Hannover Hermann Bahlsen mit dem Namen seines Kekses unterstreichen wollte, hat solche Ehrung zwar verdient, ist aber auch ohnedies bekannt genug: Gottfried Wilhelm Leibniz (1646–1716), genialer Philosoph und Mathematiker, Historiker und Sprachwissenschaftler, der heute gern als »letzter Universalgelehrter« bezeichnet wird. 1676 trat er in die Dienste des hannoverschen Hofes – erst als Bibliothekar, bald aber mit einer Vielzahl von Aufgaben betraut. So sollte sein technischer Erfindungsreichtum auch dem gewinnbringenden Erzbergbau im Harz zugute kommen, der es den Fürsten in Hannover unter anderem ermöglichte, ihre seit 1666 angelegte Sommerresidenz Herrenhausen vor den Toren der Hauptstadt auszubauen. Dem prächtigen Barockgarten galt dabei die besondere Liebe der Kurfürstin Sophie, und hier machte Leibniz sich als Berater verdient, als es um die Funktionsfähigkeit der herrlichen Wasserspiele ging. Doch nicht nur die hochaufschießenden Fontänen erinnern an ihn, sondern auch das Leibniz-Zimmer im Galeriegebäude sowie der Leibniz-Tempel mit seiner marmornen Kolossalbüste im nahen Georgengarten.

Obst

Als »Deutschlands größter Obstgarten« kann sich mit Fug und Recht das Alte Land vor den Toren Hamburgs bezeichnen. Zwar wird am Bodensee mehr Obst angebaut, doch nicht in einem so zusammenhängenden Gebiet wie hier zwischen der Landschaft Kehdingen im Nordwesten und der Winsener Elbmarsch im Südosten. Obst ist in dieser Region, die von Holländern und Sachsen kolonisiert wurde, seit dem 14. Jahrhundert daheim; heute beträgt die Anbaufläche rund 10 800 Hektar. Dabei dominieren mit fast 87 Prozent der Produktion die Äpfel – an der Spitze der rotbackige »Elstar«, gefolgt von den Sorten »Jonagold« und »Boskoop«. Mit mehr als fünf Prozent ist die beliebte »Knubberkirsche« vertreten, deren große Früchte nicht nur süß, saftig und knackig sind, sondern auch garantiert madenfrei, weil der gefürchteten Kirschfruchtfliege das Klima im Alten Land nicht behagt. Weiter hinten auf der Skala rangieren Birne, Sauerkirsche, Pflaume und Zwetschge; etwa 600 Hektar Anbaufläche werden für Beerenobst abgezweigt. Entscheidend beteiligt an Entwicklung und Qualität des Obstanbaus waren in den letzten Jahrzehnten die Obstanbauversuchsanstalt (OVA) der Landwirtschaftskammer Hannover und der Obstbauversuchsring des Alten Landes, beide ansässig im zentralen Jork. So ist der bekannte Lagerapfel »Gloster« eine Kreuzung der OVA aus dem Jahr 1969. Neben der Lieferung an den Früchtegroßhandel bewahrt man bei vielen der rund 1200 Betriebe des Alten Landes die Tradition der Direktvermarktung in großem Umkreis, so daß man sogar noch im Süden der Lüneburger Heide am Stand Obst aus der Region kaufen kann – und manches Mal gleich noch von einer erfahrenen Bäuerin einen Tip für die Zubereitung von Obstkuchen mit Streuseln, Apfelauflauf oder Fruchtsaucen bekommt.

Die Blüte unzähliger Apfelbäume ist jährlich Anlaß für ein Fest in Jork; dabei lohnt der Blick auf die gediegene Altländer Tracht, die vom Wohlstand des fruchtbaren Marschgebiets zeugt. Ist zur Blütezeit Nachtfrost angesagt, gewinnt das Meer von Apfelbäumen sogar noch an Reiz: Sie funkeln in der Frühjahrssonne, denn sie werden schützend vereist. Dies geschieht mittels Sprinkleranlagen, die man hier problemloser anschließen kann als in anderen Obstbaugebieten, weil seit dem Mittelalter neben Deichen auch ein System von Gräben zur Entwässerung angelegt wurde.

Vor den Toren Hamburgs liegt Deutschlands größter Obstgarten. Zu fast 90 Prozent werden hier Äpfel angebaut. Auch Obstsäfte gehören zum Angebot.

Unten: Große, breitgelagerte Marschbauernhäuser mit Reetdächern prägen das Bild des Alten Landes.

Zwetschgen im Strudelteig

Für 6 Personen

250 g Mehl
1 Prise Salz
2 EL Öl
1 Ei
1 kg feste Zwetschgen
100 g Rohmarzipan
2 EL gemahlene Mandeln
4 cl Zwetschgenwasser
2 EL flüssige Butter
Fett zum Ausbacken
Zimt und Zucker zum Bestreuen

Das Mehl mit 1/8 l Wasser, Salz, Öl und dem Ei zu einem geschmeidigen Teig verkneten. Zu einer Kugel formen, in einer angewärmten Rührschüssel 30 Minuten ruhen lassen. Inzwischen die Zwetschgen waschen, längs einschneiden und den Kern entfernen. Das Rohmarzipan mit den Mandeln und dem Zwetschgenwasser gut vermengen, die Zwetschgen damit füllen und wieder zusammendrücken. Den Teig auf einem bemehlten Küchentuch zu einem Rechteck ausrollen, mit den Händen vorsichtig dünn ausziehen und mit der flüssigen Butter bestreichen. Den Teig in Quadrate schneiden und die Zwetschgen einzeln damit umhüllen, die Teigenden fest zusammendrücken. Das Fritierfett auf 175 °C erhitzen und die Zwetschgen darin portionsweise goldbraun ausbacken. Auf Küchenpapier kurz abtropfen lassen und warm stellen, bis alle fertig sind. Mit Zimt und Zucker bestreuen und sofort servieren. Dazu paßt eine Vanille- oder Zwetschgensauce.

Birnen und andere Obstsorten, die im Alten Land gedeihen, werden direkt vom Bauern verkauft.

In geflochtenen Körben präsentieren die Erzeuger Mirabellen und anderes Obst (siehe auch Bild oben).

Pfannkuchen mit Kirschen

150 g Weizenmehl
1 Prise Salz
4 Eier, getrennt
1 Päckchen Vanillinzucker
abgeriebene Schale von 1 Zitrone
250 g frische Sauerkirschen
75 g brauner Zucker
1/8 l Rotwein
4 EL Butter
Puderzucker zum Bestäuben

Das Mehl in eine Schüssel sieben. Mit 1/4 l Wasser, dem Salz, dem Eigelb, dem Vanillinzucker und der Zitronenschale zu einem dickflüssigen Teig verrühren und 15 Minuten quellen lassen. Inzwischen die Kirschen waschen und entsteinen. Den Zucker in einer trockenen Pfanne unter Rühren hellbraun schmelzen, mit dem Rotwein ablöschen und etwas einkochen lassen. Dann die Kirschen dazugeben, 2 Minuten dünsten und vom Herd nehmen. Das Eiweiß sehr steif schlagen und vorsichtig unter den Teig heben. In einer Eisenpfanne 1 EL Butter schmelzen, 1/4 des Pfannkuchenteigs hineingeben und etwas anbacken. 1/4 der Sauerkirschen darauf verteilen und zugedeckt bei kleiner Hitze backen, bis die Oberfläche fest ist. Den Pfannkuchen zusammenklappen und auf einer vorgewärmten Platte warm stellen, bis alle gebacken sind. Vor dem Servieren mit Puderzucker bestäuben.

Apfelsorten

Auralia: mittelgroßer, fein süß-säuerlicher, dezent aromatischer Tafelapfel

Baumanns Renette: angenehm mild im Geschmack, gute Festigkeit

Erwin Baur: edler, weinsäuerlicher Geschmack, lagerfähiger Apfel

Boskoop säuerlicher Geschmack, eignet sich zum Kochen und Backen

Roter Boskoop: orangerot bis rotgetönt, säuerlicher Geschmack

Freiherr von Berlepsch: hervorragender Tafelapfel, knackig und saftig

Geheimrat Breuhahn: süß mit feiner Säure, bis Februar oder März haltbar

Idared: aromatischer Eßapfel mit angenehmer Säure, weniger lagerfähig

Jonagold: würzig-aromatischer Geschmack, frühreifend und lagerfähig

Juno: aromatische Weinsäure und angenehme Süße, gut lagerfähig

Kaiser Wilhelm: große, feste Äpfel mit schöner Saftigkeit, gut haltbar

Lessanes Kalvill: sehr später edler Tafelapfel, feine Süße, elegante Säure

Mutsu: überwiegend grüne Schale, teilweise Gelbrötung, angenehm süß

Ontario: frische Säure, viel Saft; in der Küche vielseitig verwendbar

Wobers Rambour: sehr alte Sorte, würzig, süß-säuerlicher Geschmack

Schweizer Orangenrenette: gekreuzt aus Cox Orange und Ontario

Rubinette Wintercox: hocharomatisch, wohlschmeckender Tafelapfel

Zuccalmaglio: späte, zitronengelbe Sorte, charaktervoller Geschmack

Bei einem langen Spaziergang durch die Kälte holt man sich den Appetit fürs mächtige Grünkohl-Essen. Den Durst löscht man dabei schon vorsorglich mit reichlich Korn.

Kohl und Pinkel

Wer als Norddeutscher, den es in ein südliches Bundesland verschlagen hat, an frostigen Tagen vom lang entbehrten »Grünkohl mit Pinkel« schwärmt, muß bei den Einheimischen auf Befremden gefaßt sein. Dabei stammt der Grünkohl eigentlich aus dem Süden, genauer gesagt aus dem Mittelmeerraum, wird aber lange schon in größerem Maßstab nur in Norddeutschland angebaut. »Brassica oleracea« lautet sein botanischer Name, und liebevoll nennt man ihn oft »Oldenburger Palme« nach einer besonders hohen Züchtung. Das erwähnte Befremden mag aber auch von dem ungewohnten Ausdruck »Pinkel« kommen. Erzählt man sich doch im Norden beim Grünkohl-Essen gern von jener Hausfrau, die ihrem Mann jahrelang sein Lieblingsgericht vorenthielt, weil sie dieses anstößige Wort beim Einkaufen nicht aussprechen mochte. Dabei ist Pinkel schlicht eine geräucherte Grützwurst aus Speck, Bauchfleisch, Zwiebeln und Gewürzen (die jeweils genaue Zusammensetzung ist wohlgehütetes Geheimnis eines jeden Schlachtermeisters), deren Haut vom Mastdarm des Rinds stammt, der auch Pinkeldarm genannt wird. Neben Pinkel gehören zum Grünkohl unbedingt Kochmettwurst, Kasseler und durchwachsener Speck, in der letzten Stunde des Schmorens beigegeben. Dazu ißt man Salzkartoffeln, manchmal auch Bratkartoffeln. Und weil sich der Kohl beim stundenlangen Kochen bräunlich verfärbt, beharrt man in Bremen darauf, ihn »Braunkohl« zu nennen.

Das alles schmeckt aber erst, wenn der Kohl Frost bekommen hat, der seine Stärke in Zucker verwandelt und dem Gericht damit eine sanfte Süße gibt. Läßt der Frost auf sich warten, hilft man mit der Tiefkühltruhe nach, denn überall zwischen Ems und Elbe wird die Grünkohlsaison von November bis März herbeigesehnt. Ist sie doch Anlaß für zahllose »Kohlfahrten« von Vereinen, Betrieben und Freunden. Raum und Essen werden vorbestellt, und dann gehört ein langer Spaziergang zum Ritus. Dafür hängt man sich Schnapsgläschen mit Henkeln oder auch Eierbecher um den Hals, denn auf dem mitgeführten Bollerwagen warten einige Flaschen Korn. Musik hat man gern dabei, und der Appetit kommt beim Boßeln, dem Wettwerfen mit Kugeln – wahlweise nimmt man Strauchbesen. Beim Essen läßt man sich dann Zeit und langt immer wieder zu, denn wer am meisten ißt, wird zum König beziehungsweise zur Königin gekürt, erhält den »Schweineorden«, darf eine Rede halten und muß ein paar Runden ausgeben. Bei Bier, Korn, Tanz und Spielen vergnügt man sich anschließend, bis der gecharterte Bus die Ladung Angeheiterter nach Hause bringt.

In Oldenburg haben Kohlfahrten mehr als hundert Jahre Tradition, wenn auch die heutige Form sich erst in den letzten Jahrzehnten entwickelt hat. Und seit 1956 richtet die Stadt jährlich in Bonn ihr »Gröönkohl-Äten« aus, bei dem die politische Prominenz ohne jegliche Rücksicht auf Kalorien der norddeutschen Spezialität tüchtig zuspricht.

Erst nach dem ersten Frost, wenn die Stärke sich in Zucker verwandelt hat, kann der Grünkohl verarbeitet werden. Er wird gewaschen und »gerupft«.

Wegen der Bitterstoffe muß der Grünkohl erst mit kochendem Wasser überbrüht werden. Gehackt kommt er dann in den Topf mit dem ausgelassenen Speck.

Neben dem Kasseler gehören durchwachsener Speck und »Pinkel«, eine geräucherte Grützwurst, zu einem deftigen Grünkohl-Essen. Und danach natürlich ein Korn.

Kohl und Pinkel

1 $1/_2$ kg Grünkohl
Salz
150 g geräucherter Speck
1 EL Schmalz
2 große Zwiebeln und 1 Lorbeerblatt
4 Scheiben Kasseler
350 ml Fleischbrühe
150 g Schweinebauch
4 Brägenwürste (Pinkel)
Pfeffer und Muskatnuß

Die welken Blätter und Blattrippen vom Grünkohl entfernen, den Grünkohl gründlich waschen und in Salzwasser 2 Minuten blanchieren. Abtropfen lassen und grob hacken. Zwiebeln schneiden, Speck würfeln und in einem großen Topf in Schmalz auslassen, Zwiebeln und Lorbeerblatt zufügen. Grünkohl und Kasseler dazugeben, die Fleischbrühe angießen und alles etwa 1 Stunde im geschlossenen Topf garen. Die Brägenwürste und Schweinebauch einlegen, eventuell etwas Wasser zugeben und noch mal 1 Stunde mitkochen lassen. Immer wieder den Grünkohl umrühren, damit er nicht am Topfboden ansetzt. Am Ende der Kochzeit die Brägenwürste herausnehmen und warm stellen. Den Kohl mit Salz, Pfeffer und Muskatnuß abschmecken und mit den Würsten servieren.

Die Holzbretter, auf denen die »Lüttje Lage« vorbereitet und serviert wird, sind einen Meter lang.

In Reih und Glied stehen die Gläser nebeneinander:Die kleinen werden routiniert mit Korn gefüllt.

Die Biergläser fassen nur 0,1 Liter. So kann man sie zusammen mit dem Schnaps in eine Hand nehmen.

Wenn die Stimmung im Festzelt steigt, machen die Bretter mit der »Lüttjen Lage« die Runde.

Korn

Jeder vierte »Hochprozentige«, der in Deutschland getrunken wird, ist ein »Korn«. Die rund 500 deutschen Kornbrennereien, von denen die meisten ihren Sitz nördlich des Mains haben, dürfen ihr Produkt nach einem gesetzlichen Reinheitsgebot von 1909 nur dann so nennen, wenn es aus reinem Roggen, Weizen, Buchweizen, Hafer oder Gerste hergestellt ist und kein anderer Alkohol oder Geschmackszusätze untergemischt wurden. So genau nahm man es im 15. Jahrhundert noch nicht, als man damit begann, aus Getreide Branntwein zu gewinnen, der 1507 erstmals urkundlich erwähnt wird. Der starke Trank war bald so beliebt, daß manche – glaubt man den Historikern – sich bei der Feldarbeit damit aus Krügen erfrischten, die anderthalb Liter faßten. Städte erhoben Branntweinsteuern, und bei Hungersnöten mußte ein Verbot des Branntweinbrennens ausgesprochen werden.

Viele Schritte sind erforderlich, um aus einem wogenden Ährenfeld einen »guten Schluck« zu machen. Zuerst läßt man durch Wärme und Wasser die Körner aufplatzen, damit die in ihnen enthaltene Stärke freigelegt wird. Dem dabei entstehenden Brei, der Maische, wird Malz zugesetzt. Hier ist die Dosierung wichtig für den Geschmack des Korns, denn das Malz verwandelt die Stärke in Zucker. Mit der Beigabe von Hefe beginnt die Vergärung des Zuckers zu Alkohol und Kohlensäure, die etwa drei Tage dauert. Um den Alkohol zu separieren, wird dann die Maische in einem Destillierapparat erhitzt, und infolge seines niedrigen Siedepunktes kann der Alkohol problemlos im oberen Teil des Gerätes als Dampf aufgefangen werden. Abkühlung verflüssigt ihn in einem angeschlossenen Behälter. Doch dieser Rohbrand ist nicht nur viel zu hochprozentig, er enthält auch noch unerwünschte und unbekömmliche Bestandteile. In einer zweiten Destillation, der Rektifikation, gewinnt man den Feinbrand, der dann mit reinem Wasser auf die gewünschte Trinkstärke gebracht wird, die bei Korn 32, bei Doppelkorn 38 Volumenprozent beträgt. »Edelkorn« oder »Altkorn« darf sich nennen, was mindestens ein halbes Jahr in Holzfässern gelagert wurde. Korn soll zwar kühl aufbewahrt werden, doch der Kenner trinkt ihn auf ein paar Grad über Null temperiert und »kippt« ihn keineswegs, sondern genießt ihn Schluck für Schluck.

Wer in Niedersachsen zu einer »Lüttjen Lage« eingeladen wird, sollte wissen, daß dabei ein Bier und ein Korn geordert werden. Diese Trinksitte ist inzwischen weit verbreitet; ihre Urform, nämlich Korn und Bier mit lockerem Handgelenk gleichzeitig zu fassen und im Mund zusammenkommen zu lassen, wird gern noch in Hannover, speziell beim Schützenfest, praktiziert.

Strittig ist im Nordwesten das Urheberrecht am »Löffeltrunk«, bei dem zwei Trinkgenossen sich gegenüberstehen, die jeweils in der linken Hand einen mit Korn gefüllten Zinnlöffel halten. Der traditionelle plattdeutsche Dialog beginnt mit den Worten: »Ick seh di!« und »Dat freit mi!«, also der Versicherung, daß man einander – trotz Alkoholgenusses – noch wahrnimmt und darüber Freude empfindet. Nach dem Trinken werden die Löffel sorgfältig ausgeleckt und mit der offenen Seite nach unten abgelegt. Zeigt das Tischtuch dann auch nur die winzigste Feuchtigkeitsspur, weiß man, wer die nächste Runde zu zahlen hat.

Das Schützenfest von Hannover ist zwar das bekannteste, doch auch in kleinen Städten, wie Alfeld an der Leine, wird ausgiebig gefeiert und dabei Korn getrunken.

Die Schützen und ihre Gäste marschieren auf. Sie alle treffen sich nach dem Umzug im Festzelt wieder.

1 Strothmann Weizenkorn
2 Fürst Bismarck
3 Oldesloer Weizen Doppelkorn
4 Neubrandenburger Kornbrand
5 Hardenberg Doppelkorn
6 Alter Senator
7 Echter Nordhäuser Doppelkorn
8 Doornkaat

Bockbier

Deutschland hält den Weltrekord im Bierverbrauch, und Bier verbindet man meist mit Bayern und natürlich mit dem Münchner Hofbräuhaus. Nach dem jährlichen Starkbieranstich im späten Winter fließt auch dort das beliebte Bockbier reichlich in die Maßkrüge. Und so manchem gestandenen Bajuwaren würde es vielleicht weniger gut munden, erzählte man ihm, daß dieses Getränk eigentlich aus »Preußen« stammt und wie ein »Zuagroaster« es an die Isar gebracht hat. Doch dazu heißt es etwas ausholen:

Das südniedersächsische Städtchen Einbeck hat neben viel schönem Fachwerk eine mehr als 600jährige durchgängige Brautradition. Im Mittelalter war es hier – wie auch anderswo – üblich, daß jeder Vollbürger, also jeder mit Haus- beziehungsweise Grundbesitz, sein Bier für den Eigenbedarf selbst brauen durfte. Die Stadt stellte dafür die Braupfanne mit dem Sud zur Verfügung, die der Braumeister in die Häuser brachte, und hatte das Recht, den Überschuß an Bier aufzukaufen und zu vermarkten. Schon bald fand Einbecks Braukunst auch überregional Anerkennung, und gut hütet man bis heute die älteste erhaltene Rechnung von 1378, als in Celle mit Herzog Albrecht zu Sachsen und Lüneburg über zwei Tonnen Bier abgerechnet wurde. Gegen Ende des 15. Jahrhunderts verschiffte Einbeck seinen Gerstensaft durch die Hanse über Lübeck bis nach Stockholm, Riga und Reval, in Richtung Westen über Hamburg bis nach Utrecht und Amsterdam. In den Ratskellern der großen Städte trank man »Einpökisch Bier« ebenso gern wie an verwöhnten Fürstenhöfen – und die Herzöge in München schätzten es seit 1545. Als dann 1612 Fachleute für das neuerbaute Hofbräuhaus gesucht wurden, warb man einen Braumeister aus Einbeck ab. Und mit ihm kam die Rezeptur des niedersächsischen Biers nach Bayern.

Aus »Einpökisch« wurde in der bayerischen Mundart »Oanpock« und schließlich »Bockbier«. Auch in Einbeck produzierte man den herzhaft-süffigen Trank trotz des abtrünnigen Braumeisters unverdrossen weiter. Schon im 17. Jahrhundert schlossen sich die mehr als 700 bürgerlichen Brauhäuser der Stadt zu Genossenschaftsbrauereien zusammen. Aus ihnen ging dann im Jahr 1794 die »Städtische Brauerei« hervor; ab 1851 vertrieb man Flaschenbier. Bockbier gehört mit einem mittleren Alkoholgehalt von 5,2 Prozent zu den Starkbieren, der Doppelbock weist einen Alkoholgehalt von 5,8 Prozent auf.

Der heute von der Einbecker Brauhaus AG hergestellte Ur-Bock mit etwa 16 Prozent Stammwürze ist die Nummer eins unter den angebotenen Bockbieren in Deutschland. Außerdem hat man das feinherbe Brauherren-Pils im Programm, ein mildes Pilsener und den Mai-Ur-Bock, auf den die Bierkenner sich im Frühjahr freuen dürfen. Das Brauhaus wirbt mit dem Spruch »Ohne Einbeck gäb's kein Bockbier«, und stolz verweist man darauf, daß Martin Luther 1521 beim Reichstag zu Worms gereimt haben soll: »Den besten Trank, den einer kennt, der wird Einbecker Bier genennt.«

Einbecks Bierbrauer hatten einen so guten Ruf, daß einer von ihnen als Braumeister abgeworben wurde, als das Münchner Hofbräuhaus gegründet wurde.

Vom Bier zum Malztrunk

Eingefleischte Bierliebhaber blicken voll Verachtung auf das harmlos-süße Stärkungsgetränk Malzbier. Dabei darf es sich durchaus zu den Vollbieren rechnen, denn die werden durch ihren Stammwürzegehalt definiert, der zwischen 11 und 14 Prozent liegen muß. Der Stammwürzegehalt ist die Menge der beim Brauvorgang aus dem Malz gelösten Stoffe (Malzzucker, Eiweißstoffe, Vitamine, Aroma- und Mineralstoffe). Man mißt ihn vor dem Eintritt der Gärung. Bei Malzbier hält man den Alkoholgehalt unter 0,5 Prozent, indem man die Würze nur sehr kurz mit der für die Gärung notwendigen und den Alkohol sowie die Kohlensäure liefernden Hefe in Kontakt bringt. Da dem Malzbier Zucker zugegeben wird, kam es 1960 zu einem »Süßbier-Krieg«: Bier zu zuckern verstößt nämlich gegen das Reinheitsgebot von 1516. Vor allem die bayerische Presse prangerte dieses Sakrileg an, es kam zu einigen aufsehenerregenden Urteilen, und inzwischen hat sich in deutschen Landen die Bezeichnung »Malztrunk« für das fast alkoholfreie, gesüßte Getränk eingebürgert.

Einbecker Mai-Ur-Bock

Einbecker Ur-Bock

Einbecker Ur-Bock Dunkel

Einbecker Spezial

Wurst

Der Zeichner Wilhelm Busch schwärmte in einem Brief von dem Weihnachtsabend 1873, bei dem die Gastgeber fünf Leute bewirteten und dabei »für sechs Personen Schinken und für fünfundzwanzig Personen Wurst« auftrugen. Ob das alles gegessen wurde, verschwieg der Künstler – man kann aber sicher sein, daß Busch gut zugriff. Er war den Würsten seiner niedersächsischen Heimat besonders zugetan und ließ sie sich von seiner Schwägerin regelmäßig schicken, als er in Frankfurt lebte.

In der Tat hat Niedersachsen eine Fülle von Wurstspezialitäten zu bieten, vor allem im Bereich der Kochwürste. Am bekanntesten ist wohl der »Pinkel«, einerseits seines originellen Namens wegen, andererseits, weil er durch das Gericht »Kohl und Pinkel« zu einem Begriff wurde. Wie alle Spezialitäten des Landes, variiert die Rezeptur je nach Region. Beim Pinkel zum Beispiel gibt es den »Friesischen«, den »Ammerländer/Oldenburger« und den »Fleischpinkel«. Allen gemeinsam ist, daß sie Grütze und Zwiebeln enthalten.

Bekannt über die Landesgrenzen hinaus ist auch die »Bregen-« oder »Brägenwurst«. Ihren Namen verdankt sie der Tatsache, daß sie früher Hirn (Bregen) enthielt. Heute ist dies nicht mehr der Fall, Bregenwurst kommt fast ausschließlich »hirnlos« auf den Markt. Es gibt sie ebenfalls in vielen Varianten; weit verbreitet ist die Herstellung aus rohem Schweinefleisch, Schwarten, Zwiebeln, Nitritpökelsalz, Pfeffer und Piment. Die Wurst wird roh geräuchert und anschließend gegart.

Weitere regionaltypische Spezialitäten sind die »Hannoversche Fleischwurst«, ursprünglich eine Kochwurst, die heute aber hauptsächlich als Brühwursterzeugnis im Handel ist, die »Göttinger Bierwurst«, die inzwischen in ganz Deutschland bekannt ist, die »Göttinger Schwartenwurst«, die »Hannoversche« und die »Harzer Schmorwurst«, die »Hannoversche Weißwurst« sowie die »Knappwurst«. Wegen ihrer besonders guten Würztradition machten sich vor allem die Metzger des Eichsfelds einen Namen. Eine ihrer Spezialitäten ist der »Feldkieker«, den man auch in Thüringen, zu dem das Eichsfeld heute teilweise gehört, findet.

Luftgetrocknete Braunschweiger Mettwurst ist eine schnittfeste Rohwurst, die zu 25 Prozent aus Rindfleisch besteht

Grützblutwurst besteht aus Schweinefleisch, Lunge, Milz und Hafergrütze

Beutelrotwurst wird unter Zugabe von Schweineblut hergestellt

Die streichfähige Kochmettwurst aus Braunschweig genießt einen besonders guten Ruf

Braunschweiger Mettwurst als schnittfeste Rohwurst

Zwiebelmettwurst, im Geschmack durch Zugabe von Zwiebeln verfeinerte Mettwurst

Eichsfelder Stracke ist besonders gut gewürzt, wie alle Würste aus dem Eichsfeld

Knappwurst wird aus schlachtwarmem Fleisch unter Zugabe von Leber hergestellt

Braunschweiger Leberwurst schmeckt besonders gut auf frischem Brot mit Gewürzgürkchen

larzer Schmorwurst, bei ihrer Herstel-
ıng wird nur sehnenarmes Fleisch, am
esten Seitenfleisch vom Schweine-
auch, verwendet

Bregenwurst oder Brägenwurst wurde früher mit Schweinehirn hergestellt, daher der Name

Geräucherte Knackwurst – der Rauch verleiht ihr einen besonders feinen Geschmack

Schinkenmettwurst, eine weitere der vielen Mettwurstvarianten Niedersachsens

Kochwurst läßt sich gut zu Wurstsalat verarbeiten

Wurst-Unterschiede

Rohwürste
Sie bestehen aus rohem Fleisch, Speck und Gewürzen. Die Zutaten werden zerkleinert, gesalzen, gewürzt und in Wurstdärme gefüllt. Durch Pökeln und langsames Trocknen oder durch Räuchern erreichen sie ihre Reife und den typischen Geschmack. Alle Dauer- und Hartwürste gehören in diese Kategorie.

Brühwürste
In dieser Gruppe gibt es die meisten Wurstsorten. Brühwürste werden aus rohem Schweine- oder Rindfleisch und Speck hergestellt, wobei man die Zutaten unter Zugabe von Eis, Pökelsalz und Gewürzen zu Brät verarbeitet . Nach dem Abfüllen in Därme werden sie in Wasser bei etwa 75 °C gebrüht, manche Sorten anschließend noch leicht geräuchert. Brühwürste sind nicht lagerfähig, sie müssen schnell verzehrt werden.

Kochwürste
Zutaten sind vorgekochtes Fleisch, Innereien und Gewürze. Nur bei Blut- und Leberwürsten wird überwiegend rohes Grundmaterial verwendet. Nach dem Abfüllen in Wurstdärme werden sie ein zweites Mal gekocht. Die meisten Kochwürste sind Frischwürste, die bald gegessen werden müssen. Durch kurzes Räuchern kann ihre Haltbarkeit verbessert werden.

Schinken
Sie stammen meist aus der hochwertigen Schweinekeule. Seine Haltbarkeit und seinen guten Geschmack erhält der Schinken durch Pökeln, Räuchern oder Kochen. Spezielle Verfahren machen Holsteiner Katenschinken, Schwarzwälder Schinken und Westfälischen Schinken besonders delikat.

Fleischgerichte

Hannoversches Zungenragout
(Abbildung unten)

1 kg Rinderzunge
Salz
3–4 Suppenknochen
2 Bund Suppengrün
1 Zwiebel, gespickt mit 1 Lorbeerblatt und 2 Gewürznelken
1 feingehackte Zwiebel
2 EL Butter
2 EL Mehl
Pfeffer und Muskatnuß
1 Prise Zucker
2 EL Madeira
$^1/_8$ l Rotwein

Klößchen
300 g Schweinemett
1 Ei
50 g Semmelbrösel
3 Schalotten, fein gehackt
1 EL Butter
150 g Champignons, in Scheiben geschnitten
100 g Cocktailwürstchen

Die Rinderzunge in reichlich Salzwasser zusammen mit den Suppenknochen aufkochen und abschäumen, dann das Suppengrün und die gespickte Zwiebel zufügen und ca. 2 $^1/_2$ Stunden köcheln lassen. Nach Ende der Garzeit die Zunge herausheben und die Brühe abseihen. Gehackte Zwiebel in Butter glasig dünsten, das Mehl darüber stäuben und bräunen. Mit $^1/_2$ l Zungenbrühe aufgießen und 20 Minuten kochen. Die Sauce mit Salz, Pfeffer, gemahlener Muskatnuß, Zucker, Madeira und Rotwein abschmecken. Für die Klößchen Schweinemett, Ei und Semmelbrösel verkneten und aus dem Teig kleine Klößchen formen. Die restliche Zungenbrühe zum Kochen bringen und die Klößchen darin gar ziehen lassen. Inzwischen die Schalotten in der Butter mit den Champignons dünsten. Die Rinderzunge in Würfel schneiden. Die Klößchen mit den gedünsteten Champignons, der Rinderzunge und den Cocktailwürstchen in die Rotweinsauce geben und noch einmal aufkochen. Mit Salzkartoffeln oder Reis und grünem Salat servieren.

Knipp
(Abbildung rechte Seite)

250 g Hafergrütze
250 g Schweineschwarte
500 g Schweinebacke
250 g Schweinebauchfleisch
1 Schweineherz
2 l Fleischbrühe
Salz und Pfeffer
1 TL gerebelter Majoran
5 Pimentkörner
2 Lorbeerblätter und 2 Gewürznelken
4 gehackte Zwiebeln
Öl zum Ausbraten

Die Hafergrütze über Nacht einweichen. Die Schwarten und das Fleisch in der Fleischbrühe aufkochen, mit Salz, Pfeffer, Majoran, den Pimentkörnern, Lorbeerblatt und Nelken würzen und 1 Stunde köcheln lassen. Schwarten und Fleisch aus der Brühe heben, die Brühe abseihen und in einem sauberen Topf wieder zum Kochen bringen. Die Schwarten und die Schweinebacken durch den Fleischwolf drehen, das Bauchfleisch und das Herz in kleine Würfel schneiden. Alles wieder in die Brühe geben, die gehackten Zwiebeln zufügen, die Hafergrütze unterrühren und noch 1 Stunde kochen lassen. Die fertige Masse in eine Schüssel umfüllen und kühl aufbewahren. Vor dem Verzehr gibt man jeweils einen »Schlag« Knipp in eine Pfanne mit heißem Öl und brät ihn aus.

Oberharzer Pritschewerk
(Abbildung unten)

750 g kleine festkochende Kartoffeln
Salz
50 g Butter
750 g Harzer Schwarzwurst
6 Eier
4 kleine Tomaten
$^1/_4$ Bund gehackte Petersilie

Die Kartoffeln unter fließendem Wasser gründlich abbürsten. Jede Kartoffel mit etwas Salz bestreuen, 1 Flöckchen Butter darauf setzen und einzeln in Alufolie wickeln. Im vorgeheizten Backofen bei 220 °C in ca. 35 Minuten garen. Inzwischen die Schwarzwurst aus dem Darm in eine Pfanne drücken, $^1/_8$ l Wasser angießen und die Wurstmasse zum Kochen bringen. Die Eier einrühren und stocken lassen. Mit den Kartoffeln, Tomatenvierteln und gehackter Petersilie anrichten und als Beilage grünen Salat in Sahnesauce reichen.

Oberharzer Pritschewerk

Hannoversches Zungenragout

Die Cumberlandsauce

Sie wird zu Wild und Wildgeflügel gereicht, aber auch zu kaltem Huhn, zu Pasteten, Roastbeef und Fleischfondue: die pikante Cumberlandsauce. Trotz ihres englischen Namens wurde sie in Deutschland erfunden, für die Hoftafel des Welfenprinzen Ernst August (1845–1923), dem einzigen Sohn König Georgs V. von Hannover, der sich auch Herzog von Cumberland nennen durfte. Seit 1799 ist dieser Titel im Hause Hannover erblich, und er weist hin auf dessen Verbindung mit England: Von 1714 bis 1837 waren die hannoverschen Regenten in Personalunion gleichzeitig Könige von Großbritannien – denn infolge eines Londoner Parlamentsbeschlusses, der die katholischen Mitglieder der Stuart-Dynastie von der Erbfolge ausschloß, wurde die protestantische Kurfürstin Sophie von Hannover, eine Enkelin des englischen Königs Jakob I., Anwärterin auf die Krone. Durch Sophies Tod aber war es dann ihr Sohn, der als erster Welfe den englischen Thron bestieg; er hieß nun Georg I. von Großbritannien und Irland, hatte aber politisch ebensowenig eine glückliche Hand wie seine Nachfolger, allesamt Georgs. 1814 erlangte auch Hannover den Status eines Königreiches, verlor ihn jedoch 1866 wieder, so daß dem Feinschmecker Ernst August, dem wir die Cumberlandsauce verdanken, die höchsten Würden versagt blieben.

Wenn auch die Welfen sich als britische Könige wenig um ihre Stammlande kümmerten, so hatte die »englische Zeit« dort doch Auswirkungen, etwa in der Kleidermode oder im Einrichtungsstil. Und bis heute hat sich ein Anglizismus des frühen 19. Jahrhunderts auf gediegenen Speisekarten erhalten: Als nämlich damals wegen Napoleons gegen England gerichteter Kontinentalsperre die reichen Ammerländer Bauern auf ihre hochgeschätzte Schildkrötensuppe verzichten mußten, kreierte man als Ersatz eine gut gewürzte Kalbsbrühe mit feingeschnittenem Kalbfleisch und Champignons – und nannte sie »Mockturtle«. »Turtle« heißt im Englischen »Schildkröte«, »mock« »unecht«. Wer mit dieser falschen Schildkrötensuppe im Norden Deutschlands ein Menü beginnt, kann es vielleicht mit einem echten Welfenpudding in Gelb und Weiß, den Farben des Fürstenhauses, ausklingen lassen.

Cumberlandsauce

5 EL rotes Johannisbeergelee
1 EL scharfer Senf
1 Messerspitze Ingwerpulver
1 Messerspitze Cayennepfeffer
5 EL Orangensaft
2 EL Portwein
abgeriebene Schale von je 1/2 Zitrone und 1/2 Orange
1 feingehackte Schalotte

Das Johannisbeergelee mit dem Senf, Ingwerpulver, Cayennepfeffer, Orangensaft und Portwein verrühren und durch ein feines Sieb streichen. Die Zitronen- und Orangenschalen in feine Juliennestreifen schneiden und kurz blanchieren. Die Sauce damit garnieren und mit der gehackten Schalotte bestreuen.

Knipp

Buch-weizen

»Korn der Heide« nennt man den Buchweizen gern, und das könnte auf seine frühere Bedeutung für Niedersachsens Heidebauern hinweisen, hat sich aber aus der Bezeichnung »Heidenkorn« entwickelt – denn aus dem fernen, dem »heidnischen« Asien kommt die Pflanze. Auch ihr Name ist irreführend: Wenngleich ihre an Bucheckern erinnernden Körner es vom Nährstoffgehalt her mit jedem Getreide aufnehmen können, gehört sie doch zur Familie der Knöterichgewächse, ist ein »Pseudo-Getreide«. Ob der Buchweizen nun über die Tataren, die Türken oder die Mauren nach Mitteleuropa kam – er setzte sich jedenfalls seit dem 16. Jahrhundert überall dort durch, wo man kargen, manchmal saurem Boden den Ertrag abringen mußte. Im deutschen Raum baute man ihn nicht nur in der Lüneburger Heide an, sondern ebenso in Mittelgebirgslagen, etwa im Taunus, der Eifel oder dem Spessart. Und er überzeugte auch durch Schädlingsresistenz und eine kurze Vegetationsperiode: Sät man Ende Mai, kann man im frühen September bereits ernten.

In der Heide mußte der Buchweizen weichen, als durch verbesserte Düngmethoden seit dem späten 19. Jahrhundert hier jetzt auch Roggen und Hafer, Kartoffeln und Zuckerrüben gediehen. Außerdem wurde großzügig aufgeforstet, denn seit dem Mittelalter hatte man den Waldbestand der Salzherstellung Lüneburgs geopfert; das heute so beliebte Fremdenverkehrsgebiet, populär geworden auch durch die Bücher und Lieder Hermann Löns', erschien den Durchreisenden damals kahl und ohne Reiz, Heinrich Heine lästerte sogar über den Busen einer Dame, er sei so flach und trostlos wie die Lüneburger Heide.

Für die Heidjer hatte der Buchweizen lange zum täglichen Speiseplan gehört, als Korn oder Mehl, als Schrot, Grieß oder Grütze. Und mit jeder Schüssel Brei und jedem Pfannkuchen tat man sich etwas Gutes, denn Buchweizen liefert ein ganz besonders hochwertiges Eiweiß und ist reich an Vitaminen und Mineralstoffen. Doch er fand auch als Futterpflanze Verwendung, die Imker schätzten seine Felder als vorzügliche Bienenweide, und die Hausfrau webte gekochte Buchweizenschlichte in die Leinentücher, um sie geschmeidig zu machen.

Die Heidegastronomie hat sich inzwischen auf die überlieferten Spezialitäten besonnen, und in Bispingen baut man die alte Kulturpflanze in kleinem Rahmen wieder an, sät und drischt von Hand und macht daraus ein Fest für die Touristen. Beliebte Gerichte, die wieder den Weg in die Speisekarten gefunden haben, sind Aufläufe aus geschrotetem Buchweizen mit Gemüse und Käse, Buchweizenklöße mit Gemüse, Buchweizenpuffer, Buchweizenwaffeln und Buchweizengrützen, nach alter Art mit Milch oder Buttermilch, mit Honig und Nüssen zubereitet.

Vor dem Kochen sollte man die Körner heiß waschen, um einer möglichen Allergie gegen das Fagopyrin in den Häutchen vorzubeugen; beim Backen muß Buchweizenmehl wegen seiner Kleberarmut mit anderem Mehl gemischt werden. In großem Maßstab zieht man die Pflanze vorwiegend in der Sowjetunion, in Kanada und in Polen; Importware wird auch geröstet, als »Kasha«, angeboten und erweitert noch die Palette der Gerichte, die man aus dem ebenso gesunden wie aromatischen »Heidenkorn« bereiten kann.

Buchweizenpfannkuchen mit Speck

1/8 l Milch
1/8 l Buttermilch
1/8 l kalter schwarzer Kaffee
6 Eier
1 TL Salz
250 g Buchweizenmehl
Schmalz zum Backen
200 g Frühstücksspeck in dünnen Scheiben

Die Milch mit der Buttermilch, dem Kaffee, den Eiern und dem Salz verquirlen und mit dem Mehl zu einem glatten Teig verrühren. Den Teig etwa 3 Stunden quellen lassen. Etwas Schmalz in einer Pfanne erhitzen und 50 g Frühstücksspeck darin kurz auf beiden Seiten anbraten. 1/4 des Pfannkuchenteigs einfüllen und den Pfannkuchen auf jeder Seite etwa 3 Minuten goldbraun ausbacken. Aus der Pfanne heben und warm stellen, bis alle 4 Pfannkuchen fertig sind. Nach Belieben mit Preiselbeeren oder mit Honig (Sirup) servieren.

Wilhelm Busch (1832–1908)

Schmöck, der Gatte der frommen Helene, erstickt an einer Fischgräte, sie selbst verscheidet infolge ungezügelten Likörgenusses. Max und Moritz berauben die Witwe Bolte des schon geschmorten Federviehs und beim Herrn Aktuar verläuft die Mittagsmahlzeit höchst dramatisch, weil er ein langes Haar in der Suppe entdeckt ... Im Werk des zeichnenden und schreibenden Satirikers Wilhelm Busch spielen Essen und Trinken keine unbedeutende Rolle, ebensowenig wie in seinen Erinnerungen und Briefen. Als ältestes von sieben Kindern einer Krämersfamilie im Dorf Wiedensahl bei Hannover 1832 geboren, mußte Busch nie Not leiden, doch es ging ähnlich bescheiden zu wie bei den bäuerlichen Nachbarn, die vorwiegend von Selbstgeerntetem lebten und den Gemüseeintopf längst nicht jeden Tag mit Wurst anreicherten. Dem bewährten Buchweizen machte damals schon seit längerem die Kartoffel Konkurrenz, und auch bei den Buschs tunkte jeder seine Ration ins »Pannenstippelse« in der Mitte des Tisches: in ausgelassenen Speck, zu dem man auch noch Zwiebeln geben konnte. Für Suppigeres steckten Holzlöffel unter der Tischkante, die – arbeitssparend für die Hausfrau – stets säuberlich abgeleckt wurden.
Obwohl Busch nach eigener Aussage dann und wann »ungewöhnlich Gutes« schätzte, war er doch gewöhnlich mehr als zufrieden damit, »schlichtweg« zu essen. Dem vielfältig verwendbaren Ei hat er Reime gewidmet, einem so bodenständigen Genuß wie Pfannkuchen mit Salat gar ein ganzes »Rezeptgedicht«. War der Junggeselle im Haushalt auf sich allein gestellt, kamen oft Brot und Wurst auf den Tisch, wobei er die aus Wolfenbüttel lobend erwähnt. Weibliche Verwandte versorgten Busch über lange Zeit, und Küchentalent pries er oft genug als hohe frauliche Tugend: »Es wird mit Recht ein guter Braten, Gerechnet zu den guten Taten ... Wer einen guten Braten macht, Hat auch ein gutes Herz.« Einen solchen Braten verschmähte er auch von Hase, Reh oder Wildgeflügel nicht – obwohl es ihn andererseits grauste, wenn mit Halali zur Großwildjagd gerufen wurde. Auch die ländliche Prozedur des Schweineschlachtens war Busch stets ein Greuel; doch das Schwein ist nun mal der anerkannt beste Lieferant der von ihm so geliebten Würste, und so dichtete er voll Einsicht in die eigene und die allgemeinmenschliche Schwäche:
»Das Messer blitzt, / Die Schweine schrein, / Man muß sie halt benutzen, / Denn jeder denkt: Wozu das Schwein, / Wenn wir es nicht verputzen?«

Sagenland

»Im Jahre 1284 ließ sich zu Hameln ein wunderlicher Mann sehen ...«, so beginnt die Rattenfängersage in der von den Gebrüdern Grimm 1816 aufgezeichneten Fassung. Die Geschichte kennt jedes Kind, sie gehört zu den weltweit bekanntesten Sagen und hat Literaten von Goethe bis Carl Zuckmayer inspiriert. In ihrer populärsten Version wird sie folgendermaßen erzählt: Die Stadt Hameln, die, wie andere Weserstädte auch, durch den Getreidehandel prosperiert, wird von einer Rattenplage heimgesucht. Da kommt ein Mann des Weges und bietet an, das Problem zu lösen: Er betört die Nager mit seinem Flötenspiel, führt sie ins Wasser und ersäuft sie alle. Nun wäre es am Magistrat, den vereinbarten Lohn zu zahlen. Der aber denkt nicht daran, sich an den Vertrag zu halten. Der Spielmann, als Angehöriger der »unehrlichen«, nicht zunftfähigen Berufe rechtlos, soll leer ausgehen. Doch der kehrt zurück und holt sich, was mit Geld nicht zu bezahlen ist: das Wertvollste, Liebste, die Kinder. Sie folgen seinem Spiel und verschwinden auf Nimmerwiedersehen – die ganze nächste Generation, die Hoffnung der Stadt, ausgelöscht.

Während die Literaten vor allem der sozialhistorische Aspekt der Geschichte faszinierte, so entdeckten die Erzählforscher in ihr nahezu das Paradebeispiel einer »historischen Sage«. Die Sage unterscheidet sich vom Märchen ja dadurch, daß sie geglaubt werden will. »Das Märchen ist poetischer, die Sage historischer; jenes stehet beinahe nur in sich selber fest, in seiner angeborenen Blüte und Vollendung; die Sage, von einer geringern Mannigfaltigkeit der Farbe, hat noch das Besondere, daß sie an etwas Bekanntem und Bewußtem haftet, an einem Ort oder einem durch die Geschichte gesicherten Namen«, schrieben die Brüder Grimm.

Im Fall der Rattenfängersage gibt es nicht nur einen Ort, es steht auch ein Datum fest, der 26. Juni 1284. Die Wahrscheinlichkeit, daß sich hinter der sagenhaften Geschichte ein tatsächliches historisches Ereignis verbirgt, erscheint damit groß. Blendet man die sagenhaften Elemente aus – Ratten kann man nicht ertränken, sie sind ausgezeichnete Schwimmer; ein Wildfremder kann nicht in eine mittelalterliche, befestigte Stadt dringen und völlig unbemerkt mit 130 Kindern davonziehen –, so bleibt als Kern der »Auszug der Kinder«, beziehungsweise deren spurloses Verschwinden.

Verschiedene Quellen beweisen, daß die Sage hier wohl tatsächlich ein historisches Ereignis tradiert, das über Generationen präsent war, mündlich überliefert wurde und erst mit sagenhaften Elementen angereichert wurde, als der Bezug verlorenging. Seit dem 16. Jahrhundert gibt es verschiedene Thesen, die zu erklären versuchen, was nun tatsächlich geschah, welche Katastrophe dazu führte, daß eine ganze Generation junger Hamelner verschwand. Die Theorien reichen von der Tanzwut über Kinderfahrten, Kinderkreuzzüge, die Pest, die Schlacht bei Sedemünde, doch sind sie insofern alle nicht haltbar, als in der Sage immer wieder betont wird, daß die Eltern nichts vom Verbleib ihrer Kinder wußten: »Die Mütter der Knaben liefen von Stadt zu Stadt und fanden überhaupt nichts«; »ist deswegen bald auff wasser vnd land an allen örtern fleissige nachforschung vnd bestellung geschehen.«

In den letzten Jahrzehnten neigt man dazu, in dem »Spielmann« einen Lokator zu sehen, der junge Leute für die Besiedlung des Ostens warb und mit ihnen auf hoher See verschollen ging. Hundertprozentig zu beweisen wird diese These wohl nie sein; die Volkskundler aber erfreut schon, daß es hier gelang, den historischen Kern einer Sage aufzuspüren und damit zu bestätigen, was Lutz Röhrig, der große Erzählforscher unseres Jahrhunderts, schrieb: »Hinter vielen scheinbar pseudohistorischen und anachronistischen Sagen steckt umgekehrt ein wirklicher Kern, und es zeigt sich neben allen Ungeschichtlichkeiten der Deutung doch auch eine enorme Erinnerungsfähigkeit der Volksüberlieferung.«

Die Hamelner wiederum ziehen ihren eigenen Nutzen aus der Geschichte: Der Rattenfänger läßt sich vortrefflich vermarkten und als Werbeträger für ihre hübsche mittelalterliche Stadt einsetzen. Sogar kulinarisch schlägt sich das Ereignis nieder: Hameln ist die einzige deutsche Stadt, in der man »Rattenschwänze« auf der Speisekarte findet.

Viele Zutaten braucht man, um aus »Rattenschwänzen« ein köstliches Gericht zu bereiten.

»Rattenschwänze« sind nur dann genießbar, wenn man sie in der Pfanne mit Butter anbrät.

Nach dem Salzen und Pfeffern werden sie flambiert– damit wird der rattige Geschmack unterdrückt.

Nachdem sämtliche Zutaten zugefügt wurden, sind die die »Rattenschwänze« fertig. Ein einfaches Gericht, nur die Fleischeinlage ist manchmal schwer zu beschaffen.

Rattenschwänze

800 g Schweinefilet, in lange Streifen geschnitten
200 g Butter
2 EL Calvados
Salz und Pfeffer
2 Zwiebeln, fein gehackt
100 ml Rheinwein
100 ml Rotwein
10 mit Paprika gefüllte Oliven, in Scheiben geschnitten
20 Champignons, in Scheiben geschnitten
8 Maiskölbchen, in Scheiben geschnitten
4 Tomaten, in Würfel geschnitten
2 Tomatenpaprikaschoten, in feine Streifen geschnitten
$^1/_2$ l Bratensauce
je 1 TL Senf und Tomatenmark
Tabasco, Worcestershiresauce
50 g Sahne
1 EL Portwein

Die Filetstreifen in der Hälfte der Butter braten, mit Calvados flambieren und mit Salz und Pfeffer würzen. In einer zweiten Pfanne die restliche Butter schmelzen und die Zwiebeln darin glasig dünsten. Weiß- und Rotwein angießen und auf $^1/_3$ einkochen lassen. Dann die Oliven, Champignons, Maiskölbchen, Tomaten und Paprika zugeben und schmoren. Die Bratensauce unterrühren und mit Senf, Tomatenmark, Tabasco, Worcestershiresauce, Salz und Pfeffer abschmecken. Mit Sahne und Portwein verfeinern, die Filetstreifen in die Sauce geben und etwas ziehen lassen. Dazu körnigen Reis und frische Salate reichen.

Sagenhaftes vom Baron von Münchhausen

Er zog sich an den eigenen Haaren aus dem Sumpf, ritt auf einer Kanonenkugel durch die Luft, band sein Pferd an der Kirchturmspitze fest, kletterte auf einer Bohnenranke zum Mond und berichtete von dort unter anderem auch über die Eßsitten der Einwohner des Hundssterns: »Sie heißen nicht Menschen, sondern kochende Geschöpfe, weil sie ebenso wie wir ihre Speisen beim Feuer zurecht machen. Übrigens nimmt ihnen das Essen sehr wenig Zeit weg; denn sie öffnen nur die linke Seite und schieben die ganze Portion auf einmal in den Magen hinein; dann schließen sie wieder zu, bis nach Verfluß eines Monats derselbe Tag wiederkommt. Sie haben mithin das ganze Jahr hindurch nicht mehr als zwölf Mahlzeiten – eine Einrichtung, die jeder, der kein Fresser oder Schlemmer ist, der unseren weit vorziehen muß.«

Genießer war er also keiner, der Baron von Münchhausen, aber das erwartet man ja auch nicht von dem Haudegen, Abenteurer und Draufgänger, zu dem er sich selbst stilisierte. So sagenhaft seine Geschichten sind, Münchhausen ist keine Sagengestalt. Es gab ihn tatsächlich: Hieronymus Karl Friedrich von Münchhausen wurde 1720 in Bodenwerder an der Weser geboren, nahm vermutlich am russisch-türkischen Krieg und an dem gegen die Schweden teil und zog sich mit 30 Jahren zurück auf sein Gut, wo er nur noch der Jägerei und seiner Fabulierlust frönte. Anekdoten über ihn erschienen erstmals 1781 in gedruckter Form; Popularität erlangten sie aber über den Umweg der englischen Übersetzung, die 1786 auf den Markt kam. Sie diente Gottfried August Bürger (1747–1794) als Vorlage, der sie, ergänzt um eigene Geschichten, ebenfalls 1786 in Deutschland publizierte. Anonym. Und ohne damit jemals wirtschaftlichen Erfolg oder literarischen Ruhm zu erzielen.

Sogar die Konditoreien sind vor Ratten nicht sicher! In Hameln sind die Nager zum Reinbeißen süß.

Harzer Käse

Auch wenn der Ausdruck in deutschen Landen gebräuchlich ist – im Harz sollte man nicht vom »Harzer Roller« sprechen, wenn man den Harzer Käse meint. Denn die Einheimischen assoziieren mit dem »Roller« nichts Kulinarisches; sie denken an die Kanarienvögel der Region, deren ausdrucksvolles Trillern ihre Züchter so stolz macht.

Der Harzer Käse hingegen ist ein Sauermilchkäse und gehört damit zu den ältesten Käsearten. Traditionell wurde er »am heimischen Herd« produziert: Wenn Milch durch Gerinnung ihres Eiweißes sauer und damit dick geworden war, schöpfte man den Quark einfach aus, formte ihn behutsam mit der Hand zu kleinen Laiben, die man zum Trocknen und Reifen neben den Kochherd legte – die Namen »Handkäse« oder »Bauernhandkäse« erinnern noch heute an dieses Verfahren. Auch im Harz nutzte man das Produkt des Milchviehs solcherart, und es war eine aus der Schweiz stammende Familie, die hier Ende des 18. Jahrhunderts erstmals mit der Herstellung des herzhaften Käses in größerem Maßstab begann. Im 19. Jahrhundert entstanden dann in der Mittelgebirgsregion zahlreiche Käsereien, die auf der Basis von Sauermilchquark arbeiteten. Sie begründeten den guten Ruf des Harzer Käses als bodenständige Delikatesse.

Um beim Ausgangsprodukt Milch den flüssigen Bestandteil, die Molke, vom gewünschten Sauermilchquark zu trennen, werden heute für die Käserei gezüchtete Mikroorganismen eingesetzt: Milchsäurebakterien verwandeln den Milchzucker in Milchsäure, die das Eiweiß gerinnen läßt. Der so entstandene, recht körnige Quark wird noch gemahlen, ehe man ihm Mittel zur Reifung wie auch zur Würze, etwa Salz oder Kümmel, hinzufügt, um ihn dann maschinell, dem Sortenangebot entsprechend, zu formen. Der sogenannte »Gelbkäse«, mit mehr als 60 Prozent Marktanteil der Spitzenreiter unter den Sauermilchkäsen, kommt nun in den »Schwitzraum«, wo er unter hoher Temperatur und bei großer Luftfeuchtigkeit beginnt, seinen deftigen Geschmack zu entwickeln; anschließend wird er mit Rotschmierkulturen bestrichen und verbringt einige Zeit im niedriger temperierten »Reiferaum«. Dort erlangen auch die wesentlich milderen Harzer Edelschimmel- und Halbschimmelkäse ihr Aroma, die gleich nach ihrer Formung mit weißen oder blaugrauen Edelschimmelkulturen behandelt werden.

Harzer Käse ist gesund und hält fit: Da er auf der Basis von Magermilch hergestellt wird, liegt sein Fettgehalt unter einem Prozent – sein Eiweißgehalt aber bei fast 30 Prozent! Die Mineralstoffe der Milch, wie Kalium, Magnesium und Calcium, sind in ihm erhalten, außerdem liefert er die wichtigen Vitamine B 1, B 2 und Nikotinamid. Wenn er »mit Musik« serviert wird, also angemacht mit einer Marinade aus Essig, Öl, Pfeffer und Zwiebeln, hat man schon etwas mehr Fett auf dem Teller – reicht man nach guter alter niedersächsischer Sitte Schwarzbrot und Gänseschmalz zum Harzer, ist er sogar ein äußerst kalorienträchtiger Genuß. Zur vollen Aromaentfaltung nimmt man den Käse eine Stunde vor dem Verzehr aus dem Kühlschrank, in dem man ihn etwa zwei Wochen aufbewahren kann; dabei sollte man aber nicht vergessen, daß speziell der Gelbkäse recht geruchsintensiv ist.

Harzer Tatar

Gänseschmalzbrot mit Harzer

Warenkunde Sauermilchkäse

Sauermilchkäse wird heute hauptsächlich – zu etwa 75 Prozent – in Niedersachsen fabriziert, doch auch die Hessen haben nicht geringen Anteil daran: Dort hat man sich speziell um die Entwicklung des mit Rotschmierkulturen versetzten Gelbkäses bemüht. In seiner »Frühform« soll der heutige Mainzer Käse zuerst 1820 auf dem dortigen Wochenmarkt von einer Bäuerin aus dem nahen Groß-Gerau angeboten worden sein. Gern wird Sauermilchkäse in Stangenform gekauft; am bekanntesten ist dabei – wohl auch wegen seines originellen Namens – der »Olmützer Quargel«, den man sehr bequem in die schon vorgeprägten Portionen aufteilen kann. Von ihm ist überliefert, daß er aus Olmütz im ehemaligen Mähren stammt, wo er bereits im 11. Jahrhundert sehr geschätzt wurde. Meist rechteckig, in unterschiedlicher Größe, präsentiert sich der Bauernhandkäse, ob nun als Gelb- oder als Edelschimmelkäse. Rund ist natürlich der Korbkäse, den es auch in beiden Variationen gibt und der ursprünglich gleich im Körbchen geformt und nach der Reifung dann auch so zum Markt getragen wurde. Hübsch auch fürs Auge sind runde Mini-Käse, die etwa an der Theke eine gute Grundlage für ein kühles Bier sein können. Und auch Kümmel-Liebhaber finden auf der breiten Palette der Sauermilchkäse genug Auswahl.

Harzer Käse wird auch »Harzer Roller« genannt, obwohl im Harz damit eigentlich ein Kanarienvogel bezeichnet wird

Korbkäse mit Edelschimmel gehört zur milderen Variante der Sauermilchkäse

Mainzer erfreut sich besonders bei Kümmelfreunden großer Beliebtheit

Korbkäse ohne Edelschimmel wurde früher in kleinen Körbchen hergestellt

Bauernhandkäse wird mit Edelpilzkulturen versetzt

Stangenkäse fällt durch seine Form aus dem Rahmen

Olmützer Quargel speiste im 11. Jahrhundert bereits der Olmützer Klerus

Heid-schnucken

Die Heidschnucke, das charakteristische Tier der Lüneburger Heide, stammt von den Bergschafen Sardiniens und Korsikas ab und wurde wohl um das Jahr 1000 aufs Festland gebracht. In der Kombination mit Wacholder und weiten Heidekrautflächen ist diese kleinste der Schafrassen aus den Prospekten für das beliebte Fremdenverkehrsgebiet zwischen Aller und Elbe nicht mehr wegzudenken – doch nicht darauf bezieht sich der vielzitierte Ausspruch »ohne Schnucken keine Heide«, sondern auf die tatsächlichen Verdienste der Tiere für die Region: Nachdem durch Viehwirtschaft und Holzraubbau vor allem für die Saline in Lüneburg nach und nach die Wälder verschwunden waren, breitete sich in der nun fast schattenlosen Landschaft immer mehr die Besenheide aus, »Calluna vulgaris«, ein Zwergstrauch, der hier schon seit mehr als 3000 Jahren heimisch ist. Sie ist die Lieblingsnahrung der Schnucken, so daß die Bauern in der kargen Heide problemlos große Herden halten konnten. Wenn die Schafe das Heidekraut anknabbern, wächst es um so kräftiger nach – sonst würde es verholzen und schließlich absterben, und das wäre heutzutage auch ein herber Verlust für den Fremdenverkehr, denn die lilablühenden Flächen ziehen ab dem Spätsommer die Touristen in Scharen an.

Aber auch andere Nahrung hat die Heide den Schnucken zu bieten: Seit der Aufforstung können sie wieder an kleinen Eichen und Buchen nagen, Kiefernnadeln sind im Winter oft das einzige Grünfutter, und bodenpflegerisch wirken die Tiere durch den Abbiß von Schößlingen der sehr stark aussamenden Birke. Blaubeer- und Preiselbeersträucher sowie Ginster stehen reichlich zur Verfügung, daneben Gräser wie Schafschwengel und Drahtschmiele oder würzige Kräuter. Der Wacholder mit seinen überaus harten Nadeln darf ungehindert wachsen, nur im zeitigen Frühjahr kappen die Tiere ein paar zarte Triebe. Und an keiner Pflanze hält sich die Schnucke länger auf, ständig ist sie in Bewegung von einer Leckerei zur nächsten – daher kommt auch ihr Name: »Schnucken« ist mundartlich und steht für »naschen«.

Wo die Schnucken bei den ehemals riesigen Heideflächen mit der Landschaftspflege nicht nachkamen, griffen die Bauern selbst ein: Die Heide wurde zur Verjüngung abgebrannt oder man schlug große Wurzelballen ab. Diese »Plaggen« kamen als Einstreu in die Ställe und mit dem Dung der Schnucken angereichert dann auf die Felder. Auch der Imkerei brachten und bringen die Schnucken Nutzen, denn beim Weiden zerstören sie die Spinnweben im Heidekraut, die für die Bienen eine oft tödliche Gefahr darstellen.

Gefüllte Heidschnuckenhaxe im Wirsingmantel

4 Heidschnuckenhaxen
Salz und Pfeffer
2 zerdrückte Knoblauchzehen
4 EL Öl
1 Bund Suppengrün, grob gehackt
2 EL Tomatenmark
1 l Heidschnuckenfond oder Brühe
1 Lorbeerblatt
1 Nelke
5 Pfefferkörner
8 Wacholderbeeren
200 g Schweinenetz
12 hellgrüne Wirsingblätter
300 g Bratwurstbrät
50 g gekochter Schinken, gewürfelt
40 g gehackte frische Kräuter, z. B. Thymian, Kerbel, Schnittlauch
$^1/_4$ l Rotwein

Die Haxen mit Salz, Pfeffer und Knoblauch würzen und in heißem Öl rundum gut anbraten. Das Suppengrün und das Tomatenmark zufügen und kurz anrösten, mit dem Heidschnuckenfond ablöschen und die Gewürze dazu geben. Im vorgeheizten Backofen bei 180 °C ca. 1 Stunde schmoren. Dann die Haxen aus dem Ofen nehmen, abkühlen lassen und das Fleisch von den Knochen lösen. Den Bratenfond durch ein Sieb passieren. Das Schweinenetz wässern. Die Wirsingblätter in Salzwasser 1 Minute blanchieren, in Eiswasser abschrecken und gut abtropfen lassen. Für die Füllung das Bratwurstbrät mit den Schinkenwürfeln und frischen Kräutern durchmengen. Für jede Haxe 3 Wirsingblätter mit etwas Füllung bestreichen, das Haxenfleisch mit der Masse füllen und wieder in die ursprüngliche Form bringen. Mit den Wirsingblättern umwickeln und in $^1/_4$ des Schweinenetzes einschlagen. Die Haxenknochen kürzen, verkehrt herum in die gefüllte Haxe stecken und mit Alufolie umwickeln. Die Haxen wieder in den Bräter legen, die passierte Sauce und den Rotwein angießen und im vorgeheizten Backofen nochmals 20 Minuten schmoren. Mit jungem Gemüse und Kartoffelpüree servieren.

Um 1860 weideten noch mehr als 750 000 Schnucken in der Lüneburger Heide; bis in die siebziger Jahre unseres Jahrhunderts war der Bestand sehr stark rückläufig, nun ist er wieder etwas angewachsen, auf gut 15 000 Stück. Gehütet werden müssen die Tiere täglich, doch sie verbringen nie die Nacht im Freien, sondern kehren spätestens am Abend in den heimischen Stall zurück – manchmal auch früher, denn sie sind empfindlich gegen Regen und zu starke Sonne.

Der Tag eines Schäfers aber ist lang, anstrengend und bringt viele Aufgaben; nicht umsonst dauert die Ausbildung für den Beruf drei Jahre. In dieser Zeit lernt der Schäfer nicht nur das Hüten. Er muß auch in der Lage sein, Krankheiten zu erkennen. Hüten heißt, stets die Augen offen zu halten, um jede Gefährdung der wertvollen Herde zu vermeiden, und dabei stehen dem Schäfer seine Hunde zur Seite. Das sind keineswegs immer nur Deutsche oder Altdeutsche Schäferhunde – auch Mischungen sind gefragt. Wichtig ist nur, daß die Tiere die Veranlagung zum Hüten geerbt haben. Schon die Welpen lernen sie, sich bei den Schafen Respekt zu verschaffen, ohne dabei Unruhe unter die Tiere zu bringen. Die Hunde müssen die Herde in Bewegung halten und Ausreißer mit mahnenden, richtig dosierten Bissen wieder an ihren Platz verweisen. Der Schäfer greift in solchen Fällen zu seinem Stab, »Schippe« genannt: Mit dem gekrümmten oberen Teil faßt er das Schaf am Hinterbein, um es zur Ordnung zu rufen, mit dem schaufelähnlichen unteren Stück kann er etwas abgegrabene Erde schleudern und den Rumtreiber so zurückscheuchen.

Das Weidegebiet sucht der Schäfer in etwa drei Kilometern Umkreis vom Stall, und in der modernen Schafhaltung wird auch zugefüttert, meist mit Heu und Gerstenstroh. Lecksteine helfen gegen Mineralstoffmangel, und Muttertiere werden speziell versorgt. Zwischen Januar und Ende März lammen oft mehrere Schnucken am Tag, und schon nach wenigen Monaten kommt Unruhe in die Herde, wenn beim männlichen Nachwuchs der Geschlechtstrieb erwacht: Decken darf nämlich keineswegs jeder, das ist den Zuchtböcken mit Abstammungsnachweis aus den »Stammherden« vorbehalten, die unter strenger Kontrolle stehen.

Schnuckenwolle war lange ein Wirtschaftsfaktor für die Heidjer; Mitte des 19. Jahrhunderts kamen aus der Heide etwa noch 200 000 Zentner Wolle, die bis nach Frankreich gehandelt wurden. Schließlich aber konnte die Schnuckenwolle nicht mehr mit den Importen aus Australien konkurrieren und heute ist allein die Fleischgewinnung von Bedeutung, wobei fast ausschließlich Lammfleisch in den Handel kommt.

Rechte Seite: Die Graue Gehörnte Heidschnucke kommt in der Lüneburger Heide am häufigsten vor; die Lämmer sind pechschwarz, dann werden die Tiere rotbraun und grau.

Wacholder

»Juniperus communis«, der gemeine Wacholder, gehört zur Gattung der Zypressengewächse. Besonders eindrucksvoll steigen seine dunklen, schlanken Säulen in der Lüneburger Heide im Totengrund am Wilseder Berg auf. Doch er hat noch mehr als Schönheit zu bieten: Seine getrockneten Beeren würzen nicht nur Sauerkraut und Wildgerichte, sie sind durch ihre desinfizierenden sowie harn- und schweißtreibenden Eigenschaften auch Bestandteil von Blasen- und Nierentees; Einreibungen mit Wacholderspiritus sollen bei Rheuma und Ischias helfen. Der Wacholder ist der Machandelbaum des Märchens, und bereits die Germanen vertrauten auf seine heilende Wirkung und sprachen ihm Zauberkraft zu. Während ein Zweig Wacholder über der Tür die bösen Geister abhält, so finden sich die guten Geister bei einem Wacholderschnaps ein, der die Verdauung fördert und den Magen vor einem kühlen Bier so überaus angenehm wärmt.

Schafrassen

Neben Ziegen zählen Schafe zu den ältesten Haustierarten. In den Steppengebieten Südwestasiens wurden sie bereits vor der vollständigen Entwicklung des Ackerbaus domestiziert, in Kleinasien tritt das Schaf erstmals 9000 vor Christus als Haustier in Erscheinung. Bei Ausgrabungen im Iran fand man Knochenreste aus den Jahren von 7500 bis 6700 vor Christus, die zu einem Drittel von Ziegen und Schafen stammen, Darstellungen in ägyptischen Gräbern aus der Zeit um 2500 vor Christus zeigen Schafherden. Die Tiere waren vielfach nützlich: Sie lieferten Milch, Fleisch, Leder, Pergament, Felle und Wolle. Widder und Lämmer sind in vielen Kulturen Opfertiere – aus dem Alten Testament kennen wir die Geschichte von Abraham, der Gott eigentlich seinen Sohn Isaak opfern soll, an seiner Statt schließlich einen Widder opfern darf.

Heute gibt es weltweit fast 300 Schafrassen, in Deutschland werden über 30 gezüchtet, die in folgende Gruppen eingeordnet werden: Merinos, Fleischschafe, Landschafe, Milchschafe. Am meisten verbreitet, vorwiegend im Süden, ist das Merinolandschaf, bestens geeignet für die Wanderschäferei und Lieferant hochwertiger Wolle. Die ist aber beim Merinofleischschaf noch feiner, das weniger als zehn Prozent des deutschen Gesamtbestandes ausmacht, doch durch Einkreuzung auch eine beachtliche Schlachtkörperqualität bietet. Die bei uns zweithäufigste Rasse, das Schwarzköpfige Fleischschaf, wurde vor allem für die Fleischproduktion gezüchtet, nachdem im späten 19. Jahrhundert der Wollpreis gefallen war. Etwa vier Prozent des Bestandes fallen auf das Weißköpfige Fleischschaf, auch Deichschaf genannt, das meist in norddeutschen Küstengebieten weidet und die beliebte Eiderwolle liefert. Hervorragende Fleischfülle zeichnet auch die ursprünglich in Holland beheimateten Texelschafe und die englischstämmigen Suffolks aus. Sie sind seit 1962 beziehungsweise 1975 in Deutschland verbreitet. »Kuh des kleinen Mannes« nannte man früher die alte Rasse der Ostfriesischen Milchschafe; heute heißen sie Deutsche Milchschafe und vertragen sogar Einzelhaltung.

Der Bestand an regionaltypischen Landrassen liegt inzwischen unter einem Prozent; die »Rote Liste« der »Gesellschaft zur Erhaltung alter und gefährdeter Haustierrassen« führt als besonders gefährdet auf: Waldschaf, Brillenschaf, Steinschaf, Bentheimer Landschaf, Rauhwolliges Pommersches Landschaf und als bereits gefährdet Skudde, Braunes Bergschaf und Weiße Gehörnte Heidschnucke.

Bergschaf

Blauköpfiges Fleischschaf

Heidschnucke

Fleischschaf

Merino Landschaf

Milchschaf

Rhönschaf

Schwarzköpfiges Fleischschaf

Suffolk

Texelschaf

Weißköpfiges Fleischschaf

Honig

Was Bienenfleiß hervorbringt, dem kann der Mensch seit je nur schwer widerstehen: Rund 12 000 Jahre zählt die älteste bekannte Darstellung eines riskanten Beutezugs auf einen Stock wilder Bienen, eine spanische Höhlenzeichnung. Ägypter wie Griechen schätzten Honig als Bestandteil von Arzneimitteln, die Germanen brauten berauschenden Met daraus. Konkurrenz als Süßmittel für Speisen und Getränke bekam der Honig erst Mitte des 17. Jahrhunderts, als der teure Rohrzucker aus Amerika in adeligen Kreisen beliebt wurde, und dann im 19. Jahrhundert durch den preiswerten Rübenzucker.

Daher war die Waldimkerei, »Zeidlerei« genannt, in unseren Breiten über Jahrhunderte, mit einem Höhepunkt im Mittelalter, ein geachteter Beruf; Zeidler richteten Baumstämme so her, daß sich ein Bienenschwarm niederließ und holten aus bereits bewohnten Stämmen Honig und Wachs. Daneben aber versuchte man lange schon, Schwärme in die Nähe von Ansiedlungen zu bringen. Den Strohkorb als Bienenwohnung gibt es etwa seit 2000 Jahren, und als ein Paradebeispiel seiner Art steht der »Lüneburger Stülper« für die Tradition der Imkerei in der Heide. Sie gehörte nicht nur zum bäuerlichen Betrieb, sondern auch Schäfer, Lehrer und Geistliche stockten damit gern ihr schmales Salär auf; früher brachte dabei das Kerzenwachs mehr ein als das Süßmittel Honig. Als dessen Grundlage dient den Bienen entweder Nektar aus Blüten – sozusagen deren »Dankeschön« für die Bestäubungstätigkeit – oder aber Honigtau: Diese Ausscheidung anderer Insekten, von denen vorher Blatt- oder Nadelhölzer angezapft wurden, ergibt den dunklen, würzigen Waldhonig. Das Sammelgut in ihrer Honigblase reichert die Biene mit einem enzymartigen Drüsensekret an; ist es im Stock durch Umschichtung, Entwässerung und Fermentierung zu Honig gereift, werden die Waben von den Bienen mit Wachs verschlossen.

Steht »Bienenhonig« auf dem Glas mit dem köstlichen Naturprodukt, dann erwirbt man eine Mischung, an der mehrere Pflanzenarten beteiligt sind; »Sorten-« oder »Trachtenhonig« darf sich nur nennen, was mindestens zu 51 Prozent Ertrag aus einer Pflanzenart enthält – sei das nun Klee, Akazie oder Tanne. Der beliebte norddeutsche »Heidehonig« hat als Trachtpflanze die Besenheide, deren lilarosa Flächen eine Attraktion der Lüneburger Heide sind; er ist rötlich-braun, kräftig im Aroma und reich an Eiweiß und Fermenten. Wegen seiner festen Konsistenz wird er oft noch als pollenreicher »Preßhonig« angeboten, als »Scheibenhonig« ist er geleeartig, die Waben müssen verschlossen sein. Allgemein ist »Schleuderhonig« am häufigsten auf dem Markt, ihn gewinnt man mittels Schleudern in einem Kessel – nach Entfernen des Wachses und bei Zimmertemperatur. »Wabenhonig« ist Honig aus ganz neu gebauten, verdeckelten und noch nie bebrüteten Waben.

Honig enthält neben Frucht- und Traubenzucker eine Vielzahl wertvoller Substanzen. Seine energiespendende und entzündungshemmende Wirkung kann man allerdings nur nutzen, wenn man ihn nicht über 40 Grad Celsius erhitzt!

Unten: Wenn das Sammelgut der Bienen im Stock durch Umschichtung, Entwässerung und Fermentierung zu Honig gereift ist, verschließen die Bienen die Wabe.

Die entdeckelte Wabe wird in die Honigschleuder eingelegt.

In der Honigschleuder wird die Wabe in einen Rahmen eingehängt.

Nach dem Schleudern laufen Honig und Wachsteilchen durch ein Sieb.

Akazienhonig

Heidehonig

Kleehonig

Lindenhonig

Tannenhonig

Waldhonig

Forelle blau – die schonendste und köstlichste Art der Zubereitung.

Mit Garn wird der Fisch an Kopf und Schwanz zusammengebunden.

Die Forelle wird mit kochendem Essig übergossen, damit sie blau wird.

In einer speziellen Fischpfanne wird der Sud angesetzt.

Zugedeckt läßt man die Forelle etwa 15 Minuten gar ziehen.

Wenn die Forelle fertig ist, schneidet man das Küchengarn durch.

Nun kann der Fisch filetiert und dann serviert werden.

Man kann ihn aber auch im Ganzen auf dem Teller anrichten.

Forelle

Was den Forellenliebhaber auf dem Teller erfreut, ob »blau« aus dem Sud, gebacken, gebeizt oder geräuchert, ist meist die Regenbogenforelle, »Salmo gairdneri«. Diese Mischform aus zwei nordamerikanischen Forellenarten, die Ende des 19. Jahrhunderts zu uns kamen, wird nach ihren regenbogenfarbenen Seitenstreifen benannt. Neben dem Karpfen ist sie heute der Hauptfisch der europäischen Teichwirtschaft. Der winzige Nachwuchs wird nach vier Wochen aus den Abfütterungskästen in Brutteiche versetzt; nach dem Sommer kommen die Fischlein in tiefere Winterteiche, im Frühjahr dann in die Mastteiche. Man füttert vor allem Süßwasser- und Seefische, aber auch Trockenfutter. Hat die schnellwüchsige Regenbogenforelle zwischen Mai und Juli das gewünschte Gewicht – meist bis zu etwa 250 Gramm – erreicht, wird sie lebend in großen Wasserbehältern oder tiefgekühlt auf Eis versandt.
Nur selten wird die Bachforelle, »Salmo trutta fario«, in Teichwirtschaft gezogen. Ihr angestammtes Reich hat sie »in einem Bächlein helle ...«, wie es bei Franz Schubert so klangvoll heißt: in kühlen und sauerstoffreichen Fließgewässern bis zu 2500 Metern über dem Meeresspiegel. Niedersachsen bietet ihr mit dem Harz ideale Bedingungen, doch auch in Quellbächen der Heide fühlt sie sich wohl. Standorttreu verteidigt sie ihr Jagdgebiet gegen Eindringlinge; Deckung geben ihr überhängende Uferpartien oder große Steine. So erfordert es Kenntnis der Gewässer, Geduld und viel Geschick, um die wendigen Fische auf die wohl zünftigste Weise zu fangen – bäuchlings am Bachesrand liegend mit blitzschnellem Griff, wie es etwa Wilhelm Busch als Schuljunge so gut konnte. Petrijünger versuchen ihr Glück oft mit Künstlichem: Hakenbewehrte bunte »Fliegen« imitieren dabei Insekten in verschiedenen Entwicklungsstadien, nach denen der Raubfisch gern in oder über dem Wasser schnappt, glänzende »Spinnköder« nahrhafte Kleinfische. Im Frühjahr und Herbst beißt die Forelle zu jeder Tageszeit, im Hochsommer vor allem in den Abend- und Nachtstunden.
Die Seeforelle, »Salmo trutta lacustris«, findet der Angler in großen und tiefen bayerischen Seen; die Cutthroat Forelle, »Salmo clarki« aus Nordamerika, produzieren in Europa einige Teichwirtschaften. Eine »Lachsforelle« aber, wie sie besonders groß und schön rot im Fleisch oft angeboten wird, gibt es nicht: Zwar gehören die Forellen zu den lachsartigen Fischen, doch den rötlichen Farbton ruft ein Wirkstoff im gern verzehrten Bachflohkrebs hervor – und da kann gezielte Fütterung in der Teichwirtschaft Wunder wirken.

Linke Seite: Um Bachforellen zu fangen, benützen Angler sogenannte »Fliegen«, die aussehen wie die Insekten, nach denen der Raubfisch gerne schnappt.

Der Forellenfischer befestigt die hakenbewehrte bunte »Fliege« an der Schnur.

Zum Forellenfischen braucht man Geschick und hohe Gummistiefel.

Der Fischer hat Glück: Ein Fisch hat die »Fliege« für ein Insekt gehalten und angebissen.

Petri Heil! Um die ganze Familie zu füttern, ist der Fang allerdings nicht groß genug.

Forelle blau

$^1/_2$ l Weißwein
$^1/_8$ l Weinessig
1 Bund Suppengrün
1 Zwiebel, gespickt mit 1 Lorbeerblatt und 1 Nelke
Salz
$^1/_2$ TL Pfefferkörner
4 frische Forellen, küchenfertig vorbereitet
Zitronenscheiben und Dill zum Garnieren

2 l Wasser mit dem Weißwein, dem Weinessig, dem Suppengrün, der gespickten Zwiebel, 1 TL Salz und den Pfefferkörnern zum Kochen bringen und 10 Minuten köcheln. Inzwischen die Forellen gut abspülen und halbrund binden, dazu Küchengarn durch den Unterkiefer und das Schwanzende ziehen und verknoten. Die Forellen in einen weiten Topf legen, mit dem kochenden Essigsud übergießen und bei kleiner Hitze zugedeckt 15 Minuten gar ziehen lassen. Dann mit dem Schaumlöffel aus dem Sud heben, das Küchengarn entfernen und die Forellen filetieren. Auf vorgewärmten Tellern mit Zitronenscheiben und Dill anrichten. Dazu Salzkartoffeln, zerlassene Butter und Kopfsalat reichen.

Forelle Müllerin

4 frische Forellen, küchenfertig vorbereitet
Salz und Pfeffer
Saft von 1 Zitrone
4 EL Mehl
6 EL Butter
2 EL Öl
1 Bund gehackte Petersilie

Die Forellen waschen, trockentupfen, mit Salz und Pfeffer würzen und mit Zitronensaft beträufeln. 5 Minuten ziehen lassen, dann im Mehl wenden, überschüssiges Mehl abklopfen. 2 EL Butter und das Öl in einer großen Pfanne erhitzen und die Forellen bei kleiner Hitze auf jeder Seite etwa 8 Minuten braten. Die restliche Butter in einem kleinen Pfännchen leicht bräunen. Die Forellen auf eine vorgewärmte Platte legen, mit der Petersilie bestreuen und die braune Butter darüber gießen.

Gebeizte Forelle

4 frische Forellen à 350 g
40 g Meersalz
40 g Zucker
frisch gemahlener weißer Pfeffer
1 Bund feingehackter Dill
2 EL kalt gepreßtes Olivenöl
Saft von 2 Limetten

Die Forellen vom Kopf her filetieren, enthäuten und eventuelle Gräten entfernen. Das Meersalz mit dem Zucker vermischen und über die Filets verteilen, kräftig mit frisch gemahlenem Pfeffer würzen und den Dill darüber streuen. Jeweils 2 Filets auf ein Stück Frischhaltefolie legen, mit etwas Olivenöl und Limettensaft beträufeln, die Filets zusammendrücken und fest in die Folie einschlagen. In eine flache Schüssel legen, mit einem Brett beschweren und 1–2 Tage im Kühlschrank ziehen lassen. Vor dem Servieren dünn aufschneiden.

Räucherfisch

Als Methode des Konservierens ist das Räuchern seit alters bekannt. Uns heute geht es vor allem ums Aroma, wir schätzen im Restaurant die Forelle »frisch aus dem Rauch«. Und eine Vielzahl von Geräten macht inzwischen nicht nur die Gastronomie autark, sondern ermöglicht auch dem Sportfischer, seinen Fang am Wasser zu räuchern.

Wie bei Fleischwaren unterscheidet man bei Fisch zwischen Kalträuchern und Heißräuchern. Beim ersten, dem älteren Verfahren, bleibt die Wärme unter 30 Grad Celsius; es wird bei uns fast nur für Lachs und Lachshering verwendet und dauert zwei bis vier Tage. Das weitaus verbreitetere Heißräuchern erfordert eine Temperatur von über 60 Grad Celsius; wenige Fische im Kleingerät sind in Minuten fertig, große Mengen benötigen bis zu zwei Stunden. Forellen und Makrelen werden so geräuchert, der Hering verläßt den Rauch als beliebter Bückling, und auch den Reiz geräucherten Karpfens hat man seit kurzem entdeckt.

Ausnehmen und Reinigen der Fische – sofern sie nicht wie etwa Sprotten im Ganzen geräuchert werden – gehen voraus; beim anschließenden Salzen können auch noch Kräuter oder Würzmischungen beigegeben werden. Bei beiden Verfahren wird zuerst kurzfristig stark angeheizt, um das Garwerden zu garantieren und eventuelle Parasiten abzutöten. Dann sorgt man für starke Rauchentwicklung, die das Aroma und die goldgelbe Farbe gibt. Dazu sollten nur Späne oder Sägemehl von harzfreiem Laubholz verwendet werden; für besonders aromatischen Rauch werden Räuchermehle angeboten, auch Wacholderholz und -beeren oder Rebschnitt sind zu empfehlen.

Bei Fischerfesten wird manchmal noch auf die alte Art geräuchert: in Tonnen ohne Deckel und Boden über einer Feuerstelle aus Ziegelsteinen. Köstlich schmeckt noch rauchwarmer »Bundaal«, das ist daumendicker Aal, der so klein ist, daß man ihn nicht einzeln, sondern nur zusammengebunden verkauft. Man erhält ihn frisch am Steinhuder Meer oder am Zwischenahner Meer, Niedersachsens bekanntestes Aalrevier, und nagt ihn zünftig ab, wobei man sich an die norddeutsche Sitte erinnern sollte, daß der dazugehörige Korn auch die Finger von Fett und vom Fischgeruch befreit.

Hintergrund: Aalfang mit Netz am Steinhuder Meer.

Der fangfrische Aal wird ausgenommen und anschließend sauber gewaschen.

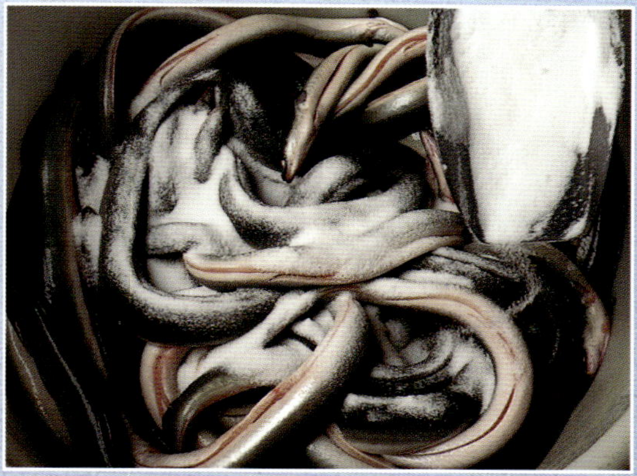

Bevor er in die Räucherkammer kommt, wird der Aal kräftig eingesalzen und dann erneut gewaschen.

Die frisch geräucherten Aale kommen goldgelb aus der Räucherkammer.

Am besten schmecken die Fische, wenn man sie vor Ort mit Blick auf das Steinhuder Meer verzehrt.

Räucherfisch als Handelsware

1 Wels – auch geräuchert ein schmackhafter Fisch
2 Stör ist nicht nur seines Rogens (Kaviar) wegen beliebt, sondern auch ein ausgezeichneter Speisefisch
3 Forelle – geräuchert darf sie auf keinem kalten Büfett fehlen
4 Bückling – der Hering ist der Klassiker unter den geräucherten Fischen
5 Makrele – fetter als der Bückling, aber gerade dadurch ein ausgezeichneter Räucherfisch
6 Schellfisch entfaltet beim Räuchern seinen feinen Geschmack
7 Dorschrogen – eine ausgefallene Räucherspezialität
8 Sprotten werden nicht ausgenommen, bevor sie in die Räucherkammer wandern
9 Schillerlocken sind die Bauchlappen des Dornhais
10 Lachs gehört zu den beliebtesten Räucherfischen
11 Heilbutt – der Plattfisch wird vorwiegend gekocht oder gebraten, schmeckt aber auch geräuchert gut
12 Rotbarsch – mit seinem festen, fetten Fleisch ein hervorragender Räucherfisch

7
8
5
6
11
12

Enten

Es gibt Wunderschöne unter ihnen, farbenprächtig, mit kleinen Krönchen und schillerndem Gefieder, Zierde für Gartenanlagen und Feuchtbiotope, doch meist hält man das Geflügel aus den schon von Wilhelm Busch angeführten Gründen: »Einesteils der Eier wegen, welche diese Vögel legen, zweitens, weil man dann und wann einen Braten haben kann. Drittens nimmt man aber auch ihre Federn zum Gebrauch ...«

Uns geht es heute vorwiegend um den Braten, dann und wann. Die früher beliebten Enteneier, größer und nährstoffreicher als Hühnereier, sind wegen einer durch sie ausgelösten Paratyphusinfektion nach dem Ersten Weltkrieg in Verruf geraten. Man kann sie zwar ohne Bedenken nach zehnminütigem Kochen genießen, doch spielen sie als Handelsware keine Rolle mehr. Anders das Fleisch, zart und – wenn man es ohne die Haut genießt – fettarm. Doch wer möchte schon die Haut missen? Sie ist, knusprig gebraten, nahezu das Beste. Die Chinesen servieren sie dem Gast und begnügen sich selbst mit dem Rest, den Keulen und der Brust, die wir hierzulande für eine besondere Köstlichkeit halten.

Zum Fleischgewinn werden in Deutschland überwiegend Arten der weißgefiederten Pekingente und die Flug- oder Moschusente gezogen, unverkennbar mit den Warzen am Schnabel. Ihr Fleisch ist dunkel, besonders zart und fettarm. Die Hausente stammt von der in Asien, Nordamerika und Europa verbreiteten Stockente ab. Revier dieser Wildente sind Teiche, Seen und Flüsse mit ausreichend Röhricht, doch auch alte Bäume, verlassene große Vogelnester, sogar öffentliche Grünanlagen ziehen sie an – obwohl die Ente im Gegensatz zu ihrer Verwandten, der Gans, eher scheu und schreckhaft ist.

Unbedingte Voraussetzung für die artgerechte Entenhaltung ist ein Gewässer, möglichst mit Zu- und Abfluß, aus dem der Vogel mit seinem Siebschnabel Nahrung ausfiltern kann und zu dem die Entenmutter ihre Jungen schon einen Tag nach dem Schlüpfen führt. Der Entenzüchter muß reichlich Getreide füttern; Schnecken, Regenwürmer und Grünzeug holen die Tiere sich von der Wiese.

Enten kommen fast nur als Frühmastenten auf den Markt. Das heißt, sie werden zwischen der siebeneinhalbten und achten Woche vor der ersten Federreife geschlachtet und wiegen bratfertig etwa 1600 Gramm. Werden die Vögel älter als ein Jahr, kann man zwar noch am Fleisch – etwa als Ragout –, aber nicht mehr an der Haut seine Freude haben.

Vierländer Ente mit Birnen-Leber-Füllung

1 frische Ente, ca. 2 kg
Salz und Pfeffer
150 g Enten- oder Hühnerleber
50 g Butter
3 mittelgroße Birnen
4 EL Semmelbrösel
1/4 l Brühe
100 g Schmand
1 Prise Zucker

Die Ente waschen, trockentupfen und innen und außen mit Salz und Pfeffer einreiben. An den Keulen und auf der Brustseite mehrmals anstechen. Für die Füllung die Leber fein hacken und in 1 EL Butter rösten. Die Birnen schälen, halbieren und entkernen. In Scheiben schneiden und in der restlichen Butter einige Minuten dünsten. Leber, Birnen und Semmelbrösel vermengen, in die Ente füllen und die Öffnung mit Küchengarn zunähen. Die Ente mit der Brustseite nach unten in eine Bratform mit Deckel legen und im vorgeheizten Backofen bei kleiner Hitze ca. 4 Stunden braten. Auf einer vorgewärmten Platte anrichten und warm stellen. Den Bratfond abseihen, Brühe und Schmand einrühren und die Sauce etwas einkochen. Mit Salz, Pfeffer und Zucker abschmecken und getrennt zur Ente reichen. Dazu Butterkartoffeln servieren.

Ein guter Entenbraten darf niemals austrocknen, deshalb empfiehlt sich eine saftige Füllung und mehrfaches Begießen; auch Bratfolie hat sich bewährt, die in der letzten Viertelstunde zum Bräunen der Ente geöffnet wird. Das Bespritzen mit kaltem Salzwasser in dieser Phase sorgt für eine knusprige Haut. Zum Vorlegen trennt man zuerst die Flügel und Schenkel von den Gelenken, teilt dann durch einen Längsschnitt bis zur Bauchhöhle die Brust in zwei Teile und schneidet schließlich vom Brustbein schräg nach unten weg gut zwei Zentimeter breite Streifen ab, die man vom Knochen löst: So bekommt jeder etwas vom begehrten Bruststück. Wer Single oder zu zweit speist, kann statt der ganzen Ente auch nur deren Brust kaufen und zubereiten.

Die Hausente stammt von der Stockente ab, der in Europa am häufigsten vorkommenden Ente.

Wie Münchhausen mit Speck Enten fing

»So schwammen einst auf einem Landsee, an welchen ich auf einer Jagdstreiferei geriet, einige Dutzend wilder Enten allzuweit voneinander zerstreut umher, als daß ich mehr denn eine einzige auf einen Schuß zu erlegen hoffen konnte; und zum Unglück hatte ich meinen wohl letzten Schuß schon in der Flinte. Gleichwohl hätte ich sie gern alle gehabt, weil ich nächstens eine ganze Menge guter Freunde und Bekannten bei mir zu bewirten willens war. Da besann ich mich auf ein Stückchen Schinkenspeck, welches von meinem mitgenommenen Mundvorrat in meiner Jagdtasche noch übriggeblieben war. Dies befestigte ich an eine ziemlich lange Hundeleine, die ich aufdrehte und so wenigstens noch um viermal verlängerte. Nun verbarg ich mich im Schilfgesträuch am Ufer, warf meinen Speckbrocken aus und hatte das Vergnügen, zu sehen, wie die nächste Ente hurtig herbeischwamm und ihn verschlang. Der ersten folgten bald alle übrigen nach, und da der glatte Brocken am Faden gar bald unverdauet hinten wieder herauskam, so verschlang ihn die nächste, und so immer weiter. Kurz, der Brocken machte die Reise durch alle Enten samt und sonders hindurch, ohne von seinem Faden loszureißen. So saßen sie denn alle daran, wie Perlen an der Schnur. Ich zog sie gar allerliebst ans Land, schlang mir die Schnur ein halbes Dutzend mal um Schulter und Leib und ging meines Weges nach Hause zu«.

(Aus: Gottfried August Bürger, Münchhausen, 1786)

Detlev Arens

Nordrhein-Westfalen

Das Siebengebirge mit dem Drachenfels –
eine Ikone der Rheinromantik.

Vorhergehende Doppelseite:
Der Westfälische Schinken zählt zu den festen
kulinarischen Größen Nordrhein-Westfalens.

Nordrhein-Westfalen: ein Bundesland von Gnaden der Besatzungsmacht, aber nichtsdestoweniger mit engen historischen Bindungen seiner beiden Landesteile. Gemeinsames zeigt sich auch landschaftlich, wobei Westfalen allerdings die höheren Gipfel sein eigen nennt. Zu ihren Füßen liegt das Sauerland; Städtchen ganz eigenen Charakters finden sich entlang der Weser, das Münsterland glänzt mit den Juwelen seiner Wasserburgen. Rheinischerseits läßt sich dagegen das Siebengebirge als Ikone der Rheinromantik ins Feld führen, auch die gelassene Weite des niederrheinischen Tieflands wuchert mit dem Pfund des großen Stroms. Doch eigentlicher Trumpf dieser Region ist ihre Stadtkultur. Sie reicht bis in die Römerzeit zurück und setzt mit dem Kölner Dom oder dem Aachener Münster die kräftigsten Architektur-Fanale. Als Klammer zwischen Nordrhein und Westfalen wirkt das immer noch und allen Schwierigkeiten zum Trotz vitale Ruhrgebiet. Historisch gesehen führen Rheinländer und Westfalen eine solide Ehe. Zu einer solchen gehört, daß sie nicht frei von Spannungen ist. Gerne schreiben sich die bedächtigen Westfalen und die quicken Rheinländer regionale Eigentümlichkeiten zu, von denen sich nicht immer sagen läßt, ob sie noch Frotzelei sind oder schon Beleidigung. Vom gegenseitigen Mißtrauen sind die Eßgewohnheiten nicht ausgenommen, auch kulinarisch sind die Landesteile ein gemischtes Doppel. Der Rheinländer rügt am Westfälischen gewöhnlich die Deftigkeit. Umgekehrt brandmarkt der Westfale den fatalen Hang zu gewagtesten Süß-Sauer-Kombinationen. Vielleicht steckt ja ein Körnchen Wahrheit in den Vorurteilen. Gerne wird das obergärige Bier im Rheinland als Zeuge leichterer Lebensart bemüht. Ohne viel Aufhebens fließt es aus dem Zapfhahn und trinkt sich schön hintereinander weg. Hingegen braucht das stärkere Pils der Westfalen allein schon acht Minuten, um sich ins Glas zu verfügen. Überhaupt verweisen die hiesigen Viehzüchter und Getreidebauern gern auf die Bodenständigkeit ihrer Küche. Der Rheinländer hat dagegen Anregungen von auswärts aufgenommen. Natürlich hat auch das gleich wieder dem Verdacht Nahrung gegeben, er sei selbst kulinarisch ein Bruder Leichtfuß.

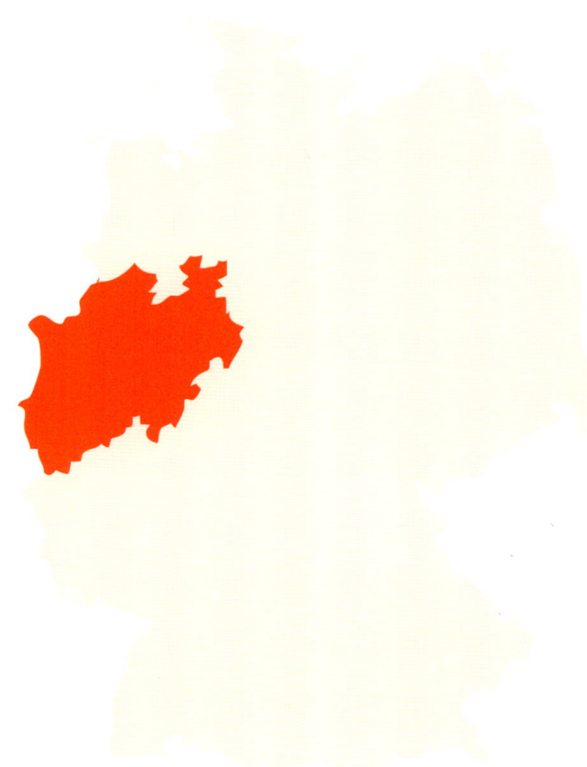

Sauerbraten

Das Eingeständnis mag dem Rheinländer schwerfallen, aber es führt trotzdem kein Weg daran vorbei: Westfalen hat die markantere Küche. Ein rheinisches Gericht, ein Fleischgericht, strahlt jedoch als heller Stern am Firmament des deutschen Mahlzeitenhimmels: der Sauerbraten.
Die grundlegende Köchefrage »Was braucht ein Sauerbraten?« läßt sich kurz und knapp beantworten: viel Zeit. Nimmt er doch keineswegs den direkten Weg von der Fleischtheke in den Bräter, sondern macht zwei bis drei, besser noch vier bis fünf Tage in der Marinade Zwischenstation. Sie entscheidet über die Mürbheit des Bratens: Die Säure löst die Kollagenfasern auf, jene Bestandteile des Gewebes, die für die Binde- und Stützfunktion verantwortlich sind. Aber nicht nur das: Mindestens ebenso wichtig ist die größere Empfänglichkeit von mürbem Fleisch. Und so bestimmt die Marinade auch den namengebenden Geschmackshintergrund ganz wesentlich mit.
Doch ein Sauerbraten ist ja nicht nur sauer. Mit der Sauce wird er vielmehr auf eine Weise traktiert, die einige Kritiker typisch rheinisch nennen. Die Sauce setzt den Kontrapunkt zum Sauren, und ihre Süße ist verantwortlich für die bedeutendsten Varianten der Rheinische-Sauerbraten-Rezepte. Gewöhnlich kommt eine hübsche Menge Rosinen hinein, denen oft noch gehobelte Mandeln als Hilfstruppen beigegeben sind. Andere nehmen Rübenkraut – auch das hat gute Tradition. Wieder andere schwören auf Lebkuchen, und mit ihm schmeichelt die süße Erinnerung ans Weihnachtsfest dem Gaumen.
Aber damit noch lange nicht genug. Die süße Gegenbewegung setzt sich mit den Beilagen fort. Zu einem Rheinischen Sauerbraten gehört das Apfelkompott wie der Ring zum Hochzeiter. Erstaunlich, daß bisher noch niemand auf die Idee einer Umbenennung in »Süß-Sauerbraten« gekommen ist.

Hintergrund: Sauerbraten ist als rheinische Spezialität bis über die Landesgrenzen hinaus bekannt geworden. Seine spezielle Geschmacksrichtung erhält er durch die Kombination von Süß und Sauer. Die Marinade wird mit Essig angesetzt, beim Kochen kommt Lebkuchen dazu.

Rheinischer Sauerbraten

1/4 l Rotwein
1/4 l Weinessig
1/2 l Wasser
2 Lorbeerblätter
8 Wacholderbeeren
4 Pimentkörner
1 TL Pfefferkörner
1 kg Rindfleisch vom Bug
Salz und Pfeffer
60 g Butterschmalz
1 Bund grob gehacktes Suppengrün
60 g Lebkuchenbrösel
1 EL Apfelkraut
150 g Rosinen
1 Apfel, geschält und in Würfel geschnitten
Zucker

Für die Marinade Rotwein, Weinessig und Wasser mit den Lorbeerblättern, Wacholderbeeren, Piment- und Pfefferkörnern aufkochen, abkühlen lassen und über das Rindfleisch gießen. Das Fleisch an einem kühlen Ort mindestens 2 Tage ziehen lassen, dabei mehrmals wenden. Vor dem Braten das Fleisch aus der Marinade heben, abtrocknen und mit Salz und Pfeffer einreiben. In Butterschmalz von allen Seiten scharf anbraten, dann das Suppengrün zufügen und kurz mitbraten. Die Marinade angießen, Lebkuchenbrösel und Apfelkraut einrühren. Bei mittlerer Hitze zugedeckt 1 1/2 Stunden schmoren. Die gewaschenen Rosinen Minuten vor Ende der Garzeit dazugeben. Den fertigen Braten aus der Sauce heben und warm stellen. Die Sauce abseihen, die saure Sahne unterrühren und mit Salz, Pfeffer und Zucker süßsauer abschmecken. Das Fleisch in gleichmäßige Scheiben aufschneiden, auf einer vorgewärmten Platte anrichten und mit Apfelkompott und Kartoffelklößen servieren.

Sauerbraten – eigentlich vom Pferd

»Wat maache mer mit dem Pääd, wat maache mer mit dem Pääd?« grübeln die Kölner während des Karnevals. Da versteht es sich von selbst, daß sie die Frage »Was machen wir mit dem Pferd?« nicht nur öffentlich stellen, sondern auch noch in Form des Sprechgesangs.
Das Problem unter dem Gesichtspunkt der Nahrhaftigkeit zu betrachten, liegt nahe, doch offenbar zu nah. Das Pferd hat seit der Christianisierung Europas unter den Haustieren eine besondere Stellung. Der Verzehr des Fleisches wurde 732 sogar mit einem Eßverbot belegt, dem einzigen, das die katholische Kirche je ausgesprochen hat: »Unter anderem hast Du auch erwähnt, einige äßen wilde Pferde und sogar noch mehr äßen zahme Pferde. Unter keinen Umständen, heiliger Bruder, darfst Du erlauben, daß dergleichen jemals geschieht. Erlege ihnen vielmehr um alles in der Welt eine angemessene Strafe auf, durch die Du mit Christi Hilfe imstande bist, es zu verhindern. Denn dieses Tun ist unrein und verabscheuungswürdig«, schrieb Papst Gregor III. an den Missionar Bonifacius.
Die Empörung, die aus diesen Worten spricht, entsprang natürlich nicht sentimentaler päpstlicher Tierliebe. Einige Kulturhistoriker erklären das Verbot damit, daß es als Mittel zur Entmachtung der heidnischen Religion diente: Den Germanen galt das Pferd als vornehmstes Opfertier und ganz besondere Speise. Wahrscheinlicher aber ist die Theorie, die Marvin Harris in seinem Buch »Wohlgeschmack und Widerwillen« entwickelt. Er sieht politische Gründe für das päpstliche Engagement in Sachen Pferd. Europa, die Hochburg des Christentums, wurde damals von berittenen islamischen Kriegsscharen bedroht und brauchte Pferde als militärische Waffe. Nicht ohne Grund stammt das päpstliche Edikt aus demselben Jahr, in dem Karl Martell die Muslime zwischen Tours und Poitiers vernichtend schlug. Pferde wurden also deshalb nicht geschlachtet, weil sie den Menschen auf dem Schlachtfeld und später als Arbeitstiere auf dem Feld wertvollere Dienste leisteten denn als Fleischlieferanten. In dieser Funktion sind ihnen nämlich Schweine, Rinder und andere Haustiere weit überlegen; sie können schneller und mit geringerem Kostenaufwand gemästet werden.
Die Gründe für das Eßverbot sind längst vergessen, der Widerwille gegen den Verzehr von Pferdefleisch setzte sich jedoch im ganzen christlichen Abendland und auch in den USA durch – aus dem Verbot wurde ein Nahrungstabu. Einzig in Notzeiten, wenn man auch Ratten und Hunde aß, wurden Pferde geschlachtet, bis heute trägt Pferdefleisch den Hautgout des Armeleuteessens. Nur in Frankreich gibt es überall Pferdemetzgereien, dort ißt jeder dritte Erwachsene Pferdefleisch. Auch dies hat wieder historische Gründe: Nach der Französischen Revolution setzten sich fortschrittliche Kräfte dafür ein, den Verzehr von Pferdefleisch zu erlauben. Die Tabuisierung, so argumentierten sie, sei von Klasseninteressen und Aberglauben bestimmt und richte sich gegen das Wohl der Arbeiter. Um Pferdefleisch salonfähig zu machen, wurde in den sechziger Jahren des 19. Jahrhunderts in einigen vornehmen Pariser Clubs zu erlesenen Pferdefleisch-Festessen geladen. Und es ist sicher kein Zufall, daß das Pferd auch im französisch geprägten Rheinland seit etwa 1860 vor allem wegen eines Gerichts besonders hoch im Kurs stand. Auf seine Frage, was mit dem Pferd geschehen soll, gibt das Kölner Traditional eine bündige Antwort: »Sauerbraten, Sauerbraten, nach Husarenart.«

Das Fleisch, das ein paar Tage in der Marinade verbracht hat, wird von allen Seiten scharf angebraten.

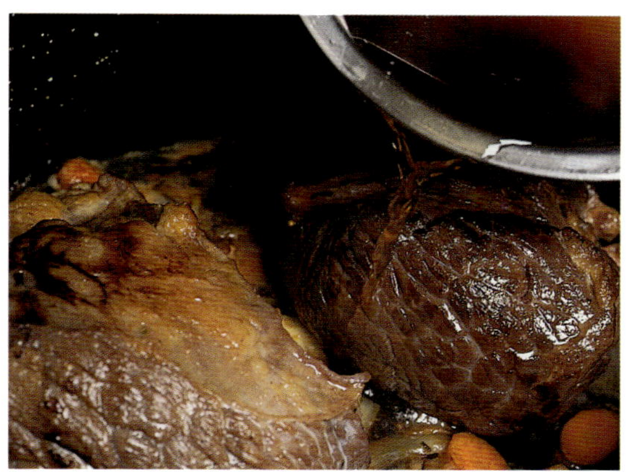

Nachdem das Suppengrün zugefügt und kurz mitgebraten wurde, gießt man die Marinade an.

Nach dem Schmoren hebt man den fertigen Braten aus der Sauce und seiht sie durch ein Sieb ab.

Die Apfelstücke und die gewaschenen Rosinen werden in die Sauce gegeben und mitgekocht.

Nach etwa 15 Minuten Kochzeit schmeckt man die Sauce noch einmal süß-sauer ab.

Fleisch und Wurst

»O hillige Graute-Baunen-Tid, O Buk, wärd mi noch mal so wit!« – »O heilige Große-Bohnen Zeit, O Bauch, werd' mir noch mal so weit.« Daß sich dieses münsterländische Stoßgebet nicht nur auf die Großen oder Dicken Bohnen selbst, sondern gleichfalls auf ihre grandiose Kombination mit einem ordentlichen Stück Speck bezieht, davon geben viele regionale Rezepte Zeugnis. Wie ja der Speck schon deshalb das Leben dauerhaft verschönerte, weil er auch außerhalb der Schlachtzeiten zur Verfügung stand.

Ansonsten war Fleisch das unbestrittene Glanzstück, die eigentliche Kostbarkeit einer Mahlzeit; ein Wort wie »Sonntagsbraten« bringt das mit wünschenswerter Prägnanz zum Ausdruck. Dabei spielte Fett früher eine entschieden größere Rolle als heute, so manches traditionelle Mahl mundet heute nur noch abgespeckt. Beim Überblick über historische Rezepte fällt die Vorherrschaft des Schweins gegenüber dem Rind ins Auge. Sie verwundert weiter nicht, weil es viel leichter war, den Allesfresser und großen Resteverwerter Schwein durchzufüttern. Selbst Städter hielten häufig ein Rüsseltier.

Unter den Fleischspezialitäten des Landes ragen zwei Gerichte heraus, rheinischerseits das Hämchen, westfälischerseits der Pfefferpotthast. Das Hämchen, also die gepökelte Schweinewade, die mit Sauerkraut und Salzkartoffeln serviert wird, führt geradezu ein Doppelleben; es ist – hochgepriesen – in den Karnevalsliedern fast ebenso präsent wie auf rheinisch inspirierten Speisekarten. Das Pfefferpotthast, ein deftiges Rindfleischgericht, das ursprünglich aus den weniger geschätzten Stücken des Schlachttiers zubereitet wurde, erfreut sich vor allem im Münsterland großer Beliebtheit. Das gewürfelte Fleisch wird mit Zwiebeln, Fleischbrühe, viel Pfeffer, Nelken und Lorbeerblättern geschmort, die Sauce bindet man mit Graubrot oder Zwiebackmehl und schmeckt sie mit Zitronensaft ab.

Unter den Würsten, die den Weg in die Pfanne finden, ist die Kölner »Flönz« zu erwähnen. Noch bis in die zwanziger Jahre unseres Jahrhunderts hinein erhielt, wer Flönz beim Metzger verlangte, Wurstenden jedweder Art. Sie waren billiger und daher Armeleuteessen. Heute versteht man unter Flönz Blutwurst, die sich mit oder ohne Panade herausbacken läßt und mit Bratkartoffeln serviert wird. Der Begriff »Blotwoosch« hingegen bezeichnet eine angeräucherte Blutwurst.

Henriette Davidis (1801–1876)

Im Pfarrhaus zu Wetter-Wengern kam sie als zehntes von dreizehn Kindern zur Welt, seit 1841 leitete die gelernte Erzieherin eine sogenannte Mädchenarbeitsschule im bergischen Sprockhövel. »Dieser Wirkungskreis«, heißt es in der Allgemeinen Deutschen Bibliographie, »führte sie auf den Gedanken, auch durch geeignete Schriften für die Weiterbildung der Jungfrauen und Mütter in ihren täglichen Berufsgeschäften zu sorgen.«

Henriette Davidis war mit diesem Gedanken nicht allein: Eine ganze Reihe von Frauen fühlte sich Mitte des vorigen Jahrhunderts berufen, ihre Geschlechtsgenossinnen in Sachen Haushaltsführung zu unterrichten. Kochen wurde für die bürgerliche Hausfrau im Biedermeier zu einer hervorragenden Tugend, und so erlebten Bücher wie Linas »Die Köchin wie sie seyn soll und muß. Deutschlands Töchtern und Frauen gewidmet« oder Rosamundas »Die Köchin ohne Fehl und Tadel« mehrere Auflagen. Weder Lina noch Rosamunda konnten jedoch mit Henriette konkurrieren. Ihr 1844 erschienenes »Praktisches Kochbuch für die gewöhnliche und feinere Küche« kam 1902 in die 39. und in den sechziger Jahren in die 76. Auflage. Das stets aktualisierte, in viele europäische Sprachen übersetzte Werk änderte unter den späteren Bearbeitern manches Mal sein Gesicht, aber die kochbuchnotorische Wendung »man nehme« überlebte alle Neuerungen. Diese ingeniöse Formel hat Henriette Davidis einen festen Platz auf dem Parnaß der deutschen Gebrauchsliteratur gesichert.

Pannhas

Münsterländer Töttchen
(Abbildung Mitte)

Wer das Münsterländer Töttchen wirklich traditionell zubereiten will, verwendet statt der Kalbsschulter Kalbskopf, -lunge und -herz.

- *800 g Kalbsschulter*
- *1 Zwiebel, gespickt mit 1 Lorbeerblatt und 2 Nelken*
- *1 Bund Suppengrün*
- *5 Pfefferkörner*
- *Salz*
- *35 g Butter*
- *1 feingehackte Gemüsezwiebel*
- *40 g Mehl*
- *200 ml trockener Weißwein*
- *Pfeffer*
- *1 Prise Zucker*
- *1 TL Senf*

Die Kalbsschulter mit der gespickten Zwiebel, dem Suppengrün, Pfefferkörnern und etwas Salz in reichlich Wasser gut 1 1/4 Stunden kochen, bis das Fleisch weich ist. Das Fleisch herausheben und die Brühe abseihen. Die Butter zerlassen, die gehackte Zwiebel darin glasig dünsten, mit dem Mehl bestäuben und hell anschwitzen. Den Weißwein und 300 ml Brühe unter Rühren angießen und 20 Minuten köcheln lassen. In der Zwischenzeit das Fleisch in mundgerechte Stücke schneiden. Die Sauce mit Pfeffer, Salz, Zucker und Senf abschmecken und die Fleischstücke darin wieder erhitzen. Als Beilage Petersilienkartoffeln oder würziges Brot reichen.

Dicke Bohnen mit Speck
(Abbildung rechts)

- *600 g geräucherter Schweinebauch*
- *1 Zwiebel*
- *5 Wacholderbeeren*
- *2 Nelken*
- *35 g Butter*
- *40 g Mehl*
- *300 g gekochte dicke Bohnen*
- *Salz und Pfeffer*
- *1 Prise Zucker*
- *1 TL Bohnenkraut*
- *1 Bund fein geschnittener Schnittlauch*

Den Schweinebauch mit der Zwiebel, den Wacholderbeeren und den Nelken in 1 l Wasser zum Kochen bringen und 1 Stunde zugedeckt sieden lassen. Das Fleisch aus der Brühe heben und die Brühe abseihen. Die Butter zerlassen, das Mehl einstreuen und hell anschwitzen. 1/2 l der Brühe unter Rühren angießen und die Sauce 30 Minuten köcheln. In der Zwischenzeit das Fleisch in Scheiben schneiden und in der restlichen Brühe warm halten. Die gekochten Bohnen in der Sauce erwärmen, mit Salz, Pfeffer, Zucker und Bohnenkraut abschmecken und mit dem Schnittlauch bestreuen. Bohnengemüse mit den Fleischscheiben und Kartoffeln servieren.

Pannhas
(Abbildung linke Seite)

- *100 g gewürfelter fetter Speck*
- *3 fein gehackte Zwiebeln*
- *350 g Leberwurst*
- *350 g Blutwurst*
- *1 1/2 l Fleischbrühe*
- *Salz und Pfeffer*
- *1/2 TL gemahlene Nelken*
- *1 EL gerebelter Majoran*
- *500 g Buchweizenmehl*
- *50 g Butterschmalz*

Den Speck in einer trockenen Pfanne auslassen und die Zwiebeln darin andünsten. Die Haut von den Würsten entfernen, die Wurstmasse in die Pfanne geben und die Fleischbrühe angießen. Einmal aufkochen lassen und mit den Gewürzen abschmecken. Das Buchweizenmehl unter Rühren zugeben und alles 10 Minuten kochen lassen. Bei kleiner Hitze weitere 30 Minuten ausquellen lassen, dann in eine Schüssel füllen, glatt streichen und erkalten lassen. Auf einen Teller stürzen, in Scheiben schneiden und in heißem Butterschmalz von beiden Seiten anbräunen. Mit Petersilienkartoffeln oder Roggenbrötchen servieren.

Münsterländer Töttchen

Dicke Bohnen mit Speck

Übertage, untertage

Nein, Eisenheim ist nicht irgendeine »Kolonie«. Sondern die älteste Hütten- und Bergarbeiter-Siedlung im Ruhrgebiet. Schon 1844 entstanden die ersten Häuser, die nächsten 1865/66. Und die ein wenig komfortablere Bauweise des dritten Komplexes (errichtet zwischen 1897 und 1901) zeugt von der wirtschaftlichen Blüte um die Jahrhundertwende. Lange drohte Eisenheim der Abriß. Die Politiker kanzelten diese Form des Wohnens als nicht mehr zeitgemäß ab, hatten aber nicht mit dem entschiedenen Widerstand vor Ort gerechnet. Auch sie mußten zuletzt einsehen: Die Lebensqualität von Eisenheim mit seinem intakten Sozialgefüge übertraf die in den modernen Wohnsilos bei weitem. Rund 40 weitere Arbeitersiedlungen konnten nach und dank Eisenheim gerettet werden.
Nichtsdestoweniger zeigt Eisenheim auch heute noch beispielhaft, wie Konzernherren ihre Beschäftigten untergebracht sehen wollten. Für den Bau dieser Siedlungen sprachen ja keineswegs sozialromantische Erwägungen, sondern schlichte Zweckmäßigkeit. »Wohnungen nebst Stallungen für unsere Arbeiter« sollten Fachkräfte nicht nur an den Betrieb binden, sie sollten außerdem eine möglichst geringe Entlohnung sichern. Wer sich zu einem guten Teil selbst versorgte, konnte billiger wirtschaften. Außerdem ließen die Arbeit in Stall und Garten noch weniger Zeit, irgendwelchen revolutionären Umtrieben nachzugehen. Ohnehin kamen die meisten Bergleute und Stahlwerker vom Land. Sie hatten also wenigstens nach Feierabend Gelegenheit, Momente des vertrauten ländlichen Lebens weiterzupflegen; eines Lebens, das nach Überzeugung der Obrigkeit die Gesellschaft im Lot hielt. In den Ställen stand häufig eine Ziege, auch Bergmannskuh genannt, des öfteren sogar ein Schwein, viele hielten Hühner und Kaninchen. Ganz zu schweigen von den Brieftauben, den »Rennpferden des Kumpels«. Selbstverständlich ist mancher weniger geschickte Flieger in den Töpfen gelandet.
Den anderen Tieren ging es nicht anders. Doch kam ihr Fleisch nur an Sonn- und Feiertagen auf den Tisch. Untertage waren Hitze und hohe Luftfeuchtigkeit sicher keine idealen Rahmenbedingungen für lustvolles Essen. »Gedubbelt« wurde aus der Blechdose, und vielleicht ist ja die schöne Geschichte vom Stück Marmorkuchen zwischen den »Kniften« (Butterbroten) doch keine Legende, sondern wirklich ein Zeugnis zärtlicher Fürsorge der Hausfrau. Warm gegessen wurde aus dem Henkelmann. Allerdings mußte er sich öfter »Laumann« schimpfen lassen, wenn der Inhalt kalt geworden war. Eher technischer Art war die Bezeichnung »Doppeldecker«; sie spielte auf die zwei Einsatzgefäße des Gehenkelten an, es konnten auch schon einmal drei sein. Henkelmannspezialitäten, wie das manche Küchenlegende gern haben möchte, gab es nicht.

»Der Kurort des Kleinen Mannes« – Trinkhalle, Büdchen und Kiosk

Die Schachtanlage in Lünen-Brambauer ist plattgemacht und schon Industriegebiet. Allein ein rundes, dunkelgrünes Gebäude behauptet den angestammten Platz, wenn auch nicht mehr vor dem Werkstor der Zeche Minister Achenbach. Nur noch blasse Erinnerung das machtvolle Auftreten der Ehefrauen am Zahltag. Sie holten hier ihre Männer ab, die schon einen guten Teil des Lohns durch die Gurgel gejagt hatten. Ja, früher herrschte hier das pralle Menschenleben …
Ganz früher durfte an den Trinkhallen nur Mineralwasser ausgeschenkt werden. Denn natürlich macht die Arbeit untertage Durst und die »Seltersbude« vor einer Zeche Sinn. Kiosk hießen sie früher, ein Name, der ursprünglich den orientalischen Gartenhäuschen vorbehalten war. Doch lange vor den ersten türkischen Gastarbeitern kam dieses Unterpfand der Freizeit ins Revier.
Aber trotz des Niedergangs von Stahl- und Bergbauindustrie blieb »dat Büdchen« im Revier gegenwärtig. Geschätzte 18 000 an der Zahl, reicht ihr branchenübergreifendes Warenangebot von Nylonstrümpfen bis zur Erbsensuppe aus der Dose, vom Shampoo bis zu Pistazien. So »liberal« kann gar kein Ladenschlußgesetz sein, als daß ihm das Büdchen nicht doch noch ein Schnippchen schlüge: Manche Öffnungszeiten reichen hier bis kurz vor Mitternacht. Und immer noch sind Büdchen, Kiosk oder Trinkhalle Kommunikationszentren. Ihre Inhaber kennen die freien Wohnungen in der Umgebung ebenso gut wie die unfreien Beziehungen. Doch über die einen wie die anderen werden sie nicht mit jedem sprechen.

Oben: Das »Büdchen« begann seine Karriere als »Seltersbude« vor den Zechen.

Hintergrund: Brieftauben, auch »Rennpferde des Kumpels« genannt, landeten oft im Kochtopf.

Täubchen mit Linsen

50 g gewürfelter Speck
50 g Butter
1 gehackte Lauchzwiebel
200 g Linsen
4 junge Tauben
Salz und Pfeffer
4 EL Öl
$^1/_4$ l Wildfond
100 ml Rotwein
2 EL Essig
1 Prise Zucker

Den Speck in der Butter auslassen, die gehackten Zwiebeln zufügen und glasig dünsten. Die Linsen untermischen und 1 l Wasser angießen. Zum Kochen bringen und 30 Minuten garen. Inzwischen die Tauben waschen, trockentupfen und mit Salz und Pfeffer einreiben. Die Schenkel und Flügel fest an den Körper binden. Das Öl in einem Bräter erhitzen und die Tauben darin rundum anbraten. Mit dem Wildfond ablöschen und den Bräter in den auf 220 °C vorgeheizten Backofen schieben. Die Tauben ca. 20 Minuten braten, während dieser Zeit mindestens einmal begießen. Nach Ende der Garzeit die Tauben aus dem Ofen nehmen und warm stellen. Den Bratensatz mit Rotwein ablöschen und mit Salz und Pfeffer kräftig abschmecken. Die Linsen mit Essig, Zucker, Salz und Pfeffer würzen und mit den Tauben servieren.

Zickleinkeule in Altbier

1,5 kg Zickleinkeule mit Knochen
Salz und Pfeffer
2 EL Schweineschmalz
250 g grob gehackte Zwiebeln
250 g Tomatenwürfel
2 Zweige Thymian
$^1/_2$ l Altbier
1 TL frische Thymianblättchen

Die Zickleinkeule kräftig mit Salz und Pfeffer einreiben. Das Schweineschmalz in einem Bräter erhitzen, die Keule darin von allen Seiten scharf anbraten und anschließend herausheben. Die Zwiebeln kurz in dem Fett anbraten, die Tomatenwürfel und die Thymianzweige zufügen und die Keule darauflegen. $^1/_4$ l Altbier angießen und im vorgeheizten Backofen bei 180 °C ca. 1 $^1/_2$ Stunden garen. Während dieser Zeit die Keule nach und nach mit dem restlichen Bier begießen. Die fertige Keule aus dem Bräter heben und warm stellen. Den Bratfond durch ein Sieb passieren, kurz einkochen lassen und mit den Thymianblättchen, Salz und Pfeffer abschmecken. Mit Mangoldgemüse oder alternativ mit Apfel-Rotkraut und Pellkartoffeln servieren.

Taubenzüchten ist noch immer ein beliebtes Hobby im Ruhrgebiet. Der Nahrungsaspekt fällt heute weg.

Früher gehörten zu jeder Hütten- und Bergarbeitersiedlung auch Stallungen für Kleinvieh.

Ein frühes Lob westfälischer Küche

Ohnehin gehört der historische Stadtkern von Soest zu den prächtigsten des Landes. Zu seinem Glanz trägt die Ev. Pfarrkirche Maria zur Wiese, hier nur Wiesenkirche genannt, erheblich bei. Ihre kühne spätgotische Architektur entstand im 14. Jahrhundert, berühmt ist sie auch wegen ihrer Altäre und Glasmalereien. Verehrer westfälischer Lebensart richten ihre Blicke zuerst auf das weniger auffällige, etwa 1500 entstandene Fenster über dem Nordportal. Es zeigt das geläufige Motiv des Abendmahls, aber es zeigt es doch auf eigene Weise. Jesus und seine Jünger sitzen hier bei landestypischen Erzeugnissen, bei Bier, Schweinsköpfen – und eben auch Schinken. Und da Soest als »heimliches Herz Westfalens« gilt, liegt es überaus nahe, in diesem Schinken einen Westfälischen zu sehen – wie sich für die ganze Glasmalerei schon der Titel »Westfälisches Abendmahl« eingebürgert hat.

West-fälischer Schinken

Kein Zweifel, der Westfälische Schinken ist eine feste kulinarische Größe. Sein Ruf dringt weit über die Landesgrenzen hinaus und hallt sogar in der Literatur wider. Selbst wenn ihn Kaiser Sigismund (1368–1437) nicht gelobt haben sollte, kann er immer noch beste Referenzen vorweisen. Schließlich kennt ihn schon Johann Fischart (1546–1590), und auch der Held von Grimmelhausens 1669 erschienenem »Simplicius Simplicissimus« hielt große Stücke auf ihn oder besser von ihm. Dennoch lassen die Autoren offen, was nun eigentlich den Westfälischen zu einem ganz besonderen Schinken macht.

Nun, zunächst einmal ist er ein roher Schinken, und gepriesen werden seine Zartheit ebenso wie sein milder Geschmack. Westfälische Autoren betonen, daß die Fütterung seines Trägers stets eine ganz wesentliche Rolle gespielt habe. Am Unterhalt eines Jungschweins, das immerhin ein Jahr lang im Stall steht, darf nämlich keineswegs gespart werden. Ausgewogene Nahrung ist wichtig; Rüben, Futterkohl und (später) Kartoffeln gehören ebenso dazu wie Klee, Gras und Brennesseln. Ein wichtiger Punkt ist die spezielle Mast zur Anlage des Winterspecks. Hier werden Eicheln (später Eichelmehl) empfohlen, die dem Schinken hernach die Würze geben. Ausdrücklich raten die Kenner davon ab, das Borstenvieh durch Buchenwald zu treiben. Der übermäßige Genuß von Bucheckern mache den Schinken tranig.

Neben der Fütterung des Schweins entscheidet die Reifung des Schinkens selbst über die Qualität. Natürlich darf er nicht zu kurz und nicht zu lang im Salz oder besser der Salzlake liegen, aber entscheidend kommt es auf die Trockenphase an. Und spätestens mit ihr beginnt die historische Differenzierung: Zweifellos schmeckt heute kein Westfälischer Schinken mehr wie anno dazumal. Im Anfang nämlich trocknete der Schinken einfach in der Diele des Hallenhauses. Dann gab es wenigstens den (trichterförmig gebauten) Rauchfang über der offenen Feuerstelle. Der »fing« den Rauch, hatte also eine gewisse konzentrierende Wirkung. Hier hingen auf Gerüsten die Würste, Schinken und Speckseiten. Dieser »schwarze Himmel« (Grimmelshausen) überlebte im Prinzip auch das Aufkommen der »Kochmaschinen«, sprich Herde. Die hatten zwar einen unmittelbaren Anschluß an den Kamin, aber über Schieber tat der heimische Rauch in den hochgelegenen Fleischkammern weiter seinen Dienst. Erst mit dem Siegeszug der Kohle kam das Ende dieser Rauchverwertung, denn nun enthielt der Qualm giftige Gase. So schlug die Stunde der Räucherkammern, und mit ihnen der Möglichkeit, auf den Geschmack des Schinkens direkt Einfluß zu nehmen.

Woraus folgt: Der Westfälische Schinken ist eigentlich oder jedenfalls ursprünglich ein luftgetrockneter. Fast ein halbes Jahr hing er im Rauchfang, bevor er angeschnitten wurde. Wie er heute traktiert wird zur Ehre seines Namens (schnellgepökelt, mit Lake gespritzt), steht fast schon auf einem anderen Blatt.

Hintergrund: Der berühmte Westfälische Schinken wird am Knochen gepökelt und geräuchert.

Wie lange er im Salz oder in der Lake liegt, bestimmt die Qualität des Schinkens ganz entscheidend mit.

»Schwarzen Himmel« nannte Grimmelshausen den Rauchfang, in dem die Schinken hingen.

Zu einer schönen Scheibe rohen Schinkens passen ein Steinofenbrot und ein kühler Schnaps.

Pumpernickelteig enthält Roggenschrot und Roggenvollkornmehl.

Dem Teig werden keine Süßungs- und Bräunungsmittel zugegeben.

Der Teig wird in längliche Kastenformen gestrichen.

Die Oberfläche muß glatt und plan gestrichen werden.

Die Oberfläche des Pumpernickels wird mit Roggenschrot bestreut.

Nach 16 Stunden Backzeit in der Dampfkammer ist das Brot fertig.

In Scheiben geschnitten und verpackt ist Pumpernickel sehr lange haltbar.

Pumper-nickel

Wer dem Pumpernickel auf die Spur kommen will, muß hinab in die Tiefe der Sprachgeschichte steigen. Denn so viel ist sicher: das Wort gab es vor dem Brot. »Nickel« ist jedenfalls die Kurzform von Nikolaus, und »Pumper« bedeutet frei heraus Furz. Ganz logisch bezeichnete der Brotname denn auch ursprünglich einen tölpelhaften, groben Menschen. Im »Weiberspiegel« des geistlichen Satirikers Andreas Tharaeus (1570–1640) seufzt eine Betroffene: »Ach hätt' ich doch zu dieser Zeit, / Als mich mein Pumpernickel freit / Genommen einen Bettelmann / Ich hätts besser getroffen an.«

Diese Einstimmung läßt wenig Gutes hoffen. Tatsächlich hängten zunächst die Auswärtigen dem Gebäck die despektierliche Bezeichnung an, die Westfalen selbst nannten das landestypische Erzeugnis schlicht Schwarzbrot. Während des 17. Jahrhunderts erscheint der »Pumpernickel« erstmals als Kommißbrot. Auch das läßt kaum auf eine lukullische Sensation schließen, und Ludwig Gleim (1719 – 1803) versteht in seinen »Kriegsliedern« den Genuß von Pumpernickel als Mutprobe. Dort erfindet er einen »Münstermann«, der »voll Furcht und Hunger ritterlich in einen Pumpernickel biß«.

Doch längst gilt Pumpernickel als Ehrenname, jedenfalls wenn es sich um das Brot handelt. Es wird aus Roggenschrot und dunklem Roggenmehl gemacht; daß für eine derart zähe Masse ein kräftiger Sauerteig angesetzt werden muß, leuchtet ohne weiteres ein. Der Pumpernickel kann einigen Backverfahren unterzogen werden, meist muß er jedoch in die Dampfkammer. Dort bekommt er nur eine mäßige Hitze zu spüren, die aber mindestens 16 Stunden lang. Während dieser Zeit entstehen Röst- und Karamelstoffe sowie ganz bestimmte Zucker. Sie geben dem Brot sowohl die dunkle Farbe als auch seinen charakteristisch süßen Geschmack. Beim Anschnitt ist der ausgebackene Pumpernickel leicht klebrig, er hat fast keine Kruste. Was mit seiner Schwere und Schwerlaibigkeit doch auch versöhnt – ein hartes Brot ist er jedenfalls nicht.

Ja, der Pumpernickel hat seinen Weg gemacht. Und das nicht nur, weil es Westfalen gibt, die selbst in der fernsten Fremde Mittel finden, an einen Pumpernickel aus der heimatlichen Bäckerei zu kommen. Solche Protektion braucht das Brot gar nicht. Aus eigener Kraft hat es die Welt erobert, wenn auch mit ein paar Zugeständnissen. Aber die Verwandlung vom ungeschlachten Laib zur kleinen Rolle aus Partyhäppchen hat seinem Geschmack nichts anhaben können. Heute ist der Pumpernickel auch jenseits des Großen Teiches ein Botschafter westfälischer Lebensart.

Die ostwestfälische Gemeinde Steinhagen stand Pate beim Wacholderbranntwein namens »Steinhäger«. Seine Besonderheit: die doppelte Destillierung, zunächst der Wacholdermaische, dann des eigentlichen Schnapses. Wer so brennt, darf das Erzeugnis »Steinhäger« nennen. Aus Steinhagen selbst kommt nur der »Echte Steinhäger«.

Mundraub

»Also ging ich dem Wirtshaus zu, mehr auszuspähen was ich dieselbe Nacht holen wollte als meinen Hunger zu stillen, hatte auch das Glück, daß ich unterwegs einen Bauren antraf, der seinen Backofen zukleibte, welcher große Pumpernickel darinnen hatte, die vierundzwanzig Stund da sitzen und ausbacken sollten. Ich machts beim Wirt kurz, weil ich schon wußte wo Brot zu bekommen war, kaufte etliche Stuten (das ist ein sogenanntes weiß Brot), solche meinem Hauptmann zu bringen, und da ich in Pfarrhof kam, meinen Kameraden zu mahnen, daß er gehen sollte, hatte er sich auch schon gekröpft und dem Pfarrer gesagt, daß ich ein Maler sei und nach Holland zu wandern vorhabens wäre, meine Kunst daselbsten vollends zu perfektionieren; der Pfarrherr hieß mich sehr willkomm sein und bat mich, mit ihm in die Kirch zu gehen, da er mir etliche Stück weisen wollte, die zu reparieren wären. Damit ich nun das Spiel nicht verderbte, mußte ich folgen: Er führte uns durch die Küchen, und als er das Nachtschloß an der starken eichenen Tür aufmachte, die auf den Kirchhof ging, o mirum! da sah ich, daß der schwarze Himmel auch schwarz voller Lauten, Flöten und Geigen hing, ich vermeine aber die Schinken, Knackwürst und Speckseiten, die sich im Kamin befanden; diese blickte ich trostmütig an, weil mich bedünkte, als ob sie mit mir lachten, und wünschte sie, aber vergeblich meinen Kameraden in Wald, denn sie waren so hartnäckig, daß sie mir zum Trotz hangen blieben, da gedachte ich auf Mittel, wie ich sie obgedachtem Backofen voll Brot zugesellen könnte, konnte aber so leicht keines ersinnen.«

(Aus: Hans Jakob Christoffel von Grimmelshausen, Simplicius Simplicissimus, 1669)

Der weite Weg zur Eßkultur

Löffel, Messer, Gabel

Im Anfang war der Löffel. Und nicht bloß bei den Glücklichen, die mit einem goldenen im Mund geboren wurden. Damit nicht genug, steht er selbst heute noch am Ende – als Löffel, den einer abgegeben hat: Wenigstens der sprichwörtliche Löffel begleitet uns von der Wiege bis zur Bahre. Früher, als noch alle aus einer Schüssel aßen, und das war selbst in bürgerlichen Kreisen bis ins frühe 18. Jahrhundert hinein üblich, diente der Löffel auch zwischenzeitlich als Waffe im Lebenskampf. Vielleicht wurde er deshalb bis tief ins 17. Jahrhundert mit der ganzen Faust umfaßt. Erst dann kam die zivilere, auch heute übliche Haltung mit drei Fingern auf. Immerhin war der Löffel das einzige Gerät, das ganz allein der Nahrungsaufnahme diente. Historisch folgte dem Löffel das Messer, das jedoch daneben stets noch andere Aufgaben hatte. Messer gab es für viele Zwecke und in jeder Gestalt, sicher auch deshalb, weil sie sich gut als Statussymbol eigneten. Wir kennen, um beim Essen zu bleiben, kostbare Tranchiermesser bereits aus dem 12. Jahrhundert. Das verwundert nicht, denn der »Fürschnyder« oder eben Tranchierer stand an den Höfen auch sonst in hohem Ansehen. Dementsprechend waren fähige Messerschmiede gesucht, eines besonders guten Rufs erfreuten sich die von Solingen. Meist war das Messer nicht nur zum Schneiden, sondern auch zum Spießen da. So fällt bei aller Vielgestaltigkeit des Gegenstands eine Entwicklung doch ins Auge: Abermals gegen Ende des 17. Jahrhunderts rundet sich die Messerspitze. Das ist der Moment, in dem ein Gerät namens Gabel die Bühne der Kulturgeschichte endgültig erobert. Während Löffel und Messer schon im Altertum bekannt waren, läßt sie sich erst für das Mittelalter nachweisen. Sie kommt aus dem Land der feinen Lebensart – nicht aus Frankreich, sondern aus Italien. Das vielspitzige Instrument sollte zunächst nur das Fleisch beim Abschneiden festhalten – so mußte nicht mehr jeder mit der »fünfzinkigen Gabel« am gemeinsamen Essen herumfingern. Dies galt als Fortschritt, der sich, wie jede Neuerung im Bereich der Tischsitten, erst einmal bei Hofe durchsetzte. Noch im 19. Jahrhundert kann Karl Immermann (1736–1840) in seiner Westfalen-Geschichte »Der Oberhof« ein Hochzeitsessen wie folgt beschreiben: »Die Bauern hatten ihre Messer, ein jeder das seinige, aus der Tasche hervorgezogen, womit sie ohne Gabeln fertig zu werden wußten, und sprachen den Hühnern tapfer zu.«

Nun brauchten gerade die sogenannten Tischmanieren offenbar längere Zeit, um sich durchzusetzen, sprich, ihren Weg von den höfischen Kreisen übers Bürgertum bis zur Landbevölkerung zu nehmen. Die aß, wie man dem »Atlas der deutschen Volkskunde« entnehmen kann, vor allem im südlichen Mitteleuropa noch in den dreißiger Jahren unseres Jahrhunderts aus der gemeinsamen Schüssel.

Das Bürgertum adaptierte die höfischen Tischsitten im Lauf des 18. Jahrhunderts; damals

1 2 3 4

erreichte die Tafelkultur einen Höhepunkt. Diesem Säkulum der feineren Lebensart verdanken wir etwa die Terrine, die Sauciere, die Zuckerdose und den Sahnetopf. Übrigens erhielt damals auch die Gabel ihre gebogene Form. Damit war sie nicht mehr vorrangig Stichwaffe, sondern Transportmittel: Auf die Gabel wurde das Essen geschoben und zum Munde geführt.
Spät kam die Gabel zu ihrer heutigen Form, spät kamen Löffel, Messer und Gabel zum Eßbesteck zusammen. Während Messer und Gabel zuweilen schon 1550 zu zweit auftraten, wurde der Löffel erst im 19. Jahrhundert als Dritter im Bunde wirklich akzeptiert. In dessen zweiter Hälfte war das Eßbesteck dann auch kein Besteck in des Wortes ursprünglicher Bedeutung mehr. Denn der Name hält gegenwärtig, daß Löffel und Messer an den Gürtel oder in größere Futterale gesteckt wurden. Damals kam es außer Gebrauch, seine Eßutensilien bei sich zu tragen. Jetzt hielt, wer immer es sich leisten konnte, stets mehrere Sätze Besteck für die Gäste vorrätig.

1 Besteck Ungarn, Habaner-Arbeit, 17. Jh., Stahl, Messing vergoldet, Perlmutter

2 Besteck, Ende 18. Jh., Stahl, Silber

3 Schraubbesteck in Lederetui, Ende 16. Jh., Elfenbein, Leder

4 Klappbesteck in Köcher, 16. Jh., Stahl, mit reichen Ornamenten geätzt und ziseliert

5 Besteck Solingen, um 1800, Stahl, Knochen, auf den Griffen braune Ätzmalerei mit Sinnsprüchen

6 Besteck in Etui, Süddeutschland oder Frankreich, um 1780/90, Silber vergoldet, Email, die Emailgriffe sind in feinster Malerei mit antiken Figuren, Putten und Landschaften dekoriert

7 Silberbesteck, Peter Fabergé, St. Petersburg, um 1900, Silber, Stahl

8 Besteck (Tafel-, Dessert-, Vorlagebesteck, Kaffeelöffel), Entwurf Borek Sipek, 1988–91, Hersteller: Driade, Caorso, Italien, Alpacca versilbert, Stahl, zwei verschiedene Formen

Von der Bewirthung

»Jeder Gast findet bei seinem Couvert Teller und Serviette (von derselben Art wie das Tischtuch), feines Brod, Löffel, Messer, Gabel von Silber, ein Trinkglas zum Wasser oder zur Vermischung des Weins mit Wasser, ein kleines zum Wein.
Nach neuester Sitte werden mehrere Speisen zugleich aufgesetzt und herumgeboten. Man wählt, fordert, reicht einander das Beliebige. – Messer und Gabel oder der Löffel, womit genossen worden, bleiben auf dem Teller liegen, von dem man es genossen, und werden mit demselben fortgegeben oder fortgenommen und gegen reine vertauscht. Wo nicht so viel Messer, als zum Nachtisch erforderlich, vorhanden sind, werden von dem Aufwärter nach jedesmaliger Speise Messer und Gabel mit einem Läppchen oder einer Serviette leicht abgewischt. Vor dem Nachtisch werden alle Schüsseln und Couverts, Messer, Löffel, Gabel, Gläser weggenommen. – Die Diener reinigen die Tafel von Brodkrumen, welche sie mit zusammen gegriffener Serviette zwischen den Couverts auf untergehaltene Teller fegen.«

(Aus: H. Seidler, Die Bestimmung und Veredelung der Jungfrau – ihr Verhältniß als Geliebte und Braut, wie auch Regeln über Anstand, Anmuth und Würde ..., 1847)

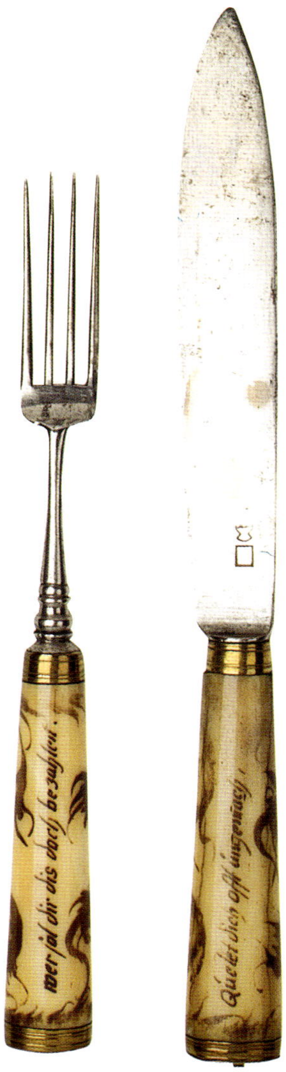

5

6

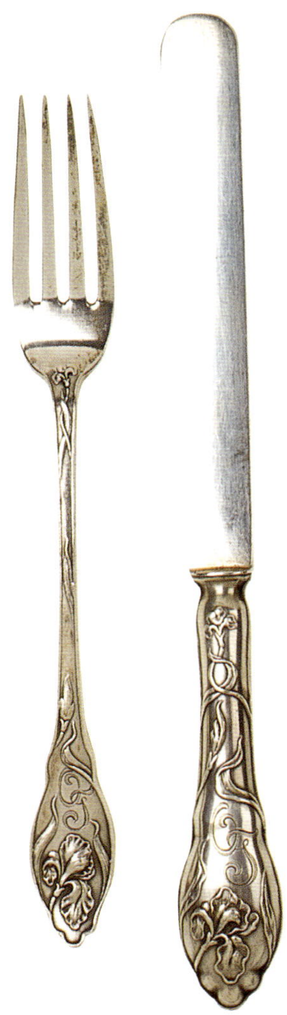

7

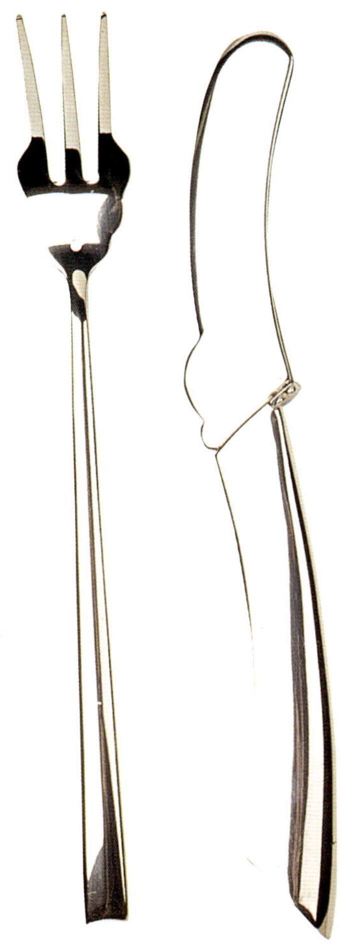

8

Womöglich durcheinander

Gemüse

Die Vorherrschaft des Rheinlands im Gemüsebau demonstrieren schon die nackten Zahlen: den 6000 Hektar Anbaufläche in Westfalen stehen 13 000 Hektar im Regierungsbezirk Köln und Düsseldorf gegenüber. Was den westfälischen Anteil betrifft, fällt außerdem ins Gewicht, daß es knapp die Hälfte seiner Anbaufläche einem großen Tiefkühlunternehmen verdankt, das um sein münsterländisches Werk herum hauptsächlich Spinat pflanzen läßt.

Für das Rheinland sprechen zunächst einmal die nahen, käuferstarken Absatzmärkte: Ruhrgebiet und Rheinschiene. Nichtsdestoweniger haben die rheinischen Gemüsebauern zumindest in der Vergangenheit viele, vor allem die Großkunden an ihre niederländischen Nachbarn verloren. Doch hat man diesseits der Grenze die Vermarktungsstrategien optimieren können. Zum Beispiel erhält der Kopfsalat jetzt gleich nach der Ernte eine Dusche und die Schnittstelle wird gewässert. Das hält ihn länger frisch – wenn ihn der Gemüsehändler nicht gerade der prallen Sonne aussetzt.

A propos Salate: Der Anbau sogenannter bunter Sorten wie Lollo rosso hat stark zugenommen, Favorit ist der Eissalat mit etwa 12 Millionen Köpfen. Damit ist er noch kein echter Rivale des unvermeidlichen Kopfsalats, von dem 62 Millionen über den Ladentisch gehen, aber doch ein starkes Produkt. Das ist ebenfalls der Blumenkohl. Er hat stattliche 1100 Hektar Anbaufläche selbst gegen die immer schärfer werdende Konkurrenz des Broccoli behaupten können. Auch die Anbauflächen von Kohlrabi wurden in den letzten Jahren ausgeweitet (auf 800 Hektar). Zu den zehn Hauptumsatzträgern beim Gemüse gehört neuerdings auch der Chinakohl.

Eine wichtige Rolle als Saisongemüse spielt im Rheinland der Spargel mit den Hauptanbaugebieten Niederrhein und Vorgebirge/Kölner Bucht. Einige Aufmerksamkeit fand im vergangenen Jahrzehnt auch der Chicorée, aber hier sitzen natürlich die niederländischen und belgischen Gemüsebauern an einem sehr langen Hebel. Zu den interessanten neuen Gemüsen zählt aus Sicht der Vermarkter ebenfalls der Bleichsellerie, auch der lange Japanische Hybrid-Rettich verzeichnet inzwischen recht gute Absatzzahlen.

Stielmus

1 kg Rübstiele
1 EL Butterschmalz
75 g Frühstücksspeck in feinen Streifen
30 g Butter
20 g Mehl
1/4 l Milch
Salz und Pfeffer
1 Prise gemahlene Muskatnuß

Die Rübstiele grob hacken. Das Butterschmalz erhitzen, den Frühstücksspeck darin auslassen. Die Rübstiele zufügen und zugedeckt in 10 Minuten gar dünsten. In der Zwischenzeit die Butter zerlassen, das Mehl einstreuen und hell anschwitzen. Die Milch unter Rühren angießen und die Sauce 10 Minuten köcheln lassen. Zum Gemüse geben und mit Salz, Pfeffer und Muskatnuß abschmecken. In einer vorgewärmten Schüssel mit Pellkartoffeln zu Kasseler oder rheinischer Bratwurst servieren.

Stielmus mit Kasseler

Westfälisches Blindhuhn

Westfälisches Blindhuhn
(Abbildung linke Seite)

500 g frische dicke Bohnen
250 g Kartoffeln
250 g Möhren
2 EL Öl
400 g Schinkenspeck, grob gewürfelt
1/2 Bund Bohnenkraut
1 1/2 l Fleischbrühe
Salz und Pfeffer
200 g säuerliche Äpfel
200 g Birnen
200 g tiefgekühlte Schnittbohnen
2 feingehackte Zwiebeln
50 g Butter
1/2 Bund gehackte Petersilie

Die Bohnen enthülsen, Kartoffeln und Möhren schälen und in Scheiben schneiden. In einem Suppentopf das Öl erhitzen und den Speck darin anbraten. Dann die Bohnen, Kartoffeln, Möhren und das Bohnenkraut zufügen. Mit der Fleischbrühe aufgießen, mit Salz und Pfeffer würzen und zugedeckt 20 Minuten garen. Inzwischen Äpfel und Birnen schälen, halbieren, entkernen und in Scheiben schneiden. Zusammen mit den Schnittbohnen unter das Gemüse mischen und weitere 15 Minuten köcheln lassen. Die gehackten Zwiebeln in der Butter goldbraun dünsten und zum Eintopf geben. Mit Salz und Pfeffer abschmecken und vor dem Anrichten mit der Petersilie bestreuen.

Pitter un Jupp
(Abbildung unten)

1 junger Wirsingkopf
1 Stange Lauch
250 g Möhren
1/2 kleine Sellerieknolle
500 g Kartoffeln
30 g Butterschmalz
3/4 l Fleischbrühe
Salz, Pfeffer und Muskatnuß
1 Prise Zucker
4 Mettwürste
1 EL gehackte Petersilie

Das Gemüse putzen und waschen. Den Wirsing vierteln, den Strunk entfernen. Lauch und Wirsing in Streifen schneiden, Möhren und Sellerie würfeln, Kartoffeln in kleine Stücke schneiden. Das Schmalz in einem großen Topf erhitzen und den Wirsing unter Rühren einige Minuten anbraten. Das restliche Gemüse zufügen, die Fleischbrühe angießen, mit Salz, Pfeffer und Muskatnuß würzen und alles bei kleiner Hitze zugedeckt etwa 40 Minuten garen. In der Zwischenzeit die Mettwürste in Wasser 10 Minuten erhitzen, nicht kochen. Die Würste in Scheiben schneiden, unter den Eintopf mischen und weitere 5 Minuten garen. Vor dem Anrichten mit gehackter Petersilie bestreuen.

Kein Spießbürgergemüse – der Rosenkohl

Er hat das Odium des Spießergemüses, aber das trägt der Rosenkohl *(Brassica oleracea var. Gemmifera)* völlig zu Unrecht. Zunächst einmal ist er im Vergleich zu der sehr alten Kulturpflanze Kohl ein junges Gemüse. Die ersten Erwähnungen datieren ins 18. Jahrhundert, sie stammen aus Belgien. Noch heute heißt er deshalb auch Brüsseler Kohl, andere nennen ihn Sprossenkohl nach den allein genutzten Achselknospen. Damit steht er von der Form her zwischen dem Blattkohl (zum Beispiel Grünkohl) und dem Kopfkohl (zum Beispiel Weißkohl).
Der Rosenkohl zeichnet sich durch seinen hohen Vitamin-C-Gehalt aus, auf 100 Gramm sind das immerhin 114 Milligramm im Durchschnitt. Davon gehen allerdings beim Dünsten etwa 30 Prozent wieder verloren. Fast noch wichtiger ist sein Mineralstoffgehalt, vor allem die hohen Calcium- und Magnesium-Anteile (31 beziehungsweise 22 Milligramm auf 100 Gramm Frischgemüse). Das müßte eigentlich auch den rheinischen Gemüsebauern imponieren, doch die halten sich vorerst zurück. Den Rosenkohl-Markt haben ihre niederländischen Kollegen fest in der Hand, nicht zuletzt wegen ihrer automatischen Pflückmaschinen.

Pitter un Jupp

Burger Backtraditionen

In Burg an der Wupper, genauer in Unterburg an der Wupperbrücke steht seit 1989 das Denkmal des Burger Brezelhändlers. Mit der hohen Kiepe auf dem Rücken, der hohen Seidenmütze auf dem Kopf und dem wehrhaften Mispelstock in der Rechten zog dieser Hausierer über Land, um das weithin berühmte Gebäck feilzubieten. Meist war der Hausierer auch der Bäcker, mußte also eventuelle Beschwerden auf seine Kappe nehmen.

Zu ihrem großen Ruf kamen die Burger Brezeln spätestens Anfang des 19. Jahrhunderts; noch während der zwanziger Jahre des folgenden Säkulums ging das eigen geformte Backwerk nach England, Spanien und Amerika. Derzeit gibt es allerdings nur noch wenige Brezelbäcker in und um Burg. Manchmal lassen sie sich bei der Arbeit über die Schulter gucken. Besucher würdigen vor allem die virtuosen Schwünge, mit denen die Teigstränge »fliegend« zu (kleinen) Brezeln geformt werden.

Eine weitere Spezialität der Burger Brezelbäcker waren die Zwiebäcke, auf deren Herstellung sich jetzt ebenfalls nur ein paar Meister verstehen. Die zweifach gebackenen (daher der Name Zwieback) kleinen Laibe werden heute nach ihrem ersten Ofengang der Länge nach durchgeschnitten und mit einer süßen Schokoladen-, Nuß- oder Krokantmasse bestrichen. Danach geht's wieder ab in den heißen Ofen, wo sie ihrer endgültigen Konsistenz entgegenrösten.

Die eigen geformten Brezeln aus Burg waren noch in den zwanziger Jahren ein beliebter Exportartikel.

Der abgewogene Brezelteig wird flachgedrückt.

Die altgediente Helferin beim Portionieren des Teigs.

Genau fünfzig Segmente für genau fünfzig Brezeln.

Das Brot der frühen Jahre

»Ich habe den Preis für alle Dinge erfahren müssen – weil ich ihn nie zahlen konnte –, als ich als sechzehnjähriger Lehrling allein in die Stadt kam: der Hunger lehrte mich die Preise; der Gedanke an frischgebackenes Brot machte mich ganz dumm im Kopf, und ich streifte oft abends stundenlang durch die Stadt und dachte nichts anderes als: Brot. Meine Augen brannten, meine Knie waren schwach, und ich spürte, daß etwas Wölfisches in mir war. Brot. Ich war brotsüchtig, wie man morphiumsüchtig ist. Ich hatte Angst vor mir selbst, und immer dachte ich an den Mann, der einmal im Lehrlingsheim einen Lichtbildervortrag über eine Nordpolexpedition gehalten und uns erzählt hatte, daß sie frischgefangene Fische lebend zerrissen und roh verschlungen hätten. Noch jetzt oft, wenn ich mein Geld abgeholt habe und dann mit den Scheinen und Münzen durch die Stadt gehe, überkommt mich die Erinnerung an die wölfische Angst jener Tage, und ich kaufe Brot, wie es frisch in den Fenstern der Bäckereien liegt: zwei kaufe ich, die mir besonders schön erscheinen, dann im nächsten Laden wieder eins, und kleine braune knusprige Brötchen, viel zu viele, die ich dann später meiner Wirtin in die Küche lege, weil ich nicht den vierten Teil des gekauften Brotes essen kann, und mich der Gedanke, das Brot könne verderben, mit Angst erfüllt.«

(Aus: Heinrich Böll, Das Brot der frühen Jahre, 1955)

Die Teigstränge werden »fliegend«, wie auf dem Hintergrundfoto zu sehen ist, gedreht.

Im alten Backofen nehmen die Brezeln Farbe an.

Das deutsche Butterbrot

Wenn die Konsulin in Thomas Manns »Buddenbrooks« zu »einem Butterbrot« lädt, ist das ein Euphemismus, der auch ihrem bayerischen Gast, dem Hopfenhändler aus München, nicht verborgen bleibt: »›Ös tuats enk leicht!‹ sagte Permaneder, als er sich niederließ und die Auswahl an kalter Küche auf dem Tische überblickte.«
Was Permaneder zu dieser, in hanseatischen Kreisen ganz und gar unangebrachten vertraulichen Anrede in der zweiten Person veranlaßte, war nicht nur das Understatement, mit dem hier aufgetragen wurde, als Süddeutschem war ihm auch das Butterbrot an sich wesensfremd. Genauso, wie das Wort »Abendbrot« in seinem Sprachschatz keinen Platz hatte. Brot mit Butter zu bestreichen und zu belegen ist zwar, wie der Volkskundler Günter Wiegelmann 1996 sogar per dpa verlauten ließ, eine »rein deutsche Erfindung«, die sich die Republik aber von Norden her eroberte. Das erste Butterbrot wurde 1339 bei einem Festmahl der Bremer Zünfte erwähnt, die Sitte, es mit Käse zu belegen setzte sich im 17. Jahrhundert durch, im 18. Jahrhundert kam in Mitteldeutschland der süße Brotaufstrich in Mode. Auch wenn sich die Grenzen heute natürlich verwischt haben, so ist es im Süden und Südwesten noch immer nicht üblich, zu einem Brotzeitteller Butter zu reichen. Semmeln oder Wecken werden nicht geschnitten und bestrichen, sondern gebrochen und zu Speck, Wurst oder Käse gegessen. »Im Gegensatz zum norddeutschen Gepräge hatte das Brot im Süden eine selbständigere Stellung«, schreibt Wiegelmann und erklärt das mit den unterschiedlichen Würzgewohnheiten: »In jenem nord- und insbesondere nordwestdeutschen Bereich, in dem alte Brotgewürze weitgehend fehlten, hatte sich seit dem 15. Jahrhundert die Sitte des Butterbrotessens ausgebreitet. Wenn man aber Brotscheiben mit der in Norddeutschland salzigen Butter bestrich und häufig mit einem weiteren Aufstrich (wie süßen Musen und Marmeladen) oder Aufschnitt (Käse, Wurst, Schinken etc.) verbesserte, dann paßte wegen des Eigengeschmacks der Auflagen am besten ein geschmacksneutrales Brot. Daher dürfte es kein Zufall sein, daß die Regionen des Butterbrotessens und der verschiedenen Brotbeläge recht genau mit der Zone des kaum gewürzten Brotes übereinstimmen. Es kommt hinzu, daß damals in der gleichen nordwestdeutschen Zone Kaffee und Tee als alltägliche Mahlzeitengetränke fungierten, also jene seit dem späten 17. Jahrhundert eingedrungenen Warmgetränke, die häufig gesüßt wurden, daher in diese Alltagsmahlzeiten ein Geschmacksgepräge brachten, das ebenfalls nicht recht mit herbwürzigem Brot zusammenpaßte.«

Pfeffersalami

Bierschinken

Camembert

Gouda

Hartgekochtes Ei

Mett

Sülze

Schmalz

Erdbeermarmelade

Gekochter Schinken

Honig

Kochkäse

Roher Schinken

Rübenkrautsaft

Quark mit Schnittlauch

Teewurst

Brotbelag, Thema mit ausgefallenen Variationen

- Bauernbrot mit Blutwurst und Zwiebelringen, bedeckt mit einer Scheibe Sonnenblumenbrot mit Leberwurst und Senf, abgedeckt mit zweiter Scheibe Bauernbrot
- Bauernbrot mit Pommerschem Kaviar (Gänseschmalz)
- Bauernbrot mit Pommerscher Rübenkreude
- Berliner Landbrot mit Butter, Meerrettich, Pellkartoffeln und Gurkenscheiben
- Dinkelbrot mit Forellenfilet
- Döbelner Langbrot mit sächsischer Schinkencreme aus Frischkäse und püriertem gekochten Schinken
- Eifeler Brot mit Neuenahrer Rauchfleisch, Feldsalat und roten Trauben
- Gerstenbrötchen mit Katenschinken, Fleischsalat, Petersilie und Gewürzgurke
- Gewürzbrot mit angemachtem Kräuterkäse
- Hamburger Rundstück mit warmem Braten belegt und mit heißer Sauce übergossen
- Holsteinisches Schrotbrot mit Rührei und Kieler Sprotten
- Mecklenburger Landbrot mit geräucherter Gänsebrust
- Mischbrotscheiben (in Butter geröstet) mit Schinken und Spiegelei, garniert mit Tomaten, Salatblatt und Petersilie (Strammer Max)
- Oldenburger Schwarzbrot mit Heringsdip aus Ei, Salzgurke, Speck und kleingehacktem Hering
- Paderborner Brot mit Käse und Schinken-Brennessel-Quark
- Schwarzbrot mit »Klatschkies« (Quark) und Rübenkraut
- Schwarzbrot mit gekochtem Schinken, Camembert und Spiegelei
- Thüringer Landbrot mit Griebenfett, darauf Blut- und Leberwurst in Scheiben und Harzer Käse
- Vogtländisches Bauernbrot oder Kartoffelbrot mit dünngeschnittenen Kalbsbratenscheiben, Sardellenfilets und Kerbelblättchen

Reibekuchen

Es gibt Gerichte, denen keine modische »cuisine« etwas anhaben kann. Zu ihnen gehören in und um Köln die Reibekuchen, die hierzulande nur »Rievkooche« heißen. Fast jeder kennt eingängige Verslein zu dieser Leckerei, Reimereien, die fast zwangsläufig bei der Mutter landen. »Mamm, Mamm, holl uns de Pann, wir wulle Rievkooche hann«, »Mutter, Mutter, hol' uns die Pfanne, wir wollen Reibekuchen haben«, sangen die Bläck Fööss, und der zugkräftigste Werbespruch lautet: »Nix ussem Blöösche, nix ussem Dööşche, frisch uss d'r Pann: Rievkooche wie vun d'r Mamm«. »Nichts aus dem Tütchen, nichts aus dem Döschen, frisch aus der Pfanne: Reibekuchen wie von der Mama.«
Als höchstes Lob für die ausgemachte Köstlichkeit gilt demnach immer noch, daß sie wie bei Mutter schmeckt. Die Mütter haben die Kartoffelplätzchen aber oft nur zähneknirschend gebacken. Denn der Fettgeruch blieb natürlich zuallererst an der Köchin hängen und war auch aus der Küche lange nicht zu vertreiben. Empfindliche Nasen riechen ihn selbst im entferntesten Zimmer einer Wohnung noch tagelang. Allein deshalb liegt es nah, der Lust auf Reibekuchen nicht im eigenen Heim zu frönen. Kölner Gastwirtschaften haben ihre Reibekuchentage, auch Rievkoochebuden gibt es reichlich. Die Berühmteste steht zur Zeit vor dem Kölner Hauptbahnhof – und ist für viele Reisende ein olfaktorisches Ärgernis.
Aber daß Rievkooche einfach herrlich schmecken, und zwar auch die ganz schlichten, nicht zeitgeistig mit Räucherlachs, Forelle oder Kaviar aufgemotzten, werden nur wenige abstreiten. Dabei muß niemand an Mutter denken – zumal es in Köln Väter gegeben haben soll, die sich für dieses eine einzige Gericht auch schon mal selbst an den häuslichen Herd bemühten.

Festkochende Kartoffeln eignen sich am besten, um daraus die einfachen, köstlichen Reibekuchen herzustellen.

Handgerieben müssen die Kartoffeln sein, auch wenn das mühsam ist und dabei manchmal Blut fließt.

Ob man die Zwiebeln ganz fein hackt oder sie ebenfalls auf der Handreibe reibt, ist Geschmackssache.

Der Kartoffelteig kommt löffelweise in eine Pfanne, in der man ausreichend fett stark erhitzt hat.

Fritten im Rheinland

Nein, die Pommes frites sind keine rheinische Erfindung. Dennoch gibt es gute Gründe, das Lob der Pommes gerade im Rheinland anzustimmen. Der beste ist natürlich die unmittelbare Nachbarschaft zum Ursprungsland der Kartoffelstäbchen. Aus Belgien, dem zerrissenen Königreich im Westen, kamen sie über die Grenze und haben auch die rheinischen Imbißbuden im Sturm erobert. Selbstredend betreibt nicht jede die hohe Kunst der Frittenbäckerei, die mit wirklichen Kartoffeln und hochwertigen Fetten preistreibende Rohstoffe fordert.
Die Kunden interessieren sich ohnehin mehr für die Beilagen. Ketchup und Mayonnaise (»Mayo«) sind die gefragtesten, Frittenfans ordern sie mit der Kurzformel »Rot-Weiß«. Wohl mehr zufällig handelt es sich dabei auch um die Stadtfarben von Köln und seinem bekanntesten Fußballverein. Wichtiger ist jedoch, daß sowohl der Ketchup als auch die Mayonnaise zähflüssiger Natur sind: Sie ersäufen und erweichen also die krossen Kartoffelstäbchen nicht gleich. Ähnliche Konsistenz hat bekanntlich der Senf, der sich traditionell im Aachener, also dem grenznahen, Raum höchster Beliebtheit erfreut. Warum das so ist, weiß niemand. Am farblichen Kontrast kann es jedenfalls nicht liegen.

Reibekuchen

1 kg festkochende Kartoffeln
2 feingehackte Zwiebeln
2 Eier
1 TL Salz
Öl oder Butterschmalz zum Braten

Die Kartoffeln schälen, waschen und grob reiben. In ein Küchentuch wickeln und den Saft gründlich auspressen. Sofort in eine Schüssel geben und mit den gehackten Zwiebeln, den Eiern und dem Salz verrühren. In einer schweren Pfanne so viel Fett erhitzen, daß der Boden bedeckt ist. Löffelweise den Kartoffelteig hineingeben, zu kleinen Puffern flach drücken und von beiden Seiten goldbraun braten. Sofort servieren.

Siegerländer Reibekuchen

250 g Weizenmehl
1 EL Salz
1 ½ Päckchen Hefe
¾ l lauwarme Milch
750 g festkochende Kartoffeln
Butter für die Form

Das Mehl mit dem Salz in eine große Schüssel sieben und eine Mulde hineindrücken. Die zerbröckelte Hefe in ¼ l der lauwarmen Milch auflösen und in die Mulde gießen. Mit Mehl bestäuben und 20 Minuten bei Raumtemperatur gehen lassen. Die Kartoffeln schälen, waschen und grob reiben. In ein Küchentuch wickeln und den Saft gründlich auspressen. Die restliche Milch zum Kochen bringen und mit den Kartoffeln verrühren. Zum Hefeteig geben und alles zu einem glatten Teig vermengen. Eine Kastenform ausbuttern, den Teig einfüllen und im vorgeheizten Backofen bei 180 °C ca. 1 Stunde backen.

Potthucke

250 g gekochte Salzkartoffeln
750 g festkochende Kartoffeln
⅛ l Milch
150 g saure Sahne
4 Eier
Salz, Pfeffer und Muskat
80 g Butter
2 EL Butterschmalz

Die Salzkartoffeln noch warm durch eine Kartoffelpresse drücken und kalt werden lassen. Die anderen Kartoffeln schälen, waschen und grob reiben. In ein Küchentuch wickeln und den Saft gründlich auspressen. Milch, saure Sahne und die Eier verrühren, mit beiden Kartoffelmassen zu einem geschmeidigen Teig verarbeiten und mit Salz, Pfeffer und einer Prise gemahlener Muskatnuß würzen. Eine Kastenform ausbuttern und den Teig einfüllen. Die restliche Butter in Flöckchen daraufsetzen und im vorgeheizten Backofen bei 200 °C etwa 50 Minuten goldbraun backen. Erkalten lassen, aus der Form stürzen und in Scheiben schneiden. Portionsweise in heißem Butterschmalz von beiden Seiten braten und mit rohem Schinken und Schwarzbrot servieren.

Pickert

1,2 kg festkochende Kartoffeln
40 g Hefe
¼ l lauwarme Milch
3 Eier
60 g Zucker
Salz
1 kg Mehl
300 g Rosinen
Fett und Semmelbrösel für die Form
Butter zum Braten

Die Kartoffeln schälen, waschen und grob reiben. In ein Küchentuch wickeln und den Saft gründlich auspressen. Die Hefe in der lauwarmen Milch auflösen und zu den Kartoffeln geben. Nach und nach Eier, Zucker, Salz und das Mehl zugeben und alles zu einem geschmeidigen Teig verarbeiten. Bei Raumtemperatur ca. 30 Minuten gehen lassen. Die Rosinen unter heißem Wasser abspülen, gut abtropfen lassen und zum Schluß unter den Teig mengen. Eine größere Kastenform ausfetten und mit Semmelbröseln ausstreuen. Den Teig einfüllen und in der Form 1 Stunde gehen lassen. Dann im vorgeheizten Backofen bei 180 °C etwa 1 ½ Stunden backen. In der Form erkalten lassen, dann aus der Form stürzen und in Scheiben schneiden. Vor dem Servieren in heißer Butter auf beiden Seiten leicht bräunen und zum Frühstück oder Nachmittagskaffee reichen.

Aus Strom und Meer

Wer in Nordrhein-Westfalen von den Flossenträgern spricht, kommt um das Stichwort Köln nicht herum. Denn das historische Gemeinwesen verdankte seinen Reichtum nicht zuletzt der Tatsache, daß es jahrhundertelang Umschlagplatz für Heringe war: Die Heringsfässer mit den Brandstempeln der Stadt bürgten für Qualität. Und daß der Hering auch auf den heutigen Speisezetteln einen festen Platz hat, dafür sorgt schon der Karneval. Denn gerade der Hering ist eine äußerst geschätzte »Unterlage« für die flüssigen Bestandteile der Jecken-Nahrung.

Noch größerer Beliebtheit aber erfreuen sich rheinauf rheinab die Muscheln. Sie werden traditionell nur in den Monaten mit »r«, also von September bis April, angeboten. Gemeint sind keineswegs Prestigeleckereien wie die Yuppie-Mahlzeit Austern, sondern die schlicht-schwarzen, die Miesmuscheln. Als Armeleuteessen hatten sie immer einen festen Platz auf den Speisezetteln der schlechter gestellten städtischen Schichten, und selbstverständlich darf ein Muschelgericht heute auf keiner »Kölschen Foderkaat« fehlen.

Früher spielten auch die Fische aus dem Rhein und seinen Nebenflüssen eine bedeutende wirtschaftliche Rolle, heute gibt es lediglich von der Forelle ein nennenswertes Angebot. Der pfeilschnelle Räuber lauert noch in den sauberen Bächen der Mittelgebirge auf Beute, wenn er nicht in Fischteichen von Züchtern alimentiert wird. Daß mit der Eifeler oder Sauerländer Forelle die heimische Bach- und nicht die aus Nordamerika eingeführte Regenbogenforelle gemeint ist, sollte sich eigentlich von selbst verstehen.

Rheinische Muscheln

2 kg Miesmuscheln
250 g Möhren
1 Petersilienwurzel
1/4 Sellerieknolle
2 Zwiebeln
3 EL Butter
1 l Weißwein
Salz
1 Kräutersträußchen aus Petersilie, Thymian und Kerbel
2 Lorbeerblätter
1 TL grobgeschroteter Pfeffer

Die Muscheln mehrmals gründlich waschen, bürsten und den Bart entfernen. Möhren, Petersilienwurzel und Sellerie waschen, putzen und klein würfeln, die Zwiebeln und die Kräuter hacken. Die Butter in einem großen Topf zerlassen und das Gemüse darin glasig dünsten. Mit dem Wein ablöschen und etwas salzen. Die Muscheln zufügen, die Kräuter mit den Lorbeerblättern und dem Pfeffer zu den Muscheln geben. Zugedeckt ca. 10 Minuten garen, bis sich die Schalen weit geöffnet haben. Anschließend mit einem Schaumlöffel auf tiefe Teller verteilen (geschlossene Muscheln wegwerfen) und den Sud darübergießen. Dazu Schwarzbrot und Butter reichen.

Heringsfilet im Steintopf

8 Matjesfilets
Äpfel
2 Gewürzgurken
300 g saure Sahne
3 EL Mayonnaise
2 EL Weinessig
1 Prise Zucker
1 Bund gehackte Petersilie
1 Bund feingeschnittener Schnittlauch
Zitronenscheiben und Dill zum Garnieren

Die Matjesfilets entgräten, wässern und in mundgerechte Stücke schneiden. Die Zwiebeln in dünne Ringe hobeln, die Äpfel schälen, vierteln, entkernen und in dünne Scheiben schneiden. Die Gewürzgurken fein hacken. Aus der sauren Sahne, der Mayonnaise, Essig und Zucker eine Marinade anrühren, Petersilie und Schnittlauch untermischen. Die Matjesstücke in 4 Steintöpfe verteilen, die Marinade darüber verteilen und kurz ziehen lassen. Vor dem Servieren mit den Zitronenscheiben und dem Dill garnieren.

Mit wenigen Zutaten und ohne großen Aufwand lassen sich Rheinische Muscheln zubereiten.

Vor dem Kochen müssen die Muscheln gründlich gewaschen werden; dabei entfernt man auch den Bart.

Das Gemüse für den Sud wird kleingehackt und dann in Butter glasig gedünstet. Mit Wein wird abgelöscht.

Die Muscheln müssen zugedeckt im Sud etwa 10 Minuten garen, bis sich die Schalen geöffnet haben.

Lachse im Rhein – Nur noch historische Reminiszenz?

»Man behauptet nämlich, der Fisch könne nicht mehr laichen, seit der Strom von den umgeschwungenen Rädern so vieler Schiffe nie zur Ruhe gelange. So viel ist übrigens Tatsache, daß die Salmfischer bei der Kölnischen Gesellschaft [...] zur Entschädigung freie Benutzung der Dampfschiffe zum Betrieb ihres Handels erwirkt haben.« Karl Simrock registrierte 1838 in seinem Erfolgsbuch »Das malerische und romantische Rheinland« den Anfang vom Ende. Schon damals waren die Lachs- oder Salmbestände im Rhein bedroht, schon damals fürchteten die Fischer um ihre wichtigste Einnahmequelle. Der Ausbau des Stroms zur Wasserstraße hatte 1817 begonnen, seine Verschmutzung durch die Industrie sollte bald folgen. Schließlich schnitten dem Lachs gewaltige Staustufen und Schleusen seinen Lebens-Weg ab. Als Wanderer zwischen den Wasser-Welten, zwischen Meer und Flüssen machen ihm unüberwindliche Hindernisse besonders schwer zu schaffen.

Um 1955 war der Fisch im einst bedeutendsten Lachsstrom Europas ausgestorben. Als das Wasser im Rhein nach 1980 deutlich sauberer wurde, hatten seine Bewohner wieder eine Chance. Zur Leitfigur der »ökologischen Erneuerung« wurde der Lachs gekürt. Unter Einsatz vieler Biotechnik und großer Kosten gelang es, den Raubfisch wieder einzubürgern. Ob diese Einbürgerung auf Dauer gelingt, bleibt dahingestellt. Aber so viel ist doch gewiß: eine lukullische Köstlichkeit wie der Rheinlachs wird nie mehr auf unsere Teller kommen.

»Lachs riecht nach Geld«, sagten die Fischer früher. Wir sind schon froh, daß er nicht nach Phenol riecht.

Hintergrund: Rheinische Muscheln, in einem Gemüse-Wein-Sud gegart, sind eine Köstlichkeit, die man traditionell nur in den Monaten mit »r«, also von September bis April, genießt.

Bierland Westfalen

Bierstadt Dortmund

Pils gibt es im Ruhrgebiet selten, sehr viel häufiger ist »dat Pilsken«. Manchem kam bei der Schrumpfform gleich der Verdacht, daß mit ihr ein hoher Konsum bagatellisiert werden soll. Aber nicht doch, im Revier liebt man sprachliche Verkleinerungen, und außerdem perlt der Vorwurf unmäßigen Trinkens an den »Kohlenpöttern« insgesamt ebenso ab wie an den Dortmundern insbesondere.

Dortmund kann auf eine lange Tradition des Bierbrauens zurückblicken, sie beginnt im Mittelalter und weit vor dem Siegeszug des Hopfens im nordwestlichen Deutschland. Nicht umsonst hieß vorzeiten die Dortmunder Brauerei gleich hinter dem Rathaus »die Grütte«. Grut war eine Bierwürze, die sich aus vielerlei und örtlich recht unterschiedlichen Bestandteilen zusammensetzte, immer dabei aber war der Gagel. Der weidenverwandte Strauch macht sich heute ziemlich rar und steht unter Naturschutz, damals aber wuchs er im nördlichen und nordwestlichen Europa noch häufig. Im Gegensatz zum beruhigenden Hopfen soll Gagel den Trinker rebellisch machen, was die Obrigkeit angeblich bewogen hat, sich für den Hopfen stark zu machen.

Aber solcher Protektion hätte es gar nicht bedurft, zu groß waren die Vorteile des Hopfens in Hinsicht auf Verträglichkeit, Geschmack und Haltbarkeit des Biers. Das sahen schließlich auch die Dortmunder Brauer ein. Doch eigentlich zur Bierstadt wurde ihr Gemeinwesen erst, als 1845 die bayerische, untergärige Braumethode Einzug hielt. Und natürlich sorgte erst die Industrialisierung des Reviers für entsprechend viele Abnehmer, allen voran die Bergleute, die nach der Schicht untertage besonders durstig waren. So erlebte nicht nur Dortmund selbst, sondern auch sein Brauwesen einen gewaltigen Aufschwung.

Übernahme der »bayerischen Braumethode« heißt nun keineswegs, daß man sich dem Pilsener ohne weiteres an den Flaschenhals geworfen hätte. Nein, der Dortmunder Gerstensaft besitzt seinen eigenen Charakter und als »Export« auch seinen eigenen Namen. Er unterscheidet sich vom Pilsener durch einen etwas höheren Alkoholgehalt, vor allem aber durch geringere Bitterkeit, sprich: das Export ist milder gehopft. Dank seiner setzte sich Dortmund an die Spitze aller Städte mit Bierproduktion, an ihre enormen Hektoliter-Ausstöße reichte niemand heran.

Nicht verschwiegen werden soll, daß die Dortmunder Brauereien mit ihren Export-Bieren zuletzt in einige Absatzschwierigkeiten gerieten. Offenbar bevorzugte die alte Kundschaft jetzt das herbere Bier. Heute haben jedenfalls die Biere aus dem Sauer- und Siegerland die Nase vorn. Ihre Hersteller wuchern mit dem Pfund einer »unverfälschten Natur«, gerne greifen die Reklamestrategen in diesem Zusammenhang zum Begriff »Felsquellwasser«. Auch hier gilt offenbar: Je mehr Natur real stirbt, desto triumphaler feiert sie in der Werbung Auferstehung.

Wenn die Fußball-Fans in den Dortmunder Kneipen ihren Club feiern, fließt das Bier in Strömen.

Wer Pils bestellt, muß warten können.

Das Zapfen braucht seine Zeit.

Der Schaum muß sich erst setzen.

Dann wird nachgezapft. So entsteht die charakteristische Schaumhaube.

Mit Bier und zum Bier

Zwar dreht sich im Brauhaus alles um die flüssige Nahrung, doch kommt gerade deshalb die feste nicht zu kurz. Bekanntlich steigt das Bier bei leerem Magen schneller zu Kopf, der dann womöglich zur Mäßigung aufruft. Essen ist also Mittel zum Zweck (des Trinkens). Schon aus diesem Grund wird im Brauhaus keine schlanke Feinschmecker-, sondern »deftige Hausmannskost« verabreicht.

Aber daß ein Brauhaus zu den Sternen des Gourmethimmels greift, erwartet nun wirklich niemand. Dem Kneipengänger reicht ohnehin eine saure Gurke zum Bier, immer wieder gern greift er zu Buletten und Mettbrötchen – was nicht ausschließt, daß die Brötchen ein zähes Leben haben. Ein richtiges Kölner Brauhaus aber bietet unter der Überschrift »Kölsche Foderkaat« Nahrhaft-Rheinisches, dazu kann ein Rheinischer Kartoffelsalat, muß aber unbedingt ein Hämchen mit Sauerkraut und Kartoffeln gehören. Und selbstverständlich dürfen die Gerichte nicht fehlen, mit deren Namen unbedarfte Fremde so herrlich hinters Licht geführt werden können.

Namensmaskeraden

»En Köllen es doch, wie bekannt, / Dat Essen schön und fresch. / Su mache Spezialität / Kütt dabei op d'r Desch. / 'Ne Karbonad, 'ne ›Halve Hahn‹, / Dat es 'ne Hochgenuß.« – »In Köln da ist doch, wie bekannt, / Das Essen schön und frisch. / So manche Spezialität / Kommt dabei auf den Tisch / Karbonade, ja, und ›Halber Hahn‹, / Das ist ein Hochgenuß«, dichtete um 1900 Wilhelm Millowitsch senior.

Wer als Fremder die Freundschaft der Kölner sucht, kommt am »Halven Hahn« nicht vorbei. Das dunkelknusprige Roggenbrötchen (»Röggelchen«), zwischen dessen beide Hälften Butter und eine Scheibe mittelalter Gouda gehören, ist ein running gag bei Brauhausverbrüderungen zwischen Einheimischen und »Imis«. Dabei weiß die Anekdote, daß der Halve Hahn seine Erfindung einem innerkölnischen Zwist verdankt. Anno 1878 ließ ein gewisser Wilhelm Vierkötter ihn auftragen, angeblich um einer Dame unter seinen Geburtstagsgästen eins auszuwischen. Doch er hatte damit einen Imbiß kreiert, der gerade wegen seines Tarnnamens ungeheure Popularität gewinnen sollte. Vierkötter war aber nur der alten Tradition gefolgt, ein Gericht qua Namen besser zu machen, als es ist. Nicht anders verhält es sich mit »Kölsch-Kaviar«. Diese aus der Pelle gequetschte, in der Pfanne gebratene Blutwurst erinnert tatsächlich entfernt an den Luxushappen. Was allerdings Himmel und Erde mit »Himmel und Äd« zu tun haben, bedarf schon tieferen Sinnens. Bei diesem Gericht aus untereinandergemischten pürierten Äpfeln und Kartoffeln vertreten Kartoffeln (Erdäpfel) die Erde und die Äpfel den Himmel. Dem sie selbst als Fallobst näher sind als die unterirdischen Knollen.

Sprachlich weniger feinsinnig, dafür aber umso bildhafter zeigt sich das Kneipenlatein des Ruhrgebiets. Wer dort vom »Flattermann« spricht, deutet nicht an, daß er sich dem Delirium tremens nähert, sondern verlangt schlicht nach einem Brathähnchen. Auf den Ruf nach »Bremsklötzen« kommen Frikadellen und helfen, mittels Kalorien- und Fett-Input, auch so manche alkoholische Talfahrt zu verlangsamen.

Der Düsseldorfer Löwensenf (auch Mostert genannt) ist berühmt, vor allem wegen seiner Schärfe. Daher lohnt für Senfliebhaber ein Besuch bei »A. B. Bergraths sel. Witwe« in der Martensgasse. Denn der Senf dieser Hinterbliebenen ist ein ganz besonderer Genuß.

Bierfreunden und Stimmungskanonen aus aller Welt ist die Düsseldorfer Altstadt ein Begriff. Hier reiht sich Kneipe an Kneipe, im Sommer bilden sich Trauben vor den Lokalen und alle trinken sie die Spezialität der Stadt, das süffige Alt. Essen ist dabei eine angenehme Nebensache.

Münsterländer Biersuppe

125 g Sultaninen
1 Vanilleschote
3/4 l Milch
1/2 l Exportbier
3 Eier
1/4 l Malzbier
1 EL Zucker

Die Sultaninen waschen und in etwas heißem Wasser aufquellen lassen. Die Vanilleschote der Länge nach aufschlitzen und in der Milch zum Kochen bringen. 5 Minuten quellen lassen, dann die Schote entfernen und das Exportbier unter die Milch rühren. Die Eier trennen, das Eigelb mit dem Malzbier verquirlen und unter Rühren in die Biersuppe geben. Die Suppe darf ab jetzt nicht mehr kochen. Die Sultaninen untermischen. Das Eiweiß zu steifem Schnee schlagen, dabei langsam den Zucker einrieseln lassen. Mit einem Teelöffel vom Eischnee kleine Klößchen abstechen, auf die heiße Suppe setzen und darin ziehen lassen, bis sie fest sind.

Die Kölner Brauhäuser

Jeder, der sich auf die Suche nach der Kölner Lebensart macht, wird irgendwann im Brauhaus landen. Denn dort liegt die Seele des Kölners bloß, und der seelenvollste wird beim Namen gerufen: Jakob, auf einheimisch »Köbes«. Warum er so und nicht anders (zum Beispiel Herr Ober) genannt wird, weiß niemand. Aber er sorgt dafür, daß das Kölsch zum Gast kommt. Alte Photographien zeigen ihn mit Geldkatze und blauer Schürze. Beides trägt der Köbes noch heute. Nur sein überaus kleidsames Strickwams mit den zwei Knopfreihen hat er schon seit geraumer Zeit abgelegt.

Doch Strickwams hin, Schürze her – das wichtigste Attribut des Köbes ist der »Kranz«. Der wiederum hat elf kreisrunde Öffnungen und einen Griff in der Mitte. In die kleinen Kreise kommt die »Stange«. Das Bier in den schlanken 0,2-Liter-Gläsern wird trotz der Mitnahme erheblicher Mengen nicht schal. Denn ein richtiger Köbes sorgt an den Tischen ungefragt für Nachschub, und selten widersprechen die Gäste. Das Kölsch schmeckt hier jedem, und die Sprüche der Köbesse finden nur auswärtige Besucher gewöhnungsbedürftig. Außerdem zucken manche Kranzträger jetzt kaum mehr mit der Wimper, wenn einer statt Kölsch Mineralwasser ordert. Dabei haben vor allem ihre berühmt-berüchtigten Kommentare zu abweichenden Trinkgewohnheiten die Köbesse zu Trägern kölnischer Lebensart gemacht.

Während die Köbesse noch zwischen den Tischen hin- und hereilen, ist das »Thekenschaaf« heute fast ganz verwaist. Wer hier saß, hatte den ganzen Geschäftsgang im Blick. Und zweifellos verlangte die traditionelle Dreieinigkeit von Schankraum vorne, Hausbrauerei hinten und dem Flur ein besonderes Maß an Kontrolle. Vom »Schaaf« (Schrank) aus konnten Wirt oder Wirtin auch den Flur überwachen, wo es das Kölsch für eilige Gäste gleich vom Faß gab und die Köbesse das ihre holten. Das sie dem Wirt übrigens abkauften, um es dem Gast weiterzuverkaufen – jeder Köbes war ein selbständiger Unternehmer.

Am Thekenschaaf mußte auch das Essen aus der Küche vorbeigetragen werden. Manche Wirte legten dann den Preis fürs Hämchen nach persönlicher Inaugenscheinnahme fest. Kein Wunder, daß diese Einrichtung im katholischen »hillige Kölle«, im »heiligen Köln«, auch »Beichtstuhl« hieß. Manche nannten sie nur schlicht »Kontörchen«.

Selbst wenn das Thekenschaaf einsam und verlassen liegt, ist es – wie in der »Malzmühle« – doch eine Zierde des Hauses. Ansonsten ersterben die Brauhäuser keineswegs in Schönheit. Aber um ein wohliges Ambiente bemühen sich alle, und ihre Attraktion rührt ja nicht von der Einrichtung. Wer will, kann auf dem »Kölner Brauhaus-Wanderweg« all diese Institutionen kennenlernen. Dieser Wanderweg ist schon deshalb kein Spaziergang, weil gerade die Etappenpausen den Schritt schwerer werden lassen.

Voll ist es, und gemütlich geht es zu in einem traditionellen Brauhaus wie Päffgen in Köln. Hier bekommen auch Ortsfremde schnell Anschluß.

Kölsch und Alt – Die Obergärigen vom Rhein

Wir wollen hier nicht schon wieder die Jahrhunderte heraufbeschwören. Über die große historische Distanz gesehen ist Köln ohnehin eine Weinstadt, die ihren mittelalterlichen Wohlstand zu einem erheblichen Teil dem Reben- und eben nicht dem Gerstensaft verdankte. Doch selbst das altvertraute Bier der Kölner ist ein junges Gesöff. »Kölsch« floß erst durch die Zapfhähne, nachdem der Typ Pilsener auch hier auf der ganzen Linie gesiegt hatte. Zweifellos gelangte mit dem Kölsch um 1880 aber das herkömmliche Brauverfahren wieder zu Ehren. Und der Biersortenname »Alt« wurde um die Jahrhundertwende durchaus als Kampfbegriff verstanden, der den Wert traditionellen Brauens betonen sollte. Obergärig hießen diese Biere deshalb, weil die Hefe oben im Braubottich schwimmt, bei den untergärigen Bieren setzt sie sich dagegen am Grund des Kessels ab. Auch entstehen die untergärigen Biersorten bei niedrigeren Temperaturen, bei Kölsch und Alt zum Beispiel können sie zwischen 15 und 20 Grad betragen. Beide Sorten hatten übrigens ihre Reviere schnell abgegrenzt und sich eine verschworene Konsumentengemeinschaft geschaffen. Den oberen Niederrhein mit dem Zentrum Köln beherrschte das helle Kölsch, den unteren das dunkle Alt. Für die Anhänger des einen wie des anderen Biers war es Ehrensache, ihrer Sorte treu zu bleiben. Und es gab eine scharfe Grenze zwischen Kölsch- und Alttrinkern, die angeblich in Langenfeld verlief. Einem Ondit zufolge soll seine Hauptstraße die Demarkationslinie gewesen sein; auf der einen Seite hätten die Wirte Alt, auf der anderen Kölsch ausgeschenkt.

Auf dem kleinen, aber heimischen Markt konnten Kölsch und Alt bis heute ihre Anteile einigermaßen behaupten. Längst aber stehen sich ihre Liebhaber nicht mehr unversöhnlich wie ehedem gegenüber. Heute kann jeder nach seiner Fasson selig werden, ohne vom Thekennachbarn scheel angeschaut zu werden.

Der »Kranz« ist das wichtigste Attribut des Köbes. In ihm bringt er das frische Kölsch, auch ungefragt.

Zucker

Vor den Gefahren des Zuckers warnt nicht nur der Zahnarzt, sondern gelegentlich auch der Verkehrsfunk. Er nennt als potentiellen Schadensverursacher allerdings das Rohprodukt, also die Zuckerrübe, bzw. die Verschmutzung der Straßen bei ihrer Ernte. Der rheinische Autofahrer nimmt es gelassen. Er weiß: Wenn Ende September die Fahrbahnen auch bei schönem Wetter verschmutzt oder gar glitschig sind, ist Rübenkampagne.

Die Zuckerindustrie kann im Kölner Raum auf eine große Tradition zurückblicken, die sie genaugenommen der Kontinentalsperre Napoleons verdankt. Damals kam kein Rohrzucker nach Festland-Europa, die Frage nach Ersatzrohstoffen stellte sich dringlich. Nun hatte schon der Berliner Andreas Sigismund Marggraf 1747 die Runkelrübe als Zuckerpflanze entdeckt, und 1798 war es Franz Carl Achard gelungen, diese Entdeckung auch technisch zu realisieren. 1801 baute er die erste Zuckerfabrik im schlesischen Cunern. Doch ihren eigentlichen Aufschwung nahm die Rübenzucker-Produktion eben erst, als Napoleon Anbau und Verarbeitung der Rübe massiv fördern ließ.

Allerdings zeigte sich nach dem Ende der Kontinentalsperre bald, daß diese protektionistische Maßnahme zu einer Scheinblüte geführt hatte. Aber die Kölner Raffinerien überlebten. Sie stellten zunächst wieder Rohrzucker her, dessen Ausgangsprodukte sie über Holland preisgünstig beziehen konnten. 1836 zählte Köln immerhin 19 Raffinerien. Ab Mitte des 19. Jahrhunderts setzte sich dann die Zuckerrübe im Rheinland endgültig durch. Es war allen voran der Unternehmer Eugen Langen, dem die hiesige Zuckerindustrie entscheidende Impulse verdankt.

Aber auch die Bodenverhältnisse in der Köln-Aachener Bucht und am Niederrhein begünstigten eine zügige Entwicklung. Die Zuckerrübe stellt an den Untergrund einige Ansprüche, dafür zählt sie für die Landwirte zu den wirtschaftlichsten Früchten, wenn sie nicht die wirtschaftlichste überhaupt ist. Deshalb muß ihr Anbau kontingentiert werden. Trotzdem legen die Rübenbauer immer einige Reihen mehr als errechnet an. Denn natürlich hat eine Zuckerrübe auch ihre Feinde. Das ist vor allem jenes Virus, das die sogenannte Wurzelbärtigkeit verursacht und die Erträge kraß reduzieren kann. Es soll mittels Gentechnik unschädlich gemacht werden, und die erbmanipulierte Rübe wird wohl in absehbarer Zeit auf den Markt kommen.

Aus wirtschaftlichen Gründen empfiehlt es sich, die Rüben möglichst nah am Ernteort zu verarbeiten. Bei einer Fabrik landen zur Kampagnenzeit 10 000 bis 14 000 Tonnen (entblattete) Rüben pro Tag, bei diesen Mengen fallen die Frachtkosten ins Gewicht. Von Ende September bis Mitte/Ende Dezember laufen die Schneidemaschinen, Verdampfungskessel und Zentrifugen auf Hochtouren. Zunächst werden die Rüben gewaschen, geschnitzelt und gebrüht, bevor sie in den Extraktionsturm kommen. Hier geben die Rüben ihre Zuckersubstanzen ab, Kalkmilch bindet dann die anderen mit ihnen gelösten Stoffe. Der klare Saft wird nun auf Wasserentzug gesetzt, bis sich die Zuckerkristalle bilden. Dann schleudern die Zentrifugen den Sirup ab, Wasserdampf beseitigt seine letzten Reste.

Nun gibt es Zucker in vielerlei Formen. Von Puder- oder Hagel- über den Gelier- und Einmachzucker bis hin zu Braunem und Weißem Kandis entstehen sie hierzulande alle aus dem raffinierten Endprodukt; teilweise kommt das einer Rückverwandlung gleich. Eine rheinische Spezialität aber ist der Grafschafter Goldsaft aus Meckenheim. Er besteht aus eingedicktem, nicht völlig gereinigtem Rübensirup, daher die Goldfarbe. Ein Schwarzbrot mit »Klatschkies« und Rübenkraut gilt als ausgesprochene Delikatesse. Findige Schmecklecker geben erst das Rübenkraut aufs Brot, obwohl dieser Vorrang eigentlich dem Quark gebührt. Aber der sanfte Quark bietet dem ausgesprochen zähen Sirup zu wenig Widerstand beim Abstreifen und macht das Schnittenschmieren zum Geduldsspiel mit durchweg unbefriedigendem Ausgang.

So bleibt der Sirup unterm Quark versteckt, eine Art Rheingold, das solche Tarnung allerdings nicht vor dem Verzehr bewahrt hat.

Feuerzangenbowle

- *2 Flaschen Rotwein*
- *1 ungespritzte Orange*
- *4 Nelken*
- *1 Zimtstange*
- *2 Sternanis*
- *1 Zuckerhut (250 g)*
- *1/2 l brauner Rum (54 Vol. %)*

Den Rotwein in einen feuerfesten Topf gießen. Die Schale der Orange in einer Spirale abschälen, mit den Nelken spicken und mit Zimtstange und Sternanis zum Wein geben. Auf einem Rechaud erhitzen, nicht kochen. Die Feuerzange auf den Topfrand legen, den Zuckerhut darauf legen und mit dem Rum tränken. Anzünden und den restlichen Rum nach und nach mit einer kleinen Schöpfkelle über den Zuckerhut geben. Die Bowle heiß trinken.

Ende September beginnt die Rübenernte. Hier, bei Meckenheim, schießen die Rüben üppig ins Kraut.

Die Ernte erfolgt maschinell. Pro Tag landen 10 000 bis 14 000 Tonnen Rüben bei einer Fabrik.

Wenn die Rüben über Land transportiert werden, warnt die Polizei vor verschmutzten Fahrbahnen.

Der goldgelbe Grafschafter Goldsaft besteht aus eingedicktem, nicht völlig gereinigtem Rübensirup.

Bergische Kaffeetafel

Selbst wenn die Bergische Kaffeetafel einmal etwas karger ausfallen sollte, immer üppig ist die Dröppelminna. Die mächtige Kanne mit dem Kränchen mußte im Bergischen auch dann noch aus Zinn sein, als zinnernes Geschirr andernorts längst aus der Mode war. Würdig thronte sie über dem gedeckten Tisch, ihre bauchige Fülle allein signalisiert schon Wärme und Behaglichkeit.

Einer solchen Persönlichkeit sah man ihre Mucken nach. Dabei ist schon ihr Name eigentlich ein Neckzettel. Dröppeln tat diese Minna reichlich. Hatte der Satz erst einmal den Ausguß zugesetzt, dann kam der Kaffee nur noch tropfenweise. Die Erfindung des Siebs machte dieser Plage ein Ende, aber nur, um eine neue zu schaffen. Jetzt tröpfelte der selten dichte Hahn, weil der Kaffeesatz ihn nicht mehr schließen half ...

Nun ist die Dröppelminna keine originär bergische Erfindung, vielmehr weist sie wie manch andere Zutat der Kaffeetafel nach Westen. Zu den Niederlanden unterhielt man im 17. und 18. Jahrhundert lebhafte Handelsbeziehungen, sogar das Bergische Rindvieh war ursprünglich holländischen Geblüts. Umgekehrt erfreuten sich die bekannt qualitätvollen Eisenwaren des Bergischen Landes in den Küstengegenden einer regen Nachfrage. Die Dröppelmina aber kam aus Holland, und von dorther kam ebenfalls der Kaffee.

Selbst der Kaffeetafel jüngster Sproß nahm den Weg rheinaufwärts. Damit sind wir beim Reis, respektive beim Reisbrei und bei der mehr oder weniger festen Nahrung, die das Bergische Himmelreich bietet. Zu ihr gehören Korinthenweißbrot, Waffeln und Butter ebenso wie das Bergische Schwarzbrot, Eierkuchen, Quark und zuweilen auch ausgesprochen deftige Köstlichkeiten vom Schlage einer Leberwurst. Einigen Zugereisten behagte diese heikle Mischung von Süß und Sauer wenig, aber eine Bergische Kaffeetafel verheißt halt »Koffendrenken met allem dröm on dran«, »Kaffeetrinken mit allem drum und dran«.

Die überbordenden Tafeln von heute täuschen leicht darüber hinweg, daß dieses Kaffeetrinken in Notzeiten oder in ärmeren Häusern auch weniger üppig ausfallen konnte. Hatten die einen »echten« Bohnenkaffee, tranken die anderen »Muckefuck« aus Malz und Zichorie. Süßten die Gutbetuchten mit Honig, nahmen die Ärmeren selbstgemachtes Apfel-, Birnen- oder Rübenkraut. Die Waffeln – für die meisten das Kernstück der Tafel – bestanden ursprünglich meist aus Hafermehl; den Luxus, sie aus Weizenmehl herzustellen, konnten sich auch um 1900 nur relativ wenige leisten.

Außerdem hat es seit dem Aufkommen der Kaffeetafel Ende des 18. Jahrhunderts manche Veränderungen bei den einzelnen Rezepten gegeben. Für bodenständige Kaffeetafler sind heiße Kirschen und Sahne auf den Waffeln noch heute neumodischer Schnickschnack. Allen recht ist dagegen der Aufgesetzte zum guten Schluß. Traditionell aus Korn und schwarzen Johannisbeeren hergestellt, rundet er das üppige Mahl an der Bergischen Kaffeetafel aufs Trefflichste ab.

Sie ist die Hauptperson einer jeden Bergischen Kaffeetafel: die »Dröppelminna«.

Waffeln
(Abbildungen)

250 g Butter
100 g Zucker
6 Eier, getrennt
$^{1}/_{4}$ l Milch
300 g Mehl
1 TL abgeriebene Zitronenschale
1 Prise Salz
etwas Öl

Die Butter mit dem Zucker und dem Eigelb schaumig schlagen. Nach und nach die Milch und das Mehl unterrühren. Zuletzt die Zitronenschale zufügen. Das Eiweiß mit 1 Prise Salz sehr steif schlagen und vorsichtig unter den Teig heben. Ein Waffeleisen mit wenig Öl leicht einfetten und den Teig portionsweise im heißen Eisen zu goldbraunen Waffeln backen. Die Waffeln je nach Geschmack mit Puderzucker bestreuen oder mit Marmelade bestreichen. Man kann die Waffeln auch mit heißen Kirschen und Sahne belegen und so servieren.

Um Waffelteig zu bereiten, schlägt man Butter, Zucker und Eigelb schaumig.

Dann rührt man nach und nach die Milch und das Mehl unter.

Der Teig muß so fest sein, daß er am Schneebesen hängenbleibt.

Das Waffeleisen wird leicht eingefettet, bevor man den Teig hineingibt.

Im heißen Eisen werden die Waffeln goldbraun gebraten und sofort serviert.

Weil das Rheinland immer besonders enge Handelsbeziehungen zu den Niederlanden hatte, darf der Spekulatius hier nicht fehlen. Mag der Name des flachen, würzigen Weihnachtsgebäcks ursprünglich aus dem Lateinischen stammen, nach Deutschland gelangte er über den Umweg des Niederländischen.

Süßes zum Jahresende

Fallen wir lieber gleich mit der Tür ins Haus: Warum die Weckmänner ihre weißtonigen Pfeifen scherpengleich am Leib tragen, weiß bis heute niemand. Generationen von Jungen haben aus ihr frische Efeu- und/oder trockene Kastanienblätter geraucht, im Westerwald hält ihre Produktion eine ganze Branche (Pfeifenbäcker) am Leben – doch wie sie zum Gebäck kommt, bleibt jedenfalls vorläufig ihr Geheimnis.

Die Weckmänner (rheinisch) und die Stutenkerle (westfälisch) zählen zu den Gebildbroten. Die appetitlichen Kerlchen kommen heute meist zu St. Martin in die Bäckereien, jenem historischen Termin also, der am Ende des alten Wirtschaftsjahres steht. Ursprünglich und noch um die Jahrhundertwende aber kamen sie zum Nikolaustag als Geschenk; der Heilige war schon seit dem 16. Jahrhundert für die Gaben zuständig. So erklärt sich wenigstens das männliche Erscheinungsbild dieser beliebten Leckerei. Auch der wirkliche Jahreswechsel hatte seine eigenen Gebäcke. Im Westfälischen heißen sie Bollebäuschen, ein Kosename, wie er sich zärtlicher und liebenswürdiger kaum denken läßt. Bollebäuschen sind aus Hefeteig und werden in heißem Fett ausgebacken, ältere Menschen halten sie auch heute noch für den Inbegriff der Köstlichkeit. Was der lärmenden Silvesterfeier recht ist, muß dem Karneval billig sein. Die rheinischen Fastnachtskrapfen sind allerdings von eher windbeuteliger Konsistenz, weil aus einer Art Brandteig.

Sehr viel solider geben sich da die Aachener Printen. Ja, auch sie gehören zunächst in den Zusammenhang des Jahreswechsels und verdanken ihre Existenz dem Gebildbrot. Das Wort Printe kommt mit dem Gebäck aus den Niederlanden, wo »Prent« »Abdruck« bedeutet. Die Model für den Printenteig werden heute höchstens noch zur Weihnachtszeit hervorgeholt. Schon um 1860 aber bürgerte sich die rechteckige Form immer mehr ein. Denn inzwischen hatten die Aachener Printen einen großen Ruf erlangt, selbst die überseeischen Märkte öffneten sich für die feine Leckerei. Die weiten Wege aber zwangen zu »handelsüblichen Versandformen«. Als Schnittchenprinte ließ sich die Ware besser transportieren und überdies leichter aus dem geschäftsbeschränkenden Dunstkreis des Jahresendes herauslösen. Als sich das »braune Gold« immer größerer Beliebtheit erfreute, brauchten die Printen natürlich auch einen aufwertenden Schokoladenüberzug. Und so bleibt den Zähnen heute meist eine dünne Schicht Zeit, ehe sie die Härte des Gebäcks prüfen müssen.

Aachener Printen

500 g Sirup
5 g Pottasche
250 g zerstoßener brauner Kandiszucker
500 g Mehl
je 100 g Orangeat und Zitronat
2 TL Zimt
2 TL Anis
1 TL Lebkuchengewürz
Schokoladenkuvertüre zum Bestreichen

Den Sirup mit 3 EL Wasser erhitzen. Die Pottasche in etwas Wasser auflösen. Mit den anderen Zutaten gut zu einem Teig verkneten und über Nacht ruhen lassen. Am nächsten Tag den Teig 3 mm dick ausrollen und in ca. 3 x 8 cm große Rechtecke schneiden. Auf ein mit Backpapier ausgelegtes Backblech setzen und im vorgeheizten Backofen bei 220 °C etwa 15 Minuten backen. Die abgekühlten Printen mit flüssiger Schokoladenkuvertüre bestreichen.

Wer Weckmänner selbst backen will, braucht zunächst die Grundzutaten, um einen Hefeteig herzustellen.

Ob mit der Rührmaschine oder in Handarbeit: Die Zutaten müssen zu einem Teig verarbeitet werden.

An der Konsistenz läßt sich erkennen, ob der Teig die rechte Qualität hat, um Weckmänner zu schaffen.

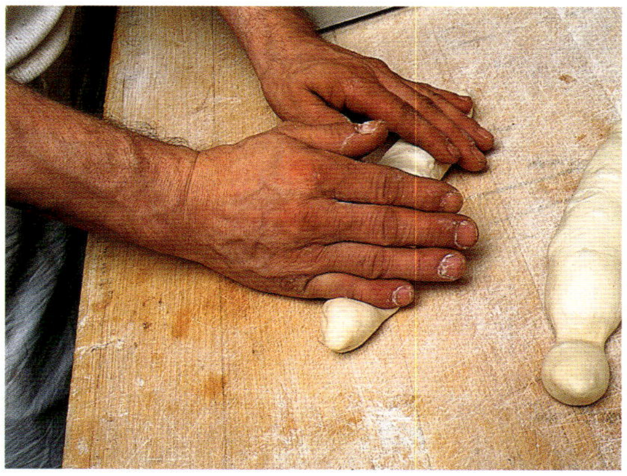

Das Formen beginnt mit dem Torso, bei dem sich schon ein kleiner Kopf abzeichnet.

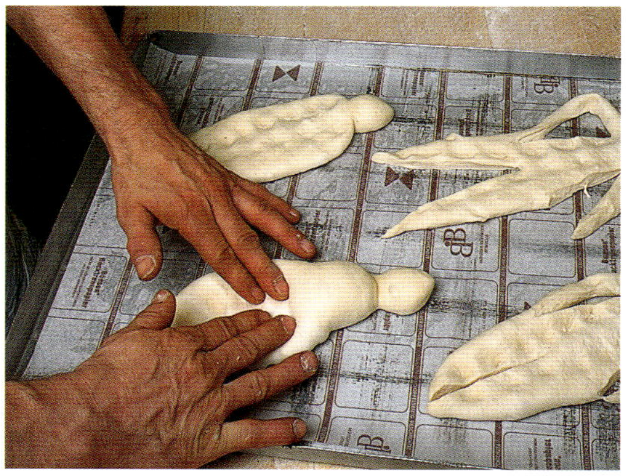

Nun drückt man die Figur flach und schneidet Arme und Beine heraus. Der rechte Arm bleibt angewinkelt.

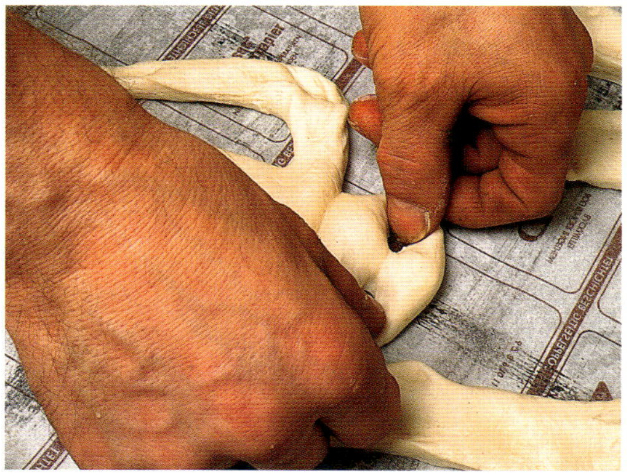

Damit er sehend werde, setzt man dem Weckmann zwei Rosinen ein. Unter den linken Arm kommt die Pfeife.

Weckmänner

500 g Mehl
60 g Zucker
1 TL Salz
40 g Hefe
1/4 l lauwarme Milch
60 g Butter
2 Eier
1 Messerspitze Safranpulver
Mehl für die Arbeitsfläche
Eigelb zum Bestreichen
Rosinen und Tonpfeifen zum Verzieren

Das Mehl mit Zucker und Salz in eine große Schüssel sieben und eine Mulde hineindrücken. Die zerbröckelte Hefe in der Milch auflösen, in die Mulde gießen, mit Mehl bestäuben und zugedeckt 15 Minuten gehen lassen. Dann mit der Butter, den Eiern und dem Safran zu einem Hefeteig verkneten. Den Teig zugedeckt 1 Stunde gehen lassen. Auf einer bemehlten Arbeitsfläche Figuren formen. Die Weckmänner auf ein mit Backpapier ausgelegtes Blech legen, mit Eigelb bestreichen, mit Rosinen verzieren und die Tonpfeife unter den linken Arm schieben. Im vorgeheizten Backofen bei 180 °C in ca. 20 Minuten goldbraun backen.

Damit der Weckmann nicht übergewichtig oder zu dürr wird, wiegt man den Teig portionsweise ab.

Ende des Schöpfungsaktes: Die Figuren werden mit Eigelb bepinselt und dann geht's ab in den Ofen.

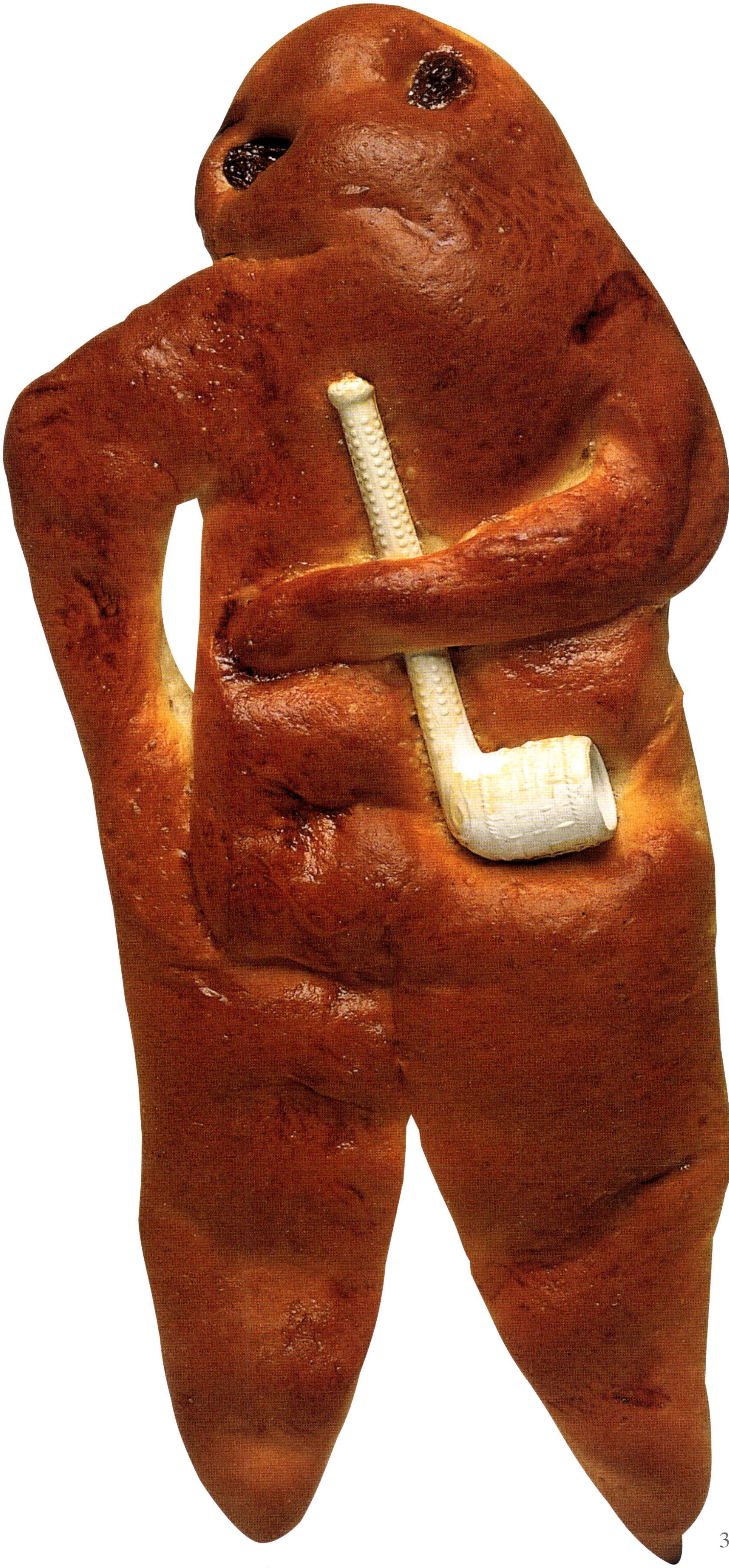

Die süßen Freuden des Karnevals

Kanonen-futter

Der Ruf »Kamelle« ist dem Höhepunkt des Karnevals vorbehalten, gewöhnlich setzt er nach der Ankündigung »D'r Zoch kütt« ein. Sogar auswärtige Jecken bringen ihn leicht über die Lippen, während der ebenfalls beliebte Kurzappell »Strüüßcher« (Sträußchen) schon eine gewisse Beherrschung des rheinischen Idioms fordert.

Historisch gesehen kommen die Bonbons erst spät zum Karneval. Immer aber hatte der »Fastenabend« etwas mit den sogenannten Heischegängen zu tun. Schon 1403 mußte der Kölner Rat sie verbieten, weil der Brauch zur Wegelagerei ausgeartet war. Damit sind wir bei der Vorgeschichte, denn die erste Erwähnung eines Kölner Karnevals datiert bereits vom 5. März 1341. Schon um 1500 notierte eine Nonne namens Anna hier das erste Karnevalslied, und der Begriff »Fastelovend« bürgerte sich im 16. Jahrhundert ein.

Der Beginn des Karnevals heutiger Prägung datiert jedoch ins Jahr 1823. Nach der Franzosenzeit und dem anfänglichen Mißtrauen der preußischen Herren machten Kölner Bürger einen Neuanfang, der Geburt und Wiedergeburt zugleich war. Es gab ein »Festordnendes Comitee« und einen Rosenmontagszug, es gab Sitzung und Maskenball. 1827 wird dann die Gesellschaftsmütze erfunden, bis heute das unentbehrliche Requisit jeden Frohsinns auf Vereinsbasis.

Die ersten Funken parodierten noch den preußischen Drill, Bauer und Jungfrau erscheinen schon früh als Vertreter der Agrarier vor den Mauern beziehungsweise als Sinnbild der Stadt (Colonia). Als närrischer Regent über allen stand freilich der Held Karneval. Erst später sollte er zum Prinzen mutieren: Offenbar ein Zugeständnis an die Hierarchie eines (des preußischen?) Hofes. Auch die Funken verzichteten nach der Reichsgründung von 1871 auf die Spitzen gegen das preußische Militär.

Die Jahre, ja selbst die Notzeiten nach Erstem und Zweitem Weltkrieg haben den Karneval nicht untergekriegt. Erstmals fand sich 1947 im fürchterlich zerstörten Köln ein Festausschuß zusammen, 25 Gesellschaften traten ihm bei. Seit 1949 ist es Brauch, den Karneval am 11. 11. um 11.11 Uhr beginnen zu lassen. Jeden November versammeln sich die Narren auf dem Alter-Markt, unweit des Ostermannplatzes, der den großen Erneuerer und Liedermacher des Kölner Karnevals, Willi Ostermann, ehrt. Gleichfalls erhielt der Karnevalssonntag durch die Schull- und Veedelszöch einen besonderen Akzent. Seit 1952 hat auch der Fastnachtsdienstag wieder einen festen Platz im Festkalender, damals ging durch Köln-Kalk der erste Stadtteilzug. Ab 1954 spielen bei diesen Zügen die karnevalistischen Aktivitäten der Schulen eine besondere Rolle. Damit nicht genug, hat sich am Karnevalssamstag ein alternativer »Geisterzug« etabliert. Mit viel Getöse und geisterhaft Gewandeten ziehen auch die Verächter des »offiziellen« Karnevals durch die Innenstadt.

A propos Alternative: Es fällt ins Auge, wie sehr sich die Kölner Szene den Fastelovend erobert hat. Gehörte bis in die achtziger Jahre die Karnevalsabstinenz zum guten Ton, hat die »Stunksitzung« schon lange einen gewaltigen Zulauf. Inzwischen sind die Oppositionellen zwar auch nicht mehr so oppositionell, aber noch immer steckt in ihren Vorträgen genug Zündstoff. Umgekehrt bemühen sich die etablierten Karnevalsgesellschaften neuerdings stärker darum, ihren Veranstaltungen den Charakter eines bloßen Honoratiorentreffens zu nehmen. Der betuliche Prunk mit Frack und Weinzwang (gemeint ist das Getränk) gefällt immer weniger. Daß der Muzen-Puderzucker auf dem schwarzen Gesellschaftsanzug einen Höhepunkt des närrischen Treibens markierte, gehört (beinahe) der Vergangenheit an.

An den Zugwegen aber stehen sie alle gemeinsam, und alle eint der Ruf nach »Kamelle«. Dabei sind es längst nicht mehr nur schlichte Rahmbonbons, die auf die Jecken herunterprasseln. Statt der Bonbons fallen auch schon einmal ausgewachsene Bonbonnieren und feine Schokoladen. Aus den mitgeführten Kanonen kommen solch sperrige Geschosse freilich nicht mehr. Das ging und geht mit den Kamellen besser. Und war eine wahrhaft pazifistische Tat, ohne daß Schwerter erst zu Pflugscharen werden mußten …

Das wilde Treiben auf Kölns Straßen und Plätzen beginnt am Donnerstag mit »Wieverfastelovend« und erreicht am Rosenmontag seinen Höhepunkt.

Muzen

100 g Butter
75 g Zucker
2 Eier
1 Eigelb
1 TL abgeriebene Zitronenschale
350 g Mehl
1 TL Backpulver
1 Fläschchen Rumaroma
Mehl für die Arbeitsfläche
Fett zum Ausbacken
Puderzucker zum Bestäuben

Die Butter mit dem Zucker, den Eiern und dem Eigelb schaumig schlagen. Mit der Zitronenschale, Mehl, Backpulver und dem Rumaroma zu einem glatten Teig verarbeiten. Den Teig 30 Minuten im Kühlschrank ruhen lassen, dann auf einer bemehlten Arbeitsfläche fingerdick ausrollen. Mit Förmchen Plätzchen ausstechen und portionsweise im heißen Fett goldbraun ausbacken. Aus dem Fett heben und auf Küchenpapier abtropfen und auskühlen lassen, dann mit Puderzucker bestäuben.

Muzemandeln

375 g Mehl
1 TL Backpulver
200 g Butter
125 g Puderzucker
1 Päckchen Vanillinzucker
1 Prise Salz
1 Ei
125 g gemahlene Mandeln
Mehl für die Arbeitsfläche
Fett zum Ausbacken
100 g Hagelzucker

Aus Mehl, Backpulver, Butter, Puderzucker, Vanillinzucker, Salz, dem Ei und den gemahlenen Mandeln einen Mürbeteig herstellen und 1 Stunde im Kühlschrank ruhen lassen. Den Teig auf einer bemehlten Arbeitsfläche etwa 1 cm dick ausrollen und mit der Muzemandelform ausstechen. Jeweils 6 bis 8 Muzen in heißem Fett goldbraun ausbacken. Auf Küchenpapier abtropfen lassen und in Hagelzucker wenden.

Längst sind es nicht mehr nur »Kamelle«, also Rahmbonbons, die »dem Volk« zugeworfen werden.

Auch Politiker bekommen ihr Fett ab, wenn die verschiedenen Karnevalszüge durch die Stadt ziehen.

Mit Tüten bewaffnet warten die Kinder auf die Süßigkeiten, die die Honoratioren von den Wagen werfen.

Muzen, das klassische Karnevalsgebäck.

Die steile Karriere der Industrielebensmittel

Doktorspiele

Auch am Herd gibt es Begegnungen der dritten Art. Etwa wenn eine souveräne Frau dem für kurze Zeit ernannten Herrn der Töpfe ein zerfleddertes Kochbuch unter die Nase hält, weil ihm wieder mal eine Basisinformation fehlt. Es ist ein arg zerlesenes Exemplar mit Anmerkungen in krakeliger Kinderschrift, eben aus einer anderen Welt. Doch leider bleibt dem Mann keine Zeit, seinen Gedanken über die Ungleichzeitigkeiten in unserer Kultur nachzuhängen, oder auch nur dem Mädchenbild, das aus dem Kochbuch spricht. Die Zeit drängt und fordert Taten.

Wo immer das Fach Hauswirtschaft auf dem Stundenplan stand, stets war seit 1921 auch das »Dr. Oetker Schulkochbuch« dabei. Selbst das Unternehmen hat nicht genau nachgehalten, wie viele Auflagen der heimliche Bestseller inzwischen erlebt hat. Aber an die 20 Millionen Exemplare dürften ihre Leser gefunden haben, das etwas später herausgegebene Backbuch bringt es sogar auf über 27 Millionen. Eigentlich diente und dient das Werk nur als Mittel zum Zweck: Es soll, prosaisch gesprochen, die Koch-, Brat- und Backhilfen, die das Haus nun seit einem guten Jahrhundert herstellt, an die Frau und immer mehr auch an den Mann bringen.

Alles begann mit dem Backpulver. Sein Erfinder trug jenen Doktortitel, der hinfort die Magie des Markennamens unterstützen half. Zwar hatten sich schon andere, darunter mit Justus von Liebig ein Pionier der Agrochemie ebenso wie der Ernährungsphysiologie, mit der Entwicklung von Backpulvern beschäftigt. Aber der Apotheker Dr. August Oetker (1862–1918), nicht umsonst Sohn eines Bäckermeisters, optimierte 1891 das Triebmittel. Oetker war eben nicht nur ein Kind seiner Zeit, sondern hatte auch die Zeichen der Zeit erkannt. Und die wiesen klar auf Erleichterung beim Zubereiten des Essens ...

Die steile Karriere von Dr. Oetkers Backpulver ist unvorstellbar ohne den gesellschaftlichen Umbruch, der sich im 19. Jahrhundert vollzog. Zunächst zwang das schnelle Bevölkerungswachstum zu einer Agrarreform. Die traditionelle Dreifelder- wurde durch die ungleich produktivere Fruchtwechselwirtschaft abgelöst, später sorgten

Wo immer das Fach Hauswirtschaft gelehrt wurde, war ein Lehrbuch von Dr. Oetker mit dabei. Generationen haben mit seiner Hilfe Kochen und Backen gelernt.

auch Düngemittel für höhere Erträge. Daß diese Erträge auch dorthin gelangten, wo sie gebraucht wurden, garantierte ein nachhaltig verbessertes Transportsystem. Zunächst wurden Verkehrswege trassiert, dann folgte der Bau beziehungsweise Ausbau von Kanälen und Wasserstraßen. Einen großen Sprung nach vorn brachte die rasche Verdichtung des Eisenbahnnetzes.

Diese Verbesserungen entstehen schon vor dem Horizont der Industriellen Revolution. Sie, die eigentliche Signatur des 19. Jahrhunderts, entfaltet ihre ganze Dynamik in Deutschland zwar erst ab der Jahrhundertmitte. Doch dann verändert sie sowohl die Produktionsweise als auch die Bevölkerungsstruktur radikal. Die Machtübernahme der Fabriken geht mit einer gigantischen Landflucht einher. Damit wird vielen Menschen unmöglich, was im ländlichen Raum selbstverständlich war: die Eigenversorgung mit Lebensmitteln. Dem städtischen Industrieproletariat bleibt nichts anderes übrig, als bisherige Ernährungsgewohnheiten aufzugeben.

Es fehlte am Geld, und es fehlte nach einem Arbeitstag von 12 Stunden an der Zeit, das Essen aufwendig vor- und zuzubereiten. Zeitgenossen monierten denn auch die »ungesunde Ernährung der Fabrikarbeiter«. Erfindungen wie die »Erbswurst« mußten da Furore machen. Das eiweißreiche Leguminosen- (also: Erbsen-)mehl stand immer zur Verfügung, mit einigen anderen, ebenso haltbaren beziehungsweise haltbar gemachten Zutaten wurde es ins Papier gewickelt oder in den Darm gepreßt. Dann brauchte es nur Wasser, um daraus eine veritable Suppe zu machen.

Sicher, Lebensmittel wie die Erbswurst kamen nicht mehr aus Feld und Flur, sondern aus der Fabrik. Immerhin halfen sie, die Ernährungskrise zu überwinden. Unser berechtigtes Mißtrauen gegen die Industrielebensmittel ist ein Luxus der Bessergestellten. Doch um wieder auf Oetker zurückzukommen: Sein Backpulver erleichterte die Arbeit der Hausfrau bedeutend. Tütchenweise abgepackt für eine bestimmte Menge Mehl, war es ein wichtiges Unterpfand zum Gelingen des Kuchens.

Oetker wußte schon damals: Ein Produkt muß bekannt sein, um es in großen Mengen abzusetzen. Als einer der ersten setzte er auf die Macht der Werbung. Dabei spielten der Markenname und das Markenzeichen mit dem weiß ausgeblendeten Frauenkopf eine ganz wesentliche Rolle. Allerdings wußte er auch, daß »selbst die gewaltigste Reklame nur ihren Zweck erfüllen (kann), wenn zu gleicher Zeit auch die Artikel, für die Propaganda gemacht wird, überall zu haben sind«. So Oetker 1906 an die Herren Vertreter, die des Unternehmers Aufforderung zu erhöhter Arbeitsleistung ohne weiteres verstanden haben werden.

1906 war die Produktpalette längst erweitert, »Gelier-« und »Einmachhülfe« (jawohl, mit ü) gehörten ebenso dazu wie diverse Puddingpulver. Heute bietet das Unternehmen etwa 400 Erzeugnisse aus dem Nahrungsmittelbereich an und beschränkt sich längst nicht mehr auf die »Hülfen«. Wie selbstverständlich sind die Unternehmer hier den vorgezeichneten Weg konsequent weitergegangen. Manchmal will der pressierte Verbraucher eben nur eine Fertig-Pizza in den Ofen schieben müssen, und Oetker wird den Teufel tun, ihm das auszureden. Mit Tiefkühlkost läßt sich das eroberte Marktsegment ebenso arrondieren wie mit Speiseeis, Crème fraîche oder neuerdings Müslis. Trotz solcher Ausweitung (ganz zu schweigen von der auf die branchenfremden Geschäfte) ist das Unternehmen bis heute in Familienhand geblieben, obwohl die meisten seiner Konkurrenten zu irgendeinem großen Konzern gehören. Nur den Doktortitel tragen die Firmeninhaber nicht mehr ...

CROSBY
FLOUR
"Kitchen-tested"

Zigarren

Zugegeben, heute verbreitet die Zigarre eher Behaglichkeit. Früher aber konnte sie durchaus gegenteilige Gefühle wecken. In den Karikaturen gehörte sie zu einem zünftigen Kapitalisten ebenso unvermeidlich wie Bowlerhut und Geldsack. In der Zeit vor 1848 war die Zigarre wiederum das Zubehör einer ganz anderen Gesellschaftsgruppe: Die Feuerköpfe des Vormärz klemmten sie sich zum Zeichen ihrer revolutionären Gesinnung zwischen die Lippen. Mit der Zigarre im Mund bekundeten sie ihre Verachtung pfeiferauchender Biedermännlichkeit, die sich so gern im Schlafrock zeigte. Und noch der junge Bertolt Brecht (1898–1956) fand, daß ihm in der Pose des Bürgerschrecks eine Havanna besonders gut zu Gesicht stehe.

»Diese Art, der man sich statt der Pfeife im spanischen Amerika bedient, fängt an, auch in unseren Gegenden sehr gemein zu werden«, beobachtete der »Brockhaus« anno 1809. Das konnte der Stadt Bünde nur recht sein. Zunächst allerdings zog es die Zigarrenfabrikanten nicht zuletzt wegen des Elends der hiesigen Bevölkerung ins Ravensberger Land. Denn Zigarrenmachen war Handarbeit, Handarbeit, die wenig kosten durfte. In der strukturschwachen Region fanden sich genügend erwerbslose Menschen. Viele hatten sich zuvor mit Leinenweben über Wasser gehalten, waren nun aber durch die Baumwollverarbeitung in den Fabriken um Lohn und Brot gebracht. Sie hatten keine andere Wahl, als sich bei den Zigarrenherstellern zu verdingen. Neben den Werken in Bünde selbst richteten die Unternehmer etliche Filialen auf den umliegenden Dörfern ein, hinzu kam eine große Zahl an Heimarbeitsplätzen.

Dort stand der Zigarrenmachertisch meist in der Küche. Er wurde »Klavier« genannt wegen der Ähnlichkeit mit dem Instrument und sicher auch mit dem Hintergedanken an das Luxusmöbel besserer Haushalte. Hier rollten geschickte Hände das Deckblatt über die schon vorgefertigten »Wickel«. Die wiederum kamen meist aus den Fabriken. Dort hatten die Wickelmacher entrippte und kleingerissene Tabakblätter von Hand geformt. Daß diese Form auch hielt, dafür sorgten vorderhand das Umblatt und dann die Presse, in der die Wickel mehrere Stunden zubringen mußte.

1843 etablierte sich die erste Zigarrenfabrik im benachbarten Ennigloh, mit dem Jahresbeginn 1856 nahm die Firma Wellensiek und Steinmeister die Produktion auf. Dieser 1. Januar markiert den eigentlichen Beginn einer Erfolgsgeschichte. 1864 zählten die Fabrikanten 1000 Beschäftigte in ihren Bündener Werken, noch einmal 2000 saßen in den Filialen, die Zahl der Heimarbeiter ist unbekannt. Sie fertigten zusammen 100 Millionen Zigarren. Und noch heute, nach Automatisierung und Konzentration, kommen aus der Stadt Bünde ein Drittel aller hierzulande hergestellten Zigarren.

Selbst der Staat, dem allein die Tabaksteuer zufließt und der das Rauchen immer schon als Einnahmequelle geschätzt hat, würdigte die bedeutende Rolle Bündes auf seine Weise. Die Bundesrepublik Deutschland erkor die Stadt 1993 zum Sitz ihrer zentralen Einnahmestelle für die sogenannte Banderolensteuer, aus der jährlich immerhin 20 Milliarden Mark in seine notleidenden Kassen fließen. So wurde Bünde Behördenzentrum, hat also eine Art Hauptstadtfunktion.

Natürlich weiß das ostwestfälische Gemeinwesen, was es seiner Zigarrenindustrie schuldet. Ein – allerdings recht provinzielles – Denkmal der beiden ersten Fabrikanten gibt es, der backsteinerne Tabakspeicher von 1896 ist unter Denkmalschutz gestellt worden. Und schließlich befindet sich im wunderschönen Striedeckschen Hof an der Fünfhausenstraße das Deutsche Tabak- und Zigarrenmuseum. Es beherbergt unter anderem die Bündener Riesenzigarre: 1,60 Meter lang, 9 Kilogramm schwer, 600 Stunden Brenndauer. Zweifellos ein Stück, das jede Raucherlunge vor Wonne erschauern läßt.

Hintergrund: Arbeitsplatz Zigarrenmachertisch. Ein Heer von schlecht bezahlten Heimarbeitern rollte Deckblätter über die schon vorgefertigten »Wickel«.

Um die »Wickel« legt man das Deckblatt, das aus einem Tabakblatt geschnitten wird.

Es wird um die gepreßte Wickel, die aus entrippten und kleingerissenen Tabakblättern besteht, gerollt.

Es bedarf Erfahrung und großen Geschicks, um das Deckblatt zur festen Hülle zu rollen.

Zum Schluß wird der Rest des Deckblatts zum Windungszipfel gedreht.

Dieser Windungszipfel muß gekappt werden ...

... bevor die Zigarre in die Hüllform kommt.

Danksagung

Der Verlag dankt für die freundliche Unterstützung und Mithilfe. In diesen Dank mit eingeschlossen sind jene Personen und Institutionen, die bei der Realisierung des Projekts mithalfen, ohne dem Verlag namentlich bekannt zu sein.

Sonja Büschel für Styling:
35 (Kaffeetafel), 52, 88, 89, 130/131, 134 (kleine Fotos), 195 (Hintergrund), 234/235 (Hintergrund)

Petra Wegler für Foodstyling:
193, 202, 205, 212, 220, 222, 223, 238, 241, 262, 265, 270, 334, 335

Berlin
Al' Dorale Ristorante, Köln
Café Möhring, Berlin
Ernst Föllmer, Restaurant Artischocke, Köln
Mesón El Cordobés, Köln
Pallas-Imbiss, Berlin
Restaurant Hardtke, Berlin
Restaurant Zum Nußbaum, Berlin
Restaurant Zur alten Münze, Köln
Taverne Delphi, Eheleute Pavegos, Köln

Brandenburg
Bundesamt für Wehrtechnik und Beschaffung – Wehrtechnische Studiensammlung –, Koblenz
Burgmuseum, Frau Beck, Lenzen
Thea Büschel, Gronau (Leine)
Sonja Büschel, Köln
Fa. Ernst Krügermann, Lübbenau
Uwe Multhoff, Restaurant Heller's Krug, Holzminden
Peter Roth-Kleyer, Göttingen
Herr Walter, Forellenhof, Lohr

Bremen
Bremer Ratskeller, Bremen
Fa. Berthold Vollers, Bremen
Eduscho GmbH, Bremen
Haus der Seefahrt, Bremen
Küchenmeister Ernst August Rotter, Bremen
Dieter Vohl, Hotel Friesenhof, Büsum

Hamburg
Deutsches Zollmuseum, Hamburg
Ernst Föllmer, Restaurant Artischocke, Köln
H. F. & Ph. F. Reemtsma GmbH & Co., Hamburg
Teehandel G. W. A. Westphal & Sohn, Hamburg
Dieter Vohl, Hotel Friesenhof, Büsum

Mecklenburg-Vorpommern
Bernd Epperlein, Gager
Gänsefarm Wagun
Herr Hellmich, Schweriner See
Herr Knobloch, Hotel Nordperd, Göhren

Niedersachsen
Aalräucherei Schwer, Steinhude
Bäckerei Peter Metzger, Hameln
Restaurant Brodhaus, Einbeck
Fa. J. Bünting & Co., Leer
Hans-Gerd Jonas, Wunstorf
Uwe Multhoff, Restaurant Heller's Krug, Holzminden
Restaurant Rattenfängerhaus, Hameln
Verein Schäferhof Neuenkirchen e. V.

Nordrhein-Westfalen
Bäckerei Manfred Franzen, Köln
Bäckerei Veith, Solingen-Burg
Deutsches Klingenmuseum, Solingen
Fleischerei Rulle, Coesfeld
Gaststätte Zum Abzweig, Dortmund
Höhn's DOM, Brauerei-Ausschank, Köln
Landwirt Heinrich Hörnig, Meckenheim
Landbäckerei Paul Elshoff, Nordwalde
Klaus Neubauer, Essen
Päffgen, Köln
Zigarrenfabrik August Schuster, Bünde

Sachsen
Paul Büschel, Gronau (Leine)
Sonja Büschel, Köln
Café Cather, Leipzig
Deutscher Brauer-Bund e. V., Bonn
Deutsches Museum der Kleingärtnerbewegung, Leipzig
Dr. Quendt Backwaren GmbH, Dresden
Prof. Dr. Manfred Fischer, Genbank Obst Dresden-Pillnitz
Ernst Föllmer, Restaurant Artischocke, Köln
Hans Grunert, Kustos der Karl-May-Sammlung im Karl-May-Museum Radebeul
Konditorei Zieger, Meißen
Leipzig Tourist Service e. V.
Museum »Alte Pfefferküchlerei«, Weißenberg
Sächsiches Staatsministerium für Landwirtschaft, Ernährung und Forsten
Schutzverband Dresdner Stollen e. V., Herr Matzker
Steffi Semper, Hamburg
Shandwick Deutschland GmbH & Co. KG
Sorbische Kulturinformation, Bautzen
Sorbisches Museum, Bautzen
Staatliche Porzellan-Manufaktur Meissen
Vogtländisches Freilichtmuseum, Landwüst

Sachsen-Anhalt
Agrarmarketinggesellschaft Sachsen-Anhalt mbH
Amt für Landwirtschaft und Flurneuordnung (ALF), Magdeburg
Dr. Walter Böckmann
Brauerei Anker-Bräu, Steinach
Erste Salzwedeler Baumkuchenfabrik Oskar Hennig
Ernst Föllmer, Restaurant Artischocke, Köln
Freilichtmuseum Diesdorf
Dr. Josef Gottwald, Spargelexperte, Leiter der Saatzuchtstation Möringen
Reinhard Heller, Experte für alte Obstsorten in der Altmark
Dr. Volkmar Joestel, Abteilungleiter in der Lutherhalle Wittenberg
Fischermeister Wilfried Kagel, Zießau
Kurverwaltung Schierke
Landschaftspflegeverband Östliches Harzvorland, Rothenburg (Saale)
Landesweingut »Kloster Pforta«
Winzer Udo und Uwe Lützkendorf
Ministerium für Raumordnung, Landwirtschaft und Umwelt des Landes Sachsen-Anhalt
Uwe Multhoff, Restaurant Heller's Krug, Holzminden
Museum für Thüringer Volkskunde, Erfurt
Helmut Pöschel, Spinnenkäse-Produzent, Würchwitz
Rotkäppchen-Sektkellerei, Freyburg-Unstruth
Elfriede Schellenberger, Magdeburger Kocheverein Technisches Halloren- und Salinemuseum, Halle
Christian Ulrich, Vorstandsmitglied des Verbandes der Köche Deutschlands e. V.
Winzervereinigung Freyburg-Unstrut e. G.
Sabine Vogel und Thomas Ruppel vom Börde-Museum Burg Ummendorf, Ummendorf

Schleswig-Holstein
Dittmeyer's Austern-Compagnie, List
Ernst Föllmer, Restaurant Artischocke, Köln
Gänsehof Petersen, Keitum
Historischer Weinkeller, Lübeck
Hotel Seelust, Eckernförde
Dieter Vohl, Hotel Friesenhof, Büsum

Thüringen
Amt für Tourismus und Weimar-Werbung, Weimar
Brot und Feinbäckerei Hundeck, Heiligenstadt
Hans-Albert Dölle und Maria Hundeck, Heiligenstadt
Roswitha Dunker, Anröchte
Hotel am Rossplan, Altenburg
Konditorei Bernd Rüger, Erfurt
Metzgerei Lothar Reifenstein, Erfurt
Museum für Thüringer Volkskunde, Erfurt
Zwiebelbauer Gert Müller, Heldrungen
Uwe Multhoff, Restaurant Heller's Krug, Holzminden
Original Eichsfelder Spezialitäten-Fleischerei Wolf GmbH, Hohengandern
Skatschule, Herr Mattes, Altenburg
Stiftung Deutsches Gartenbaumuseum, Erfurt
Stiftung Weimarer Klassik, Weimar
Thüringer Ministerium für Landwirtschaft, Naturschutz und Umwelt
Thüringer Naturholzkohle-Köhlerei Hartleb, Schleusingerneundorf
Hans-Bernd Walter, Hinternah

Fotonachweis

Alle Fotos von Christoph Büschel, Sasa Fuis, Martin Kurtenbach und Ruprecht Stempell, außer:

AID-Bild, Bonn: 303 (Schafrassen)
© Archiv für Kunst und Geschichte, Berlin: 58 (Fürst von Pückler-Muskau), 101 (o. l.), 221, 297 (Hintergrund)
Atelier Osterholz, Bremen: 256/257
Günter Beer, Barcelona: 103 (kleines Foto), 188/189 (Hintergrund), 188, 218, 219, 234 (3 kleine Fotos), 349 (Spekulatius)
© L. + D. Bouchy/WILDLIFE: 213 (Wachtel)
Sonja Büschel, Köln: 286 (Hintergrund)
Deutsches Schiffahrtsmuseum, Bremerhaven: 264/265
© Fackelträger-Verlag GmbH, Hannover, aus: Das dicke Zillebuch: 102/103 (Hintergrund)
Astrid Fischer-Leitl, München: Grafiken 13, 43, 67, 84, 93, 121, 155, 187, 229, 255, 275, 317
© Food Foto Köln, Brigitte Krauth und Jürgen Holz: 20/21, 32/33, 48/49 (Hintergrund), 49 (6 kleine Fotos u. r.), 58/59, 62/63, 74/75, 96/97, 100/101 (Hintergrund), 108/109, 112/113, 128/129, 148/149, 164/165, 170/171, 183, 198/199, 208/209, 210/211, 224/225, 236/237, 246/247, 258/259, 266/267, 285 (großes Foto), 292/293, 298/299, 310/311, 320/321, 330/331, 336/337, 342/343 (Hintergrund), 348/349 (Hintergrund)
Gerald Große, Halle: 60
Bildarchiv Halloren- und Salinemuseum, Halle: 76/77, 80/81
© D. Harms/WILDLIFE: 24/25 (Hintergrund)
© Peter Hartmann/WILDLIFE: 49 (Veilchen)
© M. Harvey/WILDLIFE: 213 (Perlhuhn)
Gerrit J. Keizer: 24/25 (Hintergrund),
Archiv Brigitte Krauth, Köln: 26 (Brunnenkresse)
Thomas Kreil, Zeitz: 89 (u. r.)
© J. Mallwitz/WILDLIFE: 49 (Jasmin)
© MAURITIUS - Rossenbach: 254
Jochen Mönch, Bremen: 284 (u. l.)
Museum für Hamburgische Geschichte: 240/241 (Hintergrund)
Günter Pambor, Wartburg-Stiftung Eisenach: 38/40
© Manfred Paul, Laubach: 49 (Heckenrose, Kapuzinerkresse), 213 (Fasan, Rebhuhn), 312/313 (Hintergrund)
© Klaus Paysan, Stuttgart: 49 (Kürbis)
© Bildarchiv Preussischer Kulturbesitz, Berlin, Lutz Braun: 126 (o. r.)
H. F. & Ph. F. Reemtsma GmbH & Co., Hamburg: 250 (Hintergrund), 251
© H. D. Reinke/WILDLIFE: 49 (Margerite)
Jens Schulz, Berlin: 104, 105
Staatliche Landesbildstelle Hamburg: 230 (Hintergrund), 239
Staatsarchiv Bremen, 10, B um 1906 – 102: 260/261
Stadtgeschichtliches Museum Leipzig: 44/45
Stadt Soest – Stadtmarketing, Fotograf Ehrich: 324 (kleines Foto)
Transglobe Agency © Index/Stock Intern. Inc.: 355
© Uwe Walz GDT, Wohltorf: 146/147, 203 (Möweneier), 213 (Ringeltaube, Stockente)
Wehrgeschichtliches Museum Rastatt GmbH: 143